Orçamento, Contabilidade e Gestão no Setor Público

O GEN | Grupo Editorial Nacional – maior plataforma editorial brasileira no segmento científico, técnico e profissional – publica conteúdos nas áreas de ciências sociais aplicadas, exatas, humanas, jurídicas e da saúde, além de prover serviços direcionados à educação continuada e à preparação para concursos.

As editoras que integram o GEN, das mais respeitadas no mercado editorial, construíram catálogos inigualáveis, com obras decisivas para a formação acadêmica e o aperfeiçoamento de várias gerações de profissionais e estudantes, tendo se tornado sinônimo de qualidade e seriedade.

A missão do GEN e dos núcleos de conteúdo que o compõem é prover a melhor informação científica e distribuí-la de maneira flexível e conveniente, a preços justos, gerando benefícios e servindo a autores, docentes, livreiros, funcionários, colaboradores e acionistas.

Nosso comportamento ético incondicional e nossa responsabilidade social e ambiental são reforçados pela natureza educacional de nossa atividade e dão sustentabilidade ao crescimento contínuo e à rentabilidade do grupo.

DIANA VAZ DE LIMA

Orçamento, Contabilidade e Gestão no Setor Público

- Visão crítica da convergência aos padrões internacionais
- De acordo com a matriz curricular sugerida pela FBC
- Indicado para Concursos Públicos

2ª edição revista e atualizada

ACESSO EXCLUSIVO A TESTE *ON-LINE* INTERATIVO COM 200 QUESTÕES

- A autora deste livro e a editora empenharam seus melhores esforços para assegurar que as informações e os procedimentos apresentados no texto estejam em acordo com os padrões aceitos à época da publicação, *e todos os dados foram atualizados pela autora até a data de fechamento do livro.* Entretanto, tendo em conta a evolução das ciências, as atualizações legislativas, as mudanças regulamentares governamentais e o constante fluxo de novas informações sobre os temas que constam do livro, recomendamos enfaticamente que os leitores consultem sempre outras fontes fidedignas, de modo a se certificarem de que as informações contidas no texto estão corretas e de que não houve alterações nas recomendações ou na legislação regulamentadora.
- Data do fechamento do livro: 19/07/2022
- A autora e a editora se empenharam para citar adequadamente e dar o devido crédito a todos os detentores de direitos autorais de qualquer material utilizado neste livro, dispondo-se a possíveis acertos posteriores caso, inadvertida e involuntariamente, a identificação de algum deles tenha sido omitida.
- **Atendimento ao cliente: (11) 5080-0751 | faleconosco@grupogen.com.br**
- Direitos exclusivos para a língua portuguesa
  Copyright © 2022 by
  Editora Atlas Ltda.
  Uma editora integrante do GEN | Grupo Editorial Nacional
  Travessa do Ouvidor, 11
  Rio de Janeiro – RJ – 20040-040
  www.grupogen.com.br
- Reservados todos os direitos. É proibida a duplicação ou reprodução deste volume, no todo ou em parte, em quaisquer formas ou por quaisquer meios (eletrônico, mecânico, gravação, fotocópia, distribuição pela Internet ou outros), sem permissão, por escrito, da Editora Atlas Ltda.
- Designer de capa: Caio Cardoso
- Adaptação de capa: Daniel Kanai
- Editoração Eletrônica: Hera

CIP-BRASIL. CATALOGAÇÃO NA PUBLICAÇÃO
SINDICATO NACIONAL DOS EDITORES DE LIVROS, RJ

L697o
2. ed.

    Lima, Diana Vaz de
        Orçamento, contabilidade e gestão no setor público / Diana Vaz de Lima. - 2. ed. - Barueri [SP] : Atlas, 2022.
        328 p. ; 24 cm.

    Inclui referências
    ISBN 978-65-5977-312-1

    1. Finanças públicas - Brasil. 2. Administração financeira - Brasil. 3. Contabilidade pública - Brasil. I. Título.

22-78555   CDD: 336.01281
                        CDU: 336.11(81)

Meri Gleice Rodrigues de Souza - Bibliotecária - CRB-7/6439

Ao meu esposo e aos meus filhos, minha razão de ser.
Ao meu pai (*in memoriam*) e a minha mãe (sempre guerreira).
Meu sogro e minha sogra, que fazem sempre eu me sentir em casa.
Aos meus irmãos e irmãs, cunhados, cunhadas, sobrinhos e sobrinhas,
Ter vocês em minha vida é um presente de Deus.
Aos meus alunos da Universidade de Brasília (UnB),
que me inspiram diariamente nessa dura vida acadêmica.

Prefácio

Caros leitores,

Em 18 de novembro de 2021, o Plenário do Conselho Federal de Contabilidade (CFC) aprovou o último conjunto de Normas de Contabilidade Aplicadas ao Setor Público e deu por concluído o processo de convergência da contabilidade aos padrões internacionais, iniciado em 2008. Além da NBC TSP Estrutura Conceitual, publicada em setembro de 2016, foram editadas as NBC TSP 01 a 33, cada uma aderente a uma *International Public Sector Accounting Standards* (IPSAS), além da nova edição da NBC TSP 34 – Custos no Setor Público.

Esse conjunto de 35 normas substituiu gradativamente as NBCT SP 01 a 11, publicadas de 2007 a 2010, período em que teve início o processo de convergência da contabilidade pública às normas editadas pela *International Federation of Accountants* (IFAC). Em hora oportuna, então, chega a segunda edição deste livro, na qual a Profa. Dra. Diana Vaz de Lima, além de atualizar a primeira edição deste importante livro lançado em 2018, apresenta uma análise da evolução da contabilidade aplicada ao setor público *vis-à-vis* o concluído processo de convergência aos padrões internacionais capitaneado pelo CFC.

O que torna bem-vindo o lançamento desta segunda edição é a contribuição fundamental que o livro traz para os profissionais contábeis que atuam no setor público brasileiro, que têm de cumprir a agenda estabelecida pela Secretaria do Tesouro Nacional (STN) para adequação aos novos padrões, com a finalização do processo até o ano de 2024. Muito ainda há de ser feito e muitas dificuldades ainda há de serem superadas, principalmente envolvendo a capacitação e a formação de profissionais contábeis do setor público, para que esse marco final seja alcançado.

Muito oportuna, também, esta segunda edição para os estudantes, pois, neste momento, o CFC (em comissão constituída por seus conselheiros, membros da Academia e de entidades representativas da profissão contábil) vem revisando com o Ministério da Educação (MEC) a grade dos cursos de Ciências Contábeis, que precisa estar mais alinhada às características de ciência social aplicada na qual se classifica a contabilidade, e formar profissionais mais aptos para serem protagonistas nos processos de geração de informação e tomada de decisão. Nesse sentido, Diana Vaz, amiga querida, vai contribuir com toda a sua competência, pois é o momento perfeito para que os cursos de ciências contábeis passem a dar o necessário destaque para os módulos da contabilidade aplicada ao setor público (CASP), cuja importância e grandeza estão sobejamente demonstradas nesta sua obra.

Mantendo a mesma estrutura dos capítulos da primeira edição, este livro se confirma como um enorme auxílio ao contador público e aos estudantes de ciências contábeis, pois a autora nos brinda com sua aguçada visão crítica e independente, como a cientista que é, trazendo em seu texto o equilíbrio necessário entre a ciência e a técnica, e o vínculo entre o orçamento público, a contabilidade e a gestão pública.

No prefácio à primeira edição, em 2018, falei de alguns desafios que mereciam a atenção especial dos profissionais contábeis, como a questão cultural, a exigência de um novo perfil de contador(a) público(a), a complexidade da implantação das normas. Pois bem, esses desafios ainda permanecem e exigem muito de todos os que militam na área pública, não só dos profissionais contábeis.

Falei também sobre a jornada que representava a implantação das normas internacionais. Esse processo é definitivo, irreversível. Portanto, permanece a importância da nossa participação em todas as discussões e grupos de estudos que tratem da CASP e, mais, reitero a recomendação para que todos tenham este livro à mão, "leiam e consultem sempre que necessário, sem moderação, e explorem ao máximo seu conteúdo", fazendo um ótimo proveito do que nos oferece a Dra. Diana.

Sandra Maria de Carvalho Campos
Presidente da Associação Brasileira de Contadores Públicos – ABCP

Material Suplementar

Este livro conta com os seguintes materiais suplementares:

- Plano de aula (exclusivo para professores).
- Teste *on-line* interativo com 200 questões (requer PIN).

O acesso ao material suplementar é gratuito. Basta que o leitor se cadastre e faça o seu *login* em nosso *site* (www.grupogen.com.br), clicando em Ambiente de aprendizagem, no menu superior do lado direito.

Para o material que requer PIN, siga as orientações anteriores e, em seguida, clique no menu retrátil (▬) e insira o código (PIN) de acesso localizado na orelha deste livro.

O acesso ao material suplementar on-line fica disponível até seis meses após a edição do livro ser retirada do mercado.

Caso haja alguma mudança no sistema ou dificuldade de acesso, entre em contato conosco (gendigital@grupogen.com.br).

Sumário

1 Planejamento da Ação Governamental e Fundamentos do Orçamento Público, 1

1.1 Conceitos e princípios orçamentários, 1

1.2 Elaboração da proposta orçamentária, 4

    1.2.1 Plano Plurianual, 4

    1.2.2 Lei das Diretrizes Orçamentárias (LDO), 7

    1.2.3 Lei Orçamentária Anual, 11

1.3 Programação e classificação das receitas e despesas públicas, 14

    1.3.1 Receitas públicas, 14

    1.3.2 Despesas públicas, 19

1.4 Descentralização de créditos orçamentários, 23

1.5 Transferências financeiras recebidas ou concedidas, 24

1.6 Mecanismos retificadores do orçamento: créditos adicionais, 25

1.7 Etapas e estágios das execuções orçamentária e financeira, 27

    1.7.1 Execução orçamentária da receita, 27

        1.7.1.1 Previsão, 27

        1.7.1.2 Lançamento, 27

        1.7.1.3 Arrecadação, 28

        1.7.1.4 Recolhimento, 28

    1.7.2 Execução orçamentária da despesa, 29

        1.7.2.1 Empenho, 29

        1.7.2.2 Liquidação, 29

        1.7.2.3 Pagamento, 30

1.8 Fonte ou Destinação de Recursos, 30

1.9 Transferências obrigatórias e discricionárias, 32

    1.9.1 Transferências obrigatórias, 32

    1.9.2 Transferências discricionárias, 33

1.10 Suprimento de fundos (regime de adiantamento), 35

1.11 Restos a pagar *versus* despesas de exercícios anteriores, 35

1.12 Exercícios, 40

2 Ambiente da Contabilidade Pública Brasileira e Processo de Convergência aos Padrões Internacionais, 42

2.1 Aspectos conceituais e normativos, 42

2.2 Regime contábil e regime orçamentário, 44

2.3 Evolução e trajetória da Contabilidade Pública brasileira, 46

2.4 Comitê de convergência e orientações estratégicas, 47

2.5 Princípios contábeis sob a perspectiva do Setor Público, 49

2.6 Criação de grupos técnicos: GTCON, GTREL, GTSIS e CTCONF, 50

2.7 Primeiras Normas Brasileiras de Contabilidade Aplicadas ao Setor Público – NBCASP, 51

2.8 Plano de Implantação dos Procedimentos Contábeis Patrimoniais – PIPCP, 53

2.9 As novas Normas Brasileiras de Contabilidade Aplicadas ao Setor Público – NBC TSP, 54

2.10 Padrão IFAC e outros padrões internacionais, 56

2.11 Sistema de Informações Contábeis e Fiscais – Sincofi, 59

2.12 Matriz de saldos contábeis, 60

2.13 Ranking da Qualidade da Informação Contábil e Fiscal, 62

2.14 Conselho de Gestão Fiscal, 64

2.15 Exercícios, 68

3 Estrutura Conceitual da Contabilidade Aplicada ao Setor Público, 70

3.1 Conceito e enquadramento histórico, 70

3.2 Elaboração da Estrutura Conceitual no Brasil, 71

3.3 Função, autoridade e alcance da Estrutura Conceitual, 72

3.4 Objetivos e usuários da informação contábil no Setor Público, 74

3.5 Características qualitativas, 77

3.6 Entidade que reporta a informação contábil, 78

3.7 Elementos das demonstrações contábeis, 79

    3.7.1 Ativo, 79

    3.7.2 Passivo, 80

    3.7.3 Receitas e despesas, 81

    3.7.4 Contribuição dos proprietários e distribuição aos proprietários, 81

3.8 Reconhecimento dos elementos nas demonstrações contábeis, 82

3.9 Mensuração de ativos e passivos nas demonstrações contábeis, 82

Sumário | **xiii**

3.10 Apresentação de informação no relatório contábil, 85

3.11 Especificidades do Setor Público, 89

3.12 Exercícios, 92

4   Patrimônio Público, 95

4.1 Procedimentos contábeis patrimoniais, 95

4.2 Estoques, 96

4.3 Ativo imobilizado, 97

4.4 Bens de uso comum, 99

4.5 Ativo intangível, 100

4.6 Depreciação, amortização e exaustão, 101

    4.6.1 Procedimento contábil da depreciação, 101

    4.6.2 Procedimento contábil da amortização, 104

    4.6.3 Procedimento contábil da exaustão, 105

4.7 Reavaliação, 105

4.8 Ajuste a valor recuperável (impairment), 106

    4.8.1 Testes de recuperabilidade, 107

    4.8.2 Reversão da perda por irrecuperabilidade, 108

4.9 Receita de transação sem contraprestação, 109

4.10 Provisões e passivos contingentes, 110

4.11 Políticas contábeis, mudança de estimativa e retificação de erro, 111

4.12 Dívida pública, 112

4.13 Dívida ativa, 114

4.14 Exercícios, 120

5   Escrituração Contábil e Plano de Contas do Setor Público (PCASP), 122

5.1 Escrituração contábil, 122

5.2 Livros de escrituração obrigatórios, 123

5.3 Atos e fatos administrativos, 124

5.4 Aspectos gerais do plano de contas, 125

5.5 Objetivos e alcance do PCASP, 126

5.6 Ordenamento e classificação das contas, 128

    5.6.1 Reconhecimento e classificação das contas de ativo e passivo, 130

    5.6.2 Reconhecimento e classificação das contas de variações patrimoniais, 130

    5.6.3 Reconhecimento e classificação das contas de controle , 132

5.7 Mecanismos de contabilização, 133

5.8 Naturezas da informação contábil, 133

5.9 Estrutura do PCASP, 134

5.10 Atributos da informação contábil, 161

5.11 Regras de integridade do PCASP, 163

5.12 Exercícios, 167

6 Lançamentos Contábeis e Reflexos nas Naturezas de Informação Contábil, 169

6.1 Roteiro de contabilização, 169

6.2 Lançamentos contábeis e reflexos nas naturezas de informação contábil, 170

    6.2.1 Registro da aprovação do orçamento, 170

    6.2.2 Registro da aprovação de créditos adicionais, 170

    6.2.3 Registro da anulação da previsão e cancelamento de dotação, 170

    6.2.4 Registro da descentralização de créditos orçamentários, 171

    6.2.5 Registro das transferências e delegações, 171

    6.2.6 Registro do controle das disponibilidades, 172

    6.2.7 Registro da realização e arrecadação da receita orçamentária, 173

    6.2.8 Registro da execução da despesa orçamentária, 174

    6.2.9 Mecanismo de registro contábil com detalhamento de fonte de recursos, 177

    6.2.10 Registro dos restos a pagar processados e não processados, 179

    6.2.11 Registro das despesas de exercícios anteriores, 182

    6.2.12 Registro da dívida ativa, 183

    6.2.13 Registro da dívida pública, 184

    6.2.14 Registro do suprimento de fundos, 186

    6.2.15 Registro dos estoques, 188

    6.2.16 Registro do imobilizado, 189

    6.2.17 Registro de recebimentos de garantias e valores restituíveis, 190

    6.2.18 Registro da depreciação, amortização e exaustão, 190

    6.2.19 Registro da reavaliação, 192

    6.2.20 Registro do impairment, 193

    6.2.21 Registro de contratos, 194

6.3 Balancete de verificação, 194

6.4 Exercícios resolvidos, 195

    6.4.1 Registros no livro diário, 195

    6.4.2 Registros no livro-razão, 199

    6.4.3 Levantamento do balancete de verificação, 204

6.5 Exercícios, 205

7 Demonstrações Contábeis do Setor Público, 208

7.1 Princípios funcionais, 208

7.2 Demonstrações contábeis aplicadas ao Setor Público, 209

7.3 Estrutura e fechamento do Balanço Orçamentário, 210

7.4 Estrutura e fechamento do Balanço Financeiro, 215

7.5 Estrutura e fechamento da Demonstração das Variações Patrimoniais, 220

7.6 Estrutura e fechamento do Balanço Patrimonial, 224

7.7 Estrutura e fechamento da Demonstração dos Fluxos de Caixa, 229

7.8 Estrutura e fechamento da Demonstração das Mutações do Patrimônio Líquido, 233

7.9 Notas explicativas às DCASP, 236

7.10 Consolidação das Demonstrações Contábeis, 241

7.11 Exercício resolvido, 242

    7.11.1 Fechamento do Balanço Orçamentário, 243

    7.11.2 Fechamento do Balanço Financeiro, 245

    7.11.3 Fechamento da Demonstração das Variações Patrimoniais, 246

    7.11.4 Fechamento do Balanço Patrimonial, 246

    7.11.5 Fechamento da Demonstração dos Fluxos de Caixa, 247

    7.11.6 Apresentação de notas explicativas, 249

7.12 Indicadores de análise, 249

    7.12.1 Análise do Balanço Orçamentário, 250

    7.12.2 Análise do Balanço Financeiro, 252

    7.12.3 Análise da Demonstração das Variações Patrimoniais, 255

    7.12.4 Análise do Balanço Patrimonial, 256

    7.12.5 Análise da Demonstração dos Fluxos de Caixa, 257

7.13 Exercícios, 261

8 Gestão no Setor Público, 267

8.1 Serviços públicos, 267

8.2 Licitações, 268

8.3 Contrato administrativo, 271

8.4 Convênios, 274

8.5 Consórcios públicos, 275

8.6 Princípios e diretrizes para promover a boa governança no Setor Público, 277

8.7 Custos sob a perspectiva do Setor Público, 280

8.8 Gestão e responsabilidade fiscal, 281

8.9 A Contabilidade na gestão dos regimes próprios, 282

8.10 Controle e auditoria governamental, 284

    8.10.1 Controle interno, 285

    8.10.2 Controle externo, 287

    8.10.3 Controle social, 288

    8.10.4 Competência e abrangência da auditoria governamental, 288

8.11 Exercícios, 294

Gabarito dos Exercícios, 296

Referências, 301

    Sites Pesquisados, 303

Índice Alfabético, 304

Planejamento da Ação Governamental e Fundamentos do Orçamento Público

1

■ Objetivos do Capítulo

» Delinear os conceitos e os princípios orçamentários, percorrendo todas as etapas do ciclo orçamentário.

» Apresentar a programação e a classificação das receitas e das despesas públicas, e os procedimentos relacionados com a descentralização de créditos orçamentários e com as transferências financeiras recebidas e concedidas.

» Apresentar os mecanismos retificadores do orçamento e explicar as etapas e os estágios da execução orçamentária e financeira.

» Caracterizar a natureza das transferências obrigatórias e discricionárias e descrever as regras estabelecidas para concessão de suprimento de fundos (regime de adiantamento).

» Contrastar as características dos restos a pagar com as despesas de exercícios anteriores.

1.1 Conceitos e princípios orçamentários

O orçamento é um instrumento de controle preventivo que assinala o caminho a ser seguido pela Administração Pública, dando-lhe a necessária autorização para arrecadar e gastar dentro dos limites que se contém no próprio orçamento. Entre as vantagens do orçamento está a fixação de um objetivo definido: o estabelecimento dos meios de controle e a coordenação das atividades.

O orçamento público também pode ser caracterizado como o planejamento feito pela Administração Pública para atender, durante determinado período, os planos e programas de trabalho por ela desenvolvidos, por meio da planificação de receitas a serem obtidas e dos dispêndios a serem efetuados, objetivando a continuidade e a melhoria quantitativa e qualitativa dos serviços prestados à sociedade.

O período de tempo em que se processam as atividades típicas do Orçamento Público, desde sua concepção até sua apreciação final, é denominado **ciclo orçamentário**, e é desenvolvido como processo contínuo de análise e decisão ao longo de todo o exercício. Esse ciclo é identificado, principalmente, pelas seguintes etapas: (i) planejamento e elaboração da proposta orçamentária; (ii) apreciação legislativa; (iii) execução; e (iv) controle e avaliação, conforme a Figura 1.1.

Figura 1.1 – Etapas do ciclo orçamentário.

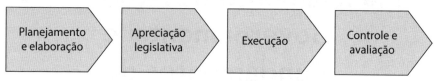

Fonte: Portal do Senado.

No **planejamento e elaboração da proposta orçamentária**, processam-se desde o levantamento das ações e dos recursos materiais, humanos e financeiros necessários para a solução de problemas identificados, até a elaboração de uma proposta inicial pela unidade orçamentária no seu âmbito de atuação, integrando e articulando o trabalho das unidades administrativas, tendo em vista a consistência da programação de sua unidade. A proposta é então consolidada e encaminhada ao órgão de planejamento do ente público, que, por sua vez, consolida as propostas e encaminha ao órgão central do sistema de planejamento e orçamento da União, que elabora o Projeto de Lei Orçamentária da União e encaminha ao Poder Legislativo. Esse trâmite se dá em razão de a iniciativa nas matérias de natureza orçamentária ser do Poder Executivo, mas a competência ser do Poder Legislativo.

A proposta consolidada dos Poderes segue para a **apreciação legislativa**, em que será analisada por uma comissão que promoverá as realocações das dotações e as inclusões de eventuais emendas definidas pelos parlamentares. Depois de aprovada pelo Poder Legislativo e sancionada pelo Chefe do Poder Executivo, a proposta orçamentária é transformada na Lei Orçamentária Anual (LOA). O órgão central de orçamento do Poder Executivo procede, então, à incorporação, em cada unidade orçamentária, da proposta orçamentária ajustada, com a liberação dos respectivos créditos orçamentários.

Após essa fase, inicia-se a **execução**, que se estende a todo o **exercício financeiro**, compreendido entre o primeiro dia de janeiro até o dia 31 de dezembro. Esse período consiste desde o recebimento das fontes de recursos até a sua destinação para atender às necessidades públicas e demandas da sociedade. Cada unidade orçamentária recebe seus respectivos créditos orçamentários para a execução da proposta orçamentária aprovada na LOA.

O **controle e a avaliação** se dão por meio da ação dos controles interno e externo, em atendimento aos arts. 75 a 82 da Lei nº 4.320/1964, que monitora e analisa:

- A legalidade dos atos de que resultem a arrecadação da receita ou a realização da despesa, o surgimento ou a extinção de direitos e obrigações;
- A fidelidade funcional dos agentes da administração, responsáveis por bens e valores públicos;
- O cumprimento do programa de trabalho expresso em termos monetários e em termos de realização de obras e prestação de serviços.

O **controle interno** é exercido por órgão da administração da entidade auditada ou por seus delegados, e é constituído por um plano de organização de métodos e medidas para proteger seus ativos, verificar a exatidão e a fidedignidade dos dados contábeis, incrementar a eficiência operacional e promover a obediência às diretrizes administrativas estabelecidas pelo sistema de controle interno de cada poder.

O **controle externo**, por sua vez, é instituído e exercido por membro ou órgão do Poder Legislativo (Casa Legislativa ou Comissão Permanente ou de Inquérito) ou por membro ou órgão do Tribunal de Contas da União, dos Estados, dos Municípios ou do Distrito Federal, e a sua realização dar-se-á pelos processos de tomada de contas e prestação de contas.

Para real eficácia do orçamento público como instrumento de controle das atividades financeiras dos Governos, é necessário que a constituição orgânica do orçamento se vincule a determinadas regras ou **Princípios Orçamentários**, que formam os pilares de uma boa gestão dos recursos públicos.

De acordo com o Manual Técnico de Orçamento – MTO (2023), os princípios orçamentários visam estabelecer regras básicas, a fim de conferir racionalidade, eficiência e transparência aos processos de elaboração, execução e controle do orçamento público. Válidos para todos os Poderes e para todos os entes federativos – União, Estados, Distrito Federal e Municípios –, são estabelecidos e disciplinados tanto por normas constitucionais e infraconstitucionais quanto pela doutrina.

O art. 2º da Lei nº 4.320/1964 dispõe que a Lei de Orçamento conterá a discriminação da receita e a discriminação da despesa de forma a evidenciar a política econômico-financeira e o programa de trabalho do Governo, guardando observância aos Princípios da Unidade (ou Totalidade), Universalidade e Anualidade (ou Periodicidade):

a) **Unidade ou Totalidade:** de acordo com esse princípio, o orçamento deve ser uno, ou seja, cada ente governamental deve elaborar um único orçamento. Esse princípio é mencionado no *caput* do art. 2º da Lei nº 4.320, de 1964, e visa evitar múltiplos orçamentos dentro da mesma pessoa política. Dessa forma, todas as receitas previstas e despesas fixadas, em cada exercício financeiro, devem integrar um único documento legal dentro de cada nível federativo: LOA.

b) **Universalidade:** segundo esse princípio, a LOA de cada ente federado deverá conter todas as receitas e as despesas de todos os Poderes, órgãos, entidades, fundos e fundações instituídas e mantidas pelo poder público. Esse princípio é mencionado no *caput* do art. 2º da Lei nº 4.320, de 1964, recepcionado e normatizado pelo § 5º do art. 165 da Constituição Federal (CF/1988).

c) **Anualidade ou Periodicidade:** conforme esse princípio, o exercício financeiro é o período de tempo ao qual se referem a previsão das receitas e a fixação das despesas registradas na LOA. Esse princípio é mencionado no *caput* do art. 2º da Lei nº 4.320/1964. Segundo o art. 34 dessa Lei, o exercício financeiro coincidirá com o ano civil (1º de janeiro a 31 de dezembro), conforme comentado anteriormente.

Ainda de acordo com o MTO (2023), tendo por base a CF/1988 e a Lei nº 4.320/1964, outros princípios podem ser relacionados com o Orçamento Público, entre eles exclusividade, orçamento bruto e não vinculação de receitas e impostos:

d) **Exclusividade:** o princípio da exclusividade, previsto no § 8º do art. 165 da CF/1988, estabelece que a LOA não conterá dispositivo estranho à previsão da receita e à fixação da despesa. Ressalvam-se dessa proibição a autorização para abertura de créditos suplementares e a contratação de operações de crédito, ainda que por Antecipação de Receitas Orçamentárias – ARO, nos termos da Lei.

e) **Orçamento bruto:** o princípio do orçamento bruto, previsto no art. 6º da Lei nº 4.320/1964, preconiza o registro das receitas e despesas na LOA pelo valor total e bruto, vedadas quaisquer deduções.

f) **Não vinculação da receita de impostos:** estabelecido pelo inciso IV do art. 167 da CF/1988, esse princípio veda a vinculação da receita de impostos a órgão, fundo ou despesa, salvo exceções estabelecidas pela própria Constituição Federal.

1.2 Elaboração da proposta orçamentária

A partir da Reforma Constitucional de 1988, os sistemas de planejamento público brasileiro foram reestruturados, pois se tratavam de modelos de planejamento de curto prazo. Com a nova Constituição, o Estado passou a exercer a função de planejamento, contando, para tanto, com duas modalidades de planos: (i) planos e programas nacionais, regionais e setoriais; e (ii) planos plurianuais.

O planejamento orçamentário é efetuado por meio de três instrumentos básicos: Plano Plurianual (PPA), Lei das Diretrizes Orçamentárias (LDO) e Lei Orçamentária Anual (LOA), conforme Quadro 1.1.

Quadro 1.1 – Instrumentos do planejamento orçamentário

PPA	Estruturado com programas compostos por ações, com metas para 4 anos.
LDO	Instrumento que define as diretrizes para elaboração e execução do orçamento, apresentando as metas para cada ano.
LOA	Elaborada conforme diretrizes da LDO, alocando recursos para as metas do ano.

Fonte: Portal da Câmara.

Toda ação do Governo está estruturada em programas orientados para a realização dos objetivos estratégicos definidos para o período do PPA, ou seja, quatro anos. Na hierarquia da tríade orçamentária, o PPA é peça da mais alta hierarquia, embora essa tríade seja somente constituída de leis ordinárias. Esse é o modelo disposto no art. 165, § 7º, da Constituição Federal, que estabelece que os orçamentos devem ser compatibilizados com o PPA. O § 2º do art. 165 da CF/1988 determina que a LOA deve ser elaborada conforme dispuser a LDO. E o art. 166, § 3º, I, prevê a admissão de emendas ao orçamento somente se compatíveis com o PPA e com a LDO.

1.2.1 Plano Plurianual

O Plano Plurianual (PPA) é o instrumento de planejamento de médio prazo do Governo Federal que estabelece, de forma regionalizada, as diretrizes, os objetivos e as metas da Administração Pública Federal para as despesas de capital e outras delas decorrentes e para as despesas relativas aos programas de duração continuada (§ 1º do art. 165 da Constituição Federal). Foi instituído em 1988 com o objetivo de substituir os orçamentos plurianuais de investimentos, até então assim denominados.

Cada programa será apresentado no PPA com seus respectivos dados qualitativos e quantitativos, conforme o modelo a seguir.

MUNICÍPIO DE CIDADE AZUL
Demonstrativo por Programas
PLANO PLURIANUAL 2022 – 2025
Consolidado

PROGRAMA: 0001 - DESENVOLVIMENTO, MANUTENÇÃO E MODERNIZAÇÃO DA AÇÃO LEGISLATIVA.

OBJETIVO DO PROGRAMA:
DESENVOLVER UM PLANEJAMENTO ORGANIZACIONAL PARA ASSEGURAR E AMPLIAR OS SISTEMAS ADMINISTRATIVOS DE FORMA INTEGRADA, OBJETIVANDO A OTIMIZAÇÃO DOS FLUXOS DE TRABALHO PADRONIZADOS E CAPACITADOS TECNOLÓGICO E FUNCIONAL PARA ATENDIMENTO DAS ATIVIDADES PARLAMENTARES.

ÓRGÃOS EXECUTORES: CMC

Código da Ação: 1001	**NOME DA AÇÃO: NOVA SEDE DA CÂMARA MUNICIPAL DE CIDADE AZUL** **ÓRGÃO:** CMC **DESCRIÇÃO DA AÇÃO:** CONSTRUÇÃO DE UM PRÉDIO QUE SERVIRÁ DE SEDE PARA O DESENVOLVIMENTO DAS ATIVIDADES DO PODER LEGISLATIVO	**PRODUTO DA AÇÃO:** CONSTRUÇÃO DE PRÉDIO

UNIDADE DE MEDIDA:

ANO	METAS	CUSTO DA AÇÃO (EM R$)/FONTES DE RECURSO						TOTAL
		CATEGORIA	LIVRE	VINCULADA	MDE	ASPS	FUNDEB	
2022	0	Despesa Corrente Despesa Capital Reserva Contingência	0,00 4.500.000,00 0,00	0,00 0,00 0,00	0,00 0,00 0,00	0,00 0,00 0,00	0,00 0,00 0,00	4.500.000,00
2023	0	Despesa Corrente Despesa Capital Reserva Contingência	0,00 5.000.000,00 0,00	0,00 0,00 0,00	0,00 0,00 0,00	0,00 0,00 0,00	0,00 0,00 0,00	5.000.000,00
2024	0	Despesa Corrente Despesa Capital Reserva Contingência	0,00 5.500.000,00 0,00	0,00 0,00 0,00	0,00 0,00 0,00	0,00 0,00 0,00	0,00 0,00 0,00	5.500.000,00
2025	0	Despesa Corrente Despesa Capital Reserva Contingência	0,00 6.000.000,00 0,00	0,00 0,00 0,00	0,00 0,00 0,00	0,00 0,00 0,00	0,00 0,00 0,00	6.000.000,00
TOTAL DA AÇÃO		Despesa Corrente Despesa Capital Reserva Contingência	0,00 21.000.000,00 0,00	0,00 0,00 0,00	0,00 0,00 0,00	0,00 0,00 0,00	0,00 0,00 0,00	**21.000.000,00**

Fonte: elaboração própria.

De acordo com o MTO (2023), a compreensão do orçamento exige o conhecimento de sua estrutura e sua organização, implementadas por meio de um sistema de classificação estruturado. Esse sistema tem o propósito de atender às exigências de informação demandadas por todos os interessados nas questões de finanças públicas, como os poderes públicos, as organizações públicas e privadas e a sociedade em geral. Na estrutura atual do orçamento público, as **programações orçamentárias** estão organizadas em programas de trabalho, que contêm informações qualitativas e quantitativas, sejam físicas ou financeiras.

Com relação ao programa de trabalho, que apresenta as informações qualitativas da programação orçamentária, o MTO alerta que deve responder, de maneira clara e objetiva, às perguntas clássicas que caracterizam o ato de orçar, sendo, do ponto de vista operacional, composto dos seguintes blocos de informação: classificação por esfera, classificação institucional, classificação funcional, estrutura programática e principais informações do Programa e da Ação.

Quadro 1.2 – Programação orçamentária qualitativa

Blocos da estrutura	Item da estrutura	Pergunta a ser respondida
Classificação por Esfera	Esfera Orçamentária	Em qual orçamento?
Classificação Institucional	Órgão/Unidade Orçamentária	Quem é o responsável por fazer?
Classificação Funcional	Função/Subfunção	Em que áreas de despesa a ação governamental será realizada?
Estrutura Programática	Programa	O que se pretende alcançar com a implementação da política pública?
Informações Principais da Ação	Ação	O que será desenvolvido para alcançar o objetivo do programa?
	Descrição	O que é feito? Para que é feito?
	Forma de Implementação	Como é feito?
	Produto	O que será produzido ou prestado?
	Unidade de Medida	Como é mensurado?
	Subtítulo	Onde está o beneficiário do gasto?

Fonte: MTO (2023).

No caso da informação quantitativa, a programação orçamentária tem duas dimensões: a física e a financeira. Enquanto a dimensão física define a quantidade de bens e serviços que devem ser entregues (meta física), a dimensão financeira apresenta o montante necessário para o desenvolvimento da ação orçamentária de acordo com os classificadores do Quadro 1.3.

Quadro 1.3 – Programação orçamentária quantitativa financeira

Item da estrutura	Pergunta a ser respondida
Natureza da Despesa	Qual o efeito econômico da realização da despesa? (categoria econômica); Em qual classe de gasto será realizada a despesa? (grupo de natureza); De que forma serão aplicados os recursos? (modalidade de aplicação); Quais os insumos que se pretende utilizar ou adquirir? (elemento)
Identificador de Uso (IDUSO)	Os recursos são destinados para contrapartida de operações de crédito ou para marcação de mínimos constitucionais da saúde e educação?

Item da estrutura	Pergunta a ser respondida
Fonte de Recursos	De onde virão os recursos para realizar a despesa?
Identificador de Doação e de Operação de Crédito (IDOC)	A que operação de crédito ou doação os recursos se relacionam?
Identificador de Resultado Primário	Qual o efeito da despesa sobre o Resultado Primário do Ente?
Dotação	Qual o montante alocado?

Fonte: MTO (2023).

Cada programa identificará as ações necessárias para atingir seus objetivos, especificando os respectivos valores e metas, bem como as unidades orçamentárias responsáveis pela realização da ação. De acordo com o MTO de 2023, as **ações orçamentárias** correspondem às atividades, projetos e operações especiais estruturadas em programas:

i. **Atividade:** instrumento de programação utilizado para alcançar o objetivo de um programa, envolvendo um conjunto de operações que se realizam de modo contínuo e permanente, resultando em um produto ou serviço necessário à manutenção da ação de Governo;

ii. **Projeto:** instrumento de programação utilizado para alcançar o objetivo de um programa, envolvendo um conjunto de operações, limitadas no tempo, das quais resulta um produto que concorre para a expansão ou o aperfeiçoamento da ação de Governo;

iii. **Operações especiais:** despesas que não contribuem para a manutenção, expansão ou aperfeiçoamento das ações de Governo, das quais não resulta um produto e não geram contraprestação direta sob a forma de bens ou serviços.

1.2.2 Lei das Diretrizes Orçamentárias (LDO)

A Lei das Diretrizes Orçamentárias (LDO) foi introduzida pela Constituição Federal de 1988, tornando-se, a partir de então, o elo entre o Plano Plurianual (PPA) e a Lei Orçamentária Anual (LOA). A Constituição Federal estabelece que a LDO compreenderá as metas e prioridades da Administração Pública Federal, incluindo as despesas de capital para o exercício financeiro subsequente, orientando a elaboração da LOA, disporá sobre as alterações na legislação tributária e estabelecerá a política de aplicação das agências financeiras oficiais de fomento.

Na prática, a LDO é o instrumento norteador da elaboração da LOA na medida em que dispõe, para cada exercício financeiro, sobre:

- as prioridades e as metas da Administração Pública Federal;
- a estrutura e a organização dos orçamentos;
- as diretrizes para elaboração e a execução dos orçamentos da União e suas alterações;
- a dívida pública federal;
- as despesas com pessoal e os encargos sociais;
- a política de aplicação dos recursos das agências financeiras oficiais de fomento;
- as alterações na legislação tributária; e
- a fiscalização pelo Poder Legislativo sobre as obras e os serviços com indícios de irregularidades graves.

Com a publicação da Lei nº 101/2000 – Lei de Responsabilidade Fiscal (LRF), aumentou a importância da LDO, que passou a ter novas regras e funções, tais como:

i. Estabelecimento de metas fiscais;
ii. Fixação de critérios para limitação de empenho e movimentação financeira;
iii. Publicação da avaliação financeira e atuarial do regime geral de previdência social e do regime próprio de previdência dos servidores civis e militares;
iv. Avaliação financeira do Fundo de Amparo ao Trabalhador e projeções de longo prazo dos benefícios assistenciais de prestação continuada (LOAS);
v. Margem de expansão das despesas obrigatórias de natureza continuada;
vi. Avaliação dos riscos fiscais.

A Constituição Federal de 1988 e a LRF determinam que, anualmente, as prioridades e metas que devem ser observadas no momento de elaboração e execução dos Orçamentos sejam definidas na LOA. O projeto de LDO que será enviado ao Poder Legislativo é composto por mensagem, projeto de lei e anexos.

Mensagem

Apresenta a exposição circunstanciada sobre a situação fiscal do ente público, das políticas para garantia do equilíbrio das contas públicas, das metas de resultado primário e nominal, entre outros, conforme exemplo a seguir:

Mensagem nº 38, de 2021.

Cidade Azul, 21 de agosto de 2021.

A Sua Excelência o Senhor Vereador
José da Silva
Presidente da Câmara Municipal de Cidade Azul
Cidade Azul,

Senhor Presidente,

Tenho a honra de dirigir-me a essa colenda Casa Legislativa, na forma da legislação em vigor, para submeter à deliberação de Vossas Excelências o Projeto de Lei nº 24/2021, que "Dispõe sobre as diretrizes orçamentárias para 2022 e dá outras providências". Como é de vosso conhecimento, a Constituição Federal dispõe sobre o sistema orçamentário brasileiro, determinando aos Municípios a elaboração da Lei de Diretrizes Orçamentárias, referenciada no Plano Plurianual e na Lei de Responsabilidade Fiscal. O Orçamento Público compreende um conjunto de Leis formado pelo Plano Plurianual (PPA), Lei de Diretrizes Orçamentárias (LDO) e Lei Orçamentária Anual (LOA) que, articuladas entre si, materializam o planejamento e a execução das políticas públicas.

A LDO deve conter as diretrizes gerais, metas e prioridades da área pública, que servirão para orientar a elaboração e execução da Lei Orçamentária Anual (LOA), objetivando maior integração entre estas e o planejamento de longo prazo. Igualmente, deve dispor sobre alterações na legislação tributária, fixar limites para os orçamentos dos Poderes Executivo e Legislativo Municipal dispondo sobre os gastos com pessoal, entre outras aplicações. De acordo com o que determina a Lei de Responsabilidade Fiscal, a LDO deve conter a política fiscal, o contingenciamento dos gastos e as transferências de recursos para entidades públicas e privadas.

A matéria vem disciplinada na Constituição Federal, na Lei Complementar n. 101, de 04 de maio de 2000 (Lei de Responsabilidade Fiscal), na Portaria Conjunta STN/SOF/ME n. 103, de 05 de outubro de 2021, na Portaria MOG n. 42, de 14 de abril de 1999, do Ministério do Planejamento, Orçamento e Gestão, na Lei Orgânica Municipal e na Lei n 6.106, de 10 de agosto de 2021 – Plano Plurianual PPA 2022-2025.

Deve ser salientado que a presente LDO contém as adequações referentes à emenda apresentada pela Câmara Municipal no PPA 2022-2025, aprovado pela Câmara Municipal em 08 de agosto do corrente ano.

Com o lema "Criar, Construir e Viver", são apresentadas ações na LDO 2022 em inteira consonância com o PPA, com o objetivo-fim de concretizar em lei as expectativas e solicitações apresentadas pela população ao executivo municipal, bem como dar as diretrizes para a execução orçamentária do próximo exercício fiscal.

Os dados trazidos nesta peça orçamentária foram originados das estratégias do Governo para atendimento do programa vitorioso nas eleições de 2020, com o mote de transformar os desejos e anseios da população em projetos e ações concretas.

[...]

Assim, apresenta-se o presente projeto aos nobres vereadores, para análise e apreciação do Projeto de Lei das Diretrizes Orçamentárias para 2022 que orientará a Lei Orçamentária Anual.

Aproveitamos o ensejo para externar às Vossas Excelências nossos protestos de elevada estima e apreço.

Respeitosamente,

JOÃO JOSÉ DA SILVA
Prefeito Municipal

Projeto de lei

Compreende as metas e as prioridades do ente público; as orientações básicas para elaboração da LOA; as disposições sobre a política de pessoal e serviços extraordinários; as disposições sobre a receita e as alterações na legislação tributária do ente público; equilíbrio das receitas e despesas; critérios e formas de limitação de empenho; normas relativas aos controles de custos e avaliação de resultados dos programas financiados com recursos do orçamento; condições e exigências para transferências de recursos a entidades públicas e privadas; autorização para o ente público auxiliar o custeio de despesas atribuídas a outros entes da federação; parâmetros para elaboração da programação financeira e cronograma mensal de desembolso; definição de critérios para início de novos projetos; definição de despesas consideradas irrelevantes; incentivos à participação popular e outros julgados importantes (art. 165, § 2°, da CF; art. 4° da LRF).

Lei nº 6.120, de 29 de setembro de 2021.

Dispõe sobre as diretrizes orçamentárias para 2022 e dá outras providências.

O Prefeito Municipal de Cidade Azul.
Faço saber que a Câmara Municipal aprovou e eu sanciono e promulgo a seguinte
LEI:

CAPÍTULO I
DAS DISPOSIÇÕES PRELIMINARES

Art. 1º Em cumprimento ao disposto no inciso II e § 2º do art. 165 da Constituição da República, no inciso II e § 2º do art. 134 da Lei Orgânica Municipal e no art. 4º da Lei Complementar

n. 101, de 4 de maio de 2000, ficam estabelecidas as diretrizes orçamentárias do Município de Cidade Azul, relativas ao exercício econômico-financeiro de 2022, compreendendo:

I – a participação cidadã no planejamento municipal;
II – as metas e as prioridades da Administração Pública Municipal;
III – a organização e a estrutura dos Orçamentos;
IV – as diretrizes gerais para a elaboração e execução dos Orçamentos do Município e suas alterações;
V – a limitação de empenho;
VI – as disposições relativas às despesas com pessoal e encargos sociais;
VII – as alterações na legislação tributária e tarifária;
VIII – os anexos de metas e riscos fiscais;
IX – as disposições finais.
Parágrafo único. Integram essa Lei os seguintes anexos:
I – de Prioridades e Metas da Administração Pública Municipal;
II – de Metas Fiscais; e
III – de Riscos Fiscais.

CAPÍTULO II
DA PARTICIPAÇÃO CIDADÃ NO PLANEJAMENTO MUNICIPAL

Art. 2º O planejamento municipal será realizado de maneira a buscar o incentivo à participação cidadã e a evidenciar a transparência na gestão dos recursos públicos.

Art. 3º A alocação de recursos públicos, atendidas as despesas que constituem obrigação constitucional ou legal e as de funcionamento dos órgãos e entidades que integram o Orçamento Fiscal e da Seguridade Social, priorizará os programas estruturantes de Governo, definidos no Plano Plurianual (PPA) 2022/2025.

Art. 4º As prioridades de que trata o art. 3º dessa Lei integrarão, observadas as disposições constitucionais e legais e as disponibilidades do erário municipal, o Anexo I da presente Lei, bem como a proposta da Lei Orçamentária Anual (LOA).

CAPÍTULO III
DAS METAS E DAS PRIORIDADES DA ADMINISTRAÇÃO PÚBLICA MUNICIPAL

Art. 5º [...]

CAPÍTULO IV
DA ORGANIZAÇÃO E DA ESTRUTURA DOS ORÇAMENTOS

Art. 6º A proposta da LOA conterá as receitas e as despesas dos Poderes do Município, seus órgãos, fundos, autarquias, instituídos pela Administração Municipal, obedecidos os princípios da unidade, da universalidade, da anualidade, da exclusividade, da publicidade e compreenderá os orçamentos referidos nos incisos do § 5º do art. 134 da Lei Orgânica Municipal.

Art. 7º A proposta da LOA, elaborada de forma compatível com o PPA, com as normas da Lei Complementar n. 101, de 2000, e com esta Lei, compor-se-á dos requisitos estabelecidos no art. 22 da Lei Federal n. 4.320, de 17 de março de 1964, e de demonstrativo da compatibilidade da programação com os resultados previstos no Anexo de Metas Fiscais.
[...]

Art. 40. Os valores constantes nos anexos desta Lei devem ser vistos como indicativo e, para tanto, ficam admitidas variações, de forma a acomodar a trajetória que as determinem, quando do envio do Projeto de Lei Orçamentária para 2022, com atualização automática nos valores previstos no PPA 2022-2025.

Art. 41. Essa Lei entra em vigor na data de sua publicação.

Município de Cidade Azul, em vinte e nove de setembro de dois mil e vinte e um (29.9.2021).

JOÃO JOSÉ DA SILVA
Prefeito Municipal

Anexos

Compreendem as metas fiscais, os riscos fiscais e as metas e prioridades da administração (art. 165, § 2°, da CF; art. 4° da LRF), conforme exemplo a seguir:

PROGRAMA: 0001 - DESENVOLVIMENTO, MANUTENÇÃO E MODERNIZAÇÃO DA AÇÃO LEGISLATIVA									
OBJETIVO DO PROGRAMA: Desenvolver um planejamento organizacional para assegurar e ampliar os sistemas administrativos de forma integrada, objetivando a otimização dos fluxos de trabalho padronizados e capacitados tecnológico e funcional para atendimento das atividades parlamentares.									

CÓDIGO DA AÇÃO: 1001	**NOME DA AÇÃO:** NOVA SEDE DA CÂMARA MUNICIPAL DE CIDADE AZUL						**PRODUTO DA AÇÃO**		
	ÓRGÃO: CÂMARA MUNICIPAL DE CIDADE AZUL								
	DESCRIÇÃO DA AÇÃO: CONSTRUÇÃO DE UM PRÉDIO QUE SERVIRÁ DE SEDE PARA O DESENVOLVIMENTO DAS ATIVIDADES DO PODER LEGISLATIVO								

FUNÇÃO	01	**LEGISLATIVA**
SUBFUNÇÃO	031	**AÇÃO LEGISLATIVA**

CUSTO DA AÇÃO (EM R$)/FONTES DE RECURSO

ANO	UNIDADE DE MEDIDA	METAS (QUANTIFICAÇÃO FÍSICA)	CATEGORIA	LIVRE	VINCULADA	MDE	ASPS	FUNDEB	TOTAL
2022		0	Despesa Corrente	0,00	0,00	0,00	0,00	0,00	0,00
			Despesa Capital	4.500.000,00	0,00	0,00	0,00	0,00	4.500.000,00
			Reserva Contingência	0,00	0,00	0,00	0,00	0,00	0,00
			TOTAL:	**4.500.000,00**	**0,00**	**0,00**	**0,00**	**0,00**	**4.500.000,00**

Fonte: elaboração própria.

1.2.3 Lei Orçamentária Anual

A proposta orçamentária é um documento que apresenta, em termos monetários, as receitas orçamentárias e as despesas orçamentárias que o Ente federado pretende realizar no exercício financeiro, devendo ser elaborada pelo Poder Executivo e aprovada pelo Poder Legislativo, a qual será convertida em Lei Orçamentária Anual (LOA).

A LOA é o orçamento propriamente dito, e possui essa denominação por ser a consignada pela Constituição Federal. É a Lei em que os Governos Municipal, Distrital, Estadual e Federal deixam claro o que pretendem fazer com os impostos pagos pela população.

12 | Orçamento, Contabilidade e Gestão no Setor Público | LIMA

É importante ter em mente que o orçamento é um processo contínuo, dinâmico e flexível, que traduz, em termos financeiros, para determinado período, os planos e programas de trabalho, ajustando o ritmo de execução ao fluxo de recursos previstos, de modo a assegurar a contínua e oportuna liberação desses recursos. Em cumprimento ao § 5º do art. 165 da Constituição Federal, a LOA compreenderá:

- O **orçamento fiscal** referente aos Poderes Legislativo, Executivo e Judiciário, seus fundos, órgãos e entidades da Administração Direta e Administração Indireta, inclusive fundações instituídas e mantidas pelo poder público;
- O **orçamento de investimento** das empresas em que o Governo, direta ou indiretamente, detenha a maioria do capital social com direito a voto;
- O **orçamento da seguridade social**, abrangendo todas as entidades e órgãos a ela vinculados, da Administração Direta e Administração Indireta, bem como os fundos e fundações instituídos e mantidos pelo Poder Público.

O ente público elabora o orçamento a partir de uma estimativa de quanto se espera arrecadar e das despesas que pretende realizar. Na prática, o orçamento público é uma previsão de gastos que o ente público fica autorizado a fazer, não é dinheiro propriamente dito.

O gestor também não é obrigado a executar todas as despesas fixadas em seu orçamento. Todavia, somente poderão ser realizadas despesas devidamente autorizadas pelo Poder Legislativo. Para conhecer melhor como se apresenta uma LOA, considere o exemplo a seguir, da nossa Prefeitura Municipal de Cidade Azul.

Lei nº 6.126, de 24 de novembro de 2021.

Estima a receita e fixa a despesa do Município de Cidade Azul para o exercício econômico-financeiro de 2022 e dá outras providências.

O Prefeito Municipal de Cidade Azul.
Faço saber que a Câmara Municipal aprovou e eu sanciono e promulgo a seguinte
LEI:

Art. 1º Esta lei estima a receita e fixa a despesa do Município de Cidade Azul para o exercício econômico-financeiro de 2022, compreendendo o Orçamento Anual dos Poderes do Município, seus fundos, órgãos e entidades da administração direta e indireta.

Art. 2º O total geral da Receita do Município, para o exercício econômico-financeiro de 2022, é estimado em R$ 2.060.672.157,00 (dois bilhões, sessenta milhões, seiscentos e setenta e dois mil e cento e cinquenta e sete reais), e será realizada de acordo com a legislação vigente, obedecendo a seguinte classificação geral:

ESPECIFICAÇÃO DA RECEITA	FONTE	CATEGORIA ECONÔMICA
RECEITAS CORRENTES		*1.609.828.695,00*
1. Receita Impostos, Taxas e Contribuição de Melhoria	*234.843.099,00*	
2. Receita de Contribuições	*71.529.917,00*	
3. Receita Patrimonial	*53.807.864,00*	

ESPECIFICAÇÃO DA RECEITA	FONTE	CATEGORIA ECONÔMICA
RECEITAS CORRENTES		1.609.828.695,00
4. Receita de Serviços	1.173.668,00	
5. Transferências Correntes	1.238.618.829,00	
6. Outras Receitas Correntes	9.855.318,00	
RECEITAS DE CAPITAL		376.284.201,00
1. Operações de Crédito	170.000.000,00	
2. Alienação de Bens	100.000,00	
3. Transferências de Capital	206.184.201,00	
RECEITAS CORRENTES INTRAORÇAMENTÁRIAS	215.920.000,00	
(–) DEDUÇÕES DA RECEITA CORRENTE	(–)141.360.739,00	
TOTAL GERAL DA RECEITA		2.060.672.157,00

Art. 3º O total geral da Despesa do Município, para o exercício econômico-financeiro de 2022, é fixado em R$ 2.060.672.157,00 (dois bilhões, sessenta milhões, seiscentos e setenta e dois mil e cento e cinquenta e sete reais), e será executada de acordo com a legislação vigente, obedecendo a seguinte classificação geral:

ESPECIFICAÇÃO DA DESPESA	GRUPO DE NATUREZA DE DESPESA	CATEGORIA ECONÔMICA
DESPESAS CORRENTES		1.494.952.515,00
1. Pessoal e Encargos Sociais	782.072.115,00	
2. Juros e Encargos da Dívida	10.224.059,00	
3. Outras Despesas Correntes	702.656.341,00	
DESPESAS DE CAPITAL		475.664.428,00
1. Investimentos	431.173.168,00	
2. Inversões Financeiras	500.000,00	
3. Amortização da Dívida	43.991.260,00	
RESERVAS		
1. Reserva de Contingência	28.275.214,00	
2. Reserva Orçamentária RPPS	61.780.000,00	
TOTAL GERAL DA DESPESA		2.060.672.157,00

[...]
Art. 15. Esta lei entra em vigor a partir de 1º de janeiro de 2022.

Município de Cidade Azul, em vinte e quatro de novembro de dois mil e vinte e um (24.11.2021).

JOÃO JOSÉ DA SILVA
Prefeito Municipal

Registre-se que cada ente público definirá os prazos para envio, aprovação e sanção de seus respectivos instrumentos orçamentários. Na inexistência de instrumento legal nesse sentido, passam a prevalecer os prazos definidos pela Constituição Federal para a União.

É importante ressaltar que o prazo final para votação das leis orçamentárias é dado apenas como referência, para determinar o recesso legislativo, que só ocorre após a votação. Para apresentar emendas ao orçamento, há uma série de regras e normas a serem observadas, previstas na Constituição de 1988 e em diversas leis, sendo as mais importantes a LRF, a Lei nº 4.320/1964 e a Lei de Diretrizes Orçamentárias.

Encontra-se em discussão no Congresso Nacional um Projeto de Lei complementar que visa regulamentar o parágrafo 9º do art. 165 da Constituição Federal, já aprovado no Senado Federal e aguardando revisão da Câmara dos Deputados, que vai promover mudanças no processo orçamentário brasileiro, entre elas, as datas dos instrumentos orçamentários, de modo que os entes federados elaborem seus projetos já conhecendo os valores das transferências constitucionais previstas na proposta orçamentária da União.

1.3 Programação e classificação das receitas e despesas públicas

1.3.1 Receitas públicas

Como visto anteriormente, o orçamento é um importante instrumento de planejamento de qualquer entidade, seja pública ou privada, e representa o fluxo previsto de ingressos e de aplicações de recursos em determinado período. A matéria pertinente à receita pública é disciplinada, em linhas gerais, pelos arts. 2º, 3º, 6º, 9º, 11, 35, 56 e 57 da Lei nº 4.320/1964.

Em sentido amplo, as **receitas públicas** são ingressos de recursos financeiros nos cofres do Estado, que se desdobram em receitas orçamentárias (quando representam disponibilidades de recursos financeiros para o erário) e em ingressos extraorçamentários, quando representam apenas entradas compensatórias, conforme Quadro 1.4.

Quadro 1.4 – Ingressos extraorçamentários versus receitas orçamentárias

Ingressos extraorçamentários	Receitas orçamentárias (receitas públicas em sentido estrito)
Representam entradas compensatórias	Representam disponibilidades de recursos

Fonte: MCASP (2021).

Os **ingressos extraorçamentários** são recursos financeiros de caráter temporário, do qual o ente federado é mero agente depositário, portanto, não integra a LOA e a sua devolução não se sujeita à autorização legislativa. Por serem constituídos por ativos e passivos exigíveis (ou seja, pertencentes a terceiros), os ingressos extraorçamentários, em geral, não têm reflexos no patrimônio líquido do ente federado. São exemplos de ingressos extraorçamentários: os depósitos em caução, as fianças, as operações de crédito por antecipação de receita orçamentária (ARO), a emissão de moeda e outras entradas compensatórias no ativo e passivo financeiros.

Por outro lado, **receitas orçamentárias** representam as disponibilidades de recursos financeiros que ingressam no ente federado durante o exercício financeiro e aumentam suas disponibilidades. Na prática, as receitas orçamentárias são as fontes de recursos utilizadas pelo ente federado em programas e ações cuja finalidade precípua é atender às necessidades públicas e demandas da sociedade. Dependendo do impacto na situação patrimonial líquida, a receita orçamentária pode ser "efetiva" ou "não efetiva":

a) **Receita orçamentária efetiva:** quando afeta positivamente a situação patrimonial líquida da entidade pública (fato modificativo), portanto, assemelha-se ao conceito de receita à luz da Teoria Contábil. Exemplo: arrecadação de impostos.

b) **Receita orçamentária não efetiva:** não afeta a situação patrimonial líquida da entidade (fato permutativo), portanto, não atende ao conceito de receita à luz da Teoria Contábil. Exemplo: venda de bem.

No MCASP (2021) tem-se que, embora haja obrigatoriedade de registrar a previsão de arrecadação da receita orçamentária na LOA, a mera ausência formal do registro dessa previsão não lhes retira o caráter de orçamentário, considerando o disposto no art. 57 da Lei nº 4.320/1964, que determina que se classificará como receita orçamentária toda receita arrecadada que eventualmente represente ingressos financeiros orçamentários, inclusive se provenientes de operações de crédito. São exceções: operações de crédito por antecipação de receita – ARO, emissões de papel-moeda e outras entradas compensatórias no ativo e passivo financeiros.

Portanto, **do ponto de vista orçamentário, o reconhecimento da receita pública deve ser precedido da observância aos seguintes critérios**:

1) Deve haver previsão na LOA;
2) Representar ingresso de recursos;
3) Não ser passível de devolução;
4) Deve ser destinada e estar disponível para custear as despesas públicas.

Como se pode observar, o reconhecimento da receita pública do ponto de vista orçamentário não precede a identificação do fato gerador. Portanto, tanto a receita orçamentária efetiva (fato permutativo) como a receita orçamentária não efetiva (fato modificativo) são registradas contabilmente em contas orçamentárias, desde que satisfaçam os critérios anteriormente relacionados, e são consideradas receitas públicas. Diferentemente, para fins de apuração do resultado patrimonial do exercício, somente serão consideradas as receitas efetivas (fato modificativo).

Quanto à procedência, as receitas públicas podem ser classificadas em <u>originárias</u> (arrecadadas por meio da exploração de atividades econômicas pela Administração Pública, principalmente, de rendas do patrimônio mobiliário e imobiliário do Estado, de preços públicos, de prestação de serviços comerciais e de venda de produtos industriais ou agropecuários) e <u>derivadas</u> (obtidas pelo poder público por meio da soberania estatal, decorrem de norma constitucional ou legal e, por isso, são auferidas de forma impositiva, como as receitas tributárias e as de contribuições especiais). Essa classificação possui uso acadêmico e não é normatizada; portanto, não é utilizada como classificador oficial da receita pelo poder público.

Com relação à **classificação da receita orçamentária**, é de utilização obrigatória por todos os entes da Federação, sendo facultado o seu desdobramento para atendimento das respectivas necessidades. Sobre o assunto, as receitas orçamentárias são classificadas segundo os seguintes critérios:

1) Natureza de receita;

16 | Orçamento, Contabilidade e Gestão no Setor Público | LIMA

2) Fonte/destinação de recursos;
4) Indicador de resultado primário.

A classificação da receita orçamentária por natureza de receita é estabelecida pelo § 4º do art. 11 da Lei nº 4.320/1964. Sua codificação é normatizada para todos os entes da Federação por meio de Portaria Conjunta SOF/STN nº 163/2001 e atualizações, e visa identificar a origem do recurso segundo o fato gerador: acontecimento real que ocasionou o ingresso da receita nos cofres públicos.

Na prática, a classificação por Natureza de Receita Orçamentária é composta por um código de oito dígitos numéricos que representam: a Categoria Econômica, a Origem, a Espécie, os Desdobramentos e o Tipo de Receita. Até o exercício financeiro de 2021, o código da natureza de receita estava definido de acordo com a estrutura "a.b.c.d.dd.d.e", que representava: (a) categoria econômica; (b) origem; (c) espécie; (d.) desdobramentos para identificação de peculiaridades da receita; e (e) tipo.

Entretanto, por meio da Portaria Conjunta nº 650, de 24 de setembro de 2019, foi promovida **a alteração no código da natureza de receita, a ser utilizada por todos os entes da Federação de forma facultativa em 2022 e obrigatória a partir de 2023**. Segundo o disposto no MCASP, essa alteração reservou dois dígitos do código da natureza de receita, referente aos desdobramentos da receita, para a separação dos códigos da União daqueles códigos específicos para os demais entes federados. Esse procedimento visa otimizar a utilização dos códigos da natureza de receita, encerrando com a reserva do número "8" no quarto nível do código da natureza da receita para atendimento das peculiaridades ou necessidades dos Estados, do Distrito Federal e dos Municípios. Com essa alteração, a classificação por Natureza de Receita Orçamentária, que continua sendo composta por um código de oito dígitos numéricos, passou a ter a estrutura "a.b.c.d.ee.f.g", apresentada no Quadro 1.5.

Quadro 1.5 – Receita orçamentária: classificação por natureza

a	b	c	d	ee	f	g
Categoria econômica	Origem	Espécie	Desdobramento para identificação de peculiaridades da receita			Tipo

Fonte: MCASP, 9ª edição.

De acordo com o disposto no MCASP, os 5º e 6º dígitos referentes ao *Desdobramento da codificação por natureza de receita orçamentária* estão reservados para identificar as peculiaridades ou necessidades gerenciais dos entes, sendo utilizados os números de 00 a 49 para a União e de 50 a 98 para os Estados, o Distrito Federal e os Municípios. Os códigos de natureza de receita vigentes para a União poderão ser utilizados pelos Estados, pelo Distrito Federal e pelos Municípios, no que couber. Em âmbito federal, a Secretaria de Orçamento Federal (SOF) é a responsável pela publicação de portaria específica com a codificação das naturezas de receita para a União. Para atender necessidades específicas de Estados, Distrito Federal e Municípios, as quais não possam ser contempladas por meio do uso dos códigos de natureza de receita vigentes para a União, a Secretaria de Tesouro Nacional (STN) elabora a portaria com os códigos de natureza de receita específicos nos Desdobramentos identificados nos 5º e

6º dígitos com os números de 50 a 98, com utilização restrita a esses entes federados, conforme suas necessidades.

Quanto à categoria econômica (a), os §§ 1º e 2º do art. 11 da Lei nº 4.320/1964 classificam as receitas orçamentárias em Receitas Correntes (código 1) e Receitas de Capital (código 2):

a) **Receitas Correntes:** são arrecadadas dentro do exercício financeiro, aumentam as disponibilidades financeiras do Estado, em geral com efeito positivo sobre o Patrimônio Líquido, e constituem instrumento para financiar os objetivos definidos nos programas e ações orçamentários, com vistas a satisfazer finalidades públicas. Conforme art. 11, § 1º, da Lei nº 4.320/1964, classificam-se como correntes as receitas provenientes de tributos; de contribuições; da exploração do patrimônio estatal (Patrimonial); da exploração de atividades econômicas (Agropecuária, Industrial e de Serviços); de recursos financeiros recebidos de outras pessoas de direito público ou privado, quando destinadas a atender despesas classificáveis em Despesas Correntes (Transferências Correntes); e demais receitas que não se enquadram nos itens anteriores (Outras Receitas Correntes).

b) **Receitas de Capital:** são arrecadadas dentro do exercício financeiro, aumentam as disponibilidades financeiras do Estado e são instrumentos de financiamento dos programas e ações orçamentários, a fim de se atingirem as finalidades públicas. Porém, de forma diversa das Receitas Correntes, as Receitas de Capital não provocam efeito sobre o Patrimônio Líquido. Conforme art. 11, § 2º, da Lei nº 4.320/1964, Receitas de Capital são as provenientes de: realização de recursos financeiros oriundos da constituição de dívidas; conversão, em espécie, de bens e direitos; recebimento de recursos de outras pessoas de direito público ou privado, quando destinados a atender Despesas de Capital; e, superávit do Orçamento Corrente.

Quanto se tratar de **operações intraorçamentárias** – aquelas realizadas entre órgãos e demais entidades da Administração Pública integrantes dos Orçamentos Fiscal e da Seguridade Social do mesmo ente federativo –, é importante compreender que não representam novas entradas de recursos nos cofres públicos do ente, mas apenas remanejamento de receitas entre seus órgãos. Nesse caso, não constituem novas categorias econômicas de receita, mas apenas especificações das categorias econômicas Receitas Correntes e Receitas de Capital.

A Origem (b) é o detalhamento das Categorias Econômicas das "Receitas Correntes" e das "Receitas de Capital", com vistas a identificar a procedência das receitas no momento em que ingressam nos cofres públicos. Segundo o disposto no MTO (2023), a atual codificação amplia o escopo de abrangência do conceito de origem e passa a explorá-lo na sequência lógico-temporal na qual ocorrem naturalmente atos e fatos orçamentários codependentes. Os códigos da origem para as Receitas Correntes e de Capital estão apresentados no Quadro 1.6.

Quadro 1.6 – Códigos de origem para as receitas correntes e de capital

Categoria econômica (1º dígito)	Origem (2º dígito)
1. Receitas Correntes 7. Receitas Correntes Intraorçamentárias	1. Impostos, Taxas e Contribuições de Melhoria 2. Contribuições 3. Receita Patrimonial 4. Receita Agropecuária 5. Receita Industrial

Categoria econômica (1º dígito)	Origem (2º dígito)
	6. Receita de Serviços 7. Transferências Correntes 9. Outras Receitas Correntes
2. Receitas de Capital 8. Receitas de Capital Intraorçamentárias	1. Operações de Crédito 2. Alienação de Bens 3. Amortização de Empréstimos 4. Transferências de Capital 9. Outras Receitas de Capital

Fonte: MTO (2023).

A Espécie (c) é o nível de classificação vinculado à Origem que permite qualificar com mais detalhes o fato gerador das receitas. Já o Desdobramento para identificação de peculiaridades da receita (d.ee.f) tem como objetivo identificar as particularidades de cada receita, caso seja necessário. Assim, de acordo com o MCASP, esses dígitos podem ou não ser utilizados, observando-se a necessidade de especificação do recurso.

Finalmente, o Tipo (g) corresponde ao último dígito na natureza de receita, e tem a finalidade de identificar o tipo de arrecadação a que se refere a natureza. O registro do ingresso de recursos orçamentários deverá, prioritariamente, ser efetuado por meio do uso dos Tipos de Receita identificados por 1, 3, 5, 6, 7 e 8, a fim de que o recolhimento das Multas seja efetuado por meio de código específico e em separado do recolhimento dos Juros de Mora das receitas às quais se referem. Importante destacar que as portarias SOF e STN que desdobrarão o Anexo I da Portaria Conjunta STN/SOF nº 163, de 04 de maio de 2001, conterão apenas as naturezas de receita agregadoras, finalizadas com dígito 0, considerando-se criadas automaticamente, para todos os fins, as naturezas valorizáveis, terminadas em 1, 2, 3 e 4, 5, 6, 7 e 8.

Com relação à classificação da receita orçamentária por fontes/destinações de recursos (FR), tem como objetivo agrupar receitas que possuam as mesmas normas de aplicação na despesa. Em regra, as fontes ou destinações de recursos reúnem recursos oriundos de determinados códigos da classificação por natureza da receita orçamentária, conforme regras previamente estabelecidas. Por meio do orçamento público, essas fontes ou destinações são associadas a determinadas despesas de forma a evidenciar os meios para atingir os objetivos públicos.

O MCASP alerta que a criação de vinculações para as receitas deve ser pautada em mandamentos legais que regulamentam a aplicação de recursos, seja para funções essenciais, seja para entes, órgãos, entidades e fundos. Outro tipo de vinculação é aquela criada por normativos ou instrumentos infralegais, tais como convênios e contratos de empréstimos e financiamentos, cujos recursos são obtidos com finalidade específica.

Sobre a classificação da receita orçamentária por indicador de resultado primário, pode ser dividida em: a) primárias (P), quando seus valores são incluídos no cálculo do resultado primário; e b) financeiras (F), quando não são incluídas no citado cálculo:

- **Receitas primárias (P):** referem-se predominantemente a receitas correntes (exceto receita de juros) e são compostas daquelas que advêm dos tributos, das contribuições sociais, das concessões, dos dividendos recebidos pela União, da cota-parte das compensações financeiras, das decorrentes do próprio esforço de arrecadação das unidades orçamentárias, das provenientes de doações e convênios e outras também consideradas primárias.

- **Receitas financeiras (F):** são aquelas que não contribuem para o resultado primário ou não alteram o endividamento líquido do Governo (Setor Público não financeiro) no exercício financeiro correspondente, uma vez que criam uma obrigação ou extinguem um direito, ambos de natureza financeira, junto ao Setor Privado interno e/ou externo, alterando concomitantemente o ativo e o passivo financeiros. São adquiridas no mercado financeiro, decorrentes da emissão de títulos, da contratação de operações de crédito por organismos oficiais, das receitas de aplicações financeiras da União (juros recebidos, por exemplo), das privatizações e outras.

1.3.2 Despesas públicas

Segundo o disposto no MCASP, a despesa pública representa o conjunto de dispêndios realizados pelos entes públicos para o funcionamento e a manutenção dos serviços públicos prestados à sociedade. Em sentido amplo, as **despesas públicas** são dispêndios de recursos financeiros dos cofres do Estado, que se desdobram em despesas orçamentárias (quando representam saídas de recursos financeiros do erário) e em dispêndios extraorçamentários (quando representam apenas saídas compensatórias), conforme Quadro 1.7.

Quadro 1.7 – Dispêndios extraorçamentários versus despesas orçamentárias

Dispêndios extraorçamentários	Despesas orçamentárias
Representam saídas compensatórias, não necessitam de autorização legislativa	Representam saídas de recursos, dependem de autorização legislativa

Fonte: MCASP (2021).

Os **dispêndios extraorçamentários** são aqueles que não constam na LOA, compreendendo determinadas saídas de numerários decorrentes de depósitos, pagamentos de restos a pagar, resgate de operações de crédito por antecipação de receita e recursos transitórios.

Por outro lado, as **despesas orçamentárias** representam toda transação que depende de autorização legislativa, na forma de consignação de dotação orçamentária, para ser efetivada. Quanto ao impacto na situação patrimonial líquida da entidade pública, a despesa orçamentária pode ser classificada como "efetiva" ou "não efetiva":

a) **Despesa orçamentária efetiva:** afeta negativamente a situação líquida patrimonial da entidade pública (fato modificativo); portanto, assemelha-se ao conceito de despesa à luz da Teoria Contábil. Exemplo: folha de pagamento.

b) **Despesa orçamentária não efetiva:** não afeta a situação líquida patrimonial da entidade (fato permutativo); portanto, não atende ao conceito de despesa à luz da Teoria Contábil. Exemplo: compra de bem.

Portanto, **do ponto de vista orçamentário, o reconhecimento da despesa pública deve ser precedido da observância aos seguintes critérios:**

1. Deve estar prevista na LOA;
2. Deve ser destinada ao funcionamento de bens e serviços públicos;
3. Deve ser passível de dispêndio ou de compromissos a pagar.

Como se pode observar, da mesma forma que no reconhecimento da receita pública do ponto de vista orçamentário, a despesa pública do ponto de vista orçamentário também não precede a identificação do fato gerador. Portanto, tanto a despesa orçamentária efetiva (fato permutativo) como a despesa orçamentária não efetiva (fato modificativo) são registradas contabilmente em contas orçamentárias, desde que satisfaçam os critérios anteriormente relacionados, e são consideradas despesas públicas. Diferentemente, para fins de apuração do resultado patrimonial do exercício, somente serão consideradas as despesas efetivas (fato modificativo).

De acordo com o MTO (2023), a compreensão do orçamento exige o conhecimento de sua estrutura e sua organização, implantadas por meio de um sistema de classificação estruturado. Esse sistema tem o propósito de atender às exigências de informação demandadas por todos os interessados nas questões de finanças públicas, como os poderes públicos, as organizações públicas e privadas e a sociedade em geral.

Com relação à **classificação da despesa orçamentária**, também é de utilização obrigatória por todos os entes da Federação, sendo facultado o seu desdobramento para atendimento das respectivas necessidades. Sobre o assunto, as receitas orçamentárias são classificadas segundo os seguintes critérios:

1. Classificação institucional;
2. Classificação funcional;
3. Classificação por estrutura programática;
4. Classificação por natureza.

A **classificação institucional da despesa orçamentária** reflete a estrutura de alocação dos créditos orçamentários e está estruturada em dois níveis hierárquicos: órgão orçamentário e unidade orçamentária. Constitui unidade orçamentária o agrupamento de serviços subordinados ao mesmo órgão ou repartição a que serão consignadas dotações próprias (art. 14 da Lei nº 4.320/1964). Os órgãos orçamentários, por sua vez, correspondem a agrupamentos de unidades orçamentárias. As dotações são consignadas às unidades orçamentárias, responsáveis pela realização das ações.

Com relação à **classificação funcional da despesa orçamentária**, segrega as dotações orçamentárias em funções e subfunções, buscando responder basicamente à indagação "em que área" de ação governamental a despesa será realizada. A atual classificação funcional foi instituída pela Portaria nº 42/1999, do então Ministério do Orçamento e Gestão, e é composta de um rol de funções e subfunções prefixadas, que servem como agregador dos gastos públicos por área de ação governamental nas três esferas de Governo. Trata-se de uma classificação independente dos programas e de aplicação comum e obrigatória, no âmbito da União, dos Estados, do Distrito Federal e dos Municípios, o que permite a consolidação nacional dos gastos do setor público.

Na **classificação por estrutura programática**, o programa é o instrumento de organização da atuação governamental que articula um conjunto de ações que concorrem para a concretização de um objetivo comum preestabelecido, visando à solução de um problema ou ao atendimento de determinada necessidade ou demanda da sociedade. O orçamento Federal está organizado em programas, a partir dos quais são relacionadas as ações sob a forma de atividades, projetos ou operações especiais:

- *Atividade*: instrumento de programação utilizado para alcançar o objetivo de um programa, envolvendo um conjunto de operações que se realizam de modo contínuo e permanente, das quais resulta um produto ou serviço necessário à manutenção da ação de Governo;

- *Projetos*: instrumento de programação utilizado para alcançar o objetivo de um programa, envolvendo um conjunto de operações, limitadas no tempo, das quais resulta um produto que concorre para a expansão ou o aperfeiçoamento da ação de Governo;
- *Operações especiais*: despesas que não contribuem para a manutenção, expansão ou aperfeiçoamento das ações de governo, das quais não resulta um produto e que não geram contraprestação direta sob a forma de bens ou serviços.

A cada projeto ou atividade só poderá estar associado um produto, que, quantificado por sua unidade de medida, dará origem à meta física, que é a quantidade de produto a ser ofertado por ação, de forma regionalizada, se for o caso, num determinado período e instituída para cada ano.

A **classificação por natureza** compõe-se de categoria econômica, grupo de natureza da despesa e elemento de despesa. A natureza da despesa será ainda complementada pela informação gerencial denominada "Modalidade de Aplicação", a qual tem por finalidade indicar se os recursos são aplicados diretamente por órgãos ou entidades no âmbito da mesma esfera de Governo ou por outro ente da Federação e suas respectivas entidades, e objetiva, precipuamente, possibilitar a eliminação da dupla contagem dos recursos transferidos ou descentralizados.

Os arts. 12 e 13 da Lei nº 4.320/1964 tratam da **classificação da despesa por categoria econômica e elementos**. Assim como no caso da receita pública, o art. 8º dessa lei estabelece que os itens da discriminação da despesa pública serão identificados por números de código decimal, na forma do respectivo Anexo IV, atualmente consubstanciados no Anexo II da Portaria Interministerial STN/SOF nº 163, de 2001.

O conjunto de informações que formam o código é conhecido como classificação por natureza da despesa e informa a categoria econômica da despesa, o grupo a que ela pertence, a modalidade de aplicação e o elemento. Na base de dados do sistema de orçamento, o campo que se refere à natureza da despesa contém um código composto por oito algarismos, definida pela estrutura "c.g.mm.ee.dd", cujas posições ordinais passam a ter o seguinte significado (Quadro 1.8):

Quadro 1.8 – Classificação da despesa orçamentária quanto à natureza

c	g	mm	ee	dd
Categoria econômica	Grupo de natureza	Modalidade de aplicação	Elemento de despesa	Subelemento (facultativo)

Fonte: Portaria Interministerial no 163/2001, atualizada em 04/07/2016.

Com relação à <u>Categoria econômica</u> (c), a despesa orçamentária é classificada em despesa corrente e despesa de capital. Segundo o disposto no art. 12 da Lei nº 4.320/1964, as **despesas correntes** podem ser classificadas em despesas de custeio (§ 1º) e transferências correntes (§ 2º):

a) *Despesas de custeio:* dotações para manutenção de serviços anteriormente criados, inclusive as destinadas a atender a obras de conservação e adaptação de bens imóveis.

b) *Transferências correntes:* dotações para despesas as quais não corresponda contraprestação direta em bens ou serviços, inclusive para contribuições e subvenções destinadas a atender à manifestação de outras entidades de direito público ou privado.

Registre-se que as despesas orçamentárias correntes são empenhadas dentro do exercício financeiro, diminuem as disponibilidades financeiras do Estado, em geral com efeito negativo sobre o Patrimônio Líquido (despesas efetivas), e constituem instrumento para financiar os objetivos definidos nos programas e ações orçamentárias, com vistas a satisfazer finalidades públicas.

As **despesas de capital**, por sua vez, conforme o disposto no art. 12 da Lei nº 4.320/1964, podem ser classificadas como investimentos, inversões financeiras ou transferências de capital:

a) *Investimentos:* dotações para o planejamento e a execução de obras, inclusive as destinadas à aquisição de imóveis considerados necessários à realização dessas últimas, bem como para os programas especiais de trabalho, aquisição de instalações, equipamentos e material permanente, e constituição ou aumento do capital de empresas que não sejam de caráter comercial ou financeiro.

b) *Inversões financeiras:* I – aquisição de imóveis ou de bens de capital já em utilização; II – aquisição de títulos representativos do capital de empresas ou entidades de qualquer espécie, já constituídas, quando a operação não importe aumento do capital; III – constituição ou aumento do capital de entidades ou empresas que visem a objetivos comerciais ou financeiros, inclusive operações bancárias ou de seguros.

c) *Transferências de capital:* dotações para investimentos ou inversões financeiras que outras pessoas de direito público ou privado devam realizar, independentemente de contraprestação direta em bens ou serviços, constituindo essas transferências auxílios ou contribuições, segundo derivem diretamente da Lei de Orçamento ou de lei especialmente anterior, bem como as dotações para amortização da dívida pública.

As despesas orçamentárias de capital também diminuem as disponibilidades financeiras do Estado. Porém, de forma diversa das despesas correntes, as despesas de capital não provocam efeito sobre o Patrimônio Líquido (despesas não efetivas).

O Grupo de Natureza da Despesa (g) é um agregador de elemento de despesa com as mesmas características quanto ao objeto de gasto, conforme Quadro 1.9.

Quadro 1.9 – Despesa orçamentária classificada por grupo de natureza da despesa e categoria econômica

Grupo de natureza da despesa		Categoria econômica
1	Pessoal e encargos sociais	
2	Juros e encargos da dívida	Despesas correntes
3	Outras despesas correntes	
4	Investimentos	
5	Inversões financeiras	Despesas de capital
6	Amortização da dívida	

Fonte: MTO (2023).

A natureza da despesa será complementada pela informação gerencial denominada Modalidade de Aplicação (mm), a qual tem por finalidade indicar se os recursos são aplicados diretamente por órgãos ou entidades no âmbito da mesma esfera de Governo ou por outro ente da Federação e suas respectivas entidades, e objetiva, precipuamente, possibilitar a eliminação da dupla contagem dos recursos transferidos ou descentralizados.

Com relação à classificação por Elemento de Despesa (ee), seus códigos identificam os objetos de gasto, tais como vencimentos e vantagens fixas, juros, diárias, material de consumo, serviços de terceiros prestados sob qualquer forma, subvenções sociais, obras e instalações, equipamentos e material permanente, auxílios, amortização e outros que a Administração Pública utiliza para a consecução de seus fins.

1.4 Descentralização de créditos orçamentários

As descentralizações de créditos são utilizadas para execução de ações de responsabilidade do órgão, fundo ou entidade descentralizadora, efetuadas no âmbito do respectivo ente da Federação. Assim, as descentralizações de créditos orçamentários ocorrem quando for efetuada movimentação de parte do orçamento, mantidas as classificações institucional, funcional, programática e econômica, para que outras unidades administrativas possam executar a despesa orçamentária.

Diferentemente das transferências, as descentralizações de créditos orçamentários não modificam a programação ou o valor de suas dotações orçamentárias (créditos adicionais), nem alteram a unidade orçamentária (classificação institucional) detentora do crédito orçamentário aprovado na lei orçamentária ou em créditos adicionais.

Quando a descentralização envolver unidades gestoras de um mesmo órgão, tem-se a descentralização interna (provisão). Se, porventura, a movimentação de crédito ocorrer entre unidades gestoras de órgãos ou entidades de estrutura diferente, ter-se-á uma descentralização externa (destaque), conforme Figura 1.2.

Figura 1.2 – Descentralização de créditos orçamentários.

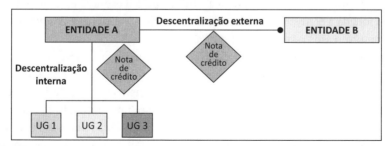

Fonte: MTO (2023).

Na descentralização, as dotações serão empregadas obrigatória e integralmente na consecução do objetivo previsto pelo programa de trabalho pertinente, respeitadas fielmente a classificação funcional e a estrutura programática. Portanto, **a única diferença da descentralização de crédito é que a execução da despesa orçamentária será realizada por outro órgão ou entidade**.

O MCASP esclarece que a execução de despesas da competência de órgãos e unidades do ente da Federação poderá ser descentralizada ou delegada, no todo ou em parte, a órgão ou entidade de outro ente da Federação, desde que não haja legislação contrária e demonstre viabilidade técnica.

Tendo em vista o disposto no art. 35 da Lei nº 10.180, de 06 de fevereiro de 2001, a execução de despesas mediante descentralização a outro ente da Federação processar-se-á de acordo com os mesmos procedimentos adotados para as transferências voluntárias, ou seja, com realização de empenho, liquidação e pagamento na unidade descentralizadora do crédito orçamentário e inclusão na receita e na despesa do ente recebedor dos recursos-objeto da descentralização, identificando-se como recursos de convênios ou similares.

Ressalte-se que, ao contrário das transferências voluntárias realizadas aos demais entes da Federação, que, em geral, devem ser classificadas como operações especiais, as descentralizações de créditos orçamentários devem ocorrer em projetos ou atividades.

Assim, nas transferências voluntárias devem ser utilizados os elementos de despesas típicos destas, sendo 41 – Contribuições e 42 – Auxílios, enquanto nas descentralizações de créditos orçamentários devem ser usados os elementos denominados típicos de gastos, tais como 30 – Material de Consumo, 39 – Outros Serviços de Terceiros – Pessoa Jurídica, 51 – Obras e Instalações, 52 – Material Permanente etc. (MCASP, 2021).

1.5 Transferências financeiras recebidas ou concedidas

Havendo a descentralização de créditos, ocorrerá também a transferência financeira, que consiste na movimentação de recursos do órgão central de programação financeira (Tesouro) entre órgãos e entidades da administração direta e indireta com a finalidade de pagar as despesas orçamentárias legalmente empenhadas e liquidadas.

Podem ser orçamentárias ou extraorçamentárias. Aquelas efetuadas em cumprimento à execução do Orçamento são as cotas, repasses e sub-repasses:

a) **Cotas:** são a primeira fase da movimentação dos recursos, realizada em consonância com o cronograma de desembolso aprovado pelo Tesouro. Essa movimentação está condicionada à efetiva arrecadação de recursos financeiros pelo Tesouro e ao montante dos compromissos assumidos pelos órgãos.

b) **Repasses:** são a movimentação externa dos recursos financeiros. São caracterizados pela transferência de recursos financeiros entre órgãos de estruturas administrativas diferentes, destinados a atender o pagamento dos gastos orçamentários. Podem ocorrer entre órgãos da administração direta, ou desta para uma entidade da administração indireta, ou entre estas entidades, bem como de uma entidade da administração indireta para um órgão da administração direta. O repasse normalmente acompanha o destaque.

c) **Sub-repasses:** são a movimentação interna de recursos financeiros. São realizados pelos órgãos setoriais de programação financeira (OSPF), que os transfere para unidade orçamentária (UO) ou unidade administrativa (UA) a eles vinculados. O sub-repasse normalmente acompanha a provisão.

O fluxo da programação e execução das transferências financeiras recebidas ou concedidas é apresentado na Figura 1.3.

Figura 1.3 – Transferências de recursos financeiros.

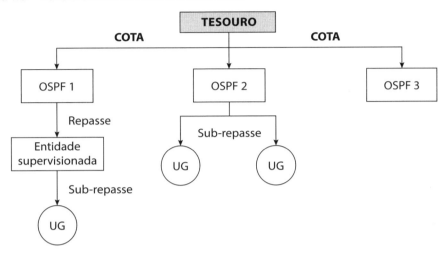

Fonte: MTO (2023).

As transferências financeiras que não se relacionam com o Orçamento em geral decorrem da transferência de recursos relativos aos restos a pagar. Esses valores, quando observados os demonstrativos consolidados, são compensados pelas transferências financeiras concedidas.

1.6 Mecanismos retificadores do orçamento: créditos adicionais

A autorização legislativa para a realização da despesa constitui crédito orçamentário, que poderá ser inicial ou adicional. Por **crédito orçamentário inicial**, entende-se aquele aprovado pela LOA, constante dos orçamentos fiscal, da seguridade social e de investimento das empresas estatais não dependentes.

Quando houver a necessidade de autorizações de despesas não computadas ou insuficientemente dotadas na LOA, tem-se a possibilidade de se buscar **créditos adicionais**. Os créditos adicionais são, portanto, mecanismos retificadores do orçamento. As espécies são: suplementares, especiais e extraordinárias. O ato de abrir o crédito adicional indicará sua importância, sua espécie e a classificação da despesa, até onde for possível. Segundo o disposto no art. 41 da Lei nº 4.320/1964, podem ser classificados em: suplementares, especiais e extraordinários:

a) *Créditos suplementares:* são destinados para cobrir despesas para as quais não haja dotação orçamentária específica, e incorpora-se ao orçamento adicionando-se à dotação orçamentária que deva reforçar. São autorizados por lei e abertos por decreto do Poder Executivo, e terão vigência no exercício em que forem abertos.

b) *Créditos especiais:* são destinados para despesas para as quais não haja dotação orçamentária específica. São autorizados por lei e abertos por decreto do Poder Executivo, e não poderão ter vigência além do exercício em que forem autorizados – salvo se o ato de autorização for promulgado nos últimos quatro meses daquele exercício, podendo ser reabertos nos limites dos seus saldos.

c) *Créditos extraordinários:* são destinados para despesas urgentes e imprevistas, em caso de guerra, comoção intestina ou calamidade pública, conforme o art. 167 da CF. Caracteriza-se pela imprevisibilidade do fato, que requer ação urgente do poder público, e por não decorrer de planejamento e, pois, de orçamento. Os créditos extraordinários não poderão ter vigência além do exercício em que forem autorizados, salvo se o ato de autorização for promulgado nos últimos quatro meses daquele exercício, caso em que, reabertos nos limites dos seus saldos, serão incorporados ao orçamento do exercício financeiro subsequente.

As principais características das modalidades de créditos adicionais são apresentadas de forma resumida no Quadro 1.10.

Quadro 1.10 – Características dos créditos adicionais

Espécie	Suplementares	Especiais	Extraordinários
Finalidade	Reforço da categoria de programação existente na LOA	Atender a categoria de programação não contemplada no orçamento	Atender a despesas imprevistas e urgentes
Autorização	Prévia, podendo ser incluída na própria lei de orçamento ou em lei especial	Prévia, em lei especial	Independente
Forma de abertura*	Decreto do Poder Executivo até o limite estabelecido em lei	Decreto do Poder Executivo até o limite estabelecido em lei	Por meio de Medida Provisória
Recursos	Indicação obrigatória	Indicação obrigatória	Independente de indicação
Valor/Limite	Obrigatório, indicado na lei de autorização e no decreto de abertura	Obrigatório, indicado na lei de autorização e no decreto de abertura	Obrigatório, indicado na Medida Provisória
Vigência	No exercício em que foi aberto	No exercício em que foi aberto	No exercício em que foi aberto
Prorrogação	Jamais permitida	Só para o exercício seguinte, se autorizado em um dos quatro últimos meses do exercício	Só para o exercício seguinte, se autorizado em um dos quatro últimos meses do exercício

Fonte: MCASP (2021).

A Constituição Federal de 1988, no § 8º do art. 166, estabelece que os recursos objeto de veto, emenda ou rejeição do projeto de lei orçamentária que ficarem sem destinação podem ser utilizados como fonte hábil para abertura de créditos especiais e suplementares, mediante autorização legislativa. A reserva de contingência destinada ao atendimento de passivos contingentes e outros riscos, bem como eventos fiscais imprevistos, poderá ser utilizada para abertura de créditos adicionais, visto que não há execução direta da reserva.

1.7 Etapas e estágios das execuções orçamentária e financeira

A execução orçamentária se dá com a utilização dos créditos consignados na LOA. Uma vez publicada a LOA, observadas as normas de execução orçamentária e de programação financeira estabelecidas para o exercício e lançadas as informações orçamentárias, fornecidas pela área de orçamento, cria-se o crédito orçamentário e, a partir daí, tem-se o início da execução orçamentária propriamente dita. Executar o Orçamento é, portanto, realizar as receitas e as despesas nas etapas e estágios previstos na Lei nº 4.320/1964 e suas atualizações.

1.7.1 Execução orçamentária da receita

De acordo com o Manual Técnico de Orçamento, as etapas da receita seguem a ordem de ocorrência dos fenômenos econômicos, levando-se em consideração o modelo de orçamento existente no País. As etapas da receita orçamentária podem ser resumidas em previsão, lançamento, arrecadação e recolhimento.

Registre-se que nem todas as etapas citadas ocorrem para todos os tipos de receitas orçamentárias. Pode ocorrer arrecadação de receitas não previstas e também das que não foram lançadas, como é o caso de uma doação em espécie recebida pelos entes públicos.

1.7.1.1 Previsão

Efetuar a previsão implica planejar e estimar a arrecadação das receitas que constará na proposta orçamentária. Isso deverá ser realizado em conformidade com as normas técnicas e legais correlatas e, em especial, com as disposições constantes na LRF.

No âmbito federal, a metodologia de projeção de receitas busca assimilar o comportamento da arrecadação de determinada receita em exercícios anteriores, a fim de projetá-la para o período seguinte, com o auxílio de modelos estatísticos e matemáticos. O modelo dependerá do comportamento da série histórica de arrecadação e de informações fornecidas pelos órgãos orçamentários ou unidades arrecadadoras envolvidos no processo (MTO, 2023).

A previsão de receitas é a etapa que antecede a fixação do montante de despesas que constará nas leis de orçamento, além de ser base para se estimar as necessidades de financiamento do Governo.

1.7.1.2 Lançamento

De acordo com o art. 142 do Código Tributário Nacional (CTN), lançamento é o procedimento administrativo que verifica a ocorrência do fato gerador da obrigação correspondente, determina a matéria tributável, calcula o montante do tributo devido, identifica o sujeito passivo e, sendo o caso, propõe a aplicação da penalidade cabível.

Na prática, essa etapa identifica quem deve para o Governo, quanto deve e a que se refere essa dívida, normalmente decorrente do pagamento de tributos, multas e outras penalidades pecuniárias, onde o Governo usa sua supremacia estatal para impor a sua cobrança.

De acordo com o MTO, segundo o disposto nos arts. 142 a 150 do CTN, a etapa de lançamento situa-se no contexto de constituição do crédito tributário, ou seja, aplica-se a impostos, taxas e contribuições de melhoria. Até recentemente, essa etapa não era registrada nas contas públicas. Na prática, em cumprimento ao disposto ao art. 35 da Lei nº 4.320/1964, a receita pública era reconhecida apenas no momento de sua arrecadação, seguindo o regime de execução orçamentária e financeira, portanto, quando houvesse seu efetivo ingresso de recursos.

1.7.1.3 Arrecadação

Corresponde à entrega dos recursos devidos ao Tesouro pelos contribuintes ou devedores, por meio dos agentes arrecadadores ou instituições financeiras autorizadas pelo ente. Vale destacar que, segundo o art. 35 da Lei nº 4.320/1964, pertencem ao exercício financeiro as receitas nele arrecadadas.

Com o advento do processo de convergência da Contabilidade Pública brasileira aos padrões internacionais, que passou a exigir o registro da receita pública também no momento do seu fato gerador (entrega do bem ou serviço, ou lançamento do imposto), passou a ser efetuado o controle patrimonial desses valores, seguindo o regime contábil da competência.

Assim, para possibilitar o relacionamento do regime orçamentário com o regime contábil, deve ser reconhecida uma variação patrimonial aumentativa (VPA) quando da identificação do fato gerador (regime contábil de competência), mas a receita orçamentária só será reconhecida quando do efetivo ingresso de recurso (regime de execução orçamentária e financeira). Esse assunto será discutido com mais propriedade no *Capítulo 2 – Ambiente da Contabilidade Pública Brasileira e Processos de Convergência aos Padrões Internacionais*.

1.7.1.4 Recolhimento

A etapa do recolhimento consiste na transferência dos valores arrecadados à conta específica do Tesouro Nacional, responsável pela administração e controle da arrecadação e pela programação financeira, observando-se o princípio da unidade de tesouraria ou de caixa, conforme determina o art. 56 da Lei nº 4.320/1964. As etapas da receita orçamentária encontram-se sintetizadas a seguir:

Etapas da receita orçamentária

PREVISÃO	Estimativa de arrecadação
LANÇAMENTO	Verifica a procedência do crédito fiscal e a pessoa que lhe é devedora
ARRECADAÇÃO	Entrega dos recursos devidos ao Tesouro pelos contribuintes ou devedores
RECOLHIMENTO	Transferência dos valores arrecadados à conta específica do Tesouro

Fonte: MCASP (STN, 2021).

Depois de reconhecidas as receitas orçamentárias, podem ocorrer fatos supervenientes que ensejem a necessidade de deduções ou restituições, tais como no caso de recursos que o ente tenha a competência de arrecadar, mas que pertencem a outro ente, de acordo com a legislação vigente (transferências constitucionais ou legais); da restituição de receitas recebidas a maior ou indevidamente; e da renúncia de receita orçamentária.

1.7.2 Execução orçamentária da despesa

A despesa orçamentária é dividida em duas etapas: Planejamento e Execução. A Etapa do Planejamento abrange, de modo geral, toda a análise para a formulação do plano e ações governamentais que servirão de base para a fixação da despesa orçamentária, a descentralização/movimentação de créditos, a programação orçamentária e financeira e o processo de licitação e contratação.

A Etapa da Execução da despesa orçamentária, por sua vez, se dá em três estágios, na forma prevista na Lei nº 4.320/1964: empenho, liquidação e pagamento.

1.7.2.1 Empenho

Segundo o disposto no art. 58 da Lei nº 4.320/1964, o empenho é o ato emanado de autoridade competente que cria para o Estado obrigação de pagamento pendente ou não de implemento de condição (fato gerador). Consiste na reserva de dotação orçamentária para um fim específico.

O empenho será formalizado mediante a emissão de um documento denominado "Nota de Empenho", do qual deve constar o nome do credor, a especificação do credor e a importância da despesa, bem como os demais dados necessários ao controle da execução orçamentária. Embora o art. 61 da Lei nº 4.320/1964 estabeleça a obrigatoriedade do nome do credor no documento "Nota de Empenho", em alguns casos, como na folha de pagamento, torna-se impraticável a emissão de um empenho para cada credor, tendo em vista o número excessivo de credores (servidores).

De acordo com o MCASP (STN, 2021), caso não seja necessária a impressão do documento "Nota de Empenho", o empenho ficará arquivado em banco de dados, em tela com formatação própria e modelo oficial, a ser elaborado por cada ente da Federação em atendimento às suas peculiaridades.

Quando o valor empenhado for insuficiente para atender à despesa a ser realizada, o empenho poderá ser reforçado. Caso o valor do empenho exceda o montante da despesa realizada, o empenho deverá ser anulado parcialmente. Será anulado totalmente quando o objeto do contrato não tiver sido cumprido, ou, ainda, no caso de ter sido emitido incorretamente. Os empenhos podem ser classificados em ordinário, estimativo e global:

i. *Ordinário:* é o tipo de empenho utilizado para as despesas de valor fixo e previamente determinado, cujo pagamento deva ocorrer de uma só vez.

ii. *Estimativo:* é o tipo de empenho utilizado para as despesas cujo montante não se pode determinar previamente, tais como serviços de fornecimento de água e energia elétrica, aquisição de combustíveis e lubrificantes e outros.

iii. *Global:* é o tipo de empenho utilizado para despesas contratuais ou outras de valor determinado, sujeitas a parcelamento, por exemplo, os compromissos decorrentes de aluguéis.

1.7.2.2 Liquidação

O estágio da liquidação da despesa, em conformidade com o disposto no art. 63 da Lei nº 4.320/1964, consiste na verificação do direito adquirido pelo credor tendo por base os títulos e documentos comprobatórios do respectivo crédito e tem por objetivo apurar a origem e o objeto do que se deve pagar; a importância exata a pagar; e a quem se deve pagar a importância, para extinguir a obrigação.

A liquidação da despesa terá por base o contrato, ajuste ou acordo respectivo; a nota de empenho; os comprovantes da entrega de material ou da prestação efetiva do serviço.

Registre-se que entre os estágios do empenho e da liquidação a Secretaria do Tesouro Nacional incluiu no MCASP a fase da execução da despesa – "em liquidação", que busca o registro contábil no patrimônio de acordo com a ocorrência do fato gerador, não do empenho.

De acordo com a STN, essa regra possibilita a separação entre os empenhos não liquidados que possuem fato gerador dos que não possuem, evitando assim a dupla contagem para fins de apuração do passivo financeiro. Quanto aos demais lançamentos no sistema orçamentário e de controle, permanecem conforme a Lei nº 4.320/1964.

1.7.2.3 Pagamento

O estágio do pagamento consiste na entrega de numerário ao credor por meio de cheque nominativo, ordens de pagamentos ou crédito em conta, e só pode ser efetuado após a regular liquidação da despesa.

De acordo com o MCASP, a Lei nº 4.320/1964, no art. 64, define ordem de pagamento como o despacho exarado por autoridade competente, determinando que a despesa liquidada seja paga. A ordem de pagamento só pode ser exarada em documentos processados pelos serviços de contabilidade. As etapas e os estágios da despesa orçamentária são apresentados a seguir:

Etapas e estágios da despesa orçamentária

Planejamento	Fixação da despesa
	Descentralizações de créditos orçamentários
	Programação orçamentária e financeira
	Processo de licitação e contratação
Execução	Empenho
	Liquidação
	Pagamento

Fonte: MCASP (STN, 2021).

1.8 Fonte ou Destinação de Recursos

Por meio do orçamento público, as fontes ou destinações de recursos são associadas a determinadas despesas de forma a evidenciar os meios para atingir os objetivos públicos. Como mecanismo integrador entre a receita e a despesa, o código de Fonte de Recursos (FR) exerce um duplo papel no processo orçamentário. Para a receita orçamentária, esse código tem a finalidade de indicar a destinação de recursos para a realização de determinadas despesas orçamentárias. Para a despesa orçamentária, identifica a origem dos recursos que estão sendo utilizados.

A classificação por fonte/destinação de recursos identifica se os recursos são vinculados ou não e, no caso dos vinculados, pode indicar a sua finalidade. A destinação pode ser classificada em destinação vinculada e destinação livre:

- *Destinação vinculada*: é o processo de vinculação entre a origem e a aplicação de recursos, em atendimento às finalidades específicas estabelecidas pela norma;
- *Destinação livre*: é o processo de alocação livre entre a origem e a aplicação de recursos, para atender a quaisquer finalidades, desde que dentro do âmbito das competências de atuação do órgão ou entidade.

Criada para agrupar receitas que possuam as mesmas normas de aplicação na despesa (em regra, as fontes ou destinações de recursos reúnem recursos oriundos de determinados códigos da classificação por natureza da receita orçamentária, conforme regras previamente estabelecidas), o uso da classificação por fontes ou destinações de recursos (FR) se tornou um desafio no âmbito dos Estados e Municípios brasileiros. Como não havia um rol a ser seguido inicialmente, cada tribunal de conta acabou definindo um roteiro próprio. Com o passar do tempo, os sistemas contábeis acabaram sendo parametrizados para atender ao tribunal de contas ao qual o ente federado local se encontra jurisdicionado.

Para uniformizar a codificação a ser utilizada em todo o Brasil, uma padronização da classificação por fonte ou destinação de recursos foi definida por meio da Portaria Conjunta STN/SOF nº 20, de 23 de fevereiro de 2021, e da Portaria STN nº 710, de 25 de fevereiro de 2021. Essa última portaria estabeleceu a classificação das fontes ou destinações de recursos a ser utilizada por Estados, Distrito Federal e Municípios, observando os seguintes prazos para adoção da padronização das fontes ou destinações de recursos:

i. de forma obrigatória a partir do exercício de 2023, incluindo a elaboração, em 2022, do Projeto de Lei de Diretrizes Orçamentárias (PLDO) e do Projeto de Lei Orçamentária Anual (PLOA), referentes ao exercício de 2023;

ii. de forma facultativa na execução orçamentária referente ao exercício de 2022, sendo permitida a utilização do mecanismo de "De-para" para o envio das informações à Secretaria do Tesouro Nacional.

Como vimos anteriormente neste capítulo, o estabelecimento de vinculações para as receitas deve ser pautado em mandamentos legais que regulamentam a aplicação de recursos, seja para funções essenciais, seja para entes, órgãos, entidades e fundos. Existem também vinculações criadas por normativos ou instrumentos infralegais, tais como convênios, contratos de empréstimos e financiamentos, transações sem contraprestação com especificações, recursos de terceiros administrados pelo ente, entre outros. Nesse contexto, as vinculações aplicadas aos entes recebedores dos recursos serão necessárias quando existirem, por exemplo, regras específicas para utilização dos recursos recebidos ou necessidades de prestação de contas aos entes ou instituições que repassarem os recursos. Logo, sempre que existir um recurso financeiro com destinação específica, haverá a necessidade de classificação específica de FR, seja por meio dos códigos padronizados, de observância obrigatória conforme competências atribuídas pela Portaria Conjunta STN/SOF nº 20, de 23 de fevereiro de 2021, seja por meio do detalhamento (MCASP, 2021).

A estrutura de codificação da fonte de recursos, de utilização obrigatória para os entes da Federação, está definida em portaria conjunta da STN e SOF. Essa estrutura está definida com três dígitos, que correspondem à especificação da fonte de recursos, com a denominação da origem ou destinação de recursos.

De acordo com o MCASP (2021), a partir do exercício de 2022, o Siconfi receberá nas Matrizes de Saldos Contábeis (MSC) somente a codificação padronizada das fontes ou destinações de recursos. Portanto, os entes que não adotarem a padronização na execução em 2022 terão de efetuar "De-para" das codificações utilizadas para o padrão definido na MSC.

1.9 Transferências obrigatórias e discricionárias

De acordo com a STN, uma das obrigações do Tesouro Nacional é repassar aos Estados e Municípios, por meio de recursos disponibilizados pela União, os recursos que lhes cabem, nos prazos estabelecidos. **Quanto aos requisitos legais**, as transferências fiscais da União podem ser classificadas em transferências obrigatórias (constitucionais e legais) e transferências discricionárias (voluntárias, para organização da sociedade civil, por delegação e específicas).

A STN esclarece que, **quanto à finalidade**, as transferências podem ser devolutivas, redistributivas, compensatórias, indenizatórias e mantenedoras.

a) *Devolutivas:* são aquelas cujos recursos ou parcela deles são devolvidos ao ente federativo em razão direta do fato gerador da receita ocorrido em seu território. Ex.: IOF-Ouro.

b) *Redistributivas:* são entregues aos entes federativos visando à promoção do equilíbrio socioeconômico entre eles. Ex.: FPE e FPM.

c) *Compensatórias:* buscam ressarcir a perda de receita ou parte dela do ente federativo decorrente de alguma imunidade ou isenção tributária. Ex.: IPI-Exportação.

d) *Indenizatórias:* têm por objetivo compensar financeiramente os entes federativos por prejuízos causados por impactos ambientais e poluição ocorridos em seus territórios, decorrentes da exploração de recursos minerais. Ex.: *Royalties* – Petróleo e Gás Natural (ANP).

e) *Mantenedoras:* têm por objetivo financiar políticas públicas essenciais ou custear despesas públicas específicas. Ex.: FUNDEB, SUS.

Quanto à **aplicação de recursos**, as transferências podem ser vinculadas (condicionadas à aplicação em áreas específicas, como saúde, educação, infraestrutura, programa de trabalho etc.) e desvinculadas (usadas livremente pelo ente beneficiário em qualquer tipo de despesa orçamentária).

1.9.1 Transferências obrigatórias

De acordo com a STN, as transferências obrigatórias subdividem-se em constitucionais e legais, conforme seu documento legal de origem. As transferências constitucionais ocorrem somente entre entes federativos, enquanto as transferências legais podem ser também para organizações da sociedade civil.

Dentre as características mais importantes das transferências constitucionais estão o fato de elas serem incondicionais (os beneficiários não precisam cumprir nenhuma formalidade para recebê-las); não exigirem contrapartida de recursos do beneficiário; e o fato de seus recursos não poderem ser retidos (à exceção de débitos do ente federativo com a União ou do descumprimento de gasto mínimo com saúde), nem contingenciados nas Leis Orçamentárias da União e dos Estados.

Com relação às transferências legais, elas podem ser incondicionais ou não, dependendo das regras definidas na legislação aplicável. Da mesma forma que nas transferências constitucionais, para o recebimento de transferências legais não são exigidas contrapartidas de recursos do beneficiário e eles não podem ser contingenciados nas Leis Orçamentárias da União e dos Estados. Contudo, os recursos das transferências legais podem ser retidos de acordo com os ditames das normas legais associadas.

A Constituição Federal do Brasil prevê a partilha de determinados tributos arrecadados pela União com os Estados, o Distrito Federal e os Municípios, como no caso do Fundo de Participação dos Municípios (FPM) e do Fundo de Participação dos Estados (FPE), constituídos de parcelas arrecadadas do Imposto de Renda (IR) e do Imposto sobre a Produção Industrial (IPI).

Outros tributos arrecadados pela União e partilhados entre os entes federados são o Imposto sobre a Propriedade Territorial Rural (ITR), o Imposto sobre a Produção Industrial Proporcional às Exportações (IPI-Exportação), a Contribuição de Intervenção no Domínio Econômico sobre Combustíveis (CIDE-Combustíveis) e o Imposto sobre Operações Relativas ao Metal Ouro como Ativo Financeiro (IOF-Ouro).

Destacam-se ainda como transferências constitucionais, a Lei Complementar nº 87 de 1996, também chamada de Lei Kandir, que tratou do repasse de recursos por conta da desoneração do ICMS incidente nas exportações, e as retenções e transferências para o Fundo de Manutenção e Desenvolvimento da Educação Básica e de Valorização dos Profissionais da Educação (Fundeb), que centraliza parcela de tributos (20%) arrecadados por todas as esferas de Governo para aplicação naquele setor de acordo com regras preestabelecidas. O Fundeb ainda recebe os recursos da chamada Complementação da União por intermédio do orçamento do Ministério da Educação.

A STN informa que cabe ao Tesouro Nacional, em cumprimento aos dispositivos constitucionais, efetuar as transferências dos recursos aos entes federados, nos prazos legalmente estabelecidos. No caso do Fundeb, compete ao Fundo Nacional da Educação (FNDE) realizar os repasses, na condição de agente daquele fundo. Em relação aos Fundos de Participação (FPE e FPM), a STN divulga aos Estados e Municípios as previsões de receita e os valores liberados com as respectivas bases de cálculo.

Além das transferências constitucionais, leis específicas podem determinar o repasse de recursos a Estados e Municípios, como o Auxílio Financeiro para Fomento das Exportações (FEX) e o Apoio Financeiro aos Municípios.

1.9.2 Transferências discricionárias

A STN esclarece que as transferências discricionárias foram criadas em razão da abrangência, complexidade, diversidade e extensão geográfica das demandas da população brasileira por serviços públicos, o que fez o Governo formular instrumentos descentralizadores das ações públicas, voltados para programas ou iniciativas prioritárias bem determinadas.

No caso das transferências voluntárias, são definidas no art. 25 da Lei Complementar nº 101, de 04 de maio de 2000, como a entrega de recursos correntes ou de capital para outro ente da Federação, a título de cooperação, auxílio ou assistência financeira, que não decorra de determinação constitucional, legal ou os destinados ao Sistema Único de Saúde. São assim chamadas porque dependem de decisão ou vontade da concedente e têm por objetivo a realização de obras ou a prestação de serviços de interesse comum.

Os instrumentos legais para a concretização das transferências voluntárias são o contrato de repasse e o termo de convênio, que podem ser celebrados entre entes federativos e órgãos públicos. No primeiro caso, um agente financeiro intermedeia a relação jurídica havida entre as partes; no segundo caso, o próprio ente administra os recursos. As situações e condições particulares nas quais se aplicam cada um desses instrumentos são regidas pela legislação específica, que não obriga que as transferências voluntárias sejam concedidas ou contratadas, mas tão somente as regulamenta.

Para habilitar a receber transferências voluntárias, o beneficiário deve elaborar um plano de trabalho detalhado, discriminando atividades, responsabilidades, contrapartida, cronograma de desembolso e resultados a serem alcançados. O beneficiário também deve prestar contas das despesas incorridas à instituição concedente, sob pena de impedimento para celebrar novos acordos de transferência e responsabilização legal dos representantes do beneficiário.

Com relação às transferências para as organizações da sociedade civil, são efetuadas pela administração pública para organizações da sociedade civil sem fins lucrativos a título de subvenção, auxílio e contribuição, visando à consecução de finalidades de interesse público, e exigem a celebração de um instrumento jurídico entre as partes envolvidas.

As transferências por delegação, por sua vez, são efetuadas entre Entes Federativos ou a consórcios públicos visando à execução descentralizada de projetos e ações públicas de responsabilidade exclusiva da concedente e exigem a celebração de um instrumento jurídico entre as partes envolvidas.

As transferências fiscais da União – Obrigatórias e Discricionárias – estão sintetizadas no Quadro 1.11.

Quadro 1.11 – Classificação das transferências fiscais da União

Classe	Categoria	Tipo
Quanto aos requisitos legais	Obrigatória	Constitucionais
		Legais
	Discricionária	Voluntárias
		Para organizações da sociedade civil
		Por delegação
		Específicas
Quanto à finalidade	Devolutiva	–
	Redistributiva	–
	Compensatória	–
	Indenizatória	–
	Mantenedora	–
Quanto à aplicação de recursos	Vinculada	–
	Desvinculada	–

Fonte: Ministério da Fazenda (2016).

1.10 Suprimento de fundos (regime de adiantamento)

De acordo com o MCASP (2021), o suprimento de fundos é caracterizado por ser um adiantamento de valores a um servidor para futura prestação de contas. Esse adiantamento constitui despesa orçamentária, ou seja, para conceder o recurso ao suprido é necessário percorrer os três estágios da despesa orçamentária: empenho, liquidação e pagamento.

O MCASP esclarece que o regimento de adiantamento não representa uma despesa pelo ponto de vista patrimonial, pois, no momento da concessão, não ocorre redução no patrimônio líquido. Na liquidação da despesa orçamentária, ao mesmo tempo em que ocorre o registro de um passivo, há também a incorporação de um ativo, que representa o direito de receber um bem ou serviço, objeto do gasto a ser efetuado pelo suprido ou a devolução do numerário adiantado.

Cada ente da Federação deve regulamentar as normas de adiantamento, observando as peculiaridades de seu sistema de controle interno, de forma a garantir a correta aplicação do dinheiro público. Destacam-se algumas regras estabelecidas para esse regime. O suprimento de fundos deve ser utilizado nos seguintes casos:

- Para atender a despesas eventuais, inclusive em viagens e com serviços especiais, que exijam pronto pagamento em espécie;
- Quando a despesa deva ser feita em caráter sigiloso, conforme se classificar em regulamento;
- Para atender a despesas de pequeno vulto, assim entendidas aquelas cujo valor, em cada caso, não ultrapassar limite estabelecido pela legislação.

Não se concederá suprimento de fundos nas seguintes situações: (i) a responsável por dois suprimentos; (ii) a servidor que tenha a seu cargo a guarda ou utilização do material a adquirir, salvo quando não houver na repartição outro servidor; (iii) a servidor declarado em alcance, ou seja, aquele que não prestou contas no prazo regulamentar ou o que teve suas contas recusadas ou impugnadas em virtude de desvio, desfalque, falta ou má aplicação de dinheiro, bens ou valores.

Os servidores que fizerem uso do suprimento de fundos devem ser orientados a realizar pesquisa de preço com no mínimo três cotações, de modo a aferir a adequação do preço cobrado aos de mercado, em observância ao princípio da economicidade. No ato em que autorizar a concessão de suprimento, a autoridade ordenadora fixará o prazo da prestação de contas, que deverá ser apresentada dentro dos 30 dias subsequentes do término do período de aplicação. Caso a importância seja aplicada até 31 de dezembro, deve ser comprovada até 15 de janeiro do exercício seguinte.

1.11 Restos a pagar *versus* despesas de exercícios anteriores

Os **restos a pagar** correspondem a todas as despesas regularmente empenhadas, do exercício atual ou anterior, mas não pagas até 31 de dezembro do exercício financeiro vigente. Distingue-se em dois tipos: (i) os restos a pagar processados (despesas já liquidadas), ou seja, o bem ou o serviço (fato gerador) já foi entregue, apenas não foi efetuado o seu pagamento; e (ii) os restos a pagar não processados (despesas a liquidar ou em liquidação), ou seja, o bem ou o serviço ainda não foi entregue pelo fornecedor ou que, por algum motivo, o gestor não tenha efetuado a liquidação do empenho.

A inscrição das despesas em restos a pagar é efetuada no encerramento de cada exercício financeiro (31 de dezembro) de emissão da respectiva nota de empenho. Em geral, no caso dos *restos a pagar processados*, essa inscrição é automática, ou seja, não há entraves burocráticos para que a despesa seja reconhecida e registrada do ponto de vista orçamentário e financeiro.

Por outro lado, no caso de empenho de despesa não liquidada (restos a pagar não processados), a recomendação é que seja anulado antes do processo de inscrição de restos a pagar, salvo quando:

- Vigente o prazo para o cumprimento da obrigação assumida pelo credor, nele estabelecida;
- Vencido o prazo de que trata o item anterior, mas esteja em curso a liquidação da despesa, ou seja, o cumprimento da obrigação assumida pelo credor;
- Se destinar a atender transferências a instituições públicas ou privadas;
- Corresponder a compromissos assumidos no exterior.

Atendendo a esses requisitos, a inscrição dos restos a pagar (neste caso *não processados*) segue o mesmo trâmite dos *restos a pagar processados*, sendo recomendado apenas que o registro seja efetuado em contas contábeis distintas para melhor controle por parte do gestor público.

Ressalte-se que não podem ser inscritos em *restos a pagar não processados* os empenhos referentes a despesas com diárias, ajuda de custo e suprimento de fundos pendentes de pagamento no exercício, pois essas despesas são consideradas liquidadas no momento da autorização formal do instrumento de concessão (portanto, restos a pagar processados).

Registre-se que a Lei de Responsabilidade Fiscal limitou a inscrição de restos a pagar em seu art. 42, ao vedar a possibilidade de o titular de poder ou órgão contrair, nos últimos dois quadrimestres de seu mandato, obrigação de despesa que não possa ser cumprida integralmente dentro dele, ou que tenha parcelas a serem pagas no exercício seguinte sem que haja suficiente disponibilidade de caixa para esse efeito, considerando, na determinação dessa disponibilidade, os encargos e as despesas compromissadas a pagar até o final do exercício.

Segundo o disposto no MCASP (2021), para maior transparência, é recomendável que as despesas executadas e inscritas em restos a pagar sejam segregadas em: (i) *despesas não liquidadas*, ou seja, aquelas empenhadas, mas que não cumpriram os termos do art. 63 da Lei nº 4.320/1964, que serão, ao encerramento do exercício, inscritas como restos a pagar não processados; e (ii) *despesas liquidadas*, consideradas aquelas empenhadas e em que houve a entrega do material ou serviço, nos termos do art. 63 da Lei nº 4.320/1964.

Com relação às **despesas de exercícios anteriores (DEA)**, são originadas de compromissos gerados em exercício financeiro anterior àquele em que deva ocorrer o pagamento, para o qual o orçamento continha crédito próprio com suficiente saldo orçamentário, mas que não tenham sido processados naquele momento.

Diferentemente dos restos a pagar, cuja execução orçamentária já aconteceu (despesa empenhada ou liquidada), a DEA sequer foi empenhada ou, se foi, teve seu empenho anulado ou cancelado. Três tipos de despesas orçamentárias podem ser enquadrados como DEA:

a) A despesa que possuía dotação orçamentária em exercício já encerrado, mas que, por algum motivo, não foi empenhada na época própria;
b) Os restos a pagar que foram cancelados, mas que permanece o direito do credor (prescrição interrompida) em razão de o fornecedor já ter entregue o bem ou serviço, entre outros;

Planejamento da Ação Governamental e Fundamentos do Orçamento Público | **37**

c) Os compromissos reconhecidos após o encerramento do exercício financeiro correspondente.

Uma condição fundamental para que uma despesa seja reconhecida como DEA é a existência de crédito específico na LOA ou em crédito adicional. Portanto, se esse não for o caso, a LOA do ente federado deve ser alterada para incluir uma rubrica específica para DEA. Em um segundo momento, para ser contabilizada como DEA a despesa deve ser previamente reconhecida pelo ordenador de despesa, identificando: (i) o nome do favorecido; (ii) a descrição do bem, material ou serviço adquirido/contratado; (iii) a data de vencimento do compromisso; (iv) a importância a ser paga; (v) os documentos fiscais comprobatórios; (vi) a certidão de cumprimento da obrigação pelo favorecido; e (vii) a motivação pela qual a despesa não foi empenhada ou paga na época própria.

A autorização para pagamento da DEA deve ser dada no próprio processo de reconhecimento da dívida, registrando que apenas as despesas processadas (entrega do bem ou serviço confirmada) podem ser reconhecidas como DEA. Registre-se, ainda, que as dívidas que dependem de requerimento do favorecido para reconhecimento do direito do credor prescreverão em cinco anos, contados da data do ato ou fato que tiver dado origem ao respectivo direito.

Com a existência da dotação específica e o respectivo reconhecimento do ordenador de despesa, a DEA deve cumprir o ritual da execução orçamentária de qualquer despesa do exercício (empenho, liquidação e pagamento), com a identificação apenas do elemento próprio: 92 – Despesas de Exercícios Anteriores.

RESUMO

Conceitos e princípios orçamentários

- O orçamento é um instrumento de controle preventivo que assinala o caminho a ser seguido pela Administração Pública, dando-lhe a necessária autorização para arrecadar e gastar dentro dos limites que se contém no próprio orçamento.
- São princípios do orçamento público: unidade ou totalidade, universalidade e anualidade ou periodicidade.
- Outros princípios podem ser relacionados com o orçamento público, entre eles: exclusividade, orçamento bruto e não vinculação de receitas e impostos.

Elaboração da proposta orçamentária

- O planejamento orçamentário é efetuado com três instrumentos básicos: o Plano Plurianual (PPA), a Lei das Diretrizes Orçamentárias (LDO) e a Lei Orçamentária Anual (LOA).
- O PPA é o instrumento de planejamento de médio prazo do Governo Federal, que estabelece as diretrizes, os objetivos e as metas da Administração Pública Federal para as despesas de capital e outras delas decorrentes e para as relativas aos programas de duração continuada.
- A LDO expressa as diretrizes para elaboração da LOA, define metas e prioridades da Administração Pública, além de outras disposições correlatas. O projeto da LDO, enviado ao Poder Legislativo, deve ser composto por mensagem, projeto de lei e anexos.
- A LOA compreende o orçamento fiscal, o orçamento de investimento e o orçamento da seguridade social. Ações governamentais correspondem às atividades, projetos e operações especiais estruturadas em programas.

Programação e classificação das receitas e das despesas públicas

- Ingressos extraorçamentários são recursos financeiros de caráter temporário. Não integram a LOA.
- Receitas orçamentárias são disponibilidades de recursos financeiros que ingressam durante o exercício e que aumentam o saldo financeiro da instituição.
- A classificação da receita orçamentária pode ser detalhada conforme a sua Natureza, Fonte/Destinação de Recursos e Indicador de Resultado Primário.
- A despesa orçamentária pública representa o conjunto de dispêndios realizados pelos entes públicos para o funcionamento e a manutenção dos serviços públicos prestados à sociedade.
- A classificação da despesa orçamentária segundo a sua natureza compõe-se de Categoria Econômica, Grupo de Natureza da Despesa e Elemento de Despesa.
- Descentralização de créditos orçamentários.
- Ocorre quando uma unidade administrativa ou orçamentária transfere a outras unidades administrativas ou orçamentárias o poder de utilizar créditos que lhes foram dotados.
- A descentralização interna (provisão) se dará quando a descentralização envolver unidades gestoras de um mesmo órgão. Quando envolver unidades gestoras de órgãos ou entidades de estruturas diferentes, se terá a descentralização externa (destaque).

Transferências financeiras recebidas ou concedidas

- Consiste na movimentação de recursos do órgão central de programação financeira (Tesouro) entre órgãos e entidades da administração direta e indireta com a finalidade de pagar as despesas orçamentárias legalmente empenhadas e liquidadas.
- Podem ser orçamentárias ou extraorçamentárias. Aquelas efetuadas em cumprimento à execução do Orçamento são as cotas, os repasses e os sub-repasses.

Créditos adicionais

- Os créditos adicionais são mecanismos retificadores do orçamento. As espécies são: suplementares, especiais e extraordinárias.
- Crédito orçamentário inicial é aquele aprovado pela LOA, constante dos orçamentos fiscal, da seguridade social e de investimento das empresas estatais não dependentes.
- Crédito adicional são as autorizações de despesas não computadas ou insuficientemente dotadas na Lei Orçamentária.
- Os créditos adicionais são classificados em créditos especiais, créditos extraordinários e créditos suplementares.

Etapas e estágios da execução orçamentária e financeira

- As etapas da receita orçamentária podem ser resumidas em previsão, lançamento, arrecadação e recolhimento.
- A despesa orçamentária é dividida em duas etapas: planejamento e execução. A etapa do planejamento da despesa orçamentária é dividida em quatro estágios: fixação da despesa; descentralizações de créditos orçamentários; programação orçamentária e financeira; e processo de licitação e contratação. Por outro lado, a etapa de execução da despesa orçamentária é dividida em três estágios: empenho, liquidação e pagamento.

Fonte ou destinação de recursos

- A classificação por fontes ou destinações de recursos (FR) tem como objetivo agrupar receitas que possuam as mesmas normas de aplicação na despesa.
- Denomina-se FR cada agrupamento de receitas que possui as mesmas normas de aplicação.
- Para a receita orçamentária, a fonte tem a finalidade de indicar a destinação de recursos para a realização de determinadas despesas orçamentárias.
- Para a despesa orçamentária, a fonte identifica a origem dos recursos que estão sendo utilizados.

Transferências obrigatórias e discricionárias

- Quanto aos requisitos legais, as transferências fiscais da União podem ser classificadas em transferências obrigatórias (constitucionais e legais) e transferências discricionárias (voluntárias, para organização da sociedade civil, por delegação e específicas).
- De acordo com a sua finalidade, as transferências podem ser devolutivas, redistributivas, compensatórias, indenizatórias e mantenedoras.
- Quanto à aplicação de recursos, as transferências podem ser vinculadas (condicionadas à aplicação em áreas específicas, como saúde, educação, infraestrutura, programa de trabalho etc.) e desvinculadas (usadas livremente pelo ente beneficiário em qualquer tipo de despesa orçamentária).

Suprimento de fundos (regime de adiantamento)

- O suprimento de fundos é um adiantamento de valores a um servidor para futura prestação de contas.
- Esse adiantamento constitui despesa orçamentária, ou seja, para conceder o recurso ao suprido é necessário percorrer os três estágios da despesa orçamentária: empenho, liquidação e pagamento.

Restos a pagar *versus* despesas de exercícios anteriores

- Os restos a pagar correspondem às despesas que foram empenhadas ou liquidadas em determinado ano, mas que não foram pagas até seu encerramento. Podem ser *processados* ou *não processados*.
- As despesas de exercícios anteriores (DEA) são originadas de compromissos gerados em exercício financeiro anterior àquele em que deva ocorrer o pagamento, para o qual o orçamento continha crédito próprio com suficiente saldo orçamentário, mas que não tenham sido processados naquele momento.

1.12 Exercícios

1. **(Telebras/Especialista em Gestão de Comunicações-Contador/CESPE/CEBRAS-PE/2022) Julgue o item subsequente sobre a elaboração dos projetos de lei do plano plurianual (PPA), das diretrizes orçamentárias (LDO) e do orçamento anual (LOA) no âmbito do Governo Federal.**

O projeto do PPA deve observar as diretrizes, objetivos e metas da administração pública federal estabelecidas na LDO, numa perspectiva de longo prazo.

( ) Certo
( ) Errado

2. **(DPE-BA-Defensor Público/ FCC/2021) No que diz respeito ao orçamento público, o princípio da exclusividade diz respeito à lei orçamentária anual:**

a) Não conter dispositivo estranho à previsão da receita e à fixação da despesa.

b) Constar despesas e receitas em seus valores brutos, sem deduções tributárias.

c) Não conter dotações globais destinadas a atender indiferentemente a despesas de pessoal, material, serviços de terceiros ou quaisquer outras.

d) Não fixar despesas em montante maior que as receitas previstas.

e) Limitar-se a apenas um exercício financeiro.

3. **(Prefeitura São Gonçalo do Amarante – RN/Analista de Controle Interno – Contador/IBFC/2021) Com relação às etapas das Receitas Públicas, assinale a alternativa correta.**

a) As etapas das Receitas Públicas são: previsão, planejamento, lançamento e arrecadação.

b) O planejamento de receitas é a etapa que sucede à fixação do montante de despesas que irá constar nas leis de orçamento, além de ser consequência do montante das necessidades de financiamento do governo.

c) Arrecadação corresponde à entrega de recursos devidos ao governo pelos contribuintes ou devedores por meio dos agentes arrecadadores ou instituições financeiras autorizadas.

d) Lançamento consiste na transferência dos valores arrecadados à conta específica do governo, responsável pela administração e controle da arrecadação e pela programação financeira.

4. **(TCE-PI/Assistente de Administração/FGV/2021) Considere os estágios da despesa orçamentária e suas características e faça as associações pertinentes.**

(1) Fixação
(2) Empenho
(3) Liquidação
(4) Pagamento

( ) reserva de dotação orçamentária para um fim específico

( ) tem por base os títulos e documentos comprobatórios do respectivo crédito

( ) deve ocorrer após a regular liquidação da despesa

( ) autorização dada pelo Poder Legislativo por meio da aprovação da LOA

( ) pode se dar de forma estimativa

A sequência correta é:

a) 1-4-2-2-3.
b) 1-3-4-1-2.
c) 1-4-3-1-2.
d) 2-3-4-1-2.
e) 2-4-4-2-1.

5. (**CODEVASF/Analista em Desenvolvimento Regional – Economia/CESPE/ CEBRASPE/2021**) **Orçamento público é o instrumento utilizado pelo Governo Federal para planejar a utilização do dinheiro arrecadado com os tributos. Esse planejamento é essencial para oferecer serviços públicos adequados, além de especificar gastos e investimentos que foram priorizados pelos poderes. A respeito desse assunto, julgue o próximo item.**

Em situações em que o governo reconheça o estado de calamidade pública, como ocorreu em 2020 devido à pandemia da Covid-19, para alocar recursos adicionais ao orçamento como objetivo de atender os municípios atingidos, deve-se utilizar o mecanismo retificador do orçamento denominado crédito especial.

(   ) Certo
(   ) Errado

Ambiente da Contabilidade Pública Brasileira e Processo de Convergência aos Padrões Internacionais

2

■ Objetivos do Capítulo

» Delinear os aspectos conceituais e normativos relacionados com o ambiente da Contabilidade Pública brasileira.

» Contrastar o regime contábil com o regime orçamentário, e apresentar a evolução e trajetória da Contabilidade Pública brasileira.

» Explicar o papel do comitê de convergência e das orientações estratégicas para a Contabilidade do Setor Público e caracterizar os princípios contábeis sob a perspectiva do Setor Público.

» Descrever a criação dos grupos técnicos da STN: GTCON, GTREL e GTSIS e relacionar as primeiras NBCASP.

» Descrever as ações contempladas no PIPCP e relacionar as novas Normas Brasileiras de Contabilidade Aplicadas ao Setor Público.

» Explicar a concepção dos padrões contábeis internacionais e o funcionamento do SICONFI.

» Caracterizar a matriz de saldos contábeis e apresentar o Ranking da Qualidade da Informação Contábil e Fiscal.

» Discutir a importância da criação do Conselho de Gestão Fiscal.

2.1 Aspectos conceituais e normativos

A Contabilidade Pública é o ramo da ciência contábil que aplica no processo gerador de informações as normas contábeis direcionadas ao controle patrimonial das entidades do Setor Público. Seu campo de atuação abrange as entidades do Setor Público, representadas pelos órgãos, fundos e pessoas jurídicas de direito público ou que, possuindo personalidade jurídica de direito privado, recebam, guardem, movimentem, gerenciem ou apliquem dinheiros, bens e valores públicos, na execução de suas atividades, inclusive as pessoas físicas que recebam subvenção, benefício ou incentivo, fiscal ou creditício de órgão público.

As entidades governamentais, os serviços sociais e os conselhos profissionais devem observar integralmente as normas e técnicas próprias da Contabilidade Pública. As demais entidades devem observar parcialmente, para garantir procedimentos suficientes para prestação de contas e instrumentalização do controle social.

O **objeto da Contabilidade Pública é o patrimônio público**, destacando-se, dentre seus objetivos:

i. Fornecer informações sobre os resultados alcançados e os aspectos de natureza orçamentária, econômica, financeira e física do patrimônio da entidade do Setor Público e suas mutações.
ii. Contribuir tempestivamente para o processo de tomada de decisão.
iii. Promover a adequada prestação de contas e o suporte necessário para a instrumentalização do controle social.

Atualmente, o modelo da Contabilidade Pública brasileira está alicerçado na **Lei nº 4.320/1964**, que trouxe regras para elaboração e controle dos orçamentos e balanços da União, dos Estados, dos Municípios e do Distrito Federal. Em 2000, foi publicada a **Lei Complementar nº 101**, intitulada Lei de Responsabilidade Fiscal, que estabeleceu normas de finanças públicas voltadas para a responsabilidade na gestão fiscal e representou um grande avanço no controle das contas públicas.

Entendendo a necessidade de reunir conceitos, regras e procedimentos relacionados com os atos e fatos orçamentários e seu relacionamento com a Contabilidade, a Secretaria do Tesouro Nacional (STN) vem publicando desde 2008 o **Manual de Contabilidade Aplicada ao Setor Público – MCASP**. Em essência, os volumes contemplados no MCASP buscam migrar a cultura contábil orçamentária existente no Setor Público brasileiro para a cultura contábil patrimonial e contribuir para o processo de convergência aos padrões internacionais de Contabilidade.

Em setembro de 2016, foi publicada pelo Conselho Federal de Contabilidade (CFC) a **NBC TSP – Estrutura Conceitual** (NBCTSPEC). De acordo com o CFC, o texto não traz aplicações específicas, mas trata do escopo, apresenta as diretrizes e regras gerais que as demonstrações devem seguir. Ainda, aponta características qualitativas para atingir os objetivos da informação contábil, que são a realização da prestação de contas com responsabilização e auxílio à tomada de decisão, entre outros pontos. Também estão sendo editadas pelo CFC, as **Normas Brasileiras de Contabilidade Aplicadas ao Setor Público – NBC TSP** consubstanciadas nas Normas Internacionais de Contabilidade Aplicadas ao Setor Público (IPSAS, em inglês), em razão do processo de convergência da Contabilidade Pública brasileira aos padrões contábeis internacionais.

Registre-se que se encontra em tramitação avançada no Poder Legislativo Federal o Projeto de Lei Complementar PLP 295/2016 que tem como objetivo estabelecer, com amparo nos arts. 163 e 165, § 9º, da Constituição Federal, normas gerais sobre planejamento, orçamento, fundos, Contabilidade, controle e avaliação na administração pública; alterar a Lei Complementar nº 101, de 4 de maio de 2000; e revogar a Lei nº 4.320, de 17 de março de 1964.

Pelo andamento dos trabalhos, o PLP 295/2016 preserva os fundamentos orçamentários contemplados na Lei nº 4.320/1964, trazendo quase que literalmente seus artigos, mas evolui ao incorporar os procedimentos contábeis patrimoniais contemplados nos novos padrões contábeis, como a adoção do regime de competência integral e o registro da integralidade dos ativos e passivos públicos. Na proposição do projeto, a nova lei entrará em vigor a partir do exercício financeiro seguinte ao da data de sua publicação, revogando a Lei nº 4.320 e demais disposições em contrário. Apesar de o regime de tramitação do PLP 295/2016 ter entrado na prioridade em seu regime de tramitação, ele continua aguardando a criação da comissão especial pela Mesa Diretora.

2.2 Regime contábil e regime orçamentário

De acordo com a literatura, os regimes contábeis representam fórmulas para apuração periódica dos resultados financeiros, patrimonial ou econômico do exercício. Na prática, são reconhecidos dois regimes contábeis – caixa e competência, e duas variações decorrentes desses regimes – caixa modificado e competência modificado, a saber:

a) *Regime de Caixa*: o registro das receitas só ocorre quando há o efetivo recebimento de valores, e as despesas não são reconhecidas até que sejam efetivamente pagas.

b) *Regime de Competência*: as receitas e as despesas são reconhecidas tendo como base seu fato gerador (entrega do bem ou serviço), independentemente da entrada ou da saída de recursos financeiros.

c) *Regime de Caixa Modificado*: as transações são reconhecidas sob o regime de caixa ao longo do exercício, mantendo-se, contudo, os livros contábeis abertos após o seu término para o registro de pagamentos e recebimentos referentes ao exercício anterior.

d) *Regime de Competência Modificado*: os ativos e passivos são reconhecidos em sua integralidade; porém, com limitações na mensuração, além de as transferências e subsídios governamentais permanecerem sendo registrados com base no regime de caixa.

No Governo brasileiro, em razão da interpretação do art. 35 da Lei nº 4.320/1964, durante mais de 50 anos o conceito de regime contábil foi confundido com o conceito de regime orçamentário, este último equivocamente interpretado como regime contábil misto.

Na prática, em atendimento ao disposto na Lei nº 4.320/1964, o que se adotou no Brasil foi um regime diferenciado para o registro contábil das receitas e despesas públicas, onde as receitas orçamentárias são reconhecidas apenas no momento de sua arrecadação e as despesas orçamentárias no momento do seu empenho (quando há o compromisso firmado entre o Estado e o fornecedor para a entrega de algum bem ou serviço).

Portanto, considerando que a etapa da arrecadação da receita pública refere-se à entrega dos recursos devidos ao Tesouro pelos contribuintes ou devedores junto às instituições financeiras e não à transferência em si dos valores arrecadados à conta específica do Tesouro (o que acontece apenas na etapa do recolhimento), não há que se falar em regime de caixa na interpretação do art. 35 da Lei nº 4.320/1964 para o reconhecimento da receita pública.

Da mesma forma, não há que se falar de regime de competência para o reconhecimento da despesa pública a partir do empenho, uma vez que esse apenas consiste na reserva de dotação orçamentária para um fim específico, e que somente no estágio da liquidação é possível certificar que houve a entrega do bem ou serviço (fato gerador). **Contudo, as principais bancas de concurso no Brasil ainda remetem ao regime misto ao tratar do art. 35 da Lei nº 4.320/1964, interpretando a receita orçamentária arrecadada como regime de caixa e a despesa empenhada como regime de competência, o que ainda gera a entrada de muitos recursos junto às referidas bancas.**

Da perspectiva contábil/patrimonial, com o advento do processo de convergência da Contabilidade Pública brasileira aos padrões internacionais e, consequentemente, com a adoção do regime de competência na Contabilidade Pública brasileira, ficou estabelecido que **as transações do Setor Público também devem ser registradas contabilmente quando da**

ocorrência do fato gerador e não no momento do seu pagamento ou recebimento, fazendo com que informações que antes não integravam as contas públicas passassem a ser registradas e reconhecidas contabilmente nas demonstrações do período em que se relacionarem.

Para que fosse possível conciliar o regime disposto na Lei nº 4.320/1964 (que aqui chamamos de **regime orçamentário**) com os novos padrões contábeis que se encontram aderentes ao disposto na Teoria Contábil (que adota o **regime contábil**), o Plano de Contas Aplicado ao Setor Público (PCASP) e suas respectivas naturezas de informação foram reestruturadas, conforme será apresentado no Capítulo 5 deste livro.

Em resumo, quando da ocorrência do fato gerador, as receitas públicas efetivas (que passaram a ser denominadas Variações Patrimoniais Aumentativas – VPA) e as despesas públicas efetivas (que passaram a ser denominadas Variações Patrimoniais Diminutivas – VPD) são reconhecidas na apuração do resultado do exercício observando-se o regime de competência, independentemente da execução orçamentária, em contas de Natureza de Informação Patrimonial (NIP). Entende-se por fato gerador aquele que dá origem ao ato ou fato administrativo, a partir dos quais, mediante adequado processo de mensuração, são feitos o reconhecimento e o registro na Contabilidade.

Por outro lado, em atendimento ao art. 35 da Lei nº 4.320/1964, a receita orçamentária só será reconhecida no momento da arrecadação e a despesa orçamentária no momento do seu empenho, em contas de Natureza de Informação Orçamentária (NIO). Assim, para atender ao disposto na Lei nº 4.320/1964 e ao mesmo tempo atender aos fundamentos da Teoria Contábil, foi estabelecido no MCASP que deve haver o relacionamento do regime orçamentário com o regime contábil para o registro das transações no Setor Público, conforme Quadro 2.1.

Quadro 2.1 – Conciliação do regime orçamentário com o regime contábil

Regime Orçamentário					
Receita Orçamentária	Arrecadação	Lei nº 4.320/1964 art. 35	Despesa Orçamentária	Empenho	Lei nº 4.320/1964 art. 35
Regime Contábil (Patrimonial)					
Variação Patrimonial Aumentativa	Competência	Estrutura Conceitual	Variação Patrimonial Diminutiva	Competência	Estrutura Conceitual

Fonte: MCASP (2021).

Como se pode observar, são utilizados regimes distintos para o registro das transações públicas. **Do ponto de vista contábil, tanto as receitas públicas como as despesas públicas devem ser incluídas na apuração do resultado do período em que ocorrerem (fato gerador), independentemente do seu recebimento ou pagamento, adotando-se o regime de competência.** Todavia, **do ponto de vista da execução orçamentária financeira, a receita orçamentária e a despesa orçamentária serão registradas, respectivamente, no momento da sua arrecadação e empenho, em conformidade com o art. 35 da Lei nº 4.320/1964.**

Com relação ao registro contábil da atividade tributária, como a receita de impostos, o MCASP recomenda que seja utilizado o momento do lançamento como referência para seu reconhecimento, em razão de essa etapa possibilitar a verificação da ocorrência do fato gerador da obrigação correspondente, determinar a matéria tributável, possibilitar o cálculo do montante devido e identificar o sujeito passivo.

Registre-se, contudo, que ao analisar as modalidades de lançamento do crédito tributário, Sobral e Lima (2017) observaram que o registro do fato gerador pela competência é mais factível nos lançamentos de ofício (especialmente no caso de impostos cujo fato gerador é contínuo) e por declaração. Contudo, no caso do imposto por homologação, modalidade esta cabível à maioria dos impostos vigentes no Brasil, o reconhecimento pelo regime de competência é de difícil operacionalização, devido à falta de elementos que permitam a tempestividade do registro contábil.

2.3 Evolução e trajetória da Contabilidade Pública brasileira

No Brasil, evidências apontam que o marco histórico da Contabilidade Pública se deu com a criação do erário egrégio por D. João VI, em alvará datado de 28 de junho de 1808, instituindo o Conselho da Fazenda para administração, distribuição, contabilidade e assentamento do real patrimônio e fundos públicos do Estado do Brasil.

Em 1826, se deu a primeira organização de um tribunal de exame das contas e, em 1827, a organização de um sistema de contabilidade. Em 1828, por uma lei especial, os orçamentos da receita e da despesa e seus respectivos balanços passaram a ser organizados regularmente, e os agentes da arrecadação passaram a prestar contas anualmente.

O Tribunal do Tesouro Público Nacional, do qual fazia parte o contador geral que dirigia a contabilidade do Império, foi instituído em 1830, época em que os cargos de Fazenda já eram providos por meio de concursos, em cujas matérias era obrigatório o exame de escrituração por partidas dobradas.

Ainda sob o domínio da Regência, em 26 de abril de 1832, foi expedido pelo Tribunal do Tesouro Público Nacional um regulamento dividindo as contadorias das Tesourarias do Império em duas seções: uma de escrituração e outra de contas. Esse regulamento, com 42 artigos, pode ser considerado o primeiro Código de Contabilidade Pública no Brasil.

Em 1840, foi nomeada uma comissão na pasta da Fazenda para reformar a Contabilidade Pública, estabelecendo normas de escrituração da receita e da despesa, modelos de balanços, formas de orçamentos, centralizados na Contadoria Geral de Revisão. Outras reformas aconteceram nos anos de 1850, 1868, 1873 e 1888. Em 1890, foi criado o Tribunal de Contas com a atribuição de examinar, rever e julgar as contas relativas às receitas e às despesas públicas.

Em 1891, foi dada ao Ministério da Fazenda a atribuição para dirigir e uniformizar o serviço geral de contabilidade da União. Em 1909, o Decreto nº 7.751 deu novo regulamento aos serviços da Administração Geral da Fazenda Nacional. Daí por diante pequenas reformas foram feitas e comissões foram instituídas para promover as adequações que se mostravam necessárias.

Um episódio ocorrido em 1914 chamou a atenção do governo brasileiro, que não conseguiu realizar operações de crédito com banqueiros ingleses por não possuir uma contabilidade financeira, econômica e patrimonial confiável. Esse cenário demandou a implementação de técnicas de Contabilidade na área pública com a padronização de registro, orientação metodológica e controles dos atos de gestão, culminando na criação da Contadoria Geral da República e na publicação, em 1922, do Decreto nº 15.783, com 926 artigos, que ficou conhecido como o Código de Contabilidade Pública de 1922.

O Código de 1922, juntamente com a criação da Contadoria Geral da República, reorganizou o sistema de contabilidade e de orçamento público brasileiro em sua época, determinando que a Contabilidade da União compreendesse todos os atos – das contas de gestão do patrimônio do país ao controle das despesas e receitas federais (a forma e o nível de sua classificação) – organizando, orientando e fiscalizando a escrituração nas repartições e determinando que o exercício financeiro coincidisse com o ano civil.

Outras reformas se sucederam ao longo dos anos, até que, em 1964, a Lei nº 4.320 passou a estabelecer as normas gerais para a elaboração e controle dos orçamentos e balanços da União, dos Estados, dos Municípios e do Distrito Federal.

Durante anos, a Lei nº 4.320/1964 se firmou como o marco da Contabilidade Pública brasileira, até que, no ano 2000, foi publicada a Lei nº 101, conhecida como Lei de Responsabilidade Fiscal (LRF), estabelecendo, dentre outros, normas de finanças públicas voltadas para a responsabilidade na gestão fiscal do Brasil.

A história recente da Contabilidade Pública brasileira teve início nos anos 2000, com a criação, pelo Conselho Federal de Contabilidade, de um grupo assessor da área pública para desenvolver um conjunto de normas que contemplasse a Teoria da Contabilidade como base para o registro, a mensuração e a evidenciação dos atos e fatos do Setor Público.

À época, o trabalho desse grupo assessor tinha como propósito preparar o ambiente da Contabilidade Pública brasileira para o processo de convergência aos padrões internacionais. Entre as ações desenvolvidas, foram realizadas audiências públicas, fóruns de discussão e debates com as várias partes interessadas, reunindo membros do CFC, da Secretaria do Tesouro Nacional (STN), dos Tribunais de Contas, das Instituições de Educação Superior (IES), das entidades paraestatais e de representantes dos Governos Federal, Estaduais e Municipais.

2.4 Comitê de convergência e orientações estratégicas

Criado em 2007, por meio da Resolução CFC nº 1.103, o Comitê Gestor da Convergência no Brasil teve como objetivo identificar e monitorar as ações a serem implantadas para viabilizar a convergência das normas contábeis e de auditoria, a partir das Normas Brasileiras de Contabilidade editadas pelo Conselho Federal de Contabilidade, dos Pronunciamentos de Contabilidade e Auditoria editados pelo Comitê de Pronunciamentos Contábeis (CPC) e pelo Instituto dos Auditores Independentes do Brasil (IBRACON), visando o alinhamento às normas internacionais de auditoria e asseguração emitidas pela Federação Internacional de Contadores (IFAC) e às melhores práticas internacionais em matéria regulatória.

Entre seus grupos de trabalho, o Comitê Gestor da Convergência no Brasil manteve uma área de estudos para a Contabilidade do Setor Público (formado por membros do Grupo Assessor da Área Pública), conforme Figura 2.1.

Figura 2.1 – Estrutura do Comitê Gestor da Convergência no Brasil.

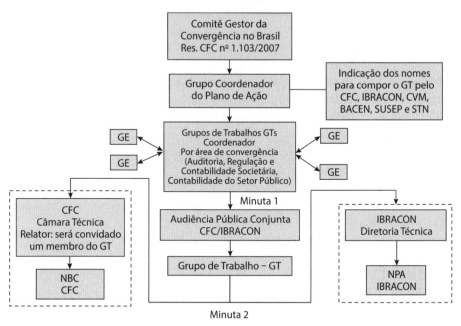

Fonte: CFC (2007).

Um dos resultados desse trabalho culminou com a publicação, em 2007, pelo CFC, do documento intitulado "Orientações Estratégicas para a Contabilidade Aplicada ao Setor Público no Brasil", sob o argumento de promover diretrizes relacionadas com a promoção e o desenvolvimento conceitual, a convergência as normas internacionais e o fortalecimento institucional da Contabilidade Pública no Brasil, com vistas à:

a) Convergência aos padrões internacionais de Contabilidade aplicados ao Setor Público;
b) Implementação de procedimentos e práticas contábeis que permitam o reconhecimento, a mensuração, a avaliação e a evidenciação dos elementos que integram o patrimônio público;
c) Implantação de sistema de custos no âmbito do Setor Público brasileiro;
d) Melhoria das informações que integram as demonstrações contábeis e os relatórios necessários à consolidação das contas nacionais;
e) Avaliação do impacto das políticas públicas e da gestão nas dimensões social, econômica e fiscal, segundo aspectos relacionados com a variação patrimonial.

Entre as orientações estratégicas, foram estabelecidas três grandes diretrizes estratégicas, cujas implantações vêm ocorrendo por meio de parcerias com instituições que atuam de forma direta e indireta com a Contabilidade do Setor Público.

A **primeira diretriz – promover o desenvolvimento conceitual da Contabilidade Pública brasileira** compreende um conjunto de atividades que vêm sendo traduzidas em ações voltadas para o permanente desenvolvimento conceitual da Contabilidade Pública brasileira. Foram definidos três macro objetivos para essa diretriz:

a) Editar Normas Brasileiras de Contabilidade Aplicadas ao Setor Público: como visto anteriormente, as dez primeiras NBCASP foram publicadas em 2008, e outras têm sido estudadas pelo Grupo do Setor Público do CFC;

b) Promover e apoiar a formação e a valorização dos profissionais de Contabilidade que atuam no Setor Público;

c) Apoiar ações que visem à difusão do conhecimento em Contabilidade Pública.

A **segunda Diretriz – estimular a convergência às Normas Internacionais de Contabilidade Aplicadas ao Setor Público (IPSAS)** – ressalta que a globalização tornou imediata a existência de procedimentos padronizados de Contabilidade e Auditoria, e as normas emitidas pela IFAC tornaram-se referência internacional no âmbito do Setor Público. Na diretriz 2 foram então estabelecidos os seguintes macro objetivos:

a) Disseminar as *International Public Sector Accounting Standards* (IPSAS);

b) Participar e apoiar ações do Comitê Gestor da Convergência no Brasil voltadas para a Contabilidade Pública;

c) Fomentar iniciativas que visem à convergência às melhores práticas internacionais de Contabilidade Aplicada ao Setor Público.

Na **terceira diretriz – fortalecer institucionalmente a Contabilidade Aplicada ao Setor Público,** a preocupação do CFC é fazer com que a institucionalização da Contabilidade Pública percorra todos os níveis de atuação para um exercício pleno da cidadania. Sua proposta é ambientar ações para a qualificação integrada de órgãos e entidades, nas várias fases do ciclo operacional do Setor Público. Nesse contexto, foram estabelecidos os seguintes macro objetivos:

a) Articular ações voltadas ao fortalecimento da Contabilidade Pública;

b) Estimular a cooperação com instituições envolvidas com a Contabilidade Pública;

c) Promover o intercâmbio de experiências nacionais e internacionais relacionadas com o controle social, a boa gestão dos recursos públicos e a redução da desigualdade social;

d) Conferir a existência e fortalecer a estruturação e ações correspondentes ao pleno funcionamento do controle interno, em cada órgão respectivo do Setor Público.

A expectativa do CFC é que essas orientações estratégicas sirvam de referência para elaboração de planos operacionais por parte das entidades que atuam no Setor Público, de forma a permitir a concretização dos seus objetivos, especialmente para promover o desenvolvimento conceitual e o fortalecimento institucional da Contabilidade Pública brasileira e estimular a convergência às normas internacionais.

Nessa direção, foi editada em 2007 a Resolução CFC nº 1.111/2007, que trouxe a interpretação dos Princípios Fundamentais da Contabilidade sob a perspectiva do Setor Público, com a expectativa de dirimir dúvidas e questionamentos conceituais, reafirmando a Ciência Contábil como única forma de tratamento dos fenômenos patrimoniais e sua adequada evidenciação.

2.5 Princípios contábeis sob a perspectiva do Setor Público

A partir das diretrizes emanadas pelas Orientações Estratégicas, ainda em 2007, foi publicada a Resolução CFC nº 1.111, apresentando, pela primeira vez, a interpretação dos Princípios de Contabilidade sob a perspectiva do Setor Público: Entidade, Continuidade, Oportunidade, Valor Original, Competência e Prudência (Quadro 2.2).

50 | Orçamento, Contabilidade e Gestão no Setor Público | LIMA

Quadro 2.2 – Princípios de Contabilidade sob a perspectiva do Setor Público

Entidade	O Princípio da Entidade se afirma, para o ente público, pela autonomia e responsabilização do patrimônio a ele pertencente. A autonomia patrimonial tem origem na destinação social do patrimônio e a responsabilização pela obrigatoriedade da prestação de contas pelos agentes públicos.
Continuidade	No âmbito da entidade pública, a Continuidade está vinculada ao estrito cumprimento da destinação social do seu patrimônio, ou seja, a continuidade da entidade se dá enquanto perdurar sua finalidade.
Oportunidade	O Princípio da Oportunidade é base indispensável à integridade e à fidedignidade dos processos de reconhecimento, mensuração e evidenciação da informação contábil, independentemente do cumprimento das formalidades legais para sua ocorrência, visando ao completo atendimento da essência sobre a forma.
Valor Original	Nos registros dos atos e fatos contábeis será considerado o valor original dos componentes patrimoniais que, ao longo do tempo, não se confunde com o custo histórico.
Competência	O Princípio da Competência aplica-se integralmente ao Setor Público.
Prudência	As estimativas de valores que afetam o patrimônio devem refletir a aplicação de procedimentos de mensuração que prefiram montantes menores para ativos e maiores para os passivos entre alternativas igualmente válidas e, em consonância com os Princípios Constitucionais da Administração Pública, deve constituir garantia de inexistência de valores fictícios, de interesses de grupos ou pessoas, especialmente gestores, ordenadores e controladores.

Fonte: Adaptado da Resolução CFC nº 1.111/2007, já revogada.

Apesar de, em sua época, manter os fundamentos do Apêndice II da Resolução CFC nº 750/1993 sobre os Princípios de Contabilidade, de amplo conhecimento dos profissionais da Contabilidade, a publicação da Resolução CFC nº 1.111/2007 trouxe para os contadores públicos a base necessária para que se avançasse no processo de discussão da implantação dos procedimentos contábeis patrimoniais, principalmente quanto à adoção do regime de competência e a primazia da "essência sobre a forma".

Contudo, com a edição da NBC TSP Estrutura Conceitual pelo CFC em outubro de 2016, ficou estabelecido que ficassem revogadas, a partir do mês de janeiro de 2017, as Resoluções CFC nº 750/1993 e nº 1.111/2007, que tratavam dos Princípios de Contabilidade, sob o argumento de que se encontravam referenciados e ampliados na Estrutura Conceitual. Essa decisão surpreendeu até os profissionais contábeis mais próximos do CFC, uma vez que representavam verdadeiros pilares para a Contabilidade brasileira e foram revogados sem nenhum debate junto à classe contábil.

2.6 Criação de grupos técnicos: GTCON, GTREL, GTSIS e CTCONF

Ainda em 2007, entre as ações para o avanço do processo de convergência da Contabilidade Pública brasileira aos padrões internacionais, foi firmada uma importante parceria institucional entre o CFC e a STN, que culminou com a criação, no âmbito da STN, de dois grupos técnicos de trabalho: o GTCON e o GTREL.

O Grupo Técnico de Padronização de Procedimentos Contábeis – (GTCON) passou a ser responsável pela análise e elaboração de diagnósticos e estudos visando à padronização mínima de conceitos e práticas contábeis, plano de contas e classificação orçamentária de receitas e despesas públicas no âmbito da União, Estados, Distrito Federal e Municípios.

O Grupo Técnico de Padronização de Relatórios (GTREL), por outro lado, passou a ser responsável por elaborar análises, diagnósticos e estudos, visando à promoção, à harmonização e à padronização de relatórios e demonstrativos no âmbito da União, Estados, Distrito Federal e Municípios, destacadamente os previstos pela Constituição Federal e pela Lei Complementar nº 101/2000.

Em agosto de 2008, o Ministério da Fazenda do Brasil publicou a Portaria nº 184, dispondo sobre diretrizes a serem observadas pelos entes públicos para convergir às Normas Internacionais de Contabilidade Aplicadas ao Setor Público. Essa Portaria previu tacitamente que a STN, como órgão central do Sistema de Contabilidade Federal do Brasil, deveria conduzir o desenvolvimento de ações para promover a convergência às Normas Internacionais de Contabilidade de Contabilidade da IFAC e às Normas Brasileiras de Contabilidade aplicadas ao Setor Público editadas pelo CFC.

Em 2008, também foi publicada pela STN a primeira edição do Manual de Contabilidade Aplicada ao Setor Público (MCASP), válida para o exercício de 2009, aplicável a todos os entes da federação brasileira (União, Estados, Distrito Federal e Municípios), com o intuito de fortalecer a demanda de informações dos usuários e a análise adequada sob a ótica dos padrões internacionais. Desde então, o MCASP vem sofrendo atualizações periódicas.

Em 2011, a STN criou um grupo de Sistematização de Informações Contábeis e Fiscais – GTSIS que passou a ser responsável pela análise e elaboração de diagnósticos e estudos visando à harmonização das regras e funcionalidades dos sistemas contábeis e fiscais no âmbito da União, Estados, Distrito Federal e Municípios.

Em setembro de 2017, os grupos técnicos da Secretaria do Tesouro Nacional foram extintos, passando a atuar em seu lugar a Câmara Técnica de Normas Contábeis e de Demonstrativos Fiscais da Federação (CTCONF), responsável por subsidiar a elaboração das normas gerais relativas à consolidação das contas.

2.7 Primeiras Normas Brasileiras de Contabilidade Aplicadas ao Setor Público – NBCASP

Em novembro de 2008, com o objetivo de construir no âmbito da Administração Pública um conjunto de normas em bases científicas, diferenciando a Ciência Contábil da legislação vigente, o CFC editou as dez primeiras Normas Brasileiras de Contabilidade Aplicadas ao Setor Público (NBC TSP 16), também conhecidas como NBCASP.

Em sua concepção, o papel das NBCASP foi o de introduzir uma estrutura conceitual junto aos contadores públicos da perspectiva patrimonial, preparando esses profissionais para absorverem adequadamente os conceitos abordados nos padrões contábeis internacionais e nos fundamentos da Teoria Contábil quanto aos critérios de mensuração, reconhecimento e evidenciação dos ativos e passivos públicos.

Entre os argumentos apresentados para a edição das NBCASP, considerou-se que até aquele momento não havia no Brasil Normas brasileiras de Contabilidade específicas para o Setor Público, o fato de o modelo contábil até então vigente se basear exclusivamente na Lei nº 4.320/1964 e na Lei Complementar nº 101/2000 – Lei de Responsabilidade Fiscal, e de não ser adotada a Contabilidade Patrimonial no âmbito da Administração Pública brasileira. A última NBCASP foi publicada no ano de 2011, totalizando 11 normas (Quadro 2.3).

52 | Orçamento, Contabilidade e Gestão no Setor Público | LIMA

Quadro 2.3 – Regulamentação, descrição e objetivos das NBC TSP 16

Resolução CFC	Descrição	Objetivo
001128/2008	NBC TSP 16.1 – Conceituação, Objeto de Campo de Aplicação	Estabelecer a conceituação, o objeto e o campo de aplicação da Contabilidade Aplicada ao Setor Público.
001129/2008	NBC TSP 16.2 – Patrimônio e Sistemas Contábeis	Estabelecer o conceito de patrimônio público, sua classificação sob o enfoque contábil, o conceito e a estrutura do sistema de informação contábil.
001130/2008	NBC TSP 16.3 – Planejamento e Seus Instrumentos sob o Enfoque Contábil	Estabelecer as bases para controle contábil do planejamento desenvolvido pelas entidades do Setor Público, expresso em planos hierarquicamente interligados.
001131/2008	NBC TSP 16.4 – Transações no Setor Público	Estabelecer conceitos, natureza e tipicidades das transações no Setor Público.
001132/2008	NBC TSP 16.5 – Registro Contábil	Estabelecer critérios para o registro contábil dos atos e dos fatos que afetam ou possam vir a afetar o patrimônio das entidades do Setor Público.
001133/2008	NBC TSP 16.6 – Demonstrações Contábeis	Estabelecer as demonstrações contábeis a serem elaboradas e divulgadas pelas entidades do Setor Público.
001134/2008	NBC TSP 16.7 – Consolidação das Demonstrações Contábeis	Estabelecer conceitos, abrangência e procedimentos para consolidação das demonstrações contábeis no Setor Público.
001135/2008	NBC TSP 16.8 – Controle Interno	Estabelecer referenciais para o controle interno como suporte do sistema de informação contábil, no sentido de minimizar riscos e dar efetividade às informações da Contabilidade, visando contribuir para o alcance dos objetivos da entidade do Setor Público.
001136/2008	NBC TSP 16.9 – Depreciação, Amortização e Exaustão	Estabelecer critérios e procedimentos para o registro contábil da depreciação, da amortização e da exaustão.
001137/2008	NBC TSP 16.10 – Avaliação e Mensuração de Ativos e Passivos em Entidades do Setor Público	Estabelecer critérios e procedimentos para a avaliação e a mensuração de ativos e passivos integrantes do patrimônio de entidades do Setor Público.
001366/2011	NBC TSP 16.11 – Sistema de Informação de Custos do Setor Público	Estabelecer a conceituação, o objeto, os objetivos e as regras básicas para mensuração e evidenciação dos custos no Setor Público e apresentado, nesta Norma, como Sistema de Informação de Custos do Setor Público (SICSP).

Fonte: elaboração própria, a partir do texto das NBC TSP 16.

Da mesma forma que aconteceu com a Resolução que tratava dos Princípios Contábeis sob a perspectiva do Setor Público, com a edição da NBC TSP Estrutura Conceitual, em 2016, e as novas normas brasileiras de contabilidade técnicas aplicadas ao setor público (NBC T SP) alinhadas com as IPSAS, com o tempo as NBCASP foram revogadas

Essa ação deixou evidente que uma grande mudança se deu na condução do processo de convergência da Contabilidade Pública brasileira aos padrões internacionais, que passou a buscar a padronização e não a harmonização com os padrões internacionais. Na prática, contudo, os entes federados brasileiros ainda procuram adaptar os padrões até então existentes às novas exigências, o que configura um processo de harmonização e não de padronização.

2.8 Plano de Implantação dos Procedimentos Contábeis Patrimoniais – PIPCP

Em 2013, passaram a ser disciplinados pela STN os prazos para a adoção de procedimentos contábeis patrimoniais específicos, culminando com a publicação, em setembro de 2015, da Portaria STN nº 548, que trouxe como anexo o Plano de Implantação dos Procedimentos Contábeis Patrimoniais (PIPCP).

De acordo com a STN, o objetivo do PIPCP foi estabelecer prazos-limite com vistas à consolidação das contas públicas e validação de dados no Sistema de Informações Contábeis e Fiscais do Setor Público Brasileiro (Siconfi), objetivando a padronização dos procedimentos contábeis adotados na Federação, levando-se em conta os aspectos legais e o contexto de convergência às normas contábeis internacionais, permitindo a comparabilidade entre os entes, a adequada consolidação das contas públicas e a instrumentalização do controle interno, externo e social.

No PIPCP, estão relacionadas as ações necessárias para a implantação de cada procedimento patrimonial que passa a ser exigido na contabilidade de todos os entes federados brasileiros, entre eles:

- O reconhecimento, mensuração e evidenciação da Dívida Ativa, tributária e não tributária, e respectivo ajuste para perdas;
- O reconhecimento, mensuração e evidenciação da provisão atuarial do regime próprio de previdência dos servidores públicos civis e militares;
- O reconhecimento, mensuração e evidenciação das obrigações com fornecedores por competência;
- O reconhecimento, mensuração e evidenciação dos demais créditos a receber (exceto créditos tributários, previdenciários e de contribuições a receber), bem como dos respectivos encargos, multas e ajustes para perdas;
- O reconhecimento, mensuração e evidenciação das obrigações por competência decorrentes de benefícios a empregados (p. ex.: 13º salário, férias etc.);
- O reconhecimento, mensuração e evidenciação das provisões por competência;
- A evidenciação de ativos e passivos contingentes em contas de controle e em notas explicativas;
- O reconhecimento, mensuração e evidenciação dos bens móveis e imóveis; respectiva depreciação, amortização ou exaustão; reavaliação e redução ao valor recuperável, inclusive aplicado aos bens do patrimônio cultural e de infraestrutura;
- O reconhecimento, mensuração e evidenciação das obrigações por competência decorrentes de empréstimos, financiamentos e dívidas contratuais e mobiliárias;

- O reconhecimento, mensuração e evidenciação dos investimentos permanentes e respectivos ajustes para perdas e redução ao valor recuperável;
- O reconhecimento, mensuração e evidenciação dos créditos oriundos de receitas tributárias e de contribuições (exceto créditos previdenciários), bem como dos respectivos encargos, multas, ajustes para perdas e registro de obrigações relacionadas com a repartição de receitas;
- O reconhecimento, mensuração e evidenciação dos créditos previdenciários, bem como dos respectivos encargos, multas, ajustes para perdas;
- O reconhecimento, mensuração e evidenciação de *softwares*, marcas, patentes, licenças e congêneres, classificados como intangíveis, e eventuais amortização, reavaliação e redução ao valor recuperável;
- O reconhecimento, mensuração e evidenciação dos estoques.

De acordo com a STN, **é recomendável que cada Ente da Federação estabeleça a sua própria linha de ação detalhada quanto aos prazos estabelecidos**, de modo a atender aos requisitos necessários para cada procedimento ao final do período de transição. Registre-se que os prazos-limite estabelecidos na Portaria foram definidos com vistas à validação de dados pelo Siconfi para a consolidação das contas públicas, mas não há o impedimento de que cada Ente da Federação implante determinado procedimento antes da data estabelecida.

Ao definir os prazos que devem ser observados para a adoção dos procedimentos contábeis patrimoniais, o PIPCP acertadamente segregou os Entes da Federação em quatro classes: (i) União; (ii) DF e Estados; (iii) Municípios com mais de 50 mil habitantes; e (iv) Municípios com até 50 mil habitantes. O PIPCP também dividiu a implantação dos procedimentos a partir do processo de aferição pela STN e pelos órgãos de controle, como (a) Preparação dos sistemas e outras providências de implantação (até); (b) Obrigatoriedade dos registros contábeis (a partir de); (c) Verificação pelo Siconfi (a partir de).

2.9 As novas Normas Brasileiras de Contabilidade Aplicadas ao Setor Público – NBC TSP

Buscando uma linha de trabalho o mais similar possível às IPSAS, retirando apenas os itens que conflitam diretamente com o arcabouço legal vigente no Brasil, em outubro de 2016 foram aprovadas as NBC TSP 01 – Receita de Transação sem Contraprestação, NBC TSP 02 – Receita de Transação com Contraprestação e NBC TSP 03 – Provisões, Passivos Contingentes e Ativos Contingentes. Até o início do ano de 2022, as seguintes normas brasileiras de Contabilidade Pública encontram-se vigentes, com as seguintes correspondências às IPSAS (ver Quadro 2.4):

Quadro 2.4 – NBC TSP vigentes

NBC	Resolução	Nome da Norma	IFAC
NBC TSP Estrutura Conceitual	*DOU* 04/10/2016	Estrutura Conceitual para Elaboração e Divulgação de Informação Contábil de Propósito Geral pelas Entidades do Setor Público	Conceptual Framework
NBC TSP 01	*DOU* 28/10/2016	Receita de Transação sem Contraprestação	IPSAS 23

Ambiente da Contabilidade Pública Brasileira e Processo de Convergência | 55

NBC	Resolução	Nome da Norma	IFAC
NBC TSP 02	*DOU* 28/10/2016	Receita de Transação com Contraprestação	IPSAS 9
NBC TSP 03	*DOU* 28/10/2016	Provisões, Passivos Contingentes e Ativos Contingentes	IPSAS 19
NBC TSP 04	*DOU* 06/12/2016	Estoques	IPSAS 12
NBC TSP 05	*DOU* 06/12/2016	Contratos de Concessão de Serviços Públicos: Concedente	IPSAS 32
NBC TSP 06	*DOU* 28/9/2017	Propriedade para Investimento	IPSAS 16
NBC TSP 07	*DOU* 28/9/2017	Ativo Imobilizado	IPSAS 17
NBC TSP 08	*DOU* 28/9/2017	Ativo Intangível	IPSAS 31
NBC TSP 09	*DOU* 28/9/2017	Redução ao Valor Recuperável de Ativo Não Gerador de Caixa	IPSAS 21
NBC TSP 10	*DOU* 28/9/2017	Redução ao Valor Recuperável de Ativo Gerador de Caixa	IPSAS 26
NBC T SP 11	*DOU* 31/10/2018	Apresentação das Demonstrações Contábeis	IPSAS 1
NBC T SP 12	*DOU* 31/10/2018	Demonstração dos Fluxos de Caixa	IPSAS 2
NBC T SP 13	*DOU* 31/10/2018	Apresentação de Informação Orçamentária nas Demonstrações Contábeis	IPSAS 24
NBC T SP 14	*DOU* 31/10/2018	Custos de Empréstimos	IPSAS 5
NBC T SP 15	*DOU* 31/10/2018	Benefícios a Empregados	IPSAS 39
NBC T SP 16	*DOU* 31/10/2018	Demonstrações Contábeis Separadas	IPSAS 34
NBC T SP 17	*DOU* 31/10/2018	Demonstrações Contábeis Consolidadas	IPSAS 35
NBC T SP 18	*DOU* 31/10/2018	Investimento em Coligada e em Empreendimento Controlado em Conjunto	IPSAS 36
NBC T SP 19	*DOU* 31/10/2018	Acordos em Conjunto	IPSAS 37
NBC T SP 20	*DOU* 31/10/2018	Divulgação de Participações em Outras Entidades	IPSAS 38
NBC T SP 21	*DOU* 31/10/2018	Combinações no Setor Público	IPSAS 40
NBC T SP 22	*DOU* 28/11/2019	Divulgação sobre Partes Relacionadas	IPSAS 20
NBC T SP 23	*DOU* 28/11/2019	Políticas Contábeis, Mudança de Estimativa e Retificação de Erro	IPSAS 3
NBC T SP 24	*DOU* 28/11/2019	Efeitos das Mudanças nas Taxas de Câmbio e Conversão de Demonstrações Contábeis	IPSAS 4
NBC T SP 25	*DOU* 28/11/2019	Evento Subsequente	IPSAS 14
NBC T SP 26	*DOU* 28/11/2019	Ativo Biológico e Produto Agrícola	IPSAS 27
NBC T SP 27	*DOU* 04/11/2020	Informações por Segmento	IPSAS 18
NBC T SP 28	*DOU* 04/11/2020	Divulgação de Informação Financeira do Setor Governo Geral	IPSAS 22

NBC	Resolução	Nome da Norma	IFAC
NBC T SP 29	*DOU* 04/11/2020	Benefícios Sociais	IPSAS 42
NBC T SP 30	*DOU* 10/12/2021	Instrumentos Financeiros: Apresentação	IPSAS 28
NBC T SP 31	*DOU* 10/12/2021	Instrumentos Financeiros: Reconhecimento e Mensuração	IPSAS 41
NBC T SP 32	*DOU* 10/12/2021	Instrumentos Financeiros: Reconhecimento e Mensuração (Contabilidade de Hedge – Aplicação Residual)	IPSAS 29
NBC T SP 33	*DOU* 10/12/2021	Instrumentos Financeiros: Divulgações	IPSAS 30
NBC T SP 34	*DOU* 10/12/2021	Custos no Setor Público	Não há

Fonte: https://cfc.org.br/tecnica/normas-brasileiras-de-contabilidade/nbc-tsp-do-setor-publico/.

Segundo informações disponíveis no site do CFC, inicialmente, para o processo de convergência às IPSAS, foi planejada a adoção da Estrutura Conceitual (IPSAS conceitual framework) e de 33 IPSAS (totalizando 34 novas normas do CFC). Em abril de 2019, tinha-se 42 IPSAS, sendo que havia seis revogadas (IPSAS 6, 7, 8, 15, 25 e 29), as quais foram substituídas pelas normas 28, 30, 34 a 38, 39 e 41), e três não estavam no escopo da convergência (IPSAS 10, 11 e 33), pois essas últimas prescrevem tratamento específico às economias hiperinflacionárias; aos contratos de construção, cujos procedimentos devem ser revistos em razão da evolução da IFRS correspondente; e à adoção inicial, que não está aderente à realidade do plano gradual de convergência adotado no Brasil. Em relação à IPSAS 13 – Leases, como estava na iminência de ser revogada (foi substituída pela IPSAS 43 – Leases, em janeiro de 2022), foi tomada a decisão pela sua não tradução. Dessa forma, o CFC reconheceu que o plano de convergência foi concluído no mês de dezembro de 2021 com a tradução de todas as IPSAS até então emitidas.

Como se pode observar, as novas NBC TSP estão sendo elaboradas guardando correspondência com os padrões contábeis publicados pela IFAC, que veremos mais detalhadamente a seguir.

2.10 Padrão IFAC e outros padrões internacionais

A literatura apresenta que os esforços para a harmonização da Contabilidade internacional aceleraram principalmente durante os anos de 1990, acompanhando a globalização dos negócios internacionais, os mercados de valores mobiliários e o crescimento da troca de informações entre as companhias. Desde então, vários termos têm sido utilizados para denominar esse processo, entre eles, "harmonização", "convergência" e "padronização".

Para Niyama (2010), o conceito de padronização possui um significado impositivo, pois representa *"um processo de uniformização de critérios, não admitindo flexibilização"*, diferentemente dos termos "harmonização" e "convergência", que indicariam a ideia de "movimento em direção a", em busca da adoção de uma linguagem comum.

No caso das *International Public Sector Accounting Standards* (IPSAS), editadas pela Federação Internacional de Contadores (IFAC, em inglês), seu propósito foi definir regras gerais para uso na preparação de demonstrações contábeis por entidades do Setor Público, e acabou ganhando repercussão internacional.

De acordo com Chan (2010), o processo de elaboração das IPSAS pode ser visto em duas fases: a primeira, compreendendo o período de 1996 a 2002, tem-se essencialmente a importação das normas contábeis do Setor Privado, emitidas pelo IASB. Na segunda fase, a partir de 2003, o comitê passou a focar temas mais particulares do Setor Público, como tributos e implicações do orçamento para relatórios financeiros. Até o mês de junho de 2022, as seguintes IPSAS haviam sido editadas pela IFAC (Quadro 2.5):

Quadro 2.5 – Relação das IPSAS editadas pela IFAC

Pronunciamento	Descrição
IPSAS 1	Presentation of Financial Statements
IPSAS 2	Cash Flow Statements
IPSAS 3	Accounting Policies, Changes in Accounting Estimates and Errors
IPSAS 4	The Effects of Changes in Foreign Exchange Rates
IPSAS 5	Borrowings Costs
IPSAS 6	Consolidated and Separate Financial Statements **(substituída pelas IPSAS 34 e 35)**
IPSAS 7	Investments in Associates **(substituída pela IPSAS 36)**
IPSAS 8	Interest in Joint Ventures **(substituída pela IPSAS 37)**
IPSAS 9	Revenue from Exchange Transactions
IPSAS 10	Financial Reporting in Hyperinflationary Economies
IPSAS 11	Construction Contracts
IPSAS 12	Inventories
IPSAS 13	Leases
IPSAS 14	Events After the Reporting Date
IPSAS 15	*Financial Instruments: Disclosure and Presentation* **(substituída pelas IPSAS 28, 29 e 30)**
IPSAS 16	Investment Property
IPSAS 17	Property, Plant, and Equipment
IPSAS 18	Segment Reporting
IPSAS 19	Provisions, Contingent Liabilities and Contingent Assets
IPSAS 20	Related Party Disclosures
IPSAS 21	Impairment of Non-Cash-Generating Assets
IPSAS 22	Disclosure of Financial Information about the General Government Sector
IPSAS 23	Revenue from Non-Exchange Transactions (Taxes and Transfers)
IPSAS 24	Presentation of Budget Information in Financial Statements
IPSAS 25	*Employee Benefits* **(substituída pela IPSAS 39)**

Pronunciamento	Descrição
IPSAS 26	Impairment of Cash-Generating Assets
IPSAS 27	Agriculture
IPSAS 28	Financial Instruments: Presentation
IPSAS 29	Financial Instruments: Recognition and Measurement
IPSAS 30	Financial Instruments: Disclosures
IPSAS 31	Intangible Assets
IPSAS 32	Service Concession Arrangements: Grantor
IPSAS 33	First-time Adoption of Accrual Basis International Public Sector Accounting Standards (IPSASs)
IPSAS 34	Separate Financial Statements
IPSAS 35	Consolidated Financial Statements
IPSAS 36	Investments in Associates and Joint Ventures
IPSAS 37	Joint Arrangements
IPSAS 38	Disclosure of Interests in Other Entities
IPSAS 39	Employee Benefits
IPSAS 40	Public Sector Combinations
IPSAS 41	Financial Instruments
IPSAS 42	Social Benefits
IPSAS 43	Leases

Fonte: IFAC. Disponível em: <www.ifac.org>.

O próprio *International Public Sector Accounting Standards Board* (IPSASB), comitê da IFAC responsável pela edição das IPSAS, admite que não tem o poder de exigir dos Governos nacionais a conformidade com as IPSAS, e que a sua adoção depende muito mais dos grupos de interesse ativos dentro dos limites de suas respectivas esferas de ação, do que do poder de influência do IPSASB e dos órgãos normativos nacionais da profissão contábil.

No Brasil, o avanço das IPSAS está justamente relacionado com o fato de o Conselho Federal de Contabilidade e da Secretaria do Tesouro Nacional terem se esforçado nesse sentido, movendo todos os esforços para que o arcabouço normativo brasileiro passe a ficar alinhado com esse padrão. Todavia, **os processos de convergência em âmbito mundial não apresentam um padrão único**, uma vez que, dependendo do país, as diretrizes são distintas.

Na **União Europeia**, por exemplo, são utilizados os Relatórios *Government Finance Statistics* (GFS), responsáveis por demonstrar as atividades econômicas do Governo, contendo receitas e despesas governamentais, déficit orçamentário, operações com ativos e passivos, outros fluxos econômicos e balanços. Os relatórios possuem como ênfase a essência sobre a forma legal do evento, e são produzidos de acordo com o manual de Contabilidade nacional – *European System of Accounts* 1995 (ESA 95), complementadas com interpretações e guias da Comissão Europeia.

Apesar de as IPSAS serem consideradas como uma referência incontornável para o estabelecimento de contas harmonizadas no âmbito do Setor Público da União Europeia, as autoridades dos Países-Membros chegaram à conclusão de que elas não podem ser simplesmente aplicadas tal como estão atualmente, sendo tomada a decisão de serem desenvolvidas normas de Contabilidade harmonizadas para o Setor Público Europeu, denominadas *European Public Sector Accounting Standards (EPSAS)*. No âmbito do **Governo americano**, duas entidades são responsáveis pela emissão de padrões contábeis aplicados ao Setor Público: o *Governmental Accounting Standards Board* (GASB), órgão responsável pela emissão de normas a serem observadas no âmbito dos Governos Locais, e o *Federal Accounting Standards Advisory Board* (FASAB), órgão responsável pela emissão de normas a serem observadas no âmbito do Governo Federal. As diferenças entre o GASB e FASAB envolvem desde a jurisdição até seu financiamento, e ambos os comitês americanos têm sua jurisdição definida para estabelecer normas GAAP, possuindo independência entre si. Porém, isto não os impede de levar em consideração as normas, conceitos e progressos das GAAP de um e de outro.

Em 2007, o **Reino Unido** anunciou a adoção das IFRS em todo o Setor Público. O Governo Central realizou a alteração nos relatórios financeiros a partir de 2010, enquanto o Governo Local teve um ano a mais para a modificação, alterando-os a partir de 2011. A adoção das IFRS no âmbito do Governo britânico teve como objetivo trazer benefícios na consistência e comparabilidade entre relatórios financeiros na economia mundial com o objetivo de seguir as melhores práticas do Setor Privado.

Ao efetuar um estudo com o objetivo de analisar a forma como vem sendo realizada a adoção das IPSAS pelos Governos de outros países, Lima, Lima e Gonçalves (2017) constataram que a maioria dos países tem optado pela harmonização em detrimento da padronização; portanto, diferentemente do movimento adotado no Brasil.

2.11 Sistema de Informações Contábeis e Fiscais – Sincofi

No contexto da convergência aos padrões internacionais de Contabilidade Pública e de estatísticas fiscais, a STN identificou a necessidade de criação do Sistema de Informações Contábeis e Fiscais do Setor Público Brasileiro – Projeto Siconfi, objetivando a estruturação de um sistema para reunir em um mesmo ambiente as informações contábeis e fiscais de todos os entes federados e substituir o SISTN a partir do ano de 2015.

O sistema está sendo desenvolvido em quatro frentes de trabalho: Taxonomia; Matriz de Saldos Contábeis – MSC; Desenvolvimento do Sistema e; Implantação do Sistema. O modelo de coleta de informações utiliza a linguagem *Extensible Business Reporting Language – XBRL*, usada para representar e transmitir informações financeiras, amparado nas experiências internacionais bem-sucedidas para tratamento de dados contábeis, financeiros e fiscais.

Segundo informações disponíveis no site da STN, o Siconfi será o sistema estruturante do Tesouro Nacional responsável pela coleta, tratamento e divulgação de informações contábeis, orçamentárias, financeiras, fiscais, econômicas, de operações de crédito e de estatísticas de finanças públicas dos entes da Federação, passando as seguintes informações ser recepcionadas:

a) das contas anuais dos entes da Federação necessárias à consolidação de contas conforme disposto no art. 51 da Lei Complementar nº 101, de 4 de maio de 2000 (LRF);

b) dos Demonstrativos Fiscais definidos nos artigos 52 a 54 da Lei Complementar nº 101, de 2000 (LRF);

c) do Cadastro da Dívida Pública – CDP, relativo às informações das dívidas públicas interna e externa a que se refere o § 4º do art. 32 da Lei Complementar nº 101, de 2000 (LRF);

d) da Declaração do Pleno Exercício da Competência Tributária, em atendimento ao inciso I do art. 38 da Portaria Interministerial MPOG/MF/CGU nº 507, de 24 de novembro de 2011;

e) da Declaração de publicação do RREO e RGF, em atendimento aos incisos XI e XIV do art. 38 da Portaria Interministerial MPOG/MF/CGU nº 507, de 2011; e

f) da Relação da estrutura das administrações direta e indireta, cujos dados foram consolidados na declaração das contas anuais.

2.12 Matriz de saldos contábeis

A MSC é uma estrutura padronizada de contas para representar informações detalhadas extraídas diretamente da contabilidade das entidades públicas, com o objetivo de gerar relatórios contábeis e demonstrativos fiscais exigidos pela Lei de Responsabilidade Fiscal (LRF). A matriz é uma tabela composta das informações de saldo inicial, natureza inicial, movimentos a débito e a crédito, saldo final e natureza final das contas contábeis, e da associação dessas contas com as informações complementares.

Em sua concepção original, o envio da MSC é de responsabilidade do Poder Executivo, com dados agregados e não consolidados dos demais poderes (gerados em blocos, um seguido do outro, em um mesmo arquivo), por meio de um login previamente cadastrado no Sistema de Informações Contábeis e Fiscais do Setor Público Brasileiro (Siconfi), utilizando o menu *Matriz de Saldos Contábeis – elaborar MSC*. O envio da MSC é efetuado mensalmente de janeiro a dezembro (MSC agregada mensal) e ao final do exercício (MSC de encerramento), totalizando 13 MSC, em formato XBRL. Como a linguagem XBRL não é uma realidade na maioria dos Municípios brasileiros (CNM, 2017), também foi disponibilizada no Siconfi outras duas formas de envio da MSC: a instância XBRL Global Ledger, conhecida como XBRL GL, e o arquivo em formato ".csv".

As regras de periodicidade, formato e envio da MSC estão definidas pela STN com uma estrutura composta por uma relação de contas contábeis definidas no Plano de Contas Aplicado ao Setor Público (PCASP), em sua versão estendida (com mais códigos, conhecida como PCASP Estendido), associada a um conjunto de informações complementares, que permite a disponibilização de informações detalhadas sobre a contabilidade dos entes da federação, com a possibilidade de gerar tanto as demonstrações contábeis como os demonstrativos fiscais exigidos pela LRF (STN, 2020).

No caso das informações complementares que devem acompanhar a MSC, são aquelas que atendem aos controles necessários de natureza orçamentária ou gerencial, e que mesmo que não possam ser extraídas da conta contábil, a ela se associam, permitem um controle individualizado. Para cada uma dessas informações complementares da MSC, é estabelecida uma quantidade de dígitos, acompanhada de uma descrição (Quadro 2.6).

Quadro 2.6 – Resumo das informações complementares da MSC

Tipo	Dígitos	Formato	Descrição
PO	5 dígitos	XXXXX	Poderes e órgãos relacionados no art. 20 da LRF.
FP	1 dígito	X	1 – Financeiro 2 – Permanente
FP	1 dígito	X	1 – Financeiro 2 – Permanente
FR	8 dígitos	XXXXXXXX	1º dígito: (1) Exercício Atual; (2) Exercício Anterior 2º ao 4º dígito: classificação por fonte ou destinação de recursos 5º ao 8º dígito: detalhamento da fonte ou destinação de recursos
CF	4 dígitos	XXXX	Identificação de informações associadas a diversas fontes de recursos
NR	8 dígitos	XXXXXXXX	Classificação por natureza da receita
ND	8 dígitos	XXXXXXXX	Classificação por natureza da despesa
FS	5 dígitos	XXXXX	Função (2 dígitos) + Subfunção (3 dígitos)
AI	4 dígitos	XXXX	Ano de inscrição de restos a pagar
ES	1 dígito	X	1 – Compõe MDE 2 – Compõe ASPS

Fonte: Adaptado da STN (2022).

Cada linha a ser registrada na MSC deve trazer a combinação da conta contábil com as informações complementares, detalhando: (a) os saldos e as movimentações das contas contábeis em determinado período; (b) a movimentação dos valores durante o período (saldo inicial, movimento e saldo final); e (c) a natureza do valor (se devedora ou credora). Para que a partir das informações extraídas da MSC possam ser gerados relatórios e demonstrações contábeis e fiscais, deve ser executado o mapeamento das contas no Siconfi.

Sobre as regras para o recebimento e a disponibilização dos dados contábeis e fiscais dos entes da Federação no Siconfi, os entes da Federação, por meio do Poder Executivo, encaminharão para a STN, em periodicidade mensal, a MSC gerada conforme leiaute definido para o respectivo exercício, com as informações de todos os Poderes e órgãos referidos no art. 20 da Lei Complementar nº 101, de 2000, e das defensorias públicas, de forma agregada, contendo a identificação de Poder e Órgão a que se referem as informações (art. 8º da Lei Complementar nº 101, de 2000). Sobre o leiaute da MSC para o exercício de 2021, é uma tabela composta da conta, da informação complementar, do tipo, do valor, do tipo_valor e da natureza_valor, conforme Quadro 2.7.

Quadro 2.7 – Leiaute MSC

Código de Instituição Siconfi	YYYY-MM				
Conta	Informação complementar	Tipo	Valor	Tipo_valor	Natureza_valor
111110100	XXX Dígitos				
111110200	XXX Dígitos				
111110601	XXX Dígitos				

Fonte: Anexo II Portaria STN nº 642/2019.

A premissa é a coleta de um balancete mensal contendo apenas as contas de último nível e ativas do PCASP Estendido. Por esse motivo, as contas inativas, bem como as demais informações acerca das contas contábeis, não constarão nesse documento, mas poderão ser consultadas na publicação do PCASP Estendido no sítio da STN. A planilha "PCASP Estendido" faz a correlação das informações complementares com as contas contábeis, identificando quais informações complementares serão associadas a cada conta contábil.

Entre as vantagens atribuídas ao envio da MSC está a automatização do processo de consolidação das contas públicas e do cálculo e da publicação dos relatórios exigidos pela LRF, quais sejam, Relatório de Gestão Fiscal (RGF) e Relatório Resumido da Execução Orçamentária (RREO). A premissa é que os dados detalhados dos entes federados sejam recepcionados no Siconfi, em que são geradas as minutas dos relatórios da LRF que devem ser apenas homologados pelos responsáveis de cada Órgão ou Poder. Contudo, o envio da MSC não interrompe a necessidade de que sejam preenchidos e enviados os relatórios do **Sistema de Informações sobre Orçamentos Públicos em Educação (Siope)** e os relatórios do **Sistema de Informações sobre Orçamento Público em Saúde (Siops).** Nesse sentido, é esperado que haja um alinhamento entre os sistemas federais, uma vez que cabe a MSC justamente contribuir para a automatização do processo de consolidação das contas públicas.

Registre-se que o não envio da MSC ou eventuais inconsistências observadas podem trazer responsabilizações para os gestores envolvidos, desde a notificação junto ao Ministério Público e ao Tribunal de Contas ao qual o ente federado se encontra jurisdicionado, até a suspensão de recebimento de transferências voluntárias e contratação de operações de crédito (art. 51, § 2º, da Lei nº 101/2000).

2.13 Ranking da Qualidade da Informação Contábil e Fiscal

O Ranking da Qualidade da Informação Contábil e Fiscal é uma iniciativa da STN que foi criada para avaliar a consistência da informação que a STN recebe por meio do Siconfi e, consequentemente, disponibiliza para acesso público. De acordo com a STN, a intenção do Ranking é fomentar a melhoria da qualidade da informação contábil utilizada tanto pelo Tesouro Nacional quanto pelos diversos usuários dessa informação.

O Ranking é dividido em quatro dimensões de avaliação: gestão da informação (D_I), contábil (D_II), fiscal (D_III) e contábil × fiscal (D_IV):

a) **Dimensão I - Gestão da informação**: reúne as verificações que analisam o comportamento do ente federativo no envio e na manutenção das informações no Siconfi. Exemplos:

envio de todas as declarações, envios no prazo, quantidade de retificações, entre outras. Para essa dimensão, são analisadas todas as declarações e MSC enviadas pelos entes.

b) **Dimensão II – Informações contábeis**: compreende as verificações que avaliam os dados contábeis recebidos em relação à adequação às regras do MCASP, à consistência entre os demonstrativos etc. Os dados analisados são os que foram homologados por meio da Declaração de Contas Anuais (DCA) e enviados por meio da MSC de encerramento.

c) **Dimensão III – Informações fiscais**: agrupa as verificações pertinentes à análise dos dados fiscais contidos nas declarações. Exemplos: adequação às disposições do Manual de Demonstrativos Fiscais (MDF), consistência entre demonstrativos, entre outras.

d) **Dimensão IV – Informações contábeis × informações fiscais:** efetua o cruzamento entre os dados contábeis e fiscais avaliando a igualdade de valores entre demonstrativos diferentes.

Nas primeiras publicações do Ranking (2019-2020), o cálculo da pontuação de cada ente representava o somatório das notas obtidas por dimensão observando a seguinte fórmula matemática: ND = ((AE – M) / DP) * 10 + 50 (em que ND é a nota da dimensão; AE, os acertos do ente; M, a média de acertos da dimensão; e DP, desvio padrão. Para o Ranking de 2021, optou-se por alterar a metodologia de ranqueamento para um modelo simplificado de percentual de acertos. Ou seja, quanto maior o percentual de acertos que o ente obtiver, melhor foi a sua classificação no Ranking.

Outra grande inovação introduzida no Ranking de 2021 foi a criação do Indicador da Qualidade da Informação Contábil e Fiscal no Siconfi (ICF). Com base no percentual de acertos, foram atribuídas notas para o desempenho dos entes no Ranking, com cinco níveis que vão da letra Aicf até a letra Eicf. A Figura 2.2 mostra as faixas de percentual de acerto para cada uma das faixas.

Figura 2.2 – Indicador da Qualidade da Informação Contábil e Fiscal no Siconfi (ICF).

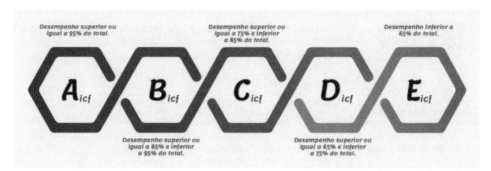

Fonte: <https://ranking-municipios.tesouro.gov.br/metodologia>.

Registre-se que, além de as metodologias do Ranking da Qualidade da Informação Contábil e Fiscal e do Indicador da Qualidade da Informação Contábil e Fiscal no Siconfi não terem sido debatidas no âmbito dos entes federados e nem da academia, suas constantes mudanças geram instabilidade na interpretação dos dados. Também não tem sido feitas discussões para que seja gerado um ciclo de aprendizagem quanto às inconsistências observadas.

2.14 Conselho de Gestão Fiscal

Com o advento da Lei Complementar nº 101/2000, conhecida como Lei de Responsabilidade Fiscal (LRF), ficou estabelecido em seu art. 67 que o acompanhamento e a avaliação, de forma permanente, da política e da operacionalidade da gestão fiscal no Brasil serão realizados por Conselho de Gestão Fiscal, constituído por representantes de todos os Poderes e esferas de Governo, do Ministério Público e de entidades técnicas representativas da sociedade.

O modelo de Conselho de Gestão Fiscal previsto na LRF foi inspirado no órgão americano *Advisory Commission on Intergovernmental Relations*, cuja função básica era tratar de questões federativas (AFONSO; RIBEIRO, 2016). Decorridos mais de 20 anos, contudo, a criação do Conselho de Gestão Fiscal no Brasil nunca foi concretizada, apesar das inúmeras iniciativas apresentadas no Parlamento.

De acordo com o Fundo Monetário Internacional (FMI), os conselhos fiscais são definidos como um órgão permanente e com mandato regulamentado para avaliar, pública e independentemente de influências partidárias, planos e desempenhos fiscais do Governo em relação aos objetivos macroeconômicos relacionados com a sustentabilidade das finanças públicas, e outros objetivos oficiais.

Especificamente, no entendimento do FMI, os Conselhos de Gestão Fiscal (CGF) ajudam os eleitores a avaliar se os resultados observáveis das políticas de gestão são o resultado de pura sorte ou o resultado da elaboração de políticas competentes, gerando um ciclo virtuoso com eleitores mais atentos e incentivos nas decisões políticas, optando por políticas orçamentais sólidas.

Afonso e Ribeiro (2016) alertam que é interessante demarcar a fronteira institucional em relação a uma Instituição Fiscal Independente (IFI) e um CGF. No caso da IFI, sua criação não se encontra prevista na LRF porque surgiu mundo afora como uma das soluções para a crise financeira global do final da década passada, e institucionalmente deve funcionar fora do governo, avaliando-o e vigiando-o, como um verdadeiro "cão de guarda", divulgando análises apartidárias e independentes sobre o futuro das contas públicas, com vistas a estimular e qualificar o debate fiscal.

O CGF, por outro lado, é uma instituição reguladora e de dentro do governo, voltada para padronizar normas e relatórios fiscais e tratar da articulação de entes federados e seus poderes, conforme Quadro 2.8.

Quadro 2.8 – Principais diferenças entre CGF e IFI

Órgão **competente**	Atividade	Composição
Conselho de Gestão Fiscal	• Normatização Contábil; • Padronização de relatórios fiscais; • Disseminação de boas práticas.	Interfederativa (participação dos três entes da Federação e dos respectivos poderes)
Instituição Fiscal Independente	• Acompanhamento da política fiscal; • Estimativas de parâmetros e de cenários fiscais.	Intrafederativa (participação de técnicos independentes)

Fonte: Afonso e Ribeiro (2016).

Estudo realizado por Mioranza e Lima (2018) mostra que os Países Baixos foram os primeiros a adotar um Conselho de Gestão Fiscal, com início das atividades em 1945, seguido do Japão

(1950), Dinamarca (1962) e Alemanha (1963), existindo, em 2017, 29 Conselhos Fiscais no mundo. E que a maioria desses Conselhos possui proteções legais contra o partidarismo ao cumprir seu mandato.

Quanto aos modelos institucionais utilizados, cinco grupos são observados: os Autônomos; os ligados ao Poder legislativo; os ligados ao Poder Executivo; os ligados a Instituições de Auditoria; e os ligados a Bancos Centrais. Havendo a preferência para os modelos autônomos e associados ao Legislativo (20 dos 29 países analisados). Sobre a quantidade de membros, tem havido no mínimo dois membros e no máximo 13 membros em cada órgão, com profissionais de diferentes áreas: Política Fiscal, Economia, Auditoria, Mercados Financeiros e Finanças Públicas.

Para Afonso e Ribeiro (2016), a ausência do Conselho de Gestão Fiscal é uma das principais razões que levaram o Brasil a se enveredar por "medidas fiscais criativas", que contribuíram para o comprometimento da credibilidade da gestão fiscal em seus três níveis de Governo. Na visão dos pesquisadores, já passa da hora de se encaminhar para transformar em realidade o Conselho de Gestão Fiscal.

RESUMO

Aspectos conceituais e normativos

- Contabilidade Pública é o ramo da ciência contábil que aplica as normas contábeis direcionadas ao controle patrimonial das entidades do Setor Público.
- Seu campo de atuação abrange as entidades do Setor Público, e tem por objeto o patrimônio público.
- O modelo da Contabilidade Pública brasileira está alicerçado na Lei nº 4.320/1964, na Lei Complementar nº 101/2000 (LRF), no Manual de Contabilidade Aplicada ao Setor Público (MCASP), na NBC TSP – Estrutura Conceitual e nas Normas Brasileiras de Contabilidade Aplicadas ao Setor Público consubstanciadas nas Normas Internacionais de Contabilidade Aplicadas ao Setor Público (IPSAS, em inglês), em razão do processo de convergência da Contabilidade Pública brasileira aos padrões contábeis internacionais.

Regimes contábil e orçamentário

- Do ponto de vista da execução orçamentária e financeira, a receita orçamentária e a despesa orçamentária serão registradas, respectivamente, no momento da sua arrecadação e empenho, em conformidade com o art. 35 da Lei nº 4.320/1964.
- Do ponto de vista contábil, tanto as receitas públicas como as despesas públicas devem ser incluídas na apuração do resultado do período em que ocorrerem (fato gerador), independentemente do seu recebimento ou pagamento, adotando-se o regime de competência.

Evolução e trajetória

- No Brasil, o marco histórico da Contabilidade Pública se deu com a criação do erário egrégio por D. João VI em 28 de junho de 1808. Diversas outras reformas se deram ao longo dos anos, até a edição da Lei nº 4.320/1964, ainda em vigor.
- No ano 2000 foi publicada Lei nº 101, conhecida como Lei de Responsabilidade Fiscal (LRF), estabelecendo, dentre outros, normas de finanças públicas voltadas para a responsabilidade na gestão fiscal do Brasil.

- Nos anos 2000, o Conselho Federal de Contabilidade criou um grupo assessor da área pública para desenvolver um conjunto de normas que contemplasse a Teoria da Contabilidade, que deu início ao processo de convergência aos padrões contábeis internacionais.

Comitê de convergência e orientações estratégicas

- O Comitê Gestor da Convergência no Brasil foi criado em 2007 com o objetivo de identificar e monitorar as ações a serem implantadas para viabilizar a convergência das normas contábeis e de auditoria.
- Em 2007 o CFC publicou o documento intitulado "Orientações Estratégicas para a Contabilidade Aplicada ao Setor Público no Brasil", para difundir diretrizes relacionadas com a promoção e o desenvolvimento conceitual, a convergência às normas internacionais e o fortalecimento institucional da Contabilidade Pública no Brasil.
- Entre as orientações estratégicas, foram estabelecidas três grandes diretrizes estratégicas: promover o desenvolvimento conceitual da Contabilidade Pública brasileira, estimular a convergência às Normas Internacionais de Contabilidade Aplicadas ao Setor Público (IPSAS) e fortalecer institucionalmente a Contabilidade Aplicada ao Setor Público.

Princípios contábeis sob a perspectiva do Setor Público

- A partir das diretrizes emanadas pelas Orientações Estratégicas, ainda em 2007, foi publicada a Resolução CFC nº 1.111, apresentando pela primeira vez, a interpretação dos Princípios de Contabilidade sob a perspectiva do Setor Público: entidade, continuidade, oportunidade, valor original, competência e prudência.
- Em 2017 a Resolução CFC nº 1111/2007 foi revogada.

Criação de grupos técnicos: GTCON, GTREL, GTSIS e CTCONF

- Entre as ações para o avanço do processo de convergência da Contabilidade Pública brasileira aos padrões internacionais, foram criados em 2007 o Grupo Técnico de Padronização de Procedimentos Contábeis (GTCON) e o Grupo Técnico de Padronização de Relatórios (GTREL).
- Em 2011, a STN criou um grupo de Sistematização de Informações Contábeis e Fiscais – GTSIS.
- Em setembro de 2017, os grupos técnicos da Secretaria do Tesouro Nacional foram extintos, passando a atuar em seu lugar a Câmara Técnica de Normas Contábeis e de Demonstrativos Fiscais da Federação (CTCONF), responsável por subsidiar a elaboração das normas gerais relativas à consolidação das contas.

Primeiras Normas Brasileiras de Contabilidade Aplicadas ao Setor Público – NBCASP

- Em 2008, foram publicadas pelo CFC as dez primeiras NBCASP, com o objetivo de construir um referencial teórico em bases científicas para a Contabilidade Pública brasileira, procurando diferenciar a Ciência Contábil da legislação vigente.
- A última NBCASP foi publicada no ano de 2011, totalizando 11 normas.
- Com a edição da NBC TSP Estrutura Conceitual, em 2016, algumas NBCASP foram revogadas totalmente e outras parcialmente.

Plano de implantação dos Procedimentos Contábeis Patrimoniais – PIPCP

- Em 2015, foi publicada a Portaria STN nº 548, que trouxe como anexo o Plano de Implantação dos Procedimentos Contábeis Patrimoniais (PIPCP), com o objetivo de estabelecer prazos-limite com vistas à consolidação das contas públicas e validação de dados no Sistema de Informações Contábeis e Fiscais do Setor Público Brasileiro (Siconfi).
- No PIPCP, estão relacionadas as ações necessárias para a implantação de cada procedimento contábil patrimonial que passa a ser exigido na administração pública.

As novas Normas Brasileiras de Contabilidade Aplicadas ao Setor Público – NBC TSP

- Em 2016 foram aprovadas as NBC TSP 01 – Receita de Transação sem Contraprestação, NBC TSP 02 – Receita de Transação com Contraprestação e NBC TSP 03 – Provisões, Passivos Contingentes e Ativos Contingentes.
- As NBC TSP estão sendo elaboradas guardando correspondência com os padrões contábeis publicados pela IFAC.

Padrão IFAC e outros padrões internacionais

- Em 1987 foi criado o *International Public Sector Accounting Standards Board*, atual *International Public Sector Accounting Standards Board* (IPSASB), comitê responsável pela elaboração de normas internacionais aplicadas ao Setor Público (IPSAS).
- O processo de elaboração das IPSAS pode ser visto em duas fases: a primeira, compreendendo o período de 1996 a 2002; e a segunda fase, a partir de 2003, quando o comitê passou a focar temas mais particulares do Setor Público.
- Os processos de convergência em âmbito mundial não apresentam um padrão único.

Sistema de informações contábeis e fiscais

- O Siconfi foi criado para reunir em um mesmo ambiente as informações contábeis e fiscais de todos os entes federados e substituir o SISTN a partir do ano de 2015.
- O Siconfi é o sistema estruturante da STN responsável pela coleta, tratamento e divulgação de informações contábeis, orçamentárias, financeiras, fiscais, econômicas, de operações de crédito e de estatísticas de finanças públicas dos entes da Federação.

Matriz de saldos contábeis

- A matriz de saldos contábeis é uma estrutura padronizada de contas para representar informações detalhadas extraídas diretamente da contabilidade das entidades públicas, com o objetivo de gerar relatórios contábeis e demonstrativos fiscais exigidos pela LRF.
- A matriz é uma tabela composta das informações de saldo inicial, natureza inicial, movimentos a débito e a crédito, saldo final e natureza final das contas contábeis e da associação dessas contas com as informações complementares.

Ranking da Qualidade das Informações Contábil e Fiscal

- O Ranking da Qualidade das Informações Contábil e Fiscal é uma iniciativa da STN que foi criada para avaliar a consistência da informação que o Tesouro recebe por meio do Siconfi.

- De acordo com a STN, a intenção do Ranking é fomentar a melhoria da qualidade da informação utilizada tanto pelo Tesouro Nacional quanto pelos diversos usuários dessa informação. O Ranking é dividido em quatro dimensões de avaliação: gestão da informação, contábil, fiscal e contábil × fiscal.

Conselho de Gestão Fiscal

- O CGF é uma instituição reguladora e de dentro do governo, voltada para padronizar normas e relatórios fiscais e tratar da articulação de entes federados e seus poderes.
- De acordo com o Fundo Monetário Internacional (FMI), os conselhos fiscais são definidos como um órgão permanente e com mandato regulamentado para avaliar, pública e independentemente de influências partidárias, planos e desempenhos fiscais do Governo em relação aos objetivos macroeconômicos relacionados com a sustentabilidade das finanças públicas.

2.15 Exercícios

1. **(QCRC-AP/Contador/Quadrix/2021) Quanto aos fundamentos da contabilidade comercial e da contabilidade pública, julgue o item.**
   Do ponto de vista patrimonial, as receitas públicas devem ser registradas de acordo com o regime de caixa.
   (　) Certo
   (　) Errado

2. **(Prefeitura de Irati/SC/Contador/GS Assessoria e Concursos 2021) Analise as seguintes afirmações:**
   I.   **Contabilidade Pública é o ramo da contabilidade que registra, controla e demonstra a execução dos orçamentos, dos atos e fatos da fazenda pública e o patrimônio público e suas variações.**
   II. **Na Contabilidade Pública, o mais relevante é o balanço de resultados, que trata da despesa e da receita, ou seja, de que forma foi arrecadado o dinheiro e como foi aplicado.**
   III. **A Contabilidade Pública – seja na área Federal, Estadual, Municipal ou no Distrito Federal – tem como base a Lei 4.320, de 17 de março de 1964, que instituiu normas gerais de direito financeiro para elaboração e controle dos orçamentos e balanços da União, dos Estados, dos Municípios e do Distrito Federal.**

   Assinale a alternativa correta:
   a) A I é verdadeira, porém a II e a III são falsas.
   b) A I é falsa, porém a II e a III são verdadeiras.
   c) Todas são verdadeiras.
   d) A III é verdadeira, porém a I e a II são falsas.
   e) Todas são falsas.

3. **(CORE-PR/Analista Contábil Júnior/Quadrix/2021) Quanto à contabilidade pública, a variações patrimoniais e ao plano de contas único do governo federal, julgue o item.**

O âmbito da atuação da contabilidade pública abrange todas as esferas e todos os Poderes do Setor Público, inclusive a administração indireta, mas não as empresas estatais independentes.

( ) Certo
( ) Errado

4. **(Ministério da Economia/Nível Superior-Qualquer área de formação/IDIB/2021) Contabilidade Pública consiste no ramo da ciência contábil que, utilizando os princípios de contabilidade e levando em conta as normas de direito financeiro, efetua as funções de registro, controle, avaliação e demonstração do patrimônio e do orçamento público. A contabilidade aplicada ao setor público mantém um processo de registro apto para sustentar o dispositivo legal do regime da receita orçamentária, de forma que atenda a todas as demandas de informações da execução orçamentária, conforme dispõe o art. 35 da Lei nº 4.320/1964. No tocante ao regime orçamentário, no setor público, é correto afirmar que o Brasil:**

a) adota o regime misto, sendo competência para as receitas e caixa para as despesas públicas. Esse regime é usado para apurar o resultado patrimonial, na demonstração das variações patrimoniais.

b) adota o regime misto, sendo caixa para as receitas e competência para as despesas. Desse confronto surge o resultado orçamentário, no balanço orçamentário.

c) adota o regime misto, sendo competência para as receitas e caixa para as despesas. Esse regime é usado para apurar resultado orçamentário, na demonstração das variações patrimoniais.

d) adota o regime de competência para as receitas e para as despesas. Desse confronto surge o resultado orçamentário, no balanço orçamentário.

e) adota o regime de competência para as receitas e para as despesas. Desse confronto surge o resultado patrimonial, na demonstração das variações patrimoniais.

5. **(Câmara de Mandirituba-PR-Analista de Gestão Fiscal/FAUEL/2021) A ciência contábil no Brasil vem passando por significativas transformações rumo à convergência aos padrões internacionais. Nos termos do Manual de Contabilidade Aplicado ao Setor Público, o processo de convergência às normas internacionais de contabilidade aplicada ao setor público visa a contribuir, primordialmente, para o desenvolvimento do aspecto:**

a) fiscal.

b) financeiro.

c) orçamentário.

d) patrimonial.

Estrutura Conceitual da Contabilidade Aplicada ao Setor Público

3

■ Objetivos do Capítulo

» Descrever o conceito e o enquadramento histórico de uma estrutura conceitual e a elaboração da estrutura conceitual do Setor Público brasileiro.
» Definir função, autoridade e alcance da estrutura conceitual.
» Relacionar e identificar os objetivos e os usuários da informação contábil no Setor Público, as características qualitativas e a entidade que reporta a informação contábil.
» Explicar os elementos das demonstrações contábeis e os critérios de mensuração e reconhecimentos a serem observados.
» Caracterizar a apresentação de informação no relatório contábil e as especificidades do Setor Público.

3.1 Conceito e enquadramento histórico

Rua e Carvalho (2006) apresentam que existe uma enormidade de definições acerca do termo "Estrutura Conceitual", entre elas:

1) Adequado suporte teórico para as regras que regem a prática;
2) Uma interpretação da Teoria Geral da Contabilidade, mediante a qual se estabelecem, por meio de um itinerário lógico-dedutivo, os fundamentos teóricos em que se apoia a informação financeira;
3) Sistema lógico e estruturado composto de fundamentos teóricos que sirvam de base à informação financeira pública e que sejam a essência racional que orienta a sua normativa reguladora.

De acordo com a *Asociación Española de Contabilidad y Administración de Empresas* – AECA, uma estrutura conceitual para a informação financeira visa facilitar, entre outros:

- O entendimento mútuo entre quem elabora as demonstrações financeiras, os seus utilizadores e os auditores;
- A aplicação das normas com critérios homogêneos;
- A resolução de conflito entre normas, delineando critérios que indiquem a sua validade;
- A justificação das soluções contabilísticas por meio de um suporte teórico comum;

Estrutura Conceitual da Contabilidade Aplicada ao Setor Público | **71**

- O aumento da confiança na regulamentação contabilística e na informação financeira;
- A satisfação do requisito da imagem fiel.

Para Tua Pereda (1997), para a elaboração de uma estrutura conceitual da informação financeira é necessário considerar e analisar as características do ambiente econômico no qual a Contabilidade opera e que condiciona as suas regras. Seguindo o itinerário lógico-dedutivo, o autor apresenta que a Estrutura Conceitual deve ser composta pelos seguintes elementos:

a) utilizadores da informação financeira e suas necessidades;
b) objetivos da informação contábil;
c) características qualitativas da informação;
d) elementos das demonstrações financeiras;
e) conceitos de capital e manutenção do capital.

Rua e Carvalho (2006) comentam que apesar do aparecimento de estudos com vistas à elaboração de uma Estrutura Conceitual só nos anos de 1980, desde a década de 1930 se vêm desenvolvendo teorias que serviram de base aos atuais desenvolvimentos conceituais.

Em 1973, tendo em mente as preocupações conceituais, *o American Institute of Certified Public Accountants* publicou o *Trueblood Report*, que, dentre outros, demarcou e influenciou o desenvolvimento de uma Estrutura Conceitual, não só por seguir um processo dedutivo como também pela forma como se relaciona com seus elementos (RUA; CARVALHO, 2006).

Nos anos seguintes, vários organismos e países desenvolveram suas próprias Estruturas Conceituais: *Financial Accounting Standards Board* – FASB (EUA), *Australian Accounting Standards Board* – AASB (Austrália*)*, *Accounting Standards Board* (Reino Unido), *International Accounting Standards Board* – IASB, alguns Países da Europa Continental (França, Espanha e Portugal) e, mais recentemente, *a International Federation of Accountants* – IFAC.

Essas iniciativas mostram que não há uma única norma reguladora que coordene e integre as normas existentes e que forme uma Estrutura Conceitual adaptada à realidade dos sistemas contábeis dos países.

3.2 Elaboração da Estrutura Conceitual no Brasil

Em janeiro de 2008, a Coordenadoria Técnica do Comitê de Pronunciamentos Contábeis (CPC) tornou pública a aprovação pelos membros do CPC, de acordo com as disposições da Resolução CFC nº 1.055/2005 e alterações posteriores, do Pronunciamento Conceitual Básico – Estrutura Conceitual para Elaboração e Apresentação das Demonstrações Contábeis (conhecido como CPC 00 – Estrutura Conceitual Básica), voltada para as entidades do Setor Privado.

O Pronunciamento foi elaborado a partir do *The Conceptual Framework for Financial Reporting* (BV2011), emitido pelo *International Accounting Standards Board* (IASB) e sua aplicação, no julgamento do Comitê, produz reflexos contábeis que estão em conformidade com o documento editado pelo IASB. Na ocasião, o Comitê recomendou que o Pronunciamento fosse referendado pelas entidades reguladoras brasileiras visando sua adoção, o que aconteceu posteriormente: CVM – Deliberação nº 539/2008; CFC – NBC TG Estrutura Conceitual – Resolução nº 1.121/2008; ANTT – Comunicado SUREG nº 01/2009; ANEEL – Despacho nº 4.796/2008; SUSEP – Circular SUSEP nº 424/2011 – todas atualmente revogadas.

Em dezembro de 2011, o pronunciamento foi revisitado, sendo publicado com o título de Pronunciamento Conceitual Básico (R1) – Estrutura Conceitual para Elaboração e Divulgação de Relatório Contábil-Financeiro, e foi aprovado pelos reguladores: Deliberação CVM 675/2011; CFC NBC TG Estrutura Conceitual; Resolução BACEN/CMN 4.144/2012; Circular SUSEP 517/2015; Resolução Normativa ANEEL – 605/2014 Manual; e Resolução Normativa ANS 322/2013 AN I. Em dezembro de 2019, uma nova revisão foi aprovada e divulgada, agora sob a denominação CPC 00 (R2) – Estrutura Conceitual para Relatório Financeiro.

No Setor Público, a base é **The Conceptual Framework for General Purpose Financial Reporting by Public Sector Entities** (the Conceptual Framework), editada pela Federação Internacional de Contadores (IFAC) no ano de 2014. A Estrutura Conceitual também responde às principais características do setor público em sua abordagem aos elementos das demonstrações contábeis, à mensuração de ativos e passivos e à apresentação de relatórios financeiros, ao mesmo tempo em que se concentra nas necessidades dos destinatários de serviços e provedores de recursos para informações de relatórios financeiros de alta qualidade para fins de prestação de contas e tomada de decisões.

Com relação à Estrutura Conceitual Aplicada ao Setor Público brasileiro (NBC T SP Estrutura Conceitual), foi publicada, em outubro de 2016, quase que uma cópia literal da Estrutura Conceitual da IFAC (The Conceptual Framework for General Purpose Financial Reporting by Public Sector Entities).

Além dos aspectos introdutórios, a NBC TSP Estrutura Conceitual Aplicada ao Setor Público do Brasil foi estruturada em oito capítulos:

- Capítulo 1 – Função, Autoridade e Alcance da Estrutura Conceitual.
- Capítulo 2 – Objetivos e Usuários da Informação Contábil de Propósito Geral das Entidades do Setor Público.
- Capítulo 3 – Características Qualitativas.
- Capítulo 4 – Entidade que Reporta a Informação Contábil.
- Capítulo 5 – Elementos das Demonstrações Contábeis.
- Capítulo 6 – Reconhecimento nas Demonstrações Contábeis.
- Capítulo 7 – Mensuração de Ativos e Passivos nas Demonstrações Contábeis.
- Capítulo 8 – Apresentação de Informação no Relatório Contábil de Propósito Geral das Entidades do Setor Público.

3.3 Função, autoridade e alcance da Estrutura Conceitual

De acordo com o Conselho Federal de Contabilidade (CFC), o papel da NBC TSP – Estrutura Conceitual para Elaboração e Divulgação de Informação Contábil de Propósito Geral pelas Entidades do Setor Público (Estrutura Conceitual) é estabelecer os conceitos que devem ser aplicados no desenvolvimento das demais Normas Brasileiras de Contabilidade Aplicadas ao Setor Público (NBCs TSP). Além disso, tais conceitos são aplicáveis à elaboração e à divulgação formal dos Relatórios Contábeis de Propósito Geral das Entidades do Setor Público (RCPGs).

O CFC esclarece que a maioria das entidades do Setor Público tem como objetivo principal prestar serviços à sociedade, em vez de obter lucros e gerar retorno financeiro aos investidores. Consequentemente, segundo a entidade, o desempenho de tais entidades pode ser apenas parcialmente avaliado por meio da análise da situação patrimonial, do desempenho e dos fluxos de caixa.

Nesse sentido, os Relatórios Contábeis (RCPGs) fornecem informações aos seus usuários para subsidiar os processos decisórios e a prestação de contas e responsabilização (*accountability*), entre elas:

a) Se a entidade prestou seus serviços à sociedade de maneira eficiente e eficaz;
b) Quais são os recursos atualmente disponíveis para gastos futuros, e até que ponto há restrições ou condições para a utilização desses recursos;
c) A extensão na qual a carga tributária, que recai sobre os contribuintes em períodos futuros para pagar por serviços correntes, tem mudado; e
d) Se a capacidade da entidade para prestar serviços melhorou ou piorou em comparação com exercícios anteriores.

Segundo o disposto na Estrutura Conceitual, as seguintes características do Setor Público foram selecionadas para serem incluídas na norma, em razão das especificidades que cercam as atividades contábeis no âmbito da Administração Pública (Quadro 3.1).

Quadro 3.1 – Características e especificidades do Setor Público

Característica	Especificidade
Transações sem contraprestação	São assim denominadas porque o valor dos benefícios que indivíduo ou grupo de indivíduos pode obter não será aproximadamente igual ao valor de quaisquer cobranças pagas por eles.
Orçamento público	É aprovado tendo como base a definição dos níveis de tributação e de outras receitas, compondo o processo de obtenção de autorização legislativa para a realização do gasto público.
Natureza dos programas e longevidade	Muitos programas do Setor Público são de longo prazo, e a capacidade para cumprir os compromissos depende dos tributos e das contribuições a serem arrecadados no futuro.
Natureza e propósito dos ativos e passivos públicos	A principal razão de se manterem ativos imobilizados e outros ativos é voltada para o potencial de serviços desses ativos e não para a sua capacidade de gerar fluxos de caixa.
Papel regulador	Muitos governos e outras entidades do Setor Público possuem poder de regulação de entidades que operam em determinados setores da economia, de forma direta ou por meio de agências reguladoras, para assegurar o interesse público de acordo com objetivos definidos nas políticas públicas.
Relacionamento com as estatísticas públicas	Os objetivos das informações contábeis e das estatísticas de finanças públicas são distintos e podem ocasionar interpretações diferentes para o mesmo fenômeno, mas deve-se buscar, sempre que possível, o alinhamento entre essas informações.

Fonte: CFC (2017).

A norma estabelece que a Estrutura Conceitual e as demais Normas Brasileiras de Contabilidade Aplicadas ao Setor Público (NBC TSP) aplicam-se, obrigatoriamente, às entidades do Setor Público quanto à elaboração e divulgação dos Relatórios Contábeis (RCPGs).

74 | Orçamento, Contabilidade e Gestão no Setor Público | LIMA

Por entidades do Setor Público entendem-se os governos nacionais, estaduais, distrital e municipais e seus respectivos poderes (abrangidos os tribunais de contas, as defensorias e o Ministério Público), órgãos, secretarias, departamentos, agências, autarquias, fundações (instituídas e mantidas pelo poder público), fundos, consórcios públicos e outras repartições públicas congêneres das administrações direta e indireta (inclusive as empresas estatais dependentes). Portanto, muito mais abrangente do que havia sido disposto nas NBCASP.

As empresas estatais dependentes são empresas controladas que recebem do ente controlador recursos financeiros para pagamento de despesas com pessoal, despesas de custeio em geral ou despesas de capital, excluídos, no último caso, aqueles provenientes de aumento de participação acionária.

3.4 Objetivos e usuários da informação contábil no Setor Público

Segundo Rua e Carvalho (2006), conhecer as necessidades de informação dos usuários é fundamental para "ordenar racionalmente os objetivos e procurar dados que facilitarão os meios mais eficientes para alcançar esses objetivos". Em virtude da heterogeneidade do Setor Público, bem como da quantidade de usuários, os autores comentam que existe uma grande variedade de necessidades informativas, nem sempre coincidentes.

A Estrutura Conceitual aplicada ao Setor Público brasileiro apresenta que os Relatórios Contábeis são elaborados para atender às necessidades de informações dos usuários dos serviços e provedores de recursos com a finalidade de prestação de contas e responsabilização (*accountability*) e tomada de decisão, bem como fornecer informações úteis para outros indivíduos ou entidades para propósitos distintos. A norma alerta que a elaboração e a divulgação de informação contábil não são um fim em si mesmas, e que seus objetivos são determinados com base nos usuários dos RCPGs e suas necessidades de informações.

Ao tratar dos usuários dos relatórios contábeis, a Estrutura Conceitual apresenta que governos e outras entidades do Setor Público obtêm recursos dos contribuintes, doadores, credores por empréstimos e de outros provedores de recursos para serem utilizados na prestação de serviços aos cidadãos e aos outros usuários. Essas entidades são responsáveis pela gestão e utilização dos recursos perante os usuários desses serviços. Aqueles que proveem os recursos também requerem informações que sirvam de base para a tomada de decisão.

Consequentemente, os RCPGs devem ser elaborados e divulgados, principalmente, para atender às necessidades de informações dos usuários dos serviços e dos provedores de recursos, quando estes não detêm a prerrogativa de exigir que a entidade do Setor Público divulgue as informações que atendam às suas necessidades específicas. Para os propósitos da Estrutura Conceitual, são conceituados como **usuários primários** dos RCPGs os usuários dos serviços e seus representantes e os provedores de recursos e seus representantes (doravante identificados como usuários dos serviços e provedores de recursos, a não ser que sejam identificados de outra forma).

Assim, segundo a Estrutura Conceitual, o atendimento das obrigações relacionadas com a prestação de contas e responsabilização (*accountability*) requer o fornecimento de informações sobre a gestão dos recursos da entidade confiados com a finalidade de prestação de serviços aos cidadãos e aos outros indivíduos, bem como a sua adequação à legislação, regulamentação ou outra norma que disponha sobre a prestação dos serviços e outras operações.

A norma brasileira ressalta que em razão da maneira pela qual os serviços prestados pelas entidades do Setor Público são financiados (principalmente pela tributação e outras transações sem contraprestação) e da dependência dos usuários dos serviços no longo prazo, há de se considerar também que o atendimento das obrigações relacionadas com a prestação de contas e responsabilização (*accountability*) requer o fornecimento de informação sobre o desempenho da prestação dos serviços durante o exercício e a capacidade de continuidade em exercícios futuros.

O Governmental Accounting Standards Board (GASB), organismo que elabora os padrões contábeis americanos aplicados aos governos locais, classifica os usuários da informação financeira pública seguindo o critério do tipo de relação existente entre esses utilizadores (externos e internos) e a entidade. No caso dos utilizadores externos, a entidade destaca os grupos de cidadão, os grupos do corpo legislativo e os grupos de investidores e credores. Entre os utilizadores internos, estão os órgãos de gestão.

Da perspectiva dos cidadãos, Rua e Carvalho (2006) comentam que suas necessidades variam muito em função do papel que assumem na sociedade. Estes necessitam de informação sobre:

- o nível de impostos cobrados, ante o nível de serviços prestados;
- a eficácia na administração dos recursos disponíveis;
- a eficiência e economia alcançadas na gestão dos serviços públicos;
- a relação custo-qualidade-preço dos serviços recebidos;
- a execução do orçamento, sobretudo se houve déficit ou superávit.

Os pesquisadores apresentam que pesquisa realizada pelo GASB mostrou que a maior parte dos cidadãos eleitores está interessada em saber se os recursos foram administrados de acordo com a lei e com o orçamento proposto, e que é, sobretudo, relativamente a estes cidadãos, os eleitores, que a necessidade de obter informação sobre a execução do orçamento mais se evidencia.

No caso dos corpos legislativos e de controle, suas necessidades não são apenas de âmbito financeiro, mas também de âmbito legal e manifestam-se em:

- Informação orçamentária que permita analisar o grau de cumprimento da legalidade, bem como o grau de execução orçamentária;
- Informação sobre o uso dado aos recursos pelos gestores;
- Informação que permita conhecer o grau de cumprimento das restrições contratuais existentes;
- Informação sobre os programas e sua articulação, e sobre o nível dos *outputs* alcançados, com o fim de planificar futuras políticas;
- Informações sobre a situação financeira.

Rua e Carvalho (2006) ressaltam que nesse grupo de usuários é sobretudo analisado o cumprimento da legalidade, e a forma como os fundos foram aplicados, no intuito de se evitar a sua aplicação injustificada ou ilegal, e com vista à definição de objetivos e políticas futuras de sucesso. Quanto aos investidores e credores, seu interesse é saber até que ponto as administrações cumpriram as suas obrigações, por isso pretendem informação sobre:

- recursos financeiros existentes;
- diferentes fontes de financiamento;
- liquidez da organização;

- obrigações a satisfazer e a contrair no futuro (para estabelecer relações de longo prazo com a instituição);
- existência de restrições quanto ao uso de determinado fundo;
- risco dos créditos;
- informação sobre a posição financeira.

Com relação aos órgãos de gestão, há de se determinar os objetivos a cumprir, desenvolver políticas com vistas ao cumprimento desses objetivos, e, posteriormente, analisar os resultados alcançados, com essas políticas. Além disso, também é sua função planificar e elaborar o orçamento e decidir acerca da eficaz afetação de recursos. Entre as necessidades dos órgãos de gestão estão compreender:

- a condição financeira atual;
- os fluxos de recursos a curto e longo prazos;
- os fluxos financeiros a curto e longo prazos;
- a condição econômica e possíveis alterações nesta condição;
- o cumprimento da legalidade, restrições legais e contratuais existentes;
- todos os fatores que possam influir na planificação e elaboração do orçamento.

Apesar de os órgãos de gestão possuir um amplo conjunto de necessidades informativas, também são eles que intervêm na preparação e elaboração das demonstrações contábeis (RUA; CARVALHO, 2006).

Registre-se que de acordo com a Estrutura Conceitual brasileira há de se destacar a importância da informação sobre a situação patrimonial, que possibilita aos usuários identificarem os recursos da entidade e as demandas sobre esses recursos na data de divulgação do relatório contábil, fornecendo-lhe subsídios para avaliar as seguintes questões:

a) A extensão na qual a administração cumpriu suas obrigações em salvaguardar e administrar os recursos da entidade;
b) A extensão na qual os recursos estão disponíveis para dar suporte às atividades relativas à prestação de serviços futuros e as mudanças durante o exercício relativas ao montante ou à composição desses recursos, bem como as demandas sobre esses recursos;
c) Os montantes e o cronograma de fluxos de caixa futuros necessários aos serviços e ao pagamento das demandas existentes sobre os recursos da entidade.

Também, a informação sobre os fluxos de caixa do Governo ou de outra entidade do Setor Público contribui para as avaliações do desempenho e da liquidez e da solvência da entidade, indicando como a entidade arrecadou e utilizou os recursos durante o período, inclusive os empréstimos tomados e pagos, bem como as suas aquisições e vendas, por exemplo, do seu ativo imobilizado.

São identificados ainda os recursos recebidos a partir de, por exemplo, tributos e investimentos ou as transferências de recursos concedidas ou recebidas em transações com outros governos, órgãos governamentais ou organismos internacionais. A informação sobre os fluxos de caixa também pode subsidiar as avaliações sobre a conformidade da entidade com o que foi definido pelos responsáveis pela gestão financeira e informar a avaliação dos montantes e fontes prováveis de recursos para dar suporte aos objetivos da prestação de serviços.

Para auxiliar os usuários a entender, interpretar e inserir em contexto a informação apresentada nas demonstrações contábeis, os relatórios contábeis também podem fornecer

Estrutura Conceitual da Contabilidade Aplicada ao Setor Público | **77**

informações financeiras e não financeiras que aprimoram, complementam e suplementam as demonstrações contábeis, inclusive as informações sobre questões relacionadas com o governo ou outra entidade do Setor Público, tais como:

a) A conformidade com os orçamentos aprovados e outra regulamentação relativa às suas operações;

b) As atividades de prestação de serviços e os seus respectivos resultados durante o exercício;

c) As expectativas relacionadas com as atividades da prestação de serviços e outras atividades no futuro, bem como as consequências, a longo prazo, das decisões tomadas e das atividades realizadas durante o exercício, inclusive aquelas que possam impactar as expectativas sobre o futuro.

De acordo com a Estrutura Conceitual, essa informação pode ser apresentada nas notas explicativas às demonstrações contábeis ou em relatórios separados incluídos nos RCPGs.

3.5 Características qualitativas

De acordo com a Estrutura Conceitual, as características qualitativas da informação incluída nos Relatórios Contábeis (RCPGs) são atributos que tornam a informação útil para os usuários e dão suporte ao cumprimento dos objetivos da informação contábil.

Cada uma das características qualitativas é integrada e funciona em conjunto com as outras características, de modo a fornecer informação útil nos RCPGs para cumprir os objetivos da informação contábil. Entretanto, na prática, talvez não seja possível alcançar todas as características qualitativas e, nesse caso, um equilíbrio ou compensação entre algumas delas poderá ser necessário.

A estrutura conceitual afirma que as características qualitativas se aplicam a todas as informações financeiras e não financeiras apresentadas nos RCPGs, inclusive às informações histórica e prospectiva, além da informação explicativa. Contudo, pode haver variação no grau que as características qualitativas podem ser alcançadas, dependendo do nível de incerteza e de avaliação subjetiva envolvidos na compilação das informações financeiras e não financeiras.

Quanto à necessidade de orientação adicional na interpretação e aplicação das características qualitativas àquilo que estende o alcance da informação contábil para além das demonstrações contábeis, deve ser considerada no desenvolvimento de qualquer NBC TSP ou de outras disposições do CFC inerentes às entidades do Setor Público e que tratam de tais questões.

No Quadro 3.2 estão relacionadas as seguintes características da informação contábil: relevância, representação fidedigna, compreensibilidade, tempestividade, comparabilidade e verificabilidade.

Quadro 3.2 – Características qualitativas da informação contábil

Características	Descrição
Relevância	As informações financeiras e não financeiras são relevantes caso sejam capazes de influenciar significativamente o cumprimento dos objetivos da elaboração e da divulgação da informação contábil.

Características	Descrição
Representação fidedigna	Para ser útil como informação contábil, a informação deve corresponder à representação fidedigna dos fenômenos econômicos e outros que se pretenda representar.
Compreensibilidade	É a qualidade da informação que permite que os usuários compreendam o seu significado.
Tempestividade	A informação deve estar disponível para os usuários antes que ela perca a sua capacidade de ser útil para fins de prestação de contas e responsabilização (*accountability*) e tomada de decisão.
Comparabilidade	É a qualidade da informação que possibilita aos usuários identificar semelhanças e diferenças entre dois conjuntos de fenômenos.
Verificabilidade	É a qualidade da informação que ajuda a assegurar aos usuários que a informação contida nos RCPGs representa fielmente os fenômenos econômicos ou de outra natureza que se propõe a representar.

Fonte: CFC (2017).

As restrições inerentes à informação contida nos RCPGs são a materialidade, o custo-benefício e o alcance do equilíbrio apropriado entre as características qualitativas. Com relação à **restrição da materialidade**, a informação é material se a sua omissão ou distorção puder influenciar o cumprimento do dever de prestação de contas e responsabilização (*accountability*), ou as decisões que os usuários tomam com base nos RCPGs elaborados para aquele exercício. Registre-se que a materialidade depende tanto da natureza quanto do montante do item analisado dentro das particularidades de cada entidade.

Quanto à **restrição do custo-benefício**, a informação contábil impõe custos e seus benefícios devem justificá-los. Avaliar se os benefícios da informação justificam seus custos é, com frequência, uma questão de julgamento de valor, pois não é possível identificar todos os custos e todos os benefícios da informação incluída nos RCPGs.

Com relação ao **equilíbrio entre as características qualitativas**, em alguns casos, o equilíbrio ou a compensação (*trade-off*) entre as características qualitativas pode ser necessário para se alcançar os objetivos da informação contábil. A importância relativa das características qualitativas em cada situação é uma questão de julgamento profissional. A meta é alcançar o equilíbrio apropriado entre as características para satisfazer aos objetivos da elaboração e da divulgação da informação contábil.

3.6 Entidade que reporta a informação contábil

De acordo com a Estrutura Conceitual, a entidade do Setor Público que reporta a informação contábil é um ente governamental ou outra organização, programa ou outra área identificável de atividade que elabora os relatórios contábeis. Pode compreender duas ou mais entidades que apresentem os RCPGs como se fossem uma única entidade – tal entidade é referida como grupo de entidades que reportam a informação contábil.

As características-chave de entidade do Setor Público que reporta a informação contábil são:

a) ser uma entidade que capta recursos da sociedade ou em nome desta e/ou utiliza recursos para realizar atividades em benefício dela; e

Estrutura Conceitual da Contabilidade Aplicada ao Setor Público | **79**

b) existir usuários de serviços ou provedores de recursos dependentes de informações contidas nos RCPGs para fins de prestação de contas e responsabilização (*accountability*) e tomada de decisão.

A norma esclarece que o Governo pode estabelecer e/ou funcionar por meio de unidades administrativas como ministérios, secretarias ou departamentos. Ele pode funcionar também por meio de fundos, autoridades estatutárias, empresas estatais e outras entidades com identidade jurídica própria ou autonomia operacional para realizar, ou de outra maneira dar suporte à prestação de serviços à sociedade.

Outras organizações do Setor Público, inclusive organizações internacionais do Setor Público e autoridades municipais, podem realizar também determinadas atividades por intermédio das entidades com identidade jurídica própria ou autonomia operacional e podem beneficiar-se e estarem sujeitas a encargo financeiro ou perda resultante das atividades.

Uma característica-chave da entidade do Setor Público que reporta a informação, inclusive de grupo dessas entidades, é a existência de usuários de serviços ou provedores de recursos que são dependentes dos RCPGs para fins de prestação de contas e responsabilização (*accountability*) e tomada de decisão.

A estrutura conceitual ressalta ainda que a elaboração dos RCPGs não é um processo sem custos. Portanto, se a imposição de requisitos para a informação contábil pressupõe que estas devam ser eficientes e eficazes, é importante que seja exigido que os RCPGs sejam elaborados somente pelas entidades do Setor Público para as quais existam usuários.

3.7 Elementos das demonstrações contábeis

Segundo o disposto na estrutura conceitual, os elementos correspondem às estruturas básicas a partir das quais as demonstrações contábeis são elaboradas. Essas estruturas fornecem um ponto inicial para reconhecer, classificar e agregar dados e atividades econômicas de maneira a fornecer aos usuários informação que satisfaça aos objetivos e atinja as características qualitativas da informação contábil, levando em consideração as restrições sobre a informação incluída nos Relatórios Contábeis (RCPGs).

A estrutura conceitual relaciona os seguintes elementos das demonstrações contábeis: ativo, passivo, receita, despesa, contribuição dos proprietários e distribuição aos proprietários.

3.7.1 Ativo

O Ativo é um recurso controlado no presente pela entidade como resultado de evento passado, entendendo-se por recurso um item com potencial de serviços ou com a capacidade de gerar benefícios econômicos.

A estrutura conceitual apresenta que a forma física não é uma condição necessária para um recurso, e que o potencial de serviços ou a capacidade de gerar benefícios econômicos podem surgir diretamente do próprio recurso ou dos direitos de sua utilização.

Com relação ao potencial de serviços, refere-se à capacidade de prestar serviços que contribuam para alcançar os objetivos da entidade, ou que possibilita a entidade alcançar os seus objetivos sem, necessariamente, gerar entrada líquida de caixa. No caso dos benefícios econômicos, correspondem a entradas de caixa ou a reduções das saídas de caixa, e podem derivar da utilização do ativo na produção e na venda de serviços; ou da troca direta do ativo por caixa ou por outros recursos.

80 | Orçamento, Contabilidade e Gestão no Setor Público | LIMA

Segundo o disposto na estrutura conceitual, a entidade deve ter o controle do recurso, que envolve a capacidade da entidade em utilizar o recurso (ou controlar terceiros na sua utilização) de modo que haja a geração do potencial de serviços ou dos benefícios econômicos originados do recurso para o cumprimento dos seus objetivos de prestação de serviços, entre outros.

Para avaliar se a entidade controla o recurso no presente, deve ser observada a existência dos seguintes indicadores de controle:

a) propriedade legal;
b) acesso ao recurso ou a capacidade de negar ou restringir o acesso a eles;
c) meios que assegurem que o recurso seja utilizado para alcançar os seus objetivos;
d) a existência de direito legítimo ao potencial de serviços ou à capacidade para gerar os benefícios econômicos advindos do recurso.

A estrutura conceitual esclarece que embora esses indicadores não sejam determinantes conclusivos acerca da existência do controle do Ativo, sua identificação e análise podem subsidiar essa decisão. A propriedade legal do recurso pode ser utilizada como método para se verificar o potencial de serviços ou os benefícios econômicos de um ativo. No entanto, os direitos ao potencial de serviços ou à capacidade de gerar benefícios econômicos podem existir sem que se verifique a propriedade legal do recurso.

Outra condição para a definição de um Ativo é que o recurso controlado pela entidade no presente tenha surgido de transação ou outro evento passado, seja por meio de uma transação com contraprestação seja por meio de uma transação sem contraprestação.

3.7.2 Passivo

O Passivo é uma obrigação presente, derivada de evento passado, cuja extinção deva resultar na saída de recursos da entidade. Por obrigação presente, entende-se que é uma obrigação que ocorre por força de lei (obrigação legal ou obrigação legalmente vinculada) ou uma obrigação que não ocorre por força de lei (obrigação não legalmente vinculada), as quais não possam ser evitadas pela entidade.

Registre-se que um Passivo também deve envolver uma saída de recursos da entidade para ser liquidado ou extinto. Para satisfazer a definição de Passivo, também é necessário que a obrigação presente surja como resultado de transação ou de outro evento passado e necessite da saída de recursos da entidade para ser extinta.

A estrutura conceitual apresenta que a complexidade inerente ao Setor Público faz com que eventos diversos referentes ao desenvolvimento, implantação e execução de determinado programa ou atividade possam gerar obrigações. Para fins de elaboração e divulgação da informação contábil, é necessário determinar se tais compromissos e obrigações, inclusive aqueles que não possam ser evitados pela entidade, mas que não ocorrem por força de lei (obrigações não legalmente vinculadas), são obrigações presentes e satisfazem a definição de passivo.

Quando a transação tem forma jurídica e é vinculada, tal como um contrato, o evento passado pode ser identificado de forma inequívoca. Em outros casos, pode ser mais difícil identificar o evento passado e é necessário fazer uma avaliação de quando a entidade tem pouca ou nenhuma alternativa realista de evitar a saída de recursos. Ao se fazer tal avaliação, fatores jurisdicionais devem ser levados em consideração pela entidade.

Estrutura Conceitual da Contabilidade Aplicada ao Setor Público | **81**

Ainda de acordo com a estrutura conceitual, o momento no qual a obrigação dá origem ao Passivo depende da natureza da obrigação. Os fatores que provavelmente impactarão os julgamentos de que terceiros podem concluir de maneira válida que a obrigação é tal que a entidade tem pouca ou nenhuma alternativa realista de evitar a saída de recursos incluem:

a) A natureza do evento ou eventos passados que dão origem à obrigação;
b) A capacidade da entidade em modificar ou alterar a obrigação antes que ela se cristalize;
c) Pode haver uma correlação entre a disponibilidade de fundos para liquidar uma obrigação particular e a criação de uma obrigação presente. A ausência de dotação orçamentária própria não significa que a obrigação presente não surgiu.

3.7.3 Receitas e despesas

A estrutura conceitual é bem objetiva quanto aos aspectos conceituais envolvendo receitas e despesas, e apresenta uma abordagem apenas patrimonial. Segundo a norma, a Receita corresponde a aumentos na situação patrimonial líquida da entidade não oriundos de contribuições dos proprietários. A Despesa, por sua vez, corresponde a diminuições na situação patrimonial líquida da entidade não oriundas de distribuições aos proprietários.

As receitas e despesas originam-se de transações com contraprestação e sem contraprestação, de outros eventos, tais como: aumentos e decréscimos não realizados de ativos e passivos; do consumo dos ativos por meio da depreciação; e da redução do potencial de serviços e da capacidade de gerar benefícios econômicos por meio da redução ao valor recuperável. Receitas e despesas podem ser originadas de transações individuais ou de grupos de transações.

O superávit ou o déficit da entidade para o exercício é a diferença entre as receitas e as despesas que constam na demonstração que evidencia o desempenho das entidades do Setor Público.

Como se pode observar, a estrutura conceitual classifica como receitas e despesas apenas aquelas transações que afetam efetivamente o resultado patrimonial do exercício. No Brasil, essas transações receberam a denominação Variação Patrimonial Aumentativa (VPA) e Variação Patrimonial Diminutiva (VPD), uma vez que as denominações receitas e despesas foram preservadas da perspectiva orçamentária.

3.7.4 Contribuição dos proprietários e distribuição aos proprietários

A Estrutura Conceitual traz entre os elementos das Demonstrações Contábeis a Contribuição dos Proprietários – que corresponde a entrada de recursos para a entidade a título de contribuição de partes externas, que estabelece ou aumenta a participação delas no patrimônio líquido da entidade e a Distribuição aos Proprietários – que corresponde a saída de recursos da entidade a título de distribuição a partes externas, que representa retorno sobre a participação ou a redução dessa participação no patrimônio líquido da entidade.

A norma brasileira alerta que é importante distinguir os conceitos de despesa e receita dos conceitos de distribuição aos proprietários e contribuição dos proprietários, inclusive as entradas que estabelecem inicialmente suas participações na entidade. Ressalta que além do aporte de recursos e do pagamento de dividendos que podem ocorrer, é relativamente comum que ativos e passivos sejam transferidos entre entidades do Setor Público, e que sempre que tais transferências satisfizerem as definições de contribuição dos proprietários ou de distribuição aos proprietários, elas devem ser contabilizadas como tal.

82 | Orçamento, Contabilidade e Gestão no Setor Público | LIMA

A estrutura conceitual esclarece que no Setor Público, as contribuições ou as distribuições de recursos são, algumas vezes, relacionadas com a reestruturação do governo e tomarão a forma de transferências de ativos e passivos em vez de transações em espécie.

3.8 Reconhecimento dos elementos nas demonstrações contábeis

De acordo com a estrutura conceitual, um item deve ser reconhecido nas demonstrações contábeis quando satisfizer a definição de elemento (ativo, passivo, receita ou despesa) e puder ser mensurado de maneira que se observe as características qualitativas, levando em consideração as restrições sobre a informação incluída nos Relatórios Contábeis (RCPGs).

A norma ressalta que, em algumas circunstâncias, determinada NBC TSP pode autorizar que um recurso ou obrigação que não satisfaça a definição de elemento possa ser reconhecido nas demonstrações contábeis, desde que possa ser mensurado de maneira que satisfaça as características qualitativas e as restrições sobre a informação incluída nos relatórios contábeis.

Outra consideração a fazer é que para se reconhecer um item nas demonstrações contábeis é necessário atribuir um valor monetário a ele; portanto, há de se escolher a base de mensuração apropriada e determinar se a mensuração do item cumpre as características qualitativas, levando-se em consideração as restrições acerca da informação nos relatórios, inclusive que a mensuração seja suficientemente relevante e fidedignamente representativa para o item a ser reconhecido nas demonstrações contábeis.

Quando o reconhecimento do elemento a ser reconhecido nas demonstrações contábeis envolver a **avaliação da incerteza** relacionada com sua existência e mensuração, é preciso considerar que as condições que dão origem à essa incerteza, se existirem, podem mudar. Portanto, é importante que a incerteza seja avaliada em cada data de divulgação do relatório.

Registre-se que uma decisão acerca da relevância e da representação fidedigna da mensuração envolve a consideração de técnicas como utilizar intervalos de resultados e estimativas pontuais, e se uma evidência adicional sobre as circunstâncias econômicas existentes na data do relatório está disponível. Caso o nível de incerteza em um único ponto da estimativa seja tão grande que a relevância e a representação fidedigna da medida utilizada são questionáveis, o item não deve ser reconhecido, mesmo que haja a evidenciação das técnicas de estimativa utilizadas.

Uma novidade apresentada na estrutura conceitual diz respeito ao termo "**desreconhecimento**" do elemento nas demonstrações contábeis. Caso ocorram mudanças que justifiquem a remoção de elemento que tenha sido previamente reconhecido nas demonstrações contábeis, é preciso que o item seja removido. Ao se avaliar a incerteza sobre a existência do elemento, os mesmos critérios devem ser utilizados para o desreconhecimento, tais como aqueles utilizados no reconhecimento inicial.

3.9 Mensuração de ativos e passivos nas demonstrações contábeis

A Estrutura Conceitual apresenta que o objetivo da mensuração é selecionar bases que reflitam de modo mais adequado o custo dos serviços, a capacidade operacional e a capacidade financeira da entidade de forma que seja útil para a prestação de contas e responsabilização (*accountability*) e tomada de decisão.

A seleção da base de mensuração para ativos e passivos contribui para satisfazer aos objetivos da elaboração e divulgação da informação contábil pelas entidades do Setor Público ao fornecer informação que possibilita os usuários avaliarem:

a) O custo dos serviços prestados no período, em termos históricos ou atuais;
b) A capacidade operacional – a capacidade da entidade em dar suporte à prestação de serviços no futuro por meio de recursos físicos e outros; e
c) A capacidade financeira – a capacidade da entidade em financiar as suas próprias atividades.

A estrutura conceitual não propõe uma única base de mensuração ou a combinação de bases de mensuração para atender ao objetivo da mensuração para todas as transações, eventos e condições, mas fornece orientação na seleção da base de mensuração para ativos e passivos.

Para a **Mensuração de Ativos Públicos**, as seguintes bases são identificadas para fornecer informações sobre o custo de serviços prestados, a capacidade operacional e a capacidade financeira da entidade, além da extensão na qual fornecem informação que satisfaça as características qualitativas: custo histórico; valor de mercado; custo de reposição ou substituição; preço líquido de venda; valor em uso (Quadro 3.3).

Quadro 3.3 – Resumo das bases de mensuração dos ativos

Base de mensuração	Entrada ou saída	Observável ou não no mercado	Específica ou não à entidade
Custo histórico	Entrada	Geralmente observável	Específica para a entidade
Valor de mercado (quando o mercado é aberto, ativo e organizado)	Entrada e saída	Observável	Não específica para a entidade
Valor de mercado (em mercado inativo)	Saída	Depende da técnica de atribuição de valor	Depende da técnica de atribuição de valor
Custo de reposição ou substituição	Entrada	Observável	Específica para a entidade
Preço líquido de venda	Saída	Observável	Específica para a entidade
Valor em uso	Saída(*)	Não observável	Específica para a entidade

(*) para os ativos não geradores de caixa o cálculo do valor em uso pode exigir, subsidiariamente, o uso de custo de substituição.

Fonte: CFC (2017).

Com relação à **Mensuração de Passivos Públicos**, a estrutura conceitual fornece as seguintes bases de mensuração: custo histórico; custo de cumprimento da obrigação; valor de mercado; custo de liberação e preço presumido (Quadro 3.4).

Quadro 3.4 – Resumo das bases de mensuração dos passivos

Base de mensuração	Entrada ou saída	Observável ou não no mercado	Específica ou não à entidade
Custo histórico	Entrada	Geralmente observável	Específica para a entidade
Custo de cumprimento da obrigação	Saída	Não observável	Específica para a entidade
Valor de mercado (quando o mercado é aberto, ativo e organizado)	Entrada e saída	Observável	Não específica para a entidade
Valor de mercado (em mercado inativo)	Saída	Depende da técnica de atribuição de valor	Depende da técnica de atribuição de valor
Custo de liberação	Saída	Observável	Específica para a entidade
Preço presumido	Entrada	Observável	Específica para a entidade

Fonte: CFC (2017).

Como se pode observar, a estrutura conceitual apresenta que as bases de mensuração podem fornecer valores de entrada e valores de saída. Para o ativo, os valores de entrada refletem o custo da compra. O custo histórico e o custo de reposição são valores de entrada. Os valores de saída refletem os benefícios econômicos da venda e também o montante que será obtido com a utilização do ativo. A norma esclarece que em uma economia diversificada, os valores de entrada e saída diferem à medida que as entidades, normalmente:

a) Adquirem ativos concebidos para suas particularidades operacionais para as quais outros participantes do mercado não estariam dispostos a pagar valor semelhante;
b) Incorrem em custos de transação na aquisição.

As bases de mensuração para o passivo também podem ser classificadas em termos de valores de entrada ou de saída. Os valores de entrada se relacionam com a transação na qual a obrigação é contraída ou com o montante que a entidade aceitaria para assumir um passivo. Os valores de saída refletem o montante exigido para cumprir a obrigação ou o montante exigido para liberar a entidade da obrigação.

Uma crítica a ser destacada é que a estrutura conceitual não contempla o **valor justo** (*fair value*) entre as bases a serem utilizadas para a mensuração de ativos e passivos públicos. Conceitualmente, o valor justo refere-se ao valor pelo qual um ativo pode ser negociado, ou um passivo liquidado, entre partes interessadas, conhecedoras do negócio e independentes entre si, com a ausência de fatores que pressionem para a liquidação da transação ou que caracterizem uma transação compulsória.

De acordo com a norma, que foi referendada pelo CFC, o valor justo, no contexto do Setor Público, seria semelhante ao valor de mercado e a inclusão de ambas as bases de mensuração poderia ser confusa para os usuários dos RCPGs. Assim, em vez de a estrutura conceitual convergida incluir a definição de valor justo baseada em valor de saída, ou a definição de valor justo específica para o Setor Público, incluiu o valor de mercado como uma das bases de mensuração.

Mas a própria Estrutura Conceitual reconhece que a base de mensuração sob o valor justo ainda deverá permanecer em algumas IPSAS editadas pelo IPSASB/IFAC após a estrutura

Estrutura Conceitual da Contabilidade Aplicada ao Setor Público | 85

conceitual e em algumas NBCs TSP convergidas, argumentando que o *Board* irá rever as bases de mensuração constante das IPSAS de modo a excluir o valor justo. Esse é um belo tema a ser discutido pelos pesquisadores da área pública.

3.10 Apresentação de informação no relatório contábil

A estrutura conceitual esclarece que a apresentação das informações nos relatórios contábeis possui ligação com os objetivos da elaboração e da divulgação da informação contábil, as necessidades dos usuários e as características qualitativas. As restrições na informação incluída nos relatórios contábeis e a entidade que reporta a informação contábil também influenciam as decisões relativas à apresentação das informações.

Para a informação evidenciada nas demonstrações contábeis, a apresentação é relacionada também com as definições dos elementos, critérios de reconhecimento e bases de mensuração, entre eles, (i) a definição dos elementos afeta os itens que podem ser apresentados nas demonstrações contábeis; (ii) a aplicação dos critérios de reconhecimento afeta a localização da informação; e (iii) a seleção das bases de mensuração impacta a informação apresentada nas metodologias de mensuração.

O idioma (ou idiomas) no qual as demonstrações contábeis e outros relatórios contábeis são divulgados dá suporte à realização dos objetivos da elaboração e da divulgação da informação contábil e as características qualitativas. Todas as versões traduzidas precisam ser fiéis à versão do idioma original, e disponibilizada para satisfazer as necessidades dos usuários em referência aos dispositivos legais na jurisdição da entidade; e a relação custo-benefício da tradução.

A apresentação corresponde à seleção, à localização e à organização da informação que é evidenciada nos relatórios contábeis, e visa fornecer informação que contribua com os objetivos da elaboração e da divulgação da informação contábil. As decisões sobre a seleção, a localização e a organização da informação são tomadas em resposta às necessidades dos usuários pela informação sobre os fenômenos econômicos, financeiros e de outra natureza.

Adicionalmente às demonstrações contábeis, os RCPGs fornecem informação relevante, por exemplo, para avaliações do desempenho dos serviços da entidade e a sustentabilidade das suas finanças. Os objetivos da elaboração e divulgação da informação contábil aplicados à área coberta por determinado relatório orientam as decisões sobre a apresentação daquele relatório. As decisões sobre a apresentação podem:

a) resultar no desenvolvimento de novo relatório, na movimentação da informação entre os relatórios ou na fusão dos relatórios existentes; ou

b) ser decisões detalhadas sobre a seleção, a localização e a organização da informação no relatório.

É preciso considerar que as decisões sobre a seleção, a localização e a organização da informação estão interligadas e, na prática, provavelmente são consideradas em conjunto. O montante ou o tipo de informação selecionada pode ter implicações sobre se relatório é elaborado em separado ou organizado em quadros ou tabelas separados. As três seções seguintes focam separadamente em cada decisão sobre a apresentação.

Os **objetivos da elaboração e da divulgação da informação contábil** são o de fornecer informação sobre a entidade que seja útil para os usuários dos relatórios contábeis para fins de prestação de contas e responsabilização (*accountability*) e tomada de decisão.

De acordo com a estrutura conceitual, as necessidades de informação dos usuários da informação contábil corroboram a seleção da informação para as demonstrações contábeis. Essas necessidades incluem a informação sobre a situação patrimonial, o desempenho e os fluxos de caixa da entidade para:

a) possibilitar aos usuários identificarem os recursos da entidade e as demandas por esses recursos na data do relatório;
b) informar as avaliações de questões como se a entidade adquiriu recursos com economicidade e os utilizou de forma eficiente e eficaz para alcançar os seus objetivos na prestação de serviços; e
c) informar as avaliações do desempenho e a liquidez e solvência da entidade.

As demonstrações contábeis também podem fornecer informação que auxilia os usuários na avaliação da extensão na qual a entidade satisfez os seus objetivos financeiros; as receitas, as despesas, os fluxos de caixa e o desempenho da entidade estão em conformidade com os orçamentos aprovados; e a entidade observou a legislação vigente e outros regulamentos que regem a captação e a utilização de recursos públicos.

Registre-se, contudo, que as demonstrações contábeis não evidenciam de modo abrangente o desempenho dos serviços da entidade. Todavia, a informação nas demonstrações contábeis pode fornecer informação relevante aos aspectos financeiros do desempenho dos serviços, como informação sobre receita, despesa e fluxos de caixa relativos aos serviços; e os ativos e os passivos que orientam as avaliações dos usuários em relação à capacidade operacional da entidade ou aos riscos financeiros que podem impactar no fornecimento do serviço.

Entre as informações adicionais às demonstrações contábeis, outros relatórios contábeis podem incluir informações sobre a sustentabilidade das finanças públicas da entidade; a discussão e análise das demonstrações contábeis; ou a informação sobre o desempenho dos serviços. A estrutura conceitual estabelece que a informação evidenciada deve incluir:

a) a base para a informação exposta como políticas e metodologias aplicáveis;
b) detalhamentos da informação exposta; e
c) itens que compartilham alguns, mas nem todos os aspectos da informação exposta, por exemplo, evidenciações de itens que satisfaçam algumas, mas nem todas as características da definição de elemento ou evidenciações sobre itens que satisfaçam a definição de elemento, mas não os critérios de reconhecimento.

A norma considera que o nível de detalhe fornecido pela informação exposta contribui para a realização dos objetivos da elaboração e da divulgação da informação contábil, desde que não seja excessivo. A informação evidenciada, assim como a informação exposta, é necessária para a realização dos objetivos da elaboração e da divulgação da informação contábil. Com relação à informação a ser evidenciada nas **notas explicativas** às demonstrações contábeis, tem-se que:

a) é necessária para a compreensão dos usuários das demonstrações contábeis;
b) fornece informação que apresenta as demonstrações contábeis no contexto da entidade e o seu ambiente operacional; e
c) geralmente tem relação clara e demonstrável com a informação exposta nas demonstrações contábeis às quais ela pertence.

A informação evidenciada nas notas explicativas pode incluir, entre outros: (i) os fatores relacionados com a entidade que podem influenciar as opiniões sobre a informação evidenciada (por exemplo, informação sobre as partes relacionadas e entidades controladas ou participações em outras entidades); (ii) a fundamentação para o que é exposto (por exemplo, a informação sobre as políticas contábeis e critérios de mensuração, inclusive os métodos e as incertezas quanto à mensuração, quando aplicáveis); (iii) os detalhamentos dos montantes expostos nas demonstrações (por exemplo, a divisão do imobilizado em classes diferentes); (iv) os itens que não satisfazem a definição de elemento ou os critérios de reconhecimento, mas são importantes para a devida compreensão das finanças e da capacidade de prestar serviços da entidade; e (v) a informação que pode explicar as tendências subjacentes afetando os totais expostos.

Com relação aos princípios aplicáveis à seleção da informação, as decisões sobre qual informação precisa ser exposta e evidenciada envolve considerar os objetivos da elaboração e da divulgação da informação contábil, as características qualitativas e as restrições das informações contidas nos relatórios contábeis e os fenômenos econômicos relevantes e outros fenômenos sobre os quais a informação seja necessária.

As decisões sobre a **seleção da informação** envolvem priorizar e resumir, e evita a sobrecarga de informação, a qual reduz a compreensibilidade. Informação em demasia pode dificultar a compreensão das mensagens-chave por parte dos usuários e, consequentemente, comprometer a realização dos objetivos da elaboração e da divulgação da informação contábil.

Os responsáveis pela elaboração das demonstrações contábeis, que aplicam as normas e o julgamento profissional, são responsáveis por assegurar que a informação satisfaça aos objetivos da elaboração e da divulgação da informação contábil e alcance as características qualitativas fornecidas nos relatórios contábeis. Todas as transações materiais, eventos e outros itens reportados são apresentados de maneira que transmitam a sua essência em vez da sua forma jurídica ou outra forma, de modo que as características qualitativas da relevância e da representação fidedigna sejam alcançadas.

Os benefícios para os usuários ao receberem a informação precisam justificar os custos das entidades em coletar e apresentar a informação. Ao se fazer essa avaliação, é importante considerar como os itens individuais impactam o quadro geral apresentado e a natureza da informação apresentada. Os itens que aparentarem gerar pouco benefício quando vistos isoladamente, podem contribuir significativamente para o conjunto completo da informação apresentada.

Também é preciso considerar que a informação precisa ser apresentada em base suficientemente oportuna para possibilitar aos usuários manter a administração sujeita à prestação de contas e responsabilização (*accountability*) e para subsidiar a tomada de decisão por parte dos usuários.

Com relação à **localização da informação**, as decisões são tomadas sobre o local no qual a informação é contida no relatório; e o local no qual o componente do relatório está localizado. A norma considera que a localização da informação tem impacto sobre a contribuição da informação para a realização dos objetivos da elaboração e da divulgação da informação contábil e para o atendimento das características qualitativas, e que a localização pode afetar a maneira que os usuários interpretam a informação e a comparabilidade da informação. A localização pode ser utilizada para:

a) transmitir a importância relativa da informação e as suas conexões com os outros itens da informação;
b) transmitir a natureza da informação;

c) ligar itens de informação diferentes que se combinam para satisfazer a necessidade de um usuário em particular; e

d) distinguir entre a informação selecionada para exposição e a informação selecionada para evidenciação.

A **organização da informação** também é destacada na estrutura conceitual, uma vez que envolve uma série de decisões incluindo as decisões sobre a utilização de referência cruzada, quadros, tabelas, gráficos, cabeçalhos, numeração e a disposição dos itens dentro de determinado componente de relatório, incluindo decisões sobre a ordem dos itens. A forma na qual a informação está organizada pode afetar a sua interpretação por parte dos usuários. Dessa forma, as decisões sobre a organização da informação levam em consideração importantes relacionamentos entre a informação; e se a informação é para exposição ou para evidenciação. É preciso considerar que a organização da informação:

a) dá suporte ao alcance dos objetivos da elaboração e da divulgação da informação contábil; e

b) auxilia a informação evidenciada a satisfazer as características qualitativas.

Também, a organização da informação busca assegurar que as mensagens-chave sejam compreensíveis; identifica claramente as relações importantes; fornece o destaque apropriado à informação que transmite mensagens-chave e facilita as comparações.

Sobre a organização da informação exposta nas demonstrações contábeis, usualmente, é organizada em totais e subtotais numéricos. A sua organização fornece um resumo estruturado de tais parâmetros por meio dos itens das demonstrações que evidenciam a situação patrimonial, o desempenho e os fluxos de caixa. A estrutura conceitual destaca que nas demonstrações contábeis algumas relações podem existir entre:

a) Subconjuntos de montantes expostos ou mudanças nos montantes expostos e o seu impacto nos itens das demonstrações que evidenciam a situação patrimonial, o desempenho e os fluxos de caixa da entidade.

b) Os diferentes montantes expostos em demonstrações contábeis diferentes, os quais refletem o impacto de determinado evento externo comum ou contribuem juntos para a compreensão de aspecto das demonstrações que evidenciam a situação patrimonial, o desempenho e os fluxos de caixa da entidade.

c) Os montantes expostos e as evidenciações respectivas nas notas explicativas que explicam ou podem, de outra maneira, dar suporte à compreensão dos usuários acerca dos itens expostos.

Ainda, a organização da informação nas demonstrações contábeis inclui decisões sobre:

a) o tipo e o número de demonstrações;

b) o detalhamento dos totais em subcategorias significativas;

c) o ordenamento e o agrupamento de itens expostos em cada demonstração;

d) a identificação de agregados (aditivos ou subtrativos); e

e) a identificação de outra informação para inclusão na demonstração.

Com relação à informação evidenciada nas notas explicativas às demonstrações contábeis, ela é organizada de modo que as relações com os itens evidenciados nas demonstrações contábeis sejam claras. As notas explicativas são parte integrante das demonstrações contábeis.

A norma alerta que conectar informações relacionadas auxilia os usuários a encontrar informações importantes, e que algumas informações são mais compreensíveis quando organizadas em gráficos, quadros, tabelas, percentuais ou indicadores-chave de desempenho.

3.11 Especificidades do Setor Público

De acordo com Nunes e Lima (2017), embora a Teoria Contábil tenha aplicação geral, as especificidades do Setor Público são destacadas pela estrutura conceitual naquilo que afetam a aplicação da teoria, apontando cinco aspectos que devem ser observados. Primeiro, o objetivo principal no Setor Público é prestar serviços à sociedade e não obter lucros como no Setor Privado. Em consequência, a principal razão de se manter ativos no Setor Público é o seu potencial de serviço e não a sua capacidade de gerar fluxos de caixa como no Setor Privado.

Segundo, esse objetivo do Setor Público está intimamente relacionado com o fato de que o cidadão está para o Setor Público como o investidor está para a empresa, portanto, o grande proprietário do Setor Público é, ao mesmo tempo, o grande provedor de recursos sob a forma de tributos e o principal usuário da informação. A governança envolve a prestação de contas do Poder Executivo ao Poder Legislativo, a instância onde, em sociedades democráticas, o cidadão-contribuinte-eleitor é representado. Assim, os usuários primários da informação são "os usuários dos serviços e seus representantes e os provedores de recursos e seus representantes".

Terceiro, em virtude da necessidade primordial de fornecer informações sobre os serviços prestados ao cidadão, o desempenho das entidades públicas não pode ser completamente avaliado apenas por meio das Demonstrações Contábeis utilizadas no Setor Privado, as quais se concentram na evidenciação da situação patrimonial e dos fluxos de caixa. No Setor Público, o desempenho das entidades deve ser aferido por um conjunto mais amplo de relatórios com base contábil, os RCPGs, que fornecem informações aos usuários para subsidiar os processos decisórios, prestação de contas e responsabilização.

Quarto, no Setor Público sobressai a importância das receitas sem contraprestação, oriundas do poder de império do Estado, que se manifesta na capacidade impositiva do governo de estabelecer e fazer cumprir requisitos legais, bem como de estabelecer a obrigação de pagamento de tributos. Assim, diferentemente do Setor Privado em que a maior parte das receitas é obtida em relações comerciais no mercado e corresponde a uma contraprestação, no Setor Público a maior parte das receitas ocorre em ambiente não competitivo, em transações sem contraprestação, como impostos e contribuições pagos pelo cidadão.

Quinto, diferentemente do Setor Privado, em que há uma expectativa de continuidade, no Setor Público há a longevidade (*going concern principle*) do Estado. A existência longeva não se confunde com o controle político, que pode mudar periodicamente. Apenas indica que os estados soberanos continuam a existir mesmo que passem por dificuldades financeiras severas, chegando mesmo à inadimplência.

Por outro lado, a dificuldade de estabelecer uma correlação no tempo entre os compromissos e a capacidade de cumpri-los faz com que seja importante evidenciar nas RCPGs os efeitos financeiros das decisões e a sustentabilidade das finanças no longo prazo. Dois exemplos, no caso do Brasil, seriam o Demonstrativo da Dívida Consolidada Líquida e o Demonstrativo das Receitas e Despesas Previdenciárias (NUNES; LIMA, 2017).

RESUMO

Conceito e enquadramento histórico

- A Estrutura Conceitual pode ser definida, entre outros, como um adequado suporte teórico para as regras que regem a prática.
- Apesar do aparecimento de estudos com vistas à elaboração de uma estrutura conceitual, nos anos 1980, desde a década de 1930 se vêm desenvolvendo teorias que serviram de base aos atuais desenvolvimentos conceituais.
- Para a elaboração de uma estrutura conceitual da informação financeira é necessário considerar e analisar as características do ambiente econômico no qual a Contabilidade opera e que condiciona as suas regras.
- Não há uma única norma reguladora que coordene e integre as normas existentes e que forme uma estrutura conceitual adaptada à realidade dos sistemas contábeis dos países.

Elaboração da Estrutura Conceitual no Brasil

- Em 2008, a Coordenadoria Técnica do Comitê de Pronunciamentos Contábeis (CPC) tornou pública a aprovação do Pronunciamento Conceitual Básico – Estrutura Conceitual para Elaboração e Apresentação das Demonstrações Contábeis (conhecido como CPC 00 – Estrutura Conceitual Básica), voltada para as entidades do Setor Privado.
- A Estrutura Conceitual Aplicada ao Setor Público brasileiro (NBC T SP Estrutura Conceitual) só foi publicada em 2016, e foi elaborada de acordo com o Pronunciamento intitulado *The Conceptual Framework for General Purpose Financial Reporting by Public Sector Entities*.

Função, autoridade e alcance da Estrutura Conceitual

- De acordo com o CFC, o papel da Estrutura Conceitual é estabelecer os conceitos que devem ser aplicados no desenvolvimento das demais Normas Brasileiras de Contabilidade Aplicadas ao Setor Público (NBCs TSP).
- A maioria das entidades do Setor Público tem como objetivo principal prestar serviços à sociedade, em vez de obter lucros.
- Os Relatórios Contábeis (RCPGs) fornecem informações aos seus usuários para subsidiar os processos decisórios e a prestação de contas e responsabilização (*accountability*).

Objetivos e usuários da informação contábil no Setor Público

- Os Relatórios Contábeis são elaborados para atender às necessidades de informações dos usuários dos serviços e provedores de recursos, bem como fornecer informações úteis para outros indivíduos ou entidades.
- Os usuários primários dos RCPGs são os usuários dos serviços e seus representantes e os provedores de recursos e seus representantes.
- Os usuários da informação financeira pública são classificados seguindo o critério do tipo de relação existente entre esses utilizadores (externos e internos) e a entidade. No caso dos utilizadores externos, a entidade destaca os grupos de cidadãos, os grupos do corpo legislativo e os grupos de investidores e credores. Entre os utilizadores internos, estão os órgãos de gestão.

Características qualitativas

- São atributos que tornam a informação útil para os usuários e dão suporte ao cumprimento dos objetivos da informação contábil. Se aplicam a todas as informações financeiras e não financeiras apresentadas nos RCPGs.
- Características da informação contábil: relevância, representação fidedigna, compreensibilidade, tempestividade, comparabilidade e verificabilidade.
- As restrições inerentes à informação contida nos RCPGs são a materialidade, o custo-benefício e o alcance do equilíbrio apropriado entre as características qualitativas.

Entidade que reporta a informação contábil

- A entidade do Setor Público que reporta a informação contábil é um ente governamental ou outra organização, programa ou outra área identificável de atividade que elabora os relatórios contábeis.
- Uma característica-chave da entidade do Setor Público que reporta a informação é a existência de usuários de serviços ou provedores de recursos que são dependentes dos RCPGs para fins de prestação de contas e responsabilização (*accountability*) e tomada de decisão.

Elementos das demonstrações contábeis

- Os elementos correspondem às estruturas básicas a partir das quais as demonstrações contábeis são elaboradas.
- A Estrutura Conceitual relaciona os seguintes elementos das Demonstrações Contábeis: Ativo, Passivo, Receita, Despesa, Contribuição dos Proprietários e Distribuição aos Proprietários.

Reconhecimento nas demonstrações contábeis

- Um item deve ser reconhecido nas demonstrações contábeis quando satisfizer a definição de elemento (Ativo, Passivo, Receita ou Despesa) e puder ser mensurado de maneira que se observe as características qualitativas.
- Para se reconhecer um item nas demonstrações contábeis é necessário atribuir um valor monetário a ele.
- Quando o reconhecimento do elemento envolver a avaliação da incerteza, é preciso considerar que as condições que dão origem à essa incerteza podem mudar. Portanto, é importante que essa avaliação seja feita em cada data de divulgação do relatório.
- O desreconhecimento do elemento se dá caso ocorram mudanças que justifiquem a remoção de elemento que tenha sido previamente reconhecido.

Mensuração de ativos e passivos nas demonstrações contábeis

- O objetivo da mensuração é selecionar bases que reflitam de modo mais adequado o custo dos serviços, a capacidade operacional e a capacidade financeira da entidade.
- Bases para a mensuração de Ativos Públicos: custo histórico; valor de mercado; custo de reposição ou substituição; preço líquido de venda; valor em uso.
- Bases para a mensuração de Passivos Públicos: custo histórico; custo de cumprimento da obrigação; valor de mercado; custo de liberação e preço presumido.

- Uma crítica a ser destacada é que a estrutura conceitual não contempla o valor justo (*fair value*) entre as bases a serem utilizadas para a Mensuração de Ativos e Passivos Públicos.

Apresentação de informação no relatório contábil

- A apresentação da informação nas demonstrações contábeis é relacionada com as definições dos elementos, critérios de reconhecimento e bases de mensuração, entre eles, (i) a definição dos elementos afeta os itens que podem ser apresentados nas demonstrações contábeis; (ii) a aplicação dos critérios de reconhecimento afeta a localização da informação; e (iii) a seleção das bases de mensuração impacta a informação apresentada nas metodologias de mensuração.
- Os objetivos da elaboração e da divulgação da informação contábil são o de fornecer informação sobre a entidade que seja útil para os usuários dos relatórios contábeis para fins de prestação de contas e responsabilização (*accountability*) e tomada de decisão.

Especificidades do Setor Público

- O objetivo principal no Setor Público é prestar serviços à sociedade e, não, obter lucros como no Setor Privado.
- O grande proprietário do Setor Público e, ao mesmo tempo, o grande provedor de recursos sob a forma de tributos e o principal usuário da informação é o cidadão.
- O desempenho das entidades deve ser aferido por um conjunto mais amplo de relatórios com base contábil, os RCPGs, que fornecem informações aos usuários para subsidiar os processos decisórios, prestação de contas e responsabilização.
- A maior parte das receitas ocorre em ambiente não competitivo, em transações sem contraprestação, como impostos e contribuições pagos pelo cidadão.
- Diferentemente do Setor Privado, no Setor Público há uma longevidade (*going concern principle*) do Estado, que não se confunde com o controle político, que pode mudar periodicamente.

3.12 Exercícios

1. **(Telebras/Especialista em Gestão de Comunicações-Contador/CESPE/CEBRASPE/ 2022) Julgue os itens subsequentes, acerca dos elementos e de seu reconhecimento nas demonstrações contábeis, conforme disposto na Estrutura Conceitual Aplicada ao Setor Público.**

   A propriedade Legal é um dos indicadores de controle para avaliar se a entidade controla o recurso no presente.

   ( ) Certo
   ( ) Errado

   É necessário que um valor monetário seja atribuído para que um item seja reconhecido nas demonstrações contábeis.

   ( ) Certo
   ( ) Errado

Estrutura Conceitual da Contabilidade Aplicada ao Setor Público | **93**

A existência do poder soberano é uma das condições para se concluir que uma obrigação não satisfaz a definição de passivo.

(   ) Certo

(   ) Errado

2. **(Prefeitura de Candelária/RS-Contador/Fundatec/2021) Conforme as Normas Brasileiras de Contabilidade Aplicadas ao Setor Público NBCT 16, analise as seguintes assertivas:**

I. **O objetivo da Contabilidade Aplicada ao Setor Público é fornecer aos usuários informações sobre os resultados alcançados e os aspectos de natureza orçamentária, econômica, financeira e física do patrimônio da entidade do setor público e suas mutações, em apoio ao processo de tomada de decisão; a adequada prestação de contas; e o necessário suporte para a instrumentalização do controle social.**

II. **Patrimônio Público é o conjunto de direitos e bens, tangíveis ou intangíveis, onerados ou não, adquiridos, formados, produzidos, recebidos, mantidos ou utilizados pelas entidades do setor privado, que seja portador ou represente um fluxo de benefícios, presente ou futuro, inerente à prestação de serviços públicos ou à exploração econômica por entidades do setor privado.**

III. **A função social da Contabilidade Aplicada ao Setor Público deve refletir, sistematicamente, o ciclo da administração pública para evidenciar informações necessárias à tomada de decisões, à prestação de contas e à instrumentalização do controle social.**

Quais estão corretas?

a) Apenas I.

b) Apenas II.

c) Apenas III.

d) Apenas I e III.

e) I, II e III.

3. **(CAU-MS-Contador/IADES, 2021) O alinhamento das normas brasileiras de contabilidade aos padrões internacionais implicou na necessidade de que a mensuração e a evidenciação dos valores monetários dos elementos reconhecidos nas demonstrações contábeis sejam apuradas, dependendo da característica do item identificado sob mensuração, com a utilização do custo histórico, valor justo (*fair value*), valor em uso, valor presente (*present value*) e custo corrente. Para as contas do Ativo, entende-se por valor justo (*fair value*) o:**

a) preço que seria recebido pela venda de ativo ou que seria pago pela transferência de passivo em transação ordenada entre participantes do mercado na data de mensuração.

b) valor dos custos incorridos na aquisição ou na criação do ativo, compreendendo a contraprestação paga para adquirir ou criar o ativo mais custos de transação.

c) valor presente dos fluxos de caixa, ou outros benefícios econômicos, que a entidade espera obter do uso de ativo e de sua alienação final.

d) custo de ativo equivalente na data de mensuração, compreendendo a contraprestação que seria paga na data de mensuração mais os custos de transação que seriam incorridos nessa data.

e) valor de entrada: reflete os preços no mercado em que a entidade adquiriria o ativo ou incorreria no passivo.

4. **(Escrivão de Polícia Federal/CESPE/CEBRASPE/2021) De acordo com a NBC TSP Estrutura Conceitual, julgue o item que se segue.**
Bens sem potencial de serviços ou incapazes de gerar benefícios econômicos não se enquadram na definição de ativo.

( ) Certo
( ) Errado

5. **(TCE-PI-Assistente de Administração/FGV/2021) De acordo com a Estrutura Conceitual para Elaboração e Divulgação de Informação Contábil de Propósito Geral pelas Entidades do Setor Público, as informações geradas por essas entidades devem ser úteis aos usuários para fins de prestação de contas, responsabilização (*accountability*) e tomada de decisão. Os usuários primários dessas informações incluem:**

a) partidos políticos com representação no Poder Legislativo.

b) provedores de recursos e partidos políticos.

c) provedores de recursos, usuários dos serviços e Receita Federal.

d) usuários dos serviços e Ministério Público.

e) usuários dos serviços, provedores de recursos e membros do Poder Legislativo.

Patrimônio Público 4

■ Objetivos do Capítulo

» Descrever os procedimentos contábeis patrimoniais e destacar aqueles relativos aos estoques e ao ativo imobilizado.

» Caracterizar os bens de uso comum e os procedimentos relacionados com o ativo intangível.

» Contrastar os procedimentos aplicados na depreciação daqueles aplicados na amortização e exaustão.

» Relacionar os procedimentos aplicados na reavaliação e no ajuste a valor recuperável (*impairment*).

» Destacar os procedimentos aplicáveis às receitas sem contraprestação e aqueles aplicados às provisões e passivos contingentes.

» Compreender os critérios para selecionar e alterar as políticas contábeis, juntamente com: (a) o tratamento contábil e a divulgação de mudanças nas políticas contábeis; (b) a mudança nas estimativas contábeis; e (c) retificações de erros.

» Contrastar os procedimentos aplicados no registro da dívida pública daqueles aplicados na dívida ativa.

4.1 Procedimentos contábeis patrimoniais

Como visto anteriormente, a Contabilidade Aplicada ao Setor Público tem por objeto o patrimônio pertencente aos órgãos e às entidades do Setor Público, em relação aos quais deverá evidenciar, entre outros, a composição patrimonial. As alterações da situação líquida patrimonial serão contabilizadas conforme o regime de competência, independentemente de recebimento, pagamento ou apropriação à conta do orçamento público.

Nesse sentido, devem ser implantados procedimentos contábeis compreendendo o registro e a evidenciação da composição patrimonial do ente público (arts. 85, 89, 100 e 104 da Lei nº 4.320/1964), visando o reconhecimento, mensuração e evidenciação dos ativos e passivos públicos e de suas variações patrimoniais, contribuindo para o processo de convergência às normas internacionais respeitada a base legal nacional.

No Capítulo 6, Lançamentos Contábeis e Reflexos nas Naturezas de Informação Contábil, destacamos a formação, composição e evolução de alguns dos elementos do patrimônio público, para compreender a lógica dos registros patrimoniais.

Entende-se patrimônio público como o conjunto de direitos e bens, tangíveis ou intangíveis, onerados ou não, adquiridos, formados, produzidos, recebidos, mantidos ou utilizados pelas entidades do Setor Público, que seja portador ou represente um fluxo de benefícios, presente ou futuro, inerente à prestação de serviços públicos ou à exploração econômica por entidades públicas e suas obrigações.

4.2 Estoques

Os estoques são ativos (i) na forma de materiais ou suprimentos a serem consumidos no processo de produção; (ii) na forma de materiais ou suprimentos a serem consumidos ou empregados na prestação de serviços; (iii) mantidos para venda, incluindo, por exemplo, mercadorias compradas por varejista para revenda ou terrenos e outros imóveis para revenda; ou (iv) mantidos para distribuição no curso normal das operações ou no processo de produção, incluindo, por exemplo, livros didáticos para doação a escolas (MCASP, 2021).

Segundo o disposto na NBC T SP 04 – Estoques, os estoques devem ser mensurados pelo valor de custo ou pelo valor realizável líquido, dos dois o menor. Quando os estoques tiverem sido adquiridos por meio de transação sem contraprestação, o custo deve ser mensurado pelo seu valor justo na data do seu recebimento. A norma ainda define que quando os estoques forem mantidos para distribuição gratuita ou para consumo no processo de produção de bens a serem distribuídos gratuitamente ou por valor irrisório, devem ser mensurados pelo menor valor entre o custo e o custo corrente de reposição. No caso dos bens de almoxarifado, que devem ser mensurados pelo preço médio ponderado das compras, em conformidade com o inciso III do art. 106 da Lei nº 4.320/1964 (MCASP, 2021).

A NBC T SP 04 – Estoques dedica uma atenção especial aos bens distribuídos gratuitamente ou por valor irrisório. Segundo a norma, a entidade do setor público pode manter estoques dos quais seus benefícios econômicos futuros ou potencial de serviços não estejam diretamente relacionados com a sua capacidade de gerar entradas de caixa. Esses tipos de estoques podem surgir quando o governo determina a distribuição de certos bens gratuitamente ou por valor irrisório.

Nesses casos, os benefícios econômicos futuros ou potencial de serviços para fins de elaboração e divulgação das demonstrações contábeis devem ser refletidos pelo valor que a entidade precisaria pagar para adquiri-los se eles fossem necessários para alcançar os objetivos da entidade. Quando os benefícios econômicos ou potencial de serviços não puderem ser adquiridos no mercado, a estimativa do custo de reposição deve ser realizada. Se o propósito pelo qual o estoque é mantido se alterar, então esse estoque deve ser avaliado usando-se o valor de custo ou pelo valor realizável líquido, dos dois o menor.

O MCASP esclarece que o valor de custo dos estoques deve incluir todos os custos de aquisição e de transformação, bem como outros custos incorridos para trazer os estoques à sua condição e localização atuais. Segundo a NBC T SP 04 – Estoques, o custo de aquisição dos estoques compreende o preço de compra, os impostos de importação e outros tributos (exceto os recuperáveis no Fisco), bem como os custos de transporte, seguro, manuseio e outros diretamente atribuíveis à aquisição de produtos acabados, materiais e suprimentos. Descontos comerciais, abatimentos e outros itens semelhantes devem ser deduzidos na determinação do custo de aquisição.

Como os ativos não devem ser escriturados por valores superiores àqueles em que se espera que sejam realizados com a sua venda, troca, distribuição ou uso, caso o estoque venha a ser danificado, se tornar total ou parcialmente obsoleto, ou se os seus preços de venda tiverem diminuído, seu custo pode não ser recuperável e seu valor deve ser ajustado.

Segundo o disposto no MCASP (2021), quando os estoques são vendidos, trocados ou distribuídos, o valor contábil desses itens deve ser reconhecido como VPD do período em que a respectiva VPA é reconhecida. Se não houver nenhuma VPA, a VPD é reconhecida quando os ativos são distribuídos ou o serviço é prestado. A quantia de qualquer redução dos estoques para o valor realizável líquido e todas as perdas de estoques deve ser reconhecida como VPD do período em que a redução ou perda ocorrer. Entretanto, alguns itens de estoques podem ser transferidos para outras contas do ativo, por exemplo, estoques usados como componentes de ativos imobilizados de construção própria. Os estoques alocados a outro ativo compõem o custo desses ativos e são reconhecidos como VPD durante a sua vida útil.

Com relação à evidenciação dos estoques, as demonstrações contábeis devem divulgar as políticas contábeis adotadas em sua mensuração, incluindo formas e critérios de valoração utilizados, o valor total escriturado e o respectivo desdobramento utilizado pelo ente federado. Informações sobre as circunstâncias ou acontecimentos que conduziram à reversão da redução de estoques e o valor escriturado de estoques dados como garantia a passivos também devem ser divulgados.

4.3 Ativo imobilizado

O ativo imobilizado é um item tangível mantido para o uso na produção ou fornecimento de bens ou serviços, ou para fins administrativos, inclusive os decorrentes de operações que transfiram para a entidade os benefícios, riscos e controle desses bens, cuja utilização se dará por mais de um período (exercício). O ativo imobilizado pode ser classificado em bens móveis e bens imóveis.

São **bens móveis** aqueles que têm existência material e que podem ser transportados por movimento próprio ou removidos por força alheia sem alteração da substância ou da destinação econômico-social. São exemplos de bens móveis as máquinas, aparelhos, equipamentos, ferramentas, bens de informática (equipamentos de processamento de dados e de tecnologia da informação), móveis e utensílios, materiais culturais, educacionais e de comunicação, veículos, bens móveis em andamento, dentre outros.

Os **bens imóveis**, por sua vez, compreendem os bens vinculados ao terreno (solo) que não podem ser retirados sem destruição ou danos. São exemplos deste tipo de bem os imóveis residenciais, comerciais, edifícios, terrenos, aeroportos, pontes, viadutos, obras em andamento, hospitais, dentre outros.

O MCASP (2021) esclarece que o custo de um item do imobilizado deve ser reconhecido sempre que for provável que benefícios econômicos futuros ou potencial de serviços associados a esse ativo fluirão para a entidade, e que seu custo ou valor justo possa ser mensurado com uma base monetária confiável.

A mensuração inicial do custo de um ativo imobilizado, inclusive gastos adicionais ou complementares para colocar o bem em uso, é feita pelo preço à vista ou pelo valor justo na data do reconhecimento, quando um ativo é adquirido por meio de uma transação sem contraprestação ou obtido a título gratuito.

Quando se tratar do reconhecimento de um ativo após seu reconhecimento inicial, deve ser escolhido o método de custo ou o método da reavaliação. Qualquer outro gasto que não gere benefícios futuros deve ser reconhecido como variação patrimonial diminutiva do período em que seja incorrido.

Registre-se que o reconhecimento dos custos no valor contábil de um item do ativo imobilizado cessa quando o item está no local e nas condições operacionais pretendidas pela administração, portanto, os custos incorridos no uso ou na transferência ou reinstalação de um item **não são incluídos** no seu valor contábil.

No caso de transferências de ativos, o valor a atribuir deve ser o valor contábil líquido constante dos registros da entidade de origem. Caso haja divergência desse critério com o valor fixado no instrumento de autorização da transferência, o fato deve ser evidenciado em notas explicativas.

O valor contábil de um bem móvel ou imóvel deve ser baixado por ocasião de sua alienação (operação de transferência do direito de propriedade do bem, mediante venda, permuta ou doação), ou quando não houver mais expectativa de geração de benefícios econômicos ou potencial de serviços com a sua utilização ou alienação. Ao baixar um bem móvel ou imóvel, eventuais perdas ou ganhos decorrentes dessa baixa devem ser reconhecidos no resultado patrimonial do exercício.

A Lei nº 4.320/1964 já previa a necessidade de haver registros analíticos de todos os bens de caráter permanente, com indicação dos elementos necessários para a perfeita caracterização de cada um deles e dos agentes responsáveis pela sua guarda e administração. Para as entidades públicas que vão iniciar as ações para atender aos novos dispositivos, segue a seguinte sugestão de fluxo:

1) Primeiramente, deve ser realizado um levantamento físico dos bens, identificando quando cada bem foi colocado em uso, sua localização, vida útil, enfim, o bem deve ser identificado qualitativa e quantitativamente.

2) De posse do inventário físico, deve ser realizada a conferência com o registro contábil, para verificar se os bens que estão localizados fisicamente estão registrados na contabilidade (veja os relatórios e balanços analíticos patrimoniais gerados pelos programas contábeis) e vice-versa.

3) Caso haja algum bem registrado na contabilidade que não conste do inventário, deve ser aberto um processo para apuração de responsabilidade e, oportunamente, efetuar a baixa do bem.

4) Caso o problema seja o contrário (o bem existe fisicamente, mas não está registrado na contabilidade), deve-se abrir um processo administrativo para avaliar o que aconteceu e, se for o caso, solicitar um laudo de avaliação para que o registro contábil seja efetuado.

5) No caso dos bens devidamente identificados e registrados que não tenham mais valor de uso ou de venda (inservíveis), devem ser baixados como perda diretamente em conta de resultado ou providenciada a sua doação, tendo como base um laudo de avaliação ou documento de doação que sinalize essas características (documento hábil).

Com uma carteira de imobilizado devidamente identificada fisicamente e registrada contabilmente, a entidade está apta a implantar os demais procedimentos exigidos pelas novas regras contábeis.

4.4 Bens de uso comum

Os bens de uso comum são todos aqueles postos à disposição do povo e destinados ao uso direto e imediato da coletividade, entendendo-se como uso direto aquele que se faz pessoalmente, e uso imediato aquele que se faz sem a necessidade de intermediário. Assim, podemos citar como exemplo de bens de uso comum os rios, mares, estradas, rua, praças etc.

Os bens de uso comum que absorveram ou absorvem recursos públicos ou aqueles eventualmente recebidos em doação devem ser incluídos no ativo não circulante da entidade responsável pela sua administração ou controle, estando ou não afetos à sua atividade operacional.

A mensuração dos bens de uso comum será efetuada, sempre que possível, ao valor de aquisição ou ao valor de produção e construção. Mesmo que economicamente os bens de uso comum não atendam às características de reconhecimento de Ativos quanto à geração de benefícios econômicos, isso não quer dizer que eles não devam ser contabilizados, pois há de se considerar os benefícios para o bem-estar da sociedade.

Os bens de uso comum do povo podem ser encontrados em três classes de ativos: ativos de infraestrutura, bens do patrimônio cultural e bens ambientais. No caso dos bens classificados como **ativos de infraestrutura**, eles deverão ser parte de um sistema ou de uma rede, especializados por natureza e não possuírem usos alternativos.

O reconhecimento e a mensuração dos ativos de infraestrutura seguem a mesma base utilizada para os demais ativos imobilizados. Exemplos desses ativos incluem redes rodoviárias, sistemas de esgoto, sistemas de abastecimento de água e energia, rede de comunicação, pontes, calçadas, calçadões, dentre outros (MCASP, 2021).

Os **bens do patrimônio cultural** são assim chamados em razão da sua significância histórica, cultural ou ambiental, como os monumentos e prédios históricos, sítios arqueológicos, áreas de conservação e reservas naturais. Esses ativos são raramente mantidos para gerar entradas de caixa e pode haver obstáculos legais ou sociais para usá-los em tais propósitos. O MCASP esclarece que certas características são geralmente apresentadas por bens do patrimônio cultural (apesar de não serem exclusivas de tais ativos):

a) O seu valor cultural, ambiental, educacional e histórico provavelmente não é refletido totalmente no valor financeiro puramente baseado no preço de mercado;

b) As obrigações legais ou estatutárias podem impor proibições ou restrições severas na alienação por venda;

c) São geralmente insubstituíveis e seus valores podem aumentar através do tempo mesmo se sua condição física se deteriorar;

d) Pode ser difícil estimar sua vida útil, a qual em alguns casos pode ser centenas de anos.

Para alguns padrões internacionais de Contabilidade, e conforme entendimento do órgão central de Contabilidade do Brasil, o reconhecimento e a mensuração dos bens do patrimônio cultural são facultativos e podem seguir bases outras que não as utilizadas para os ativos imobilizados.

No caso dos **bens ambientais**, o manual da STN apresenta que alguns recursos minerais e florestais, tais como petróleo, gás natural e recursos não regenerativos semelhantes são de difícil mensuração e ainda carecem de normatização específica. Entendemos, contudo, que esse ativo deve ser reconhecido caso atendam aos critérios de reconhecimento de Ativos dispostos na Estrutura Conceitual.

4.5 Ativo intangível

O ativo intangível é um ativo não monetário, sem substância física, identificável, controlado pela entidade e gerador de benefícios econômicos futuros ou serviços potenciais. Caso essas características não sejam atendidas, o gasto incorrido na sua aquisição ou geração interna deve ser reconhecido como variação patrimonial diminutiva. De acordo com o MCASP (2021), um ativo intangível satisfaz o critério de identificação quando:

i. For separável, ou seja, puder ser separado da entidade e vendido, transferido, licenciado, alugado ou trocado, individualmente ou junto com um contrato, ativo ou passivo relacionado, independentemente da intenção de uso pela entidade;

ii. Resultar de compromissos obrigatórios (incluindo direitos contratuais ou outros direitos legais), independentemente de tais direitos serem transferíveis ou separáveis da entidade ou de outros direitos e obrigações.

O reconhecimento inicial de um ativo intangível pode ocorrer de três formas: aquisição separada, geração interna e aquisição por meio de transações sem contraprestação.

No caso da **aquisição separada**, o preço que a entidade paga reflete sua expectativa sobre a probabilidade de os benefícios econômicos futuros ou serviços potenciais esperados, incorporados no ativo, fluírem a seu favor, e inclui: (i) seu preço de compra, acrescido de impostos não recuperáveis sobre a compra, depois de deduzidos os descontos comerciais e abatimentos; e (ii) qualquer custo diretamente atribuível à preparação do ativo para a finalidade proposta.

Para o reconhecimento por meio da **geração interna**, os gastos relativos a projeto de pesquisa ou desenvolvimento em andamento, adquiridos em separado e reconhecidos como ativo intangível ou incorridos após a aquisição desse projeto devem ser contabilizados de acordo com a fase de pesquisa ou de desenvolvimento. Registre-se, contudo, que um ativo intangível resultante de desenvolvimento será reconhecido somente se a entidade puder demonstrar todos os aspectos a seguir:

a) Viabilidade técnica para concluir o ativo intangível de forma que ele seja disponibilizado para uso ou venda;

b) Intenção de concluir o ativo intangível e de usá-lo ou vendê-lo;

c) Capacidade para usar ou vender o ativo intangível;

d) Forma como o ativo intangível deve gerar benefícios econômicos futuros ou serviços potenciais. Entre outros aspectos, a entidade deve demonstrar a existência de mercado para os produtos do ativo intangível ou para o próprio ativo intangível ou, caso este se destine ao uso interno, a sua utilidade;

e) Disponibilidade de recursos técnicos, financeiros e outros recursos adequados para concluir seu desenvolvimento e usar ou vender o ativo intangível; e

f) Capacidade de mensurar com segurança os gastos atribuíveis ao ativo intangível durante seu desenvolvimento.

Ressalte-se que marcas, títulos de publicações, listas de usuários de um serviço, direitos sobre folha de pagamento e outros itens de natureza similar, gerados internamente, não devem ser reconhecidos como ativos intangíveis.

Quando uma entidade do Setor Público transfere ativos intangíveis a outra entidade em uma **transação sem contraprestação**, como direito de aterrissagem em aeroporto e licenças para operação de estações de rádio ou de televisão, os custos incorridos diretamente atribuídos à preparação do ativo para o uso pretendido devem ser acrescidos ao valor de registro inicial.

De acordo com as normas contábeis aplicadas ao Setor Público, um ativo intangível deve ser reconhecido inicialmente ao custo. Após o seu reconhecimento inicial, um ativo intangível deve ser mensurado ao custo menos a eventual amortização acumulada e a perda por irrecuperabilidade ou reavaliação, quando aplicável.

Da mesma maneira que o ativo imobilizado, o ativo intangível deve ser baixado por ocasião de sua alienação ou quando não houver mais expectativa de benefícios econômicos futuros ou serviços potenciais com a sua utilização ou alienação. Os ganhos ou perdas decorrentes da baixa de ativo intangível devem ser determinados pela diferença entre o valor líquido da alienação, se houver, e o valor contábil do ativo. A importância a receber pela alienação deve ser reconhecida inicialmente pelo seu valor justo.

4.6 Depreciação, amortização e exaustão

Quando os elementos do ativo imobilizado tiverem vida útil econômica limitada, ficam sujeitos à depreciação, amortização ou exaustão sistemática durante esse período. Os institutos da depreciação, amortização e exaustão têm como característica fundamental a redução do valor do bem.

4.6.1 Procedimento contábil da depreciação

O procedimento contábil da depreciação consiste na redução do valor dos bens tangíveis (que têm existência física) em função do desgaste pelo uso, ação da natureza ou obsolescência (ultrapassado tecnologicamente).

Portanto, são sujeitos à depreciação apenas os bens tangíveis utilizados na atividade operacional da entidade, a exemplo de edifícios e construções (a partir da conclusão ou início de utilização, destacando-se o valor da edificação do valor do terreno), computadores, móveis (mesas, cadeiras, armários etc.), veículos e máquinas e equipamentos.

Registre-se que **não são depreciáveis** os terrenos rurais e urbanos, os bens móveis de natureza cultural (obras de artes e antiguidades), os bens de uso com vida útil considerada tecnicamente indeterminada e os animais que se destinam à exposição e à preservação. É importante ressaltar que o bem só poderá ser depreciado a partir da data em que for instalado ou posto em serviço.

Base de cálculo e taxas aplicadas

No caso do bem novo, a base de cálculo da depreciação será o valor da nota fiscal (empenho). Nesse valor também devem ser adicionados os gastos necessários para colocar o bem em uso na forma pretendida pela administração (despesas com frete e instalação, *softwares* que são parte integrante do bem, entre outros).

Sobre esse valor será aplicada uma taxa de depreciação correspondente ao tempo de vida útil do bem, que pode variar de entidade para entidade, dependendo das condições em que o bem será usado. Também deve ser definido se esse bem apresentará valor residual ao final da sua vida útil, para então estabelecer a alíquota de depreciação a ser aplicada.

> Valor residual é o montante líquido que a entidade espera, com razoável segurança, obter por um ativo no fim de sua vida útil econômica, deduzido os gastos esperados para sua venda.

Para apuração da base de cálculo da depreciação com valor residual, considere o exemplo a seguir:

	Em R$
Valor da nota fiscal (empenho)	14.000,00
(−) Valor residual	1.400,00
Base de Cálculo da Depreciação	12.600,00

A determinação do período de vida útil econômica de um determinado bem é a maior dificuldade associada ao cálculo da depreciação. Para estimar a vida útil ou o período de uso de um ativo, os seguintes fatores devem ser considerados:

a) a capacidade de geração de benefícios futuros;
b) o desgaste físico decorrente de fatores operacionais ou não;
c) a obsolescência tecnológica;
d) os limites legais ou contratuais sobre o uso ou a exploração do ativo.

A Secretaria do Tesouro Nacional definiu a seguinte tabela de vida útil e valor residual a serem considerados no âmbito do Governo Federal do Brasil:

Bem	Vida útil	Valor residual
Aparelhos e equipamentos de comunicação	10 anos	20%
Aparelhos e utensílios domésticos	10 anos	10%
Equipamento de proteção, segurança e socorro	10 anos	10%
Máquinas e equipamentos gráficos	15 anos	10%
Equipamentos para áudio, vídeo e foto	10 anos	10%
Máquinas, utensílios e equipamentos diversos	10 anos	10%
Equipamentos de processamento de dados	5 anos	10%
Máquinas, instalações e utensílios de escritório	10 anos	10%
Equipamentos hidráulicos e elétricos	10 anos	10%
Mobiliário em geral	10 anos	10%
Veículos diversos	15 anos	10%
Acessórios para automóveis (duração superior 1 ano)	5 anos	10%

Fonte: 020330 – DEPRECIAÇÃO, AMORTIZAÇÃO E EXAUSTÃO NA ADM. DIR. UNIÃO, AUT. E FUND.

> A recomendação é que o valor residual e a vida útil econômica de um ativo sejam revisados, pelo menos, ao final de cada exercício. Quando as expectativas diferirem das estimativas anteriores, as alterações devem ser efetuadas.

Registra-se que a depreciação de um ativo cessa quando ele é baixado ou transferido do imobilizado. Todavia, essa depreciação não cessa pelo fato de o ativo tornar-se obsoleto ou ser retirado temporariamente de operação, a não ser que esteja totalmente depreciado.

Métodos de depreciação

O método de depreciação deve refletir os benefícios esperados do ativo de acordo com seu padrão de consumo. Entre os métodos que podem ser aplicados no Setor Público, destacam-se:

a) *Método linear:* considera que o bem será usado de forma constante durante toda a sua vida útil, e que não haverá mudança no valor residual;
b) *Método das unidades produzidas:* reduz o valor do bem com base na expectativa de produção;
c) *Método dos saldos decrescentes:* considera que o bem produzirá mais quando novo, decrescendo seu valor até o final da vida útil.

Normalmente, os bens em uso na atividade operacional de uma entidade pública apresentam um padrão de consumo uniforme, razão pela qual se recomenda o uso do método linear, de fácil aplicação, onde são fixadas taxas constantes de depreciação ao longo do tempo de vida útil.

Bens usados

Durante o período em que as entidades públicas brasileiras estão fazendo a transição para a adoção dos novos padrões contábeis, será muito comum os gestores públicos depararem-se com bens usados, com valor irrisório e sem nunca terem passado pelo processo de depreciação. Recomenda-se fortemente que antes de ser aplicado o procedimento da depreciação, esse bem passe por um laudo de avaliação para estimar uma nova vida útil e o seu valor justo ou recuperável.

Caso o profissional contábil entenda que seja adequado e conveniente, pode ser usada a regra disposta no art. 322 do Regulamento do Imposto de Renda, qual seja: a taxa anual de **depreciação** a ser aplicada para bens usados pode ser fixada tendo em vista o maior dos seguintes prazos:

a) a metade da vida útil admissível para o bem adquirido novo; ou
b) o restante da vida útil, considerada esta em relação à primeira instalação para utilização do bem.

Por outro lado, qualquer melhoria que contribua para o aumento da vida útil de um bem classificado no ativo imobilizado, incrementando a sua capacidade produtiva ou que envolva gasto significativo, deve ter seus valores incorporados a esse bem, alterando-se, consequentemente, a base de cálculo da depreciação.

Bens totalmente depreciados

Quando a depreciação acumulada atingir 100% do valor do bem, mesmo estando esse bem ainda em uso, a depreciação não será mais calculada, permanecendo o valor original do bem e a respectiva depreciação acumulada nos registros contábeis até que o bem seja alienado, doado, trocado ou quando não mais fizer parte do patrimônio.

Também existe a possibilidade de que o bem totalmente depreciado continue gerando benefícios econômicos ou sociais para a entidade pública. Nesse caso, o bem deve passar pelo procedimento da reavaliação, sendo estabelecido no laudo de avaliação a nova vida útil e o novo valor que será tomado como base do cálculo de depreciação.

4.6.2 Procedimento contábil da amortização

A amortização é realizada para elementos patrimoniais de direitos de propriedades e bens intangíveis. A causa que influencia a redução do valor é a existência ou exercício de duração limitada, prazo legal ou contratualmente limitado.

Na prática, a amortização consiste na alocação sistemática do valor amortizável de direitos de propriedade e bens intangíveis ao longo da sua vida útil, ou seja, o reconhecimento da perda do valor do ativo ao longo do tempo. São exemplo de ativos intangíveis amortizáveis:

a) *softwares*;
b) patentes, direitos autorais e direitos sobre filmes cinematográficos adquiridos;
c) direitos sobre recursos naturais;
d) franquias e direitos de comercialização adquiridos;
e) gastos na fase de desenvolvimento da pesquisa;
f) outros direitos contratuais de qualquer natureza adquiridos.

Determinação da vida útil

De acordo com a STN, a entidade deve classificar a vida útil do ativo intangível em definida e indefinida. Se a vida útil for definida, a entidade deve avaliar também a duração e o volume de produção ou outros fatores semelhantes que formam essa vida útil. Um ativo intangível com vida útil definida deve ser amortizado, e a variação patrimonial diminutiva para cada período deve ser reconhecida no resultado.

A amortização de ativos intangíveis com vida útil definida deve ser iniciada a partir do momento em que o ativo estiver disponível para uso. A amortização deve cessar na data em que o ativo é classificado como mantido para venda, quando estiver totalmente amortizado ou na data em que ele é baixado, o que ocorrer primeiro. A amortização para cada período deve ser reconhecida no resultado, contra uma conta retificadora do ativo.

Ressalte-se que a vida útil de um ativo intangível resultante de acordos obrigatórios (direitos contratuais ou outros direitos legais) não deve exceder a vigência desses direitos, podendo ser menor dependendo do período durante o qual a entidade espera utilizar o ativo. Caso os acordos obrigatórios sejam outorgados por um prazo limitado renovável, a vida útil do ativo intangível só deve incluir o prazo de renovação se existirem evidências que suportem a renovação pela entidade sem custo significativo.

Método de amortização

O método de amortização deve refletir o padrão em que os benefícios econômicos futuros ou potencial de serviços do ativo são esperados a serem consumidos pela entidade. O método de amortização deve ser compatível com a vida útil econômica do ativo e aplicados uniformemente durante esse período.

O método de amortização que deve ser utilizado para toda a Administração Pública direta, autárquica e fundacional será o das **cotas constantes**, devendo constar em notas explicativas. As empresas públicas e sociedades de economia mista devem seguir a Lei nº 6.404/1976.

Normalmente, a amortização deve ser reconhecida no resultado. No entanto, por vezes os benefícios econômicos futuros ou serviços potenciais incorporados no ativo são absorvidos para a produção de outros ativos. Nesses casos, a amortização faz parte do custo de outro ativo, devendo ser incluída no seu valor contábil. Por exemplo, a amortização de ativos intangíveis utilizados em processo de produção faz parte do valor contábil dos estoques.

Vida útil indefinida

A entidade deve atribuir vida útil indefinida a um ativo intangível quando, com base na análise de todos os fatores relevantes, não existir um limite previsível para o período durante o qual o ativo deverá gerar fluxos de caixa líquidos positivos ou fornecer serviços para a entidade. O termo "indefinida" não significa "infinita".

O ativo intangível com vida útil indefinida não deve ser amortizado. Contudo, a entidade deve testar a perda de valor dos ativos intangíveis com vida útil indefinida ou aqueles ainda não disponíveis para o uso comparando o valor recuperável com o seu valor contábil sempre que existir indícios de que ativo intangível possa ter perdido valor.

4.6.3 Procedimento contábil da exaustão

A exaustão é realizada para elementos de recursos naturais esgotáveis e a principal causa da redução do valor é a exploração. Tais bens são aqueles explorados pela extração ou aproveitamento mineral ou florestal, por exemplo, uma floresta mantida com fins de comercialização de madeira.

O método de exaustão deve ser compatível com a vida útil econômica do Ativo e aplicados uniformemente durante esse período. Para esse fim, é necessário que haja uma análise técnica da capacidade de extração/aproveitamento do ativo em questão, pois a exaustão se dará proporcionalmente à quantidade produzida pelo ativo.

Todas as operações realizadas referentes à capacidade de extração/aproveitamento, bem como os relativos à extração/aproveitamento realizado em cada período, devem estar bem documentadas, de forma a embasar adequadamente o registro contábil.

4.7 Reavaliação

Caso os gestores públicos venham a se deparar com bens usados de valor irrisório e que nunca tenham sido depreciados, é recomendado que antes de ser aplicado o procedimento da depreciação esse bem seja novamente avaliado, para estimar uma nova vida útil e o seu valor justo ou recuperável.

O procedimento contábil da reavaliação tem como papel preservar o conceito de uso e a continuidade das atividades operacionais da entidade, por isso, **somente os bens móveis e imóveis de uso, portanto, registrados no Ativo Imobilizado, serão reavaliados**.

O valor da reavaliação é a diferença entre o valor contábil líquido do bem e o valor de mercado ou de consenso, com base em laudo técnico. O valor contábil líquido pode ser entendido como o valor do bem registrado na contabilidade, em determinada data, deduzido da correspondente depreciação, amortização ou exaustão acumulada.

O valor de mercado, por sua vez, refere-se ao valor que a entidade despenderia para repor esse Ativo, considerando-se uma negociação normal entre partes independentes, sem favorecimentos e isentas de outros interesses, devendo esse valor considerar o preço à vista de reposição do Ativo, contemplando as condições de uso em que o bem se encontra.

Apuração do valor a ser reavaliado	Em R$
Valor histórico do bem	36.000,00
Depreciação acumulada	(32.000,00)
Valor contábil líquido	4.000,00
Novo valor do bem segundo laudo	16.000,00
Valor de reavaliação	12.000,00

Na impossibilidade de se estabelecer o valor de mercado, o valor do Ativo pode ser definido com base em parâmetros de referência que considerem características, circunstâncias e localizações assemelhadas. As reavaliações devem ser feitas utilizando-se o valor justo ou o valor de mercado na data de encerramento do Balanço Patrimonial, pelo menos:

a) *anualmente*, para as contas ou grupo de contas cujos valores de mercado variarem significativamente em relação aos valores anteriormente registrados;
b) *a cada quatro anos*, para as demais contas ou grupos de contas.

Registra-se que a contabilização da reavaliação deverá ser efetuada com base em laudo fundamentado que indique os critérios de avaliação e os elementos de comparação adotados. Segundo orientação da STN, para se proceder à reavaliação deve ser formada uma comissão de no mínimo três servidores. Esses deverão elaborar o laudo de avaliação que deve conter, ao menos, as seguintes informações:

a) documentação com descrição detalhada de cada bem avaliado;
b) identificação contábil do bem;
c) critérios utilizados para avaliação e sua respectiva fundamentação;
d) vida útil remanescente do bem;
e) data de avaliação.

Registra-se que após a reavaliação, a depreciação do bem passa a ser calculada sobre o novo valor, considerando-se a vida útil econômica remanescente indicada no laudo de avaliação.

4.8 Ajuste a valor recuperável (impairment)

Enquanto a depreciação – e também a amortização e a exaustão – é um procedimento sistemático, regular e de aplicação periódica (mensal) com o intuito de permitir que a Contabilidade reconheça no balanço patrimonial a redução gradual de valor de ativos, a redução ao valor recuperável tem sua adoção recomendada para situações imprevisíveis e não comuns que impliquem reduções bruscas no valor de ativo.

Como decorre de causas extraordinárias, o procedimento contábil de *impairment* deve ser tratado como de exceção, aplicável em qualquer época do exercício financeiro em que a entidade perceba indícios de que o valor contábil de um ativo está superior ao seu valor recuperável.

O procedimento contábil da redução ao valor recuperável é aplicável a grande parte dos itens que compõem o ativo, especialmente aqueles mensurados pelo custo deduzido da depreciação ou amortização acumulada. Também é potencialmente aplicável a todos os ativos cujas normas de mensuração não estabeleçam mecanismos específicos para reconhecimento de perda de valor.

4.8.1 Testes de recuperabilidade

Para avaliar se o valor contábil de um ativo se encontra superior ao seu montante recuperável, é recomendável que a entidade submeta o referido ativo ao *impairment test,* ou teste de recuperabilidade, pelo menos uma vez por ano ou quando houver alguma evidência que justifique a sua aplicação. Para avaliar se há alguma indicação em **ativos não geradores de caixa** que possam ter sofrido perda por irrecuperabilidade, a entidade deve considerar, no mínimo, as fontes de informação internas e externas apresentadas no Quadro 4.1.

Quadro 4.1 – Indicações de perdas por irrecuperabilidade em ativos não geradores de caixa

Fontes internas de informação	Fontes externas de informação
Evidências de dano físico do ativo.	Cessação, ou proximidade da cessação, de demanda ou de necessidade de serviços prestados pelo ativo.
Alterações significativas com efeito adverso sobre a entidade ocorreram durante o período, ou devem ocorrer em futuro próximo, na medida ou maneira que o ativo é ou será usado.	
A decisão de suspender a construção do ativo antes de sua conclusão ou condições de uso.	Mudanças significativas de longo prazo com efeito adverso sobre a entidade ocorreram durante o período, ou ocorrerão no futuro próximo, no ambiente tecnológico, econômico ou legal em que a entidade opera.
Informações provenientes de relatórios internos que indicam que o desempenho dos serviços do ativo é ou será significativamente pior do que o esperado.	

Fonte: IPSAS 21 – *Impairment of non-cash-generating asset* (IFAC).

Ressalte-se que as fontes internas e externas de informação apresentadas no Quadro 4.1 para os ativos não geradores de caixa não são exaustivas pois outras indicações ou fontes podem ser consideradas, a exemplo de um declínio de longo prazo na demanda ou da necessidade dos serviços proporcionados pelo ativo, sem que haja término ou proximidade de término desse ativo.

No que diz respeito às indicações de perda por irrecuperabilidade em **ativos geradores de caixa**, deve-se considerar, no mínimo, as fontes de informação internas e externas contempladas no Quadro 4.2.

Quadro 4.2 – Indicações de perdas por irrecuperabilidade em ativos geradores de caixa

Fontes internas de informação	Fontes externas de informação
Evidência de obsolescência ou de dano físico de um ativo.	Durante o período, o valor de mercado de um ativo diminuiu significativamente, mais do que seria esperado como resultado da passagem do tempo ou do uso normal.
Alterações significativas com efeito adverso sobre a entidade ocorreram durante o período, ou devem ocorrer em futuro próximo, na medida ou maneira que o ativo é ou será usado.	Alterações significativas com efeito adverso sobre a entidade ocorreram durante o período ou ocorrerão em futuro próximo, no ambiente tecnológico, de mercado, econômico ou legal em que a entidade opera, ou no mercado para qual ativo é utilizado.
A decisão de suspender a construção do ativo antes de sua conclusão ou de estar em condições de uso.	As taxas de juro de mercado ou outras taxas de retorno sobre investimentos aumentaram durante o período, e esses aumentos provavelmente afetarão a taxa de desconto utilizada no cálculo do valor em uso e diminuirão significativamente o valor recuperável do ativo.
Há informações provenientes de relatórios internos que indicam que o desempenho econômico de um ativo é ou será pior do que o esperado.	

Fonte: IPSAS 26 – *Impairment of cash-generating asset* (IFAC).

Da mesma forma que apresentado no Quadro 4.1, essa relação de indicações contempladas no Quadro 4.2 também não é exaustiva, devendo a entidade pública identificar outras fontes para determinar o valor recuperável de seus ativos geradores de caixa.

A orientação prevista no MCASP é que a redução ao valor recuperável pode ser realizada pela elaboração de um laudo técnico por perito ou entidade especializada, ou ainda por meio de relatório de avaliação realizado por uma comissão de servidores. O laudo técnico ou relatório de avaliação conterá ao menos, as seguintes informações:

i. Documentação com descrição detalhada de cada bem avaliado.
ii. A identificação contábil do bem.
iii. Critérios utilizados para avaliação e sua respectiva fundamentação.
iv. Vida útil remanescente do bem.
v. Data de avaliação.
vi. A identificação do responsável pelo teste de recuperabilidade.

Independentemente da existência de qualquer indicação de perda por irrecuperabilidade, o MCASP também recomenda que a entidade pública efetue anualmente o teste de recuperabilidade em ativos intangíveis com vida útil indefinida e em ativos intangíveis ainda não disponíveis para uso, comparando seu valor contábil com seu montante recuperável de serviço.

4.8.2 Reversão da perda por irrecuperabilidade

Ao avaliar se houve ou não uma perda por irrecuperabilidade, a entidade examina as mudanças no potencial de serviços no horizonte de longo prazo. No entanto, essas expectativas podem mudar e as avaliações realizadas pela entidade devem refletir essas mudanças.

Assim, a qualquer tempo que se faça necessário, deve-se verificar se há indicação de que alguma perda por irrecuperabilidade reconhecida em anos anteriores deva ser reduzida ou eliminada, especialmente na data de encerramento das demonstrações contábeis. Caso isso ocorra, deve ser registrada a reversão da perda por irrecuperabilidade.

Na prática, a reversão da perda por irrecuperabilidade reflete um aumento no valor recuperável estimado para um ativo, seja pelo seu uso ou pela sua venda, desde a data em que a entidade reconheceu a última perda por irrecuperabilidade para este ativo.

O aumento do valor contábil de um ativo atribuível à reversão de perda por irrecuperabilidade não deve exceder o valor contábil que teria sido determinado (líquido de depreciação ou amortização), caso nenhuma perda por irrecuperabilidade tivesse sido reconhecida em anos anteriores (IPSAS 21 e 26). Após o reconhecimento da reversão da perda por irrecuperabilidade, a base da depreciação/amortização deve ser ajustada para refletir seu novo valor e sua vida útil remanescente (LIMA; MOTA, 2018).

4.9 Receita de transação sem contraprestação

De acordo com o MCASP (2021), a receita de transação sem contraprestação é aquela em que a entidade recebe ativos ou serviços ou tem passivos extintos, e em contrapartida entrega valor irrisório ou nenhum valor em troca. Considera-se, ainda, como transação sem contraprestação, a situação em que a entidade fornece diretamente alguma compensação em troca de recursos recebidos, mas tal compensação não se aproxima do valor justo dos recursos recebidos. **O ativo adquirido por meio de transação sem contraprestação deve ser mensurado inicialmente pelo seu valor justo na data de aquisição.**

Normalmente uma transação sem contraprestação com entrada de recursos para o governo gera uma variação patrimonial aumentativa para o ente ou órgão recebedor, trazendo um ativo como contrapartida. No caso de ativos transferidos, suas especificações podem ser tanto condições quanto restrições. Enquanto as condições e restrições podem exigir que a entidade use ou consuma os benefícios econômicos futuros ou o potencial de serviços de ativo para um fim particular (obrigação de desempenho) no reconhecimento inicial, somente as condições exigem que benefícios econômicos futuros ou o potencial de serviços sejam devolvidos ao transferente no caso de a especificação ser infringida (obrigação de devolução). Nesses casos, à medida que as condições forem sendo realizadas, deve-se proceder à baixa do passivo com a correspondente realização da VPA.

Caso, numa transação sem contraprestação, o ente receba um item que possua características essenciais de ativo, mas que não satisfaçam os critérios para o reconhecimento, essa situação pode justificar sua evidenciação em notas explicativas como ativo contingente.

Da mesma forma, a obrigação presente derivada de transação sem contraprestação que se enquadre na definição de passivo deve ser reconhecida somente quando (i) for provável que a saída de recursos que incorpora benefícios econômicos futuros ou potencial de serviços seja exigida para liquidar a obrigação; e (ii) a estimativa confiável do montante das obrigações puder ser realizada.

O MCASP alerta que, muitas vezes, a receita de transação sem contraprestação não se mostra de forma clara desde o princípio. Por isso, deve-se procurar determinar se uma especificação é uma condição ou uma restrição, sendo necessário que se considere a essência dos termos da especificação e não meramente sua forma.

4.10 Provisões e passivos contingentes

As novas regras contábeis estabelecem que quando houver uma obrigação que atenda aos critérios de reconhecimento de passivos e que tenha prazo ou que seu valor seja incerto, essa obrigação será registrada em contas de **Provisão**. A partir dessa regra, passam a ser contabilmente registradas na Administração Pública as seguintes transações:

i. *Provisões para riscos trabalhistas*: compreende os passivos de prazo ou de valor incertos, relacionados com pagamento de reclamações trabalhistas;

ii. *Provisões para riscos fiscais*: compreende os passivos de prazo ou de valor incertos relacionados com pagamento de autuações fiscais;

iii. *Provisões para riscos cíveis*: compreende os passivos de prazo ou de valor incertos relacionados com pagamento de indenizações a fornecedores e clientes;

iv. *Provisões para repartição de créditos tributários*: compreende os passivos de prazo ou de valores incertos relacionados com os créditos tributários reconhecidos no lançamento por parte do agente arrecadador, a serem repartidos com outros entes da federação. Na arrecadação, essa provisão será revertida em conta específica de passivo;

v. *Provisões para riscos decorrentes de contratos de parcerias Público-Privadas (PPP)*: compreende os passivos de prazo ou de valores incertos relacionados com os riscos de demanda, construção, disponibilidade ou outros riscos decorrentes de contratos de PPP.

As provisões devem ser reconhecidas em contas patrimoniais apenas quando estiverem presentes os três requisitos a seguir:

a) existência de uma obrigação presente resultante de eventos passados;
b) for possível fazer uma estimativa confiável do valor da obrigação;
c) for provável uma saída de recursos que incorporem benefícios econômicos ou potencial de serviços para a extinção da obrigação.

Diferentemente da provisão, o **passivo contingente** é uma obrigação resultante de eventos passados, mas cuja existência só será confirmada a partir da ocorrência de eventos futuros incertos, que não estão totalmente sob o controle da entidade; ou de uma obrigação presente resultante de eventos passados mas que não é reconhecida porque: (i) é improvável que uma saída de recursos que incorporam benefícios econômicos ou potencial de serviços seja exigida para a extinção da obrigação; ou (ii) não é possível fazer uma estimativa confiável do valor da obrigação.

Dessa forma, dependendo da probabilidade envolvida, a divulgação se dará conforme apresentado no Quadro 4.3.

Quadro 4.3 – Divulgação de provisões e passivos contingentes

Sempre que, como resultado de eventos passados, puder ocorrer fluxo de saída de recursos que incorporem benefícios econômicos futuros ou serviços potenciais, para a extinção de (a) obrigação presente, ou (b) possível obrigação cuja existência será confirmada apenas pela ocorrência ou não de um ou diversos eventos futuros incertos não totalmente sob o controle da entidade.

Há obrigação presente que provavelmente exige a saída de recursos.	Há obrigação possível ou obrigação presente que possa, mas, provavelmente, não irá exigir a saída de recursos.	Há obrigação possível ou obrigação presente em que a probabilidade da saída dos recursos é remota.
A provisão deve ser reconhecida.	Nenhuma provisão deve ser reconhecida.	Nenhuma provisão deve ser reconhecida.
A divulgação da provisão é necessária.	A divulgação do passivo contingente é necessária.	A divulgação não é necessária.

Fonte: IPSAS 19 (IFAC) e NBC T SP 03 (CFC).

A menos que a possibilidade de qualquer saída para a liquidação seja remota, a entidade deve divulgar, para cada tipo/classe de passivo contingente na data das demonstrações contábeis, uma breve descrição da natureza do passivo contingente e, quando aplicável:

a) uma estimativa de seus efeitos financeiros;
b) uma indicação das incertezas em relação ao valor ou à periodicidade de saída; e
c) a possibilidade de algum reembolso.

4.11 Políticas contábeis, mudança de estimativa e retificação de erro

As **políticas contábeis** são os princípios, as bases, as convenções, as regras e as práticas específicas aplicadas pela entidade na elaboração e na apresentação das demonstrações contábeis. A entidade deve selecionar e aplicar suas políticas contábeis de forma consistente para transações semelhantes, outros eventos e condições, a menos que uma NBC TSP/IPSAS exija ou permita especificamente a classificação de itens para os quais possam ser aplicadas diferentes políticas. Se uma NBC TSP/IPSAS exigir ou permitir tal classificação, uma política contábil apropriada deve ser selecionada e aplicada consistentemente para cada classe. São exemplos de políticas contábeis: método de avaliação de estoques, base de mensuração para as propriedades de investimentos, método de depreciação etc.

Quanto à materialidade, deve ser avaliada se a omissão ou incorreção de uma informação contábil pode influenciar as decisões dos usuários e, portanto, se for material, requer que sejam consideradas as características daqueles usuários. Presume-se que os usuários tenham conhecimento razoável do setor público, de atividades econômicas e contábeis, além de disposição para analisar a informação com razoável diligência. Portanto, a avaliação precisa levar em conta como os usuários com tais características poderiam ser razoavelmente influenciados na tomada e avaliação de decisões.

Os usuários das demonstrações contábeis devem ter a possibilidade de compará-las ao longo do tempo para identificar tendências na situação patrimonial, no desempenho e nos fluxos de caixa. Nesse caso, devem ser aplicadas as mesmas políticas contábeis dentro de cada período e de um período para o outro. Assim, uma entidade só deve alterar uma política contábil quando houver exigência normativa ou quando resultar em informação confiável e mais relevante nas demonstrações contábeis sobre os efeitos das transações, outros eventos e condições acerca da situação patrimonial, do desempenho e dos fluxos de caixa da entidade.

Quando uma mudança na política contábil é aplicada *retrospectivamente*, a entidade deve ajustar o saldo de abertura de cada item do patrimônio líquido afetado referente ao período anterior mais antigo apresentado e os demais montantes comparativos divulgados referentes ao período anterior apresentado, como se a nova política contábil tivesse sempre sido aplicada. Já a aplicação *prospectiva* de mudança em política contábil e de reconhecimento do efeito de mudança em estimativa contábil representa, respectivamente: (a) a aplicação da nova política contábil a transações, a outros eventos e a condições que ocorrerem após a data em que a política for alterada; e (b) o reconhecimento do efeito da mudança na estimativa contábil nos períodos correntes e futuros afetados pela mudança.

No caso da **mudança de estimativa contábil**, refere-se a um ajuste nos saldos contábeis de ativo ou passivo, ou nos montantes relativos ao consumo periódico de ativo, que resulta da avaliação da situação atual dos ativos e passivos e das obrigações e dos benefícios futuros esperados a eles associados. As alterações nas estimativas contábeis decorrem de nova informação ou inovações e, portanto, não são retificações de erros. A mudança do regime contábil e a mudança de tratamento contábil, reconhecimento ou mensuração de transação, evento ou condição, de acordo com um regime contábil, são consideradas mudanças de política contábil.

Quanto à **retificação de erro**, trata-se de omissões e incorreções nas demonstrações contábeis da entidade, de um ou mais períodos anteriores, decorrentes de falhas no uso ou uso incorreto de informação confiável que:

a) estava disponível quando da autorização para a divulgação das demonstrações contábeis desses períodos;

b) poderia ter sido obtida de forma razoável e levada em consideração na elaboração e na apresentação dessas demonstrações contábeis.

Tais erros incluem os efeitos de incorreções matemáticas, incorreções na aplicação de políticas contábeis, omissões, descuidos, interpretações incorretas de fatos e fraudes.

4.12 Dívida pública

A Dívida Pública representa os compromissos de entidade pública decorrentes de operações de créditos, com o objetivo de atender as necessidades dos serviços públicos em virtude de orçamentos deficitários ou para a realização de empreendimentos de vulto.

Segundo o disposto na Lei de Responsabilidade Fiscal (LRF), as operações de crédito correspondem aos compromissos financeiros assumidos em razão de mútuo financeiro, abertura de crédito, emissão e aceite de título, aquisição financiada de bens, recebimento antecipado de valores provenientes da venda a termo de bens e serviços, arrendamento mercantil e outras operações assemelhadas, inclusive com o uso de derivativos financeiros.

No caso de **mútuo financeiro**, é uma espécie de operação de crédito em que há obtenção de recurso junto a uma instituição financeira para pagamento posterior acrescido de juros e demais encargos contratualmente previstos. As **operações de crédito contratuais**, por sua vez, são obrigações financeiras internas ou externas assumidas em virtude de contrato, tratado, convênio ou outro instrumento jurídico que constitua e regule o negócio consensualmente firmado, estabelecendo as obrigações das partes contratantes.

Com relação às **operações de crédito mobiliários**, são as obrigações financeiras internas ou externas assumidas em decorrência da captação de recursos por meio da emissão de títulos públicos. A **aquisição financiada de bens** é uma espécie de operação de crédito contratual em que não há ingresso efetivo de recursos financeiros nos cofres da entidade, como a aquisição financiada diretamente com o fornecedor do bem.

Com relação ao **arrendamento mercantil**, corresponde à operação de crédito contratual internacionalmente conhecida como *leasing*, cujo objeto do contrato é a aquisição, por parte do arrendador, de bem escolhido pelo arrendatário para sua utilização. O arrendador é, *a priori*, em um conceito amplo, o proprietário do bem, e a posse e o usufruto, durante a vigência do contrato, são do arrendatário. O contrato de arrendamento mercantil pode prever ou não a opção de compra, pelo arrendatário, do bem não propriedade do arrendador.

O arrendamento mercantil pode ser classificado como leasing financeiro (quando há transferência substancial dos riscos e benefícios inerentes à propriedade de um ativo, mas a propriedade pode ou não vir a ser transferida ao final da operação) ou como *leasing operacional* (quando não há transferência substancial dos riscos e benefícios inerentes à propriedade).

Sobre os **derivativos financeiros**, são contratos que derivam a maior parte de seu valor de um ativo subjacente (ações, taxas de juros etc.), negociado no mercado à vista ou não (é possível construir um derivativo sobre outro derivativo). Os derivativos podem ser classificados em contratos a termo, contratos futuros, opções de compra e venda, operações de swaps, entre outros, cada um com suas características próprias.

Registre-se que se equipara à operação de crédito e deve obedecer aos critérios legais pertinentes a assunção, o reconhecimento ou a confissão de dívidas pelo ente da Federação, sem prejuízo do cumprimento das exigências para a geração de despesa.

O MCASP destaca que merecem comentário específico as operações vedadas, tais como as citadas nos arts. 35 a 37 da LRF, sejam elas operações de crédito *stricto sensu* ou equiparadas a operações de crédito:

a) A captação de recursos a título de antecipação de receita de tributo ou contribuição cujo fato gerador ainda não tenha ocorrido, sem prejuízo do disposto no § 7º do art. 150 da Constituição.

b) O recebimento antecipado de valores de empresa em que o poder público detenha, direta ou indiretamente, a maioria do capital social com direito a voto, salvo lucros e dividendos, na forma da legislação.

c) A aceitação direta de compromisso, a confissão de dívida ou operação assemelhada, com fornecedor de bens, mercadorias ou serviços, mediante emissão, aceite ou aval de título de crédito, não se aplicando esta vedação a empresas estatais dependentes.

d) A aceitação de obrigação, sem autorização orçamentária, com fornecedores para pagamento *a posteriori* de bens e serviços.

Os empréstimos que caracterizam a dívida pública são de curto ou longo prazo. A dívida pública pode ser proveniente de outras fontes, tais como depósitos (fianças, cauções, cofre de órgãos), e de resíduos passivos (restos a pagar). A dívida pública classifica-se em consolidada ou fundada (interna ou externa) e flutuante ou não consolidada:

- **Dívida flutuante pública (não consolidada):** o montante da dívida pública consolidada deduzidas as disponibilidades de caixa, as aplicações financeiras e os demais haveres financeiros.

- **Dívida pública fundada (consolidada):** o montante total, apurado sem duplicidade, das obrigações financeiras, inclusive as decorrentes de emissão de títulos do ente da Federação, assumidas em virtude de leis, contratos, convênios ou tratados e da realização de operações de crédito para amortização em prazo superior a 12 (doze) meses, dos precatórios judiciais emitidos a partir de 5 de maio de 2000 e não pagos durante a execução do orçamento em que houverem sido incluídos, e das operações de crédito que, embora de prazo inferior a 12 (doze) meses, tenham constado como receitas no orçamento.

Ao examinar pedido para contratar operação de crédito formulado por um Estado, Município, suas Autarquias, Fundações ou Empresas Estatais dependentes, a STN verifica os limites de endividamento e demais condições aplicáveis às entidades governamentais pleiteantes do crédito, em observância às Resoluções 40 e 43 de 2001 do Senado Federal e suas atualizações, bem como na Lei de Responsabilidade Fiscal e demais normativos em vigor.

Quando contratada junto a credores situados no País, a dívida é denominada operação de crédito interna (**dívida pública interna**). Quando contratada com países, organismos internacionais ou instituições financeiras estrangeiras não pertencentes ao Sistema Financeiro Nacional é denominada operação de crédito externa (**dívida pública externa**). A Secretaria do Tesouro Nacional é o órgão responsável pela administração das dívidas públicas interna e externa, tendo por atribuição gerir a dívida pública mobiliária federal e a dívida externa de responsabilidade do Tesouro Nacional.

Do ponto de vista da estrutura institucional, a STN implementou um novo modelo de administração da dívida pública, que visa obter ganhos substanciais no processo de administração da dívida por meio da padronização dos controles operacionais, do monitoramento dos riscos globais e da separação das funções de planejamento de curto e longo prazos. Os títulos da dívida pública podem ser emitidos com duas finalidades:

a) Financiar o déficit orçamentário, nele incluído o refinanciamento da dívida pública;
b) Realizar operações para fins específicos, definidos em lei.

O Tesouro Nacional emite os títulos públicos por meio de: ofertas públicas competitivas (leilões) com a participação direta de instituições financeiras; emissões diretas para finalidades específicas, definidas em leis (emissões não competitivas); e vendas diretas a pessoas físicas, por meio do Programa Tesouro Direto.

A dívida pública federal interna e externa é composta, em sua maior parte, por títulos mobiliários que diferem entre si conforme o contexto e a finalidade da emissão. Para os títulos pós-fixados, por exemplo, têm-se diferentes indexadores, que variam conforme o tipo. Existem também aqueles que não possuem indexadores, os chamados títulos prefixados. Há diferenças em relação às taxas de juros, forma de pagamento e forma de colocação do título (por meio de leilão ou colocação direta).

4.13 Dívida ativa

A Dívida Ativa, restos a receber ou resíduos ativos constituem um conjunto de direitos ou créditos de várias naturezas em favor da Fazenda Pública, com prazos estabelecidos na legislação pertinente, vencidos e não pagos pelos devedores, por meio de órgão ou unidade específica instituída para fins de cobrança na forma da lei. Somente deve ser registrada como tal após a apuração de sua liquidez e certeza por autoridade administrativa competente.

A nomenclatura "Dívida Ativa" não é muito elucidativa, pois há uma mescla entre os termos utilizados e as partes envolvidas no instrumento. O termo dívida está relacionado com o sujeito passivo (devedor) do crédito público e o termo ativa ao detentor do direito a receber (ente público) (SEVERO; LIMA, 2016).

A inscrição da dívida ativa em cadastro próprio ocorre no momento em que o órgão competente verifica a legalidade do crédito vencido, caracterizando-se em ato jurídico que visa legitimar a origem do crédito em favor da Fazenda Pública, revestindo o procedimento dos necessários requisitos jurídicos para as ações de cobrança (PGFN, 2013).

Após a sua inscrição, a Dívida Ativa goza da presunção de certeza e liquidez, possuindo equivalência de prova pré-constituída. No entanto, de acordo com o Código Tributário Nacional, art. 204, parágrafo único, a presunção de liquidez é relativa, podendo ser ilidida por prova inequívoca, a cargo do sujeito passivo ou do terceiro a que aproveite (BRASIL, 1966).

Segundo o disposto no MCASP (2021), o Plano de Contas Aplicado ao Setor Público (PCASP) distingue a dívida ativa quanto à origem, conforme previsto na Lei nº 4.320/1964:

a) Dívida Ativa Tributária: proveniente de obrigação legal relativa a tributos e respectivos adicionais e multas.

b) Dívida Ativa Não Tributária: proveniente dos demais créditos da Fazenda Pública, decorrentes de contratos em geral ou de outras obrigações legais.

O Manual esclarece que a competência para a gestão administrativa e judicial da dívida ativa no âmbito do Governo Federal é da Advocacia Geral da União (AGU), sendo a dívida ativa tributária gerida pela Procuradoria-Geral da Fazenda Nacional (PGFN) e a dívida ativa das autarquias e fundações públicas federais geridas pela Procuradoria-Geral da República. As demais esferas governamentais – estados, Distrito Federal e municípios – disporão sobre a competência de seus órgãos e entidades para a gestão administrativa e judicial de sua dívida ativa.

Além do valor do principal, a receita da Dívida Ativa abrange também a atualização monetária, a multa e juros de mora e encargos. Assim, ao valor do principal deverão ser acrescidos a atualização monetária, multa e juros de mora e encargos, sendo a sua baixa realizada apenas quando houver o recebimento, abatimentos, anistias, cancelamento administrativo ou judicial da inscrição (SEVERO; LIMA, 2016).

No caso de crédito em moeda estrangeira, será convertido ao correspondente valor em moeda nacional à taxa cambial oficial para compra, na data da notificação ou intimação do devedor, pela autoridade administrativa ou, na sua falta, na data da inscrição da Dívida Ativa, incidindo, a partir da conversão, a atualização monetária e os juros de mora, de acordo com os preceitos legais pertinentes aos débitos tributários (Lei nº 4.320/1964, art. 39, § 3º).

RESUMO

Sobre o aspecto patrimonial

- A Contabilidade Aplicada ao Setor Público tem por objeto o patrimônio pertencente aos órgãos e às entidades do Setor Público, em relação aos quais deverá evidenciar, entre outros, a composição patrimonial.

- Devem ser implantados procedimentos contábeis compreendendo o registro e a evidenciação da composição patrimonial do ente público, visando o reconhecimento, mensuração e evidenciação dos ativos e passivos públicos e de suas variações patrimoniais.
- Entende-se patrimônio público como o conjunto de direitos e bens, tangíveis ou intangíveis, onerados ou não, adquiridos, formados, produzidos, recebidos, mantidos ou utilizados pelas entidades do Setor Público, que seja portador ou represente um fluxo de benefícios, presente ou futuro, inerente à prestação de serviços públicos ou à exploração econômica por entidades públicas e suas obrigações.

Estoques

- Os estoques são ativos (i) na forma de materiais ou suprimentos a serem consumidos no processo de produção; (ii) na forma de materiais ou suprimentos a serem consumidos ou empregados na prestação de serviços; (iii) mantidos para venda; ou (iv) mantidos para distribuição no curso normal das operações ou no processo de produção.
- A base da mensuração do estoque depende da sua destinação, e o valor de custo dos estoques deve incluir todos os custos de aquisição e de transformação, bem como outros custos incorridos para trazer os estoques à sua condição e localização atuais.
- As demonstrações contábeis devem divulgar as políticas contábeis adotadas em sua mensuração, incluindo formas e critérios de valoração utilizados, o valor total escriturado e o respectivo desdobramento utilizado pelo ente federado.

Ativo imobilizado

- O ativo imobilizado é um item tangível mantido para o uso na produção ou fornecimento de bens ou serviços, ou para fins administrativos. Pode ser classificado em bens móveis e bens imóveis.
- Bens móveis são aqueles que têm existência material e que podem ser transportados por movimento próprio ou removidos por força alheia sem alteração da substância ou da destinação econômico-social.
- Bens imóveis compreendem os bens vinculados ao terreno (solo) que não podem ser retirados sem destruição ou danos.
- Os custos incorridos no uso ou na transferência ou reinstalação de um item não são incluídos no seu valor contábil.

Bens de uso comum

- Os bens de uso comum são todos aqueles postos à disposição do povo e destinados ao uso direto e imediato da coletividade.
- A mensuração dos bens de uso comum será efetuada, sempre que possível, ao valor de aquisição ou ao valor de produção e construção.
- Os bens de uso comum do povo podem ser encontrados em três classes de ativos: ativos de infraestrutura, bens do patrimônio cultural e bens ambientais.
- Os bens classificados como ativos de infraestrutura deverão ser parte de um sistema ou de uma rede, especializados por natureza e não possuírem usos alternativos como redes rodoviárias, sistemas de esgoto, dentre outros.

- Os bens do patrimônio cultural são assim chamados devido à sua significância histórica, cultural ou ambiental, como os monumentos e prédios históricos, sítios arqueológicos, áreas de conservação e reservas naturais.
- No caso dos bens ambientais, alguns recursos minerais e florestais, tais como petróleo, gás natural e recursos não regenerativos semelhantes são de difícil mensuração e ainda carecem de normatização específica.

Ativo intangível

- O ativo intangível é um ativo não monetário, sem substância física, identificável, controlado pela entidade e gerador de benefícios econômicos futuros ou serviços potenciais.
- O reconhecimento inicial de um ativo intangível pode ocorrer de três formas: aquisição separada, geração interna e aquisição por meio de transações sem contraprestação.
- Da mesma forma que o ativo imobilizado, o ativo intangível deve ser baixado por ocasião de sua alienação ou quando não houver mais expectativa de benefícios econômicos futuros ou serviços potenciais com a sua utilização ou alienação.

Depreciação, amortização e exaustão

- Quando os elementos do ativo imobilizado tiverem vida útil econômica limitada, ficam sujeitos à depreciação, amortização ou exaustão sistemática durante esse período.
- O procedimento contábil da depreciação consiste na redução do valor dos bens tangíveis em função do desgaste pelo uso, ação da natureza ou obsolescência.
- Terrenos rurais e urbanos, bens móveis de natureza cultural, bens de uso com vida útil considerada tecnicamente indeterminada e animais que se destinam à exposição e à preservação não são depreciáveis.
- No caso do bem novo, a base de cálculo da depreciação será o valor da nota fiscal adicionados os gastos necessários para colocar o bem em uso na forma pretendida pela administração.
- A depreciação de um ativo cessa quando ele é baixado ou transferido do imobilizado.
- O método de depreciação deve refletir os benefícios esperados do ativo de acordo com seu padrão de consumo. Entre os métodos que podem ser aplicados, destacam-se: (i) Método linear, (ii) Método das unidades produzidas e (iii) Método dos saldos decrescentes.
- A amortização é realizada para elementos patrimoniais de direitos de propriedades e bens intangíveis e consiste na alocação sistemática do valor amortizável de direitos de propriedade e bens intangíveis ao longo da sua vida útil.
- A entidade deve classificar a vida útil do ativo intangível em definida e indefinida.
- O método de amortização que deve ser utilizado para toda a Administração Pública direta, autárquica e fundacional será o das cotas constantes.
- O ativo intangível com vida útil indefinida não deve ser amortizado.
- A exaustão é realizada para elementos de recursos naturais esgotáveis e é necessário que haja uma análise técnica da capacidade de extração/aproveitamento do ativo em questão.

Reavaliação

- O papel da reavaliação é preservar o conceito de uso e o Princípio da Continuidade das atividades operacionais da entidade, por isso, somente os bens móveis e imóveis registrados no Ativo Imobilizado serão reavaliados.

- O valor da reavaliação é a diferença entre o valor contábil líquido do bem e o valor de mercado ou de consenso; e pode ser entendido como o valor do bem registrado na contabilidade, em determinada data, deduzido da correspondente depreciação, amortização ou exaustão acumulada.
- O valor de mercado refere-se ao valor que a entidade despenderia para repor esse Ativo.
- As reavaliações devem ser feitas utilizando-se o valor justo ou o valor de mercado na data de encerramento do Balanço Patrimonial, pelo menos (i) anualmente ou (ii) a cada quatro anos.
- Após a reavaliação, a depreciação do bem passa a ser calculada sobre o novo valor.

Ajuste a valor recuperável (*impairment*)

- A redução ao valor recuperável tem sua adoção recomendada para situações imprevisíveis e não comuns que impliquem reduções bruscas no valor de ativo. Esse procedimento contábil é aplicável a grande parte dos itens que compõem o ativo.
- *Impairment test*, ou teste de recuperabilidade, avalia se o valor contábil de um ativo se encontra superior ao seu montante recuperável.
- A redução ao valor recuperável pode ser realizada por meio da elaboração de um laudo técnico por perito ou entidade especializada, ou por meio de relatório de avaliação realizado por uma comissão de servidores.
- A qualquer tempo que se faça necessário, deve-se verificar se há indicação de que alguma perda por irrecuperabilidade reconhecida em anos anteriores deve ser reduzida ou eliminada, especialmente na data de encerramento das demonstrações contábeis.

Receita de transação sem contraprestação

- A receita de transação sem contraprestação é aquela em que a entidade recebe ativos ou serviços ou tem passivos extintos, e em contrapartida entrega valor irrisório ou nenhum valor em troca.
- Normalmente uma transação sem contraprestação com entrada de recursos para o governo gera uma variação patrimonial aumentativa para o ente ou órgão recebedor, trazendo um ativo como contrapartida.

Provisões e passivos contingentes

- Quando houver uma obrigação que atenda aos critérios de reconhecimento de passivos e que tenha prazo ou que seu valor seja incerto, essa obrigação será registrada em contas de Provisão, passando a ser registradas as seguintes transações: (i) Provisões para riscos trabalhistas; (ii) Provisões para riscos fiscais; (iii) Provisões para riscos cíveis; (iv) Provisões para repartição de créditos tributários; (v) Provisões para riscos decorrentes de contratos de parcerias Público-Privadas.
- Passivo contingente é uma obrigação resultante de eventos passados, mas cuja existência só será confirmada a partir da ocorrência de eventos futuros incertos, ou de uma obrigação presente resultante de eventos passados, mas que não é reconhecida.

Políticas contábeis, mudança de estimativa e retificação de erro

- As políticas contábeis são os princípios, as bases, as convenções, as regras e as práticas específicas aplicadas pela entidade na elaboração e na apresentação das demonstrações contábeis.

- A mudança de estimativa contábil refere-se a um ajuste nos saldos contábeis de ativo ou passivo, ou nos montantes relativos ao consumo periódico de ativo, que resulta da avaliação da situação atual dos ativos e passivos e das obrigações e dos benefícios futuros esperados a eles associados.
- A retificação de erro trata-se de omissões e incorreções nas demonstrações contábeis da entidade, de um ou mais períodos anteriores, decorrentes de falhas no uso ou uso incorreto de informação confiável.

Dívida pública

- A dívida pública representa os compromissos de entidade pública decorrentes de operações de créditos, com o objetivo de atender as necessidades dos serviços públicos em virtude de orçamentos deficitários ou para a realização de empreendimentos de vulto.
- Classifica-se em consolidada ou fundada (interna ou externa) e flutuante ou não consolidada.
- As operações de crédito correspondem aos compromissos financeiros assumidos em razão de mútuo financeiro, abertura de crédito, emissão e aceite de título, aquisição financiada de bens, recebimento antecipado de valores provenientes da venda a termo de bens e serviços, arrendamento mercantil e outras operações assemelhadas, inclusive com o uso de derivativos financeiros.
- Os empréstimos que caracterizam a dívida pública são de curto ou longo prazos.
- Quando contratada junto a credores situados no país, a dívida é denominada operação de crédito interna (dívida pública interna). Quando contratada com países, organismos internacionais ou instituições financeiras estrangeiras não pertencentes ao Sistema Financeiro Nacional, é denominada operação de crédito externa (dívida pública externa).

Dívida Ativa

- A Dívida Ativa, restos a receber ou resíduos ativos constituem um conjunto de direitos ou créditos de várias naturezas em favor da Fazenda Pública, com prazos estabelecidos na legislação pertinente, vencidos e não pagos pelos devedores, por meio de órgão ou unidade específica instituída para fins de cobrança na forma da lei. Somente deve ser registrada como tal após a apuração de sua liquidez e certeza por autoridade administrativa competente.
- A inscrição da dívida ativa em cadastro próprio ocorre no momento em que o órgão competente verifica a legalidade do crédito vencido, caracterizando-se em ato jurídico que visa legitimar a origem do crédito em favor da Fazenda Pública, revestindo o procedimento dos necessários requisitos jurídicos para as ações de cobrança.
- A Dívida Ativa Tributária é proveniente de obrigação legal relativa a tributos e respectivos adicionais e multas.
- Dívida Ativa Não Tributária é proveniente dos demais créditos da Fazenda Pública, decorrentes de contratos em geral ou de outras obrigações legais.
- Além do valor do principal, a receita da Dívida Ativa abrange também a atualização monetária, a multa e os juros de mora e os encargos.

4.14 Exercícios

1. (Prefeitura de São Gonçalo do Amarante-RN/Analista de Controle Interno-Contador/IBFC/2021) Com relação aos bens públicos, analise as afirmativas a seguir:

   I. São bens públicos: os de uso comum do povo, os bens de uso especial e os dominicais.
   II. Os bens públicos de uso comum do povo e os de uso especial são alienáveis, enquanto os bens públicos dominicais não podem ser alienados.
   III. Os bens públicos estão sujeitos a usucapião.

   Estão corretas as afirmativas:
   a) I apenas.
   b) II apenas.
   c) I e II apenas.
   d) II e III apenas.

2. (FUNSAÚDE-CE/Analista Administrativo – Contabilidade/FGV/2021) Um ativo adquirido por uma entidade do setor público, por meio de uma transação sem contraprestação deve ser mensurado, inicialmente, do seguinte modo:
   a) custo histórico corrigido.
   b) valor justo na data da aquisição.
   c) fluxo de caixa simples.
   d) fluxo de caixa descontado.
   e) custo corrente corrigido.

3. (Prefeitura de Ferraz de Vasconcelos-SP/Contador/VUNESP//2021) Os ativos contingentes no Setor Público devem ser:
   a) evidenciados na Demonstração das Variações Patrimoniais.
   b) avaliados periodicamente para determinar se uma saída de recursos que incorporam benefícios econômicos ou potencial de serviços se tornou provável.
   c) reavaliados bimestralmente para assegurar que os reflexos de sua evolução sejam adequadamente apresentados nas demonstrações contábeis.
   d) reconhecidos em contas patrimoniais, uma vez que podem resultar no reconhecimento de receitas que nunca virão a ser realizadas.
   e) evidenciados em notas explicativas quando a entrada de recursos na entidade pública for considerada provável, podendo ser registrados em contas de controle do Plano de Contas aplicado ao Setor Público.

4. (Telebras Especialista em Gestão de Comunicações-Contador/CESPE/CEBRASPE/2022) Julgue os itens subsequentes, com relação aos procedimentos contábeis patrimoniais aplicados na mensuração e ativos do setor público.
   A reavaliação pode ser realizada por meio de um relatório de avaliação feito por uma comissão de servidores.

( ) Certo
( ) Errado

O registro da redução ao valor recuperável será efetuado quando o valor contábil de um ativo exceder seu valor depreciável.
( ) Certo
( ) Errado

A depreciação será interrompida quando o ativo for retirado temporariamente de uso.
( ) Certo
( ) Errado

5. **(SEFAZ/RR/Auditor Fiscal de Tributos Estaduais//CESPE/CEBRASPE/2021) Relativamente à mensuração dos passivos contingentes no setor público, é CORRETO afirmar que:**

a) devem ser avaliados quando houver evidências de que uma saída de recursos que incorporam benefícios econômicos ou potencial de serviços se tornou provável.

b) devem ser periodicamente avaliados para determinar se uma saída de recursos que incorporam benefícios econômicos ou potencial de serviços se tornou provável.

c) devem ser avaliados quando os órgãos de controle apontarem que uma saída de recursos que incorporam benefícios econômicos ou potencial de serviços se tornou provável.

d) devem ser avaliados quando uma decisão judicial estabelecer que uma saída de recursos que incorporam benefícios econômicos ou potencial de serviços se tornou provável.

e) não devem ser avaliados, uma vez que não satisfazem nenhum dos critérios de reconhecimento nas demonstrações contábeis.

Escrituração Contábil e Plano de Contas do Setor Público (PCASP)

5

■ **Objetivos do Capítulo**

» Definir a escrituração contábil e os livros contábeis de escrituração obrigatórios.
» Explicar os atos e os fatos administrativos e os aspectos gerais do plano de contas.
» Descrever os objetivos e o alcance do PCASP e o ordenamento e classificação das contas.
» Relacionar os mecanismos de contabilização, as naturezas da informação contábil e caracterizar a estrutura do PCASP.
» Delinear os atributos da informação contábil e as regras de integridade do PCASP.

5.1 Escrituração contábil

A **escrituração** é uma técnica contábil que consiste em registrar, nos livros próprios, os atos potenciais e fatos administrativos resultantes da gestão do patrimônio público. O **método de escrituração**, por sua vez, é a forma pela qual esses atos e fatos serão registrados.

A entidade deve manter um sistema de escrituração uniforme de seus atos e fatos administrativos, atendendo as seguintes formalidades legais: (i) idioma e moeda corrente nacionais; (ii) em ordem cronológica de dia, mês e ano; (iii) com base em documentos de origem externa ou interna ou, na sua falta, em elementos que comprovem ou evidenciem fatos e a prática de atos administrativos.

O registro das transações governamentais, a exemplo das demais entidades, será efetuado pelo **método das partidas dobradas**, cujo princípio fundamental é o de que não há devedor sem que haja credor, correspondendo, a cada débito, um crédito de igual valor.

Para atender às finalidades da escrituração, os atos e fatos administrativos são registrados à medida que se sucedem, daí a ordem cronológica das anotações – **lançamento**, que é o meio pelo qual são especificados o local e a data da ocorrência do fato, a conta a ser debitada, a conta a ser creditada, o histórico e o valor da transação que está sendo registrada. Há fatos que envolvem três ou mais elementos, daí a existência de quatro fórmulas de lançamentos:

a) 1ª fórmula: aparecem no lançamento apenas uma conta a ser debitada e uma conta a ser creditada. *Exemplo: compra de material de expediente a prazo*

D – Material de expediente   100
C – Fornecedores   100

b) 2ª fórmula: aparecem no lançamento apenas uma conta a ser debitada e duas ou mais contas a serem creditadas. *Exemplo: alienação de veículo acima do valor contábil líquido*

D – Caixa e Equivalentes de Caixa   100
C – Veículos   90
C – VPA – Ganho Patrimonial   10

c) 3ª fórmula: aparecem no lançamento duas ou mais contas a serem debitadas e apenas uma conta a ser creditada. *Exemplo: pagamento de dívida com multa*

D – Obrigações a Pagar   100
D – VPD – Multas a Pagar   10
C – Obrigações a Pagar   110

d) 4ª fórmula: aparecem no lançamento duas ou mais contas a serem debitadas e duas ou mais contas a serem creditadas. *Exemplo: alienação de bem acima do valor contábil líquido com depreciação acumulada*

D – Caixa e Equivalentes de Caixa   100
D – Depreciação Acumulada   10
C – Veículo   90
C – VPA – Ganho Patrimonial   20

5.2 Livros de escrituração obrigatórios

Segundo regra geral, a escrituração contábil pode ser realizada por processo manual, mecanizado (em desuso) e eletrônico. Com o advento da tecnologia, a escrituração contábil pode ser efetuada por qualquer programa de contabilidade que atenda aos requisitos exigidos.

Por meio do método das partidas dobradas, os eventos são registrados inicialmente no livro diário (livro de ordem cronológica) e, posteriormente, no livro razão (livro de ordem sistemática), que são os livros obrigatórios da escrituração contábil e que constituem os registros permanentes das entidades públicas.

No **livro diário** são lançadas, em ordem cronológica, com individualização, clareza e referência ao documento probante, todas as operações ocorridas, incluídas as de natureza aleatória, e quaisquer outros fatos que provoquem variações no patrimônio das entidades:

LIVRO DIÁRIO				
Data	Histórico	Débito	Crédito	Valor
02/01/2019	Registro da previsão da receita	5.2.1.1	6.2.1.1	100.000,00
02/01/2019	Registro da fixação da despesa	5.2.2.1	6.2.2.1	100.000,00
03/01/2019	Arrecadação de receita	1.1.1.1	4.1.1.1	22.000,00
03/01/2019	Realização da receita	6.2.1.1	6.2.1.2	22.000,00
03/01/2019	Controle de disponibilidade	7.2.1.1	8.2.1.1	22.000,00

Fonte: Elaboração própria.

No **livro razão** são indicadas todas e cada uma das operações da entidade, na medida e ordem em que ocorrem, assim como as alterações qualitativas e quantitativas por elas produzidas nos recursos aplicados e nas origens destes recursos. O livro razão permite o controle do momento de cada conta separadamente:

LIVRO RAZÃO					
Conta contábil	6.2.1.1 – Receita a realizar				
Data	Histórico		Débito	Crédito	Saldo
02/01/2019	Registro da previsão da receita		0,00	100.000,00	100.000,00 C
03/01/2019	Registro da realização da receita		22.000,00	0,00	78.000,00 C

Fonte: Elaboração própria.

Na Administração Pública também é usual o **livro contas-correntes**, que permite o registro detalhado e individualizado de cada conta que se queira controlar identificando o evento, a empresa ou entidade favorecida:

LIVRO CONTAS-CORRENTES						
Conta contábil		1.1.1.1 – Caixa e equivalentes de caixa – Banco do Brasil				
2019		Histórico	Débito	Crédito	D/C	Saldo
Janeiro	03	Ingresso de recursos	22.000,00	0,00	D	22.000,00
	05	Aquisição de material 2019OB00001	0,00	12.000,00	C	10.000,00

Fonte: Elaboração própria.

5.3 Atos e fatos administrativos

D'Áuria (1959) ensina que: estabelecido que a contabilidade contempla um todo formado por elementos diretos e componentes derivados, e que esses elementos e esses componentes estão sujeitos a mutações sucessivas, os fatos administrativos se resumem em aumento e diminuições dessas partes do todo, que é o patrimônio.

Também nas entidades públicas o patrimônio está em constante movimento, seja por meio de medidas colocadas em prática para que a Administração Pública alcance seus objetivos (atos administrativos), seja por meio de eventos que provocam variações no patrimônio das entidades (fatos administrativos), que podem alterar ou não seu patrimônio líquido.

Os **atos administrativos** que podem se traduzir em modificações futuras para o patrimônio das entidades (atos potenciais) devem ser registrados pela contabilidade, a exemplo dos contratos e convênios. Também podem ser enquadradas como tal as ações que dizem respeito ao planejamento e execução orçamentária e financeira, bem como o controle das disponibilidades. Para o registro dos atos potenciais e dos demais controles foram criadas no Setor Público brasileiro as contas de natureza de informação orçamentária (NIO) e de controle (NIC), que serão vistas a seguir.

Com relação aos **fatos administrativos**, por modificarem o patrimônio, qualitativa ou quantitativamente, devem ser contabilizados por meio de contas patrimoniais ou de resultado, e podem ser classificados em três grupos:

a) *Fatos permutativos*: provocam permutações entre os elementos componentes do Ativo ou do Passivo sem modificar o patrimônio líquido da entidade, são também denominados fatos qualitativos. Ocorre por meio da permuta entre elementos do ativo (compra de bens a vista), entre elementos do passivo (reclassificação de obrigação do longo para o curto prazo) e entre elementos ativos e passivos (pagamento de dívida pelo valor contábil registrado).

b) *Fatos modificativos*: provocam alterações para mais ou para menos no patrimônio líquido da entidade, são também denominados fatos quantitativos. São exemplos de fatos modificativos a baixa de material inservível (fato modificativo diminutivo) e o recebimento de bem em doação (fato modificativo aumentativo).

c) *Fatos mistos*: envolvem, ao mesmo tempo, um fato permutativo e um fato modificativo. São exemplos de fatos mistos o pagamento de dívida com juros (além de permutar elementos ativos e passivos, afeta negativamente o patrimônio da entidade) e a aquisição de bem com desconto (além de permutar elementos ativos, afeta positivamente o patrimônio da entidade).

Com o advento do processo de convergência aos padrões internacionais, os fatos permutativos no Setor Público devem ser contabilizados no próprio patrimônio, **passando pelo resultado do exercício apenas os fatos modificativos e mistos**.

No desempenho da missão institucional de registro, evidenciação e análise da situação orçamentária, financeira e patrimonial, nenhum processo, documento ou informação relativos aos atos e fatos que provoquem variação no patrimônio público poderão ser sonegados aos serviços da contabilidade. Ressalte-se que respondem pelos atos e fatos evidenciados pela contabilidade os agentes que lhe deram origem.

5.4 Aspectos gerais do plano de contas

D'Áuria (1959) apresenta que a contabilidade é um processo de observação, registro e exposição de coisas e fatos. Ela é, essencialmente, um método de elaboração. Como em todo trabalho organizado e metódico, em contabilidade é indispensável um plano geral ou orientação para observar, registrar e expor tudo quanto se relacione com o agrupamento de coisas e fatos.

A conta representa cada uma das classes de valores, de maior ou menor extensão, que resulta da decomposição do patrimônio. Todos os acontecimentos que afetam a gestão das entidades, sejam elas públicas ou privadas, são registrados pela Contabilidade em contas próprias. Para efetuar o registro de atos e fatos da Administração Pública é necessário ter em mãos uma relação das contas utilizadas na escrituração contábil, denominada plano de contas.

A elaboração de um plano de contas deve compreender o nome de todas as contas necessárias e sua disposição no sistema contábil, as funções atribuídas a cada uma das contas que compõem o plano, também conhecido como Manual de Contas, e o estabelecimento da rotina dos lançamentos, de acordo com o desenvolvimento da gestão.

Até recentemente, cada ente federado brasileiro possuía seu próprio elenco de contas, e o contabilista das entidades públicas tinha total liberdade para alterar, excluir ou incluir contas nesse elenco. A partir das novas regras, uma nova estrutura de contas padronizada passou a ser estabelecida pela STN para todos os entes públicos, intitulada Plano de Contas Aplicado ao Setor Público (PCASP).

Essa condição foi dada à STN no ano de 2000 em razão do disposto no art. 67 da Lei de Responsabilidade Fiscal, segundo o qual caberá o órgão central de contabilidade da União instituir normas de consolidação das contas públicas até que seja criado o Conselho de Gestão Fiscal. Alguns especialistas, contudo, alertam que essa condição está sendo extrapolada para além da instituição de normas de consolidação, uma vez que a STN vem definindo todo um conjunto de normas contábeis para os entes federados locais.

O mais preocupante é que na prática vem acontecendo um movimento inesperado no Brasil, principalmente envolvendo os entes federados locais (Estados e Municípios). Vários Tribunais de Contas têm adaptado o PCASP às suas necessidades de informações, fazendo com que os contabilistas dos entes federados tenham de adotar dois planos de contas: um para atender ao Tesouro Nacional, para envio das informações ao Sistema de Informações Contábeis e Fiscais do Setor Público Brasileiro (Siconfi), e outro para envio de informações aos tribunais de contas.

Esse problema encontra-se mais recorrente nos desdobramentos das contas a partir do 5º nível – pois até esse nível o PCASP restringiu de forma obrigatória as contas relevantes para fins de consolidação, deixando a critério dos entes federados os demais desdobramentos das contas. Com o advento da matriz de saldos contábeis, que demandará informações mais detalhadas extraídas diretamente da contabilidade dos entes federados, talvez seja necessário rediscutir a obrigatoriedade de que todos os entes federados observem uma mesma estrutura de contas definida pela STN.

5.5 Objetivos e alcance do PCASP

Até a vigência do PCASP, a estrutura do plano de contas das entidades do Setor Público era dividida em seis classes, sendo duas patrimoniais (ativo e passivo) e quatro de resultado (despesa, receita, variação ativa e variação passiva). Com o objetivo de uniformizar as práticas contábeis em âmbito nacional, a STN, em conjunto com o Grupo Técnico de Procedimentos Contábeis (GTCON), elaborou o PCASP, adequando-o aos dispositivos legais vigentes, aos padrões internacionais de contabilidade do Setor Público e às regras e procedimentos de estatísticas de finanças públicas reconhecidas por organismos internacionais.

Também conhecido como plano de contas único, uma vez que seu uso é obrigatório em todos os entes da Federação e seus poderes, fundos, órgãos, autarquias, inclusive especiais, e fundações instituídas e mantidas pelo poder público, o PCASP é formado por uma relação padronizada de contas, uma tabela de atributos contábeis e por lançamentos típicos padronizados, visando à consolidação das Contas Públicas Nacionais, conforme determinação da LRF.

Segundo informações disponíveis no site da STN, o PCASP é atualizado anualmente e publicado exclusivamente na Internet para uso obrigatório no exercício seguinte. Adicionalmente, a STN disponibiliza o "PCASP Estendido" (constante do Anexo III da IPC 00), de adoção facultativa, para os entes que precisem de uma referência para desenvolvimento de suas rotinas e sistemas.

Com a adoção do PCASP, o plano de contas passou a ser estruturado em oito classes de contas, sendo duas patrimoniais (ativo e passivo), duas de resultado (variação patrimonial diminutiva e variação patrimonial aumentativa), duas de controle orçamentário (planejamento e execução)

Escrituração Contábil e Plano de Contas do Setor Público (PCASP) | **127**

e duas de controle de atos potenciais (controles devedores e controles credores). A estrutura do plano de contas anterior e a nova estrutura do PCASP está sintetizada no Quadro 5.1.

Quadro 5.1 – Estrutura do plano de contas anterior e a nova estrutura do PCASP

Contas	Plano de contas antigo	PCASP

Patrimoniais	1. Ativo
	  1.1. Circulante
	  1.2. Realizável a Longo Prazo
	  1.4. Permanente
	  1.9. Ativo Compensado
	
	2. Passivo
	  2.1 Circulante
	  2.2. Exigível a Longo Prazo
	  2.4. Patrimônio Líquido
	  2.9. Passivo Compensado
		1. Ativo
		  1.1. Circulante
		  1.2. Não Circulante
		
		2. Passivo
		  2.1. Circulante
		  2.2. Não Circulante
		  2.9 Patrimônio Líquido

Resultado	3. Despesa Corrente/Capital 4. Receita Corrente/Capital 5. Resultado Diminutivo do Exercício 6. Resultado Aumentativo do Exercício	3. Variação Patrimonial Diminutiva 4. Variação Patrimonial Aumentativa
Controle da Aprovação do Planejamento e Orçamento	1.9. Ativo Compensado 2.9. Passivo Compensado	5. Controle da Aprovação do Planejamento e Orçamento 6. Controle da Execução do Planejamento e Orçamento
Controles de Atos Potenciais	1.9. Ativo Compensado 2.9. Passivo Compensado	7. Controles Devedores 8. Controles Credores

Fonte: Elaboração própria.

As **contas patrimoniais** (Classes 1 e 2) basicamente mantêm a mesma função do plano de contas anterior, registrando, respectivamente, os bens e direitos (ativo) e as obrigações (passivo), compreendendo o registro e a evidenciação da composição patrimonial do ente público. Com relação ao plano de contas anterior, as principais mudanças foram a segregação dos grupos do Ativo e do Passivo em Circulante e Não Circulante, e a retirada das contas de compensação: 1.9 – Ativo Compensado e 2.9 – Passivo Compensado.

Pela nova estrutura, foram mantidas apenas duas **contas de resultado** (Classes 3 e 4), para que sejam registradas apenas as despesas e receitas que efetivamente venham afetar a situação líquida patrimonial (fatos modificativos) e os decréscimos e acréscimos patrimoniais. Como visto anteriormente, para que não haja confusão com os termos orçamentários, as contas de resultado passaram a ser denominadas Variação Patrimonial Aumentativa (VPA) e Variação Patrimonial Diminutiva (VPD).

O **controle da aprovação e execução do orçamento** passou a ser efetuado na Classe de Contas 5 – Controle e Aprovação do Planejamento e Orçamento e na Classe de Contas 6 – Controle da Execução do Planejamento e Orçamento, onde devem ser registradas as etapas da receita orçamentária (previsão, lançamento, arrecadação e recolhimento) e as etapas da despesa orçamentária (fixação, empenho, liquidação e pagamento).

O **controle dos atos potenciais** passa a ser contabilmente registrado na Classe de Contas 7 – Controles Devedores e na Classe de Contas 8 – Controles Credores. Nas Classes de Contas 7 e 8 passam a ser registrados também o controle de disponibilidade de recursos, que deve ser feito tanto para a receita (na etapa da arrecadação) como para a despesa (nos estágios do empenho, liquidação e pagamento).

Como se pode observar, comparativamente ao Plano de Contas até então vigente, a mudança mais significativa trazida pela estrutura do PCASP está nas contas de resultado, que passam a registrar apenas os fatos modificativos (VPA e VPD), mais adequados aos fundamentos da doutrina contábil. E a realocação das contas de compensação que antes figuram nas Classes de Ativo e Passivo para Classes próprias.

Entre os controles de atos potenciais, a nova exigência também é que seja efetuado o controle de fonte/destinação de recursos, que tem como objetivo identificar as fontes de financiamento dos gastos públicos. O controle de disponibilidade deverá ser feito desde a elaboração do orçamento até a sua execução, incluindo o ingresso (arrecadação da receita), o comprometimento (empenho e liquidação da despesa) e a saída de recursos orçamentários (pagamento da despesa).

Ressalte-se que cada ente da Federação utilizará a estrutura padronizada do PCASP para elaborar o seu plano de contas, tendo a flexibilidade para detalhar os níveis inferiores. Para as empresas estatais dependentes, a utilização será facultativa.

A fim de possibilitar a consolidação das contas públicas nos diversos níveis de governo, com a adequada elaboração das DCASP e do BSPN, foi criado no Plano de Contas Aplicado ao Setor Público (PCASP) um mecanismo para a segregação dos valores das transações que serão incluídas ou excluídas na consolidação. Esse mecanismo consiste na utilização do 5º nível (Subtítulo) das classes 1, 2, 3 e 4 do PCASP (contas de natureza patrimonial) para identificar os saldos recíprocos (MCASP, 2021).

O PCASP restringiu o detalhamento do 5º nível nos diversos níveis de consolidação às contas consideradas relevantes para fins do processo de consolidação. Quando o detalhamento estiver previsto no PCASP, o seu uso é obrigatório. No entanto, os entes poderão detalhar as contas que não tiverem todos os níveis de consolidação previstos no PCASP (MCASP, 2021).

5.6 Ordenamento e classificação das contas

No PCASP, o código completo da conta contábil é composto por 7 níveis (formato «X.X.X.X.X.XX.XX»), num total de 9 dígitos numéricos:

Nível	Classificação	Codificação
1º Nível	Classe	 X
2º Nível	Grupo	 X
3º Nível	Subgrupo	 X
4º Nível	Título	 X
5º Nível	Subtítulo	 X
6º Nível	Item	 XX
7º Nível	Subitem	 XX

Para as entidades que adotam o PCASP Estendido, as seguintes informações também devem ser incorporadas no Manual de Contabilidade dos demais entes da federação:

a) Título da conta contábil;
b) Explicação da função da conta contábil, descrevendo as situações para as quais deverá ser utilizada;
c) Natureza do saldo da conta, que poderá ser devedor (D), credor (C) ou misto (X);
d) Se a conta integra o PCASP da Federação (sim ou não);
e) Seu *status*, se ativa ou inativa;
f) O nível de detalhamento: se a conta corresponde a um nível agregador (superior) ao último nível detalhado do PCASP estendido;
g) O indicador financeiro: identifica os ativos e passivos financeiros e permanentes, necessário apenas para as contas de ativo e passivo exigível, classificado em F (atributo que indica que a conta compõe exclusivamente o Ativo/Passivo financeiro), P (atributo que indica que a conta compõe exclusivamente o Ativo/Passivo permanente) ou X (atributo que indica que a conta poderá compor tanto o Ativo/Passivo financeiro como permanente);
h) Ente que utiliza a conta: quais entes da Federação podem fazer uso da conta, classificado em U (conta de uso exclusivo da União); E (conta de uso exclusivo dos Estados); M (conta de uso exclusivo dos Municípios); X (conta de uso permitido a todos os entes da Federação);
i) A fundamentação operacional/legal para a criação da conta contábil;
j) Se a conta pertence ao Plano de Contas do RPPS (sim ou não).

Cada conta constante no Plano de Contas da União observa essa mesma disposição, conforme exemplificado a seguir:

Exemplo: 1.2.3.1.1.05.01 – Veículos em Geral

Código	Classificação	
1	Classe	Ativo
2	Grupo	Ativo Não Circulante
3	Subgrupo	Imobilizado
1	Título	Bens Móveis
1	Subtítulo	Bens Móveis – Consolidação
05	Item	Veículos
01	Subitem	Veículos em Geral

A estrutura ainda pode trazer um código variável (**conta corrente**), para permitir o tratamento de informações conforme a individualização exigida pela conta objeto do detalhamento. A inclusão desse código é particularmente importante quando da implantação de um centro de custos, já que permitiria rastrear os recursos consumidos na gestão.

Há ainda as contas redutoras ou retificadoras, identificadas pelo sinal * (asterisco), colocado antes da intitulação da conta. São classificadas assim por força de lei, figurando tanto do lado do Ativo como do lado do Passivo, retificando seus valores.

5.6.1 Reconhecimento e classificação das contas de ativo e passivo

A partir das novas regras contábeis, um **Ativo** – representado pelos recursos disponíveis, os bens e direitos a receber – deve ser reconhecido no Setor Público quando for provável que ele venha a gerar futuros benefícios econômicos ou sociais e que o seu custo ou valor possa ser determinado em bases confiáveis. Também devem ser registrados como Ativo os depósitos caracterizados como entradas compensatórias (art. 3º, parágrafo único, Lei nº 4.320/1964), como as cauções em dinheiro para garantia de contratos.

As novas regras também estabelecem que os Ativos devem ser classificados como "Ativo Circulante" (quando estiverem disponíveis para realização imediata ou tiverem a expectativa de realização até 12 meses após a data das demonstrações contábeis) ou "Ativo Não Circulante" (todos os demais ativos).

Com relação ao **Passivo** – que compreende as obrigações das entidades públicas – deve ser reconhecido no patrimônio quando for derivado de eventos passados e seus pagamentos resultarem na saída de recursos capazes de gerar benefícios econômicos ou potencial de serviços.

Como visto anteriormente, independentemente do cumprimento dos estágios da despesa orçamentária, quando for verificado que o fato gerador aconteceu (recebimento de bens ou serviços), um passivo deve ser reconhecido nas demonstrações contábeis do Setor Público.

De acordo com o MCASP, também devem ser reconhecidos como passivos os depósitos caracterizados como entradas compensatórias, como as cauções em dinheiro recebidas para garantias de contratos, as consignações a pagar, a retenção de obrigações de terceiros a recolher e outros depósitos com finalidades especiais, pois se caracterizam como obrigações para com terceiros.

Pelas novas regras, as contas de Passivo também devem ser classificadas como "Passivo Circulante" (quando corresponderem a valores exigíveis até 12 meses da data das demonstrações contábeis) ou "Passivo Não Circulante" (os demais passivos). Os critérios de reconhecimento e classificação das contas de Ativo e Passivo estão dispostos no Quadro 5.2.

Quadro 5.2 – Reconhecimento e classificação das contas de Ativo e Passivo

ATIVO	ATIVO CIRCULANTE	Realização até 12 meses após a data das demonstrações contábeis.
	ATIVO NÃO CIRCULANTE	Demais Ativos.
PASSIVO	PASSIVO CIRCULANTE	Valores exigíveis até 12 meses da data das demonstrações contábeis.
	PASSIVO NÃO CIRCULANTE	Demais Passivos.

Fonte: Elaboração própria.

5.6.2 Reconhecimento e classificação das contas de variações patrimoniais

De acordo com o MCASP, as variações patrimoniais são transações que promovem alterações nos elementos patrimoniais da entidade do Setor Público, mesmo em caráter compensatório, afetando ou não o seu resultado. Quando as transações patrimoniais alterarem a

Escrituração Contábil e Plano de Contas do Setor Público (PCASP) | **131**

composição dos elementos patrimoniais sem afetar o patrimônio líquido da entidade pública devem ser classificadas como variações patrimoniais qualitativas.

Na prática, as **variações patrimoniais qualitativas** representam apenas fatos permutativos, como o recebimento de uma operação de crédito (entrada de dinheiro e entrada de obrigação) ou a aquisição de um bem à vista (troca de dinheiro por bem). São representadas, portanto, pelas receitas orçamentárias não efetivas (receitas de capital) e pelas despesas orçamentárias não efetivas (despesas de capital), conforme Quadro 5.3.

Quadro 5.3 – Exemplos de Variações Patrimoniais Qualitativas

Receitas não efetivas	Despesas não efetivas
• Venda de bens móveis e imóveis • Recebimento de operação de crédito • Etc.	• Compra de bens móveis e imóveis • Pagamento de dívida de longo prazo • Etc.

Fonte: Elaboração própria.

Caso as transações realizadas alterem a situação líquida patrimonial da entidade pública, devem ser classificadas como **variações patrimoniais quantitativas** pois, na prática, representam fatos modificativos. São representadas, portanto, pelas receitas orçamentárias efetivas (receitas correntes) e pelas despesas orçamentárias efetivas (despesas correntes).

A receita orçamentária efetiva é aquela que no momento do reconhecimento do crédito aumenta a situação líquida patrimonial da entidade. Deve ser evidenciada quando da ocorrência do seu fato gerador – são de natureza patrimonial, pois atendem o critério de reconhecimento da receita do ponto de vista contábil (entrega do bem ou serviço).

Por outro lado, a despesa orçamentária efetiva é aquela que, no momento de sua realização, reduz a situação líquida patrimonial da entidade. Deve ser evidenciada quando da ocorrência do seu fato gerador – também são de natureza patrimonial, pois atendem ao critério de reconhecimento da despesa do ponto de vista contábil (recebimento do bem ou serviço), conforme Quadro 5.4.

Quadro 5.4 – Exemplos de variações patrimoniais quantitativas

Receitas efetivas	Despesas efetivas
• Arrecadação de impostos • Recebimento de transferências • Prestação de serviços remunerados • Etc.	• Despesa com folha de pessoal • Despesa com água, luz e telefone • Despesa com limpeza e segurança • Contratação de serviços • Etc.

Fonte: Elaboração própria.

Se as variações patrimoniais quantitativas aumentarem a situação líquida patrimonial (receita sob o enfoque patrimonial) por exemplo, a arrecadação e impostos, serão classificadas como Variações Patrimoniais Aumentativas (VPA). Por outro lado, quando as variações reduzirem a situação líquida patrimonial (despesa sob enfoque patrimonial), como no caso das despesas com água, luz e telefone, serão classificadas como Variações Patrimoniais Diminutivas (VPD), conforme Quadro 5.5.

Quadro 5.5 – Variações patrimoniais qualitativas e quantitativas

	QUALITATIVAS (NÃO EFETIVAS)	Não alteram a situação líquida patrimonial.
VARIAÇÕES PATRIMONIAIS	QUANTITATIVAS (EFETIVAS)	VARIAÇÃO PATRIMONIAL AUMENTATIVA (VPA)
		Aumentam a situação líquida patrimonial.
		VARIAÇÃO PATRIMONIAL DIMINUTIVA (VPD)
		Reduzem a situação líquida patrimonial.

Fonte: Elaboração própria.

5.6.3 Reconhecimento e classificação das contas de controle

As contas de ativo compensado e de passivo compensado foram concebidas originalmente para controlar as situações não compreendidas no patrimônio, mas que, direta ou indiretamente, poderiam vir a afetá-lo, inclusive as que diziam respeito a atos e fatos ligados à execução orçamentária e financeira.

Com o advento do PCASP, com foco de natureza patrimonial, essas contas deixaram de se apresentar como grupos de contas do Ativo e Passivo e passaram a compor quatro novas classes de contas, distinguindo-se em (i) contas de controle da aprovação e execução do planejamento e orçamento, e (ii) contas de controles de atos potenciais.

As contas de **controle da aprovação do planejamento e orçamento** compreendem as contas com a função de registrar desde a aprovação do planejamento até a inscrição de restos a pagar. As **contas de controle da execução do planejamento e orçamento**, por sua vez, compreendem as contas com função de registrar os atos e fatos ligados à execução orçamentária, desde a execução do planejamento até a execução dos restos a pagar.

As contas de controles de atos potenciais subdividem-se em controles devedores e controles credores. As **contas de controles devedores** compreendem as contas em que são registrados atos potenciais e controles específicos. Já as contas de **controles credores** compreendem as contas em que são registradas a execução de atos potenciais e controles específicos. Nessas classes de contas encontram-se também registrados os controles de disponibilidades.

Quadro 5.6 – Classificação das contas de controle

	PLANEJAMENTO E ORÇAMENTO	CONTROLE DA APROVAÇÃO DO ORÇAMENTO
CONTAS DE CONTROLE		CONTROLE DA EXECUÇÃO DO ORÇAMENTO
	ATOS POTENCIAIS	CONTROLES DE ATOS DEVEDORES
		CONTROLES DE ATOS CREDORES

Fonte: Elaboração própria.

5.7 Mecanismos de contabilização

Ao tratar dos Princípios de Débito e Crédito, D'Áuria (1959) esclarece que o *débito* representa, convencionalmente, a existência de valores ativos e também a diminuição de valores passivos e diferenciais (variações patrimoniais), enquanto o *crédito* representa a existência de valores passivos, a diminuição de elementos ativos e aumento positivo nas variações patrimoniais.

Assim, para se aplicar o método das partidas dobradas é preciso conhecer a natureza de cada conta que, por convenção, foram denominadas contas de natureza devedora e contas de natureza credora. No Setor Público brasileiro, são contas de **natureza devedora**: (1) Ativo, (3) VPD, (5) Controle da Aprovação do Planejamento e Orçamento e (7) Controles Devedores. E de **natureza credora** as contas: (2) Passivo), (4) VPA, (6) Controle da Execução do Planejamento e Orçamento e (8) Controles Credores. Conforme a natureza das contas do PCASP, os mecanismos estão dispostos no Quadro 5.7.

Quadro 5.7 – Mecanismos de contabilização conforme a natureza da conta

Elementos Patrimoniais
– Toda vez que aumentar o Ativo, DEBITAR a respectiva conta.
– Toda vez que diminuir o Ativo, CREDITAR a respectiva conta.
– Toda vez que aumentar o Passivo, CREDITAR a respectiva conta.
– Toda vez que diminuir o Passivo, DEBITAR a respectiva conta.
Elementos de Resultado (Diferenciais)
– Toda vez que ocorrer uma VPD, DEBITAR a respectiva conta.
– Toda vez que ocorrer uma VPA, CREDITAR a respectiva conta.
Elementos de Controle
– Toda vez que aumentar uma conta de controle, DEBITAR a respectiva conta.
– Toda vez que diminuir uma conta de controle, CREDITAR a respectiva conta.

Fonte: Elaboração própria.

Conforme visto anteriormente, independentemente da conta a ser debitada sempre haverá o registro da sua contrapartida (crédito) de igual valor.

5.8 Naturezas da informação contábil

Com a reestruturação do plano de contas do Setor Público para oito classes de contas, e em virtude da necessidade de registrar os atos e fatos administrativos conciliando a contabilidade orçamentária com a contabilidade patrimonial, os antigos sistemas de contas da contabilidade pública (sistema orçamentário, sistema financeiro, sistema patrimonial e sistema de compensação) também tiveram de ser revisitados, e uma nova metodologia foi criada a partir da segregação das contas contábeis em grandes grupos de acordo com as características dos atos e fatos nelas registrados.

De acordo com a STN, essa metodologia permite o registro dos dados contábeis de forma organizada e facilita a análise das informações de acordo com sua natureza. Assim, o PCASP está estruturado de acordo com as seguintes naturezas das informações contábeis: Natureza de Informação Orçamentária (NIO), Natureza de Informação Patrimonial (NIP) e Natureza de Informação de Controle (NIC):

- **Natureza de Informação Orçamentária (NIO):** registra, processa e evidencia os atos e os fatos relacionados com o planejamento e a execução orçamentária.
- **Natureza de Informação Patrimonial (NIP):** registra, processa e evidencia os fatos financeiros e não financeiros relacionados com as variações qualitativas e quantitativas do patrimônio público.
- **Natureza de Informação de Controle (NIC):** registra, processa e evidencia os atos de gestão cujos efeitos possam produzir modificações no patrimônio da entidade do Setor Público, bem como aqueles com funções específicas de controle.

Identificada a natureza de cada sistema, o próximo passo é relacionar cada um deles com as respectivas classes de contas, mantendo a premissa anterior de que só podem ser registradas na mesma natureza de informação as contas nele pertencentes, conforme Quadro 5.8.

Quadro 5.8 – Relacionamento das contas do PCASP e respectivas naturezas de informação

Natureza da Informação	Classes	
NIP	Ativo	Passivo
	Variações Patrimoniais Diminutivas	Variações Patrimoniais Aumentativas
NIO	Controles da Aprovação do Planejamento e Orçamento	Controles da Execução do Planejamento e Orçamento
NIC	Controles Devedores	Controles Credores

Fonte: Elaboração própria.

5.9 Estrutura do PCASP

Para facilitar didaticamente e permitir a escrituração de atos e fatos abordados na presente obra, apresentamos um PCASP até o 4º nível (Elemento), adaptado do PCASP Estendido em vigor, que possui milhares de outras contas. Com isso, como visto anteriormente, apenas as contas do 4º nível (Elemento) serão escrituradas, já que os três níveis anteriores agregam apenas valores.

ESTRUTURA DO PLANO DE CONTAS			
Código	Natureza da Informação	Conta Não Escriturada	Conta Escriturada
1.0.0.0		ATIVO	
1.1.0.0		ATIVO CIRCULANTE	
1.1.1.0		Caixa e Equivalentes de Caixa	

Escrituração Contábil e Plano de Contas do Setor Público (PCASP) | **135**

Código	Natureza da Informação	Conta Não Escriturada	Conta Escriturada
1.1.1.1	Patrimonial	....	Caixa e Equivalentes de Caixa em Moeda Nacional
1.1.1.2	Patrimonial	....	Caixa e Equivalentes de Caixa em Moeda Estrangeira
1.1.2.0		Créditos a Curto Prazo	
1.1.2.1	Patrimonial	....	Créditos Tributários a Receber
1.1.2.2	Patrimonial	....	Clientes
1.1.2.3	Patrimonial	....	Créditos de Transferências a Receber
1.1.2.4	Patrimonial	....	Empréstimos e Financiamentos Concedidos
1.1.2.5	Patrimonial	....	Dívida Ativa Tributária
1.1.2.6	Patrimonial	....	Dívida Ativa Não Tributária
1.1.2.9	Patrimonial	....	(–) Ajustes de Perdas de Créditos a Curto Prazo
1.1.3.0		Demais Créditos e Valores a Curto Prazo	
1.1.3.1	Patrimonial	....	Adiantamentos Concedidos
1.1.3.2	Patrimonial	....	Tributos a Recuperar/Compensar
1.1.3.3	Patrimonial	....	Créditos a Receber por Descentralização da Prestação de Serviços Públicos
1.1.3.4	Patrimonial	....	Créditos por Danos ao Patrimônio
1.1.3.5	Patrimonial	....	Depósitos Restituíveis e Valores Vinculados
1.1.3.6	Patrimonial	....	Créditos Previdenciários a Receber a Curto Prazo
1.1.3.8	Patrimonial	....	Outros Créditos a Receber e Valores a Curto Prazo
1.1.3.9	Patrimonial	....	(–) Ajuste de Perdas de Demais Créditos e Valores a Curto Prazo
1.1.4.0		Investimentos e Aplicações Temporárias a Curto Prazo	
1.1.4.1	Patrimonial	....	Títulos e Valores Mobiliários
1.1.4.2	Patrimonial	....	Aplicação Temporária em Metais Preciosos
1.1.4.3	Patrimonial	....	Aplicações em Segmento de Imóveis
1.1.4.9	Patrimonial	....	(–) Ajuste de Perdas de Investimentos e Aplicações Temporárias
1.1.5.0		Estoques	
1.1.5.1	Patrimonial	....	Mercadorias para Revenda
1.1.5.2	Patrimonial	....	Produtos e Serviços Acabados

Código	Natureza da Informação	Conta Não Escriturada	Conta Escriturada
1.1.5.3	Patrimonial	....	Produtos e Serviços em Elaboração
1.1.5.4	Patrimonial	....	Matérias-primas
1.1.5.5	Patrimonial	....	Materiais em Trânsito
1.1.5.6	Patrimonial	....	Almoxarifado
1.1.5.8	Patrimonial	....	Outros Estoques
1.1.5.9	Patrimonial	....	(–) Ajustes de Perdas de Estoques
1.1.6.0		Ativo Não Circulante Mantido Para Venda	
1.1.6.1	Patrimonial	....	Investimento Mantido Para Venda
1.1.6.2	Patrimonial	....	Imobilizado Mantido Para Venda
1.1.6.3	Patrimonial	....	Intangível Mantido Para Venda
1.1.6.9	Patrimonial	....	(–) Redução a Valor Recuperável de Ativos Mantidos Para Venda
1.1.9.0		Variações Patrimoniais Diminutivas Pagas Antecipadamente	
1.1.9.1	Patrimonial	....	Prêmios de Seguros a Apropriar
1.1.9.2	Patrimonial	....	VPD Financeiras a Apropriar
1.1.9.3	Patrimonial	....	Assinaturas e Anuidades a Apropriar
1.1.9.4	Patrimonial	....	Aluguéis Pagos a Apropriar
1.1.9.5	Patrimonial	....	Tributos Pagos a Apropriar
1.1.9.6	Patrimonial	....	Contribuições Confederativas a Apropriar
1.1.9.7	Patrimonial	....	Benefícios a Pessoal a Apropriar
1.1.9.8	Patrimonial	....	Demais VPD a Apropriar
1.2.0.0		**ATIVO NÃO CIRCULANTE**	
1.2.1.0		Ativo Realizável a Longo Prazo	
1.2.1.1	Patrimonial	....	Créditos a Longo Prazo
1.2.1.2	Patrimonial	....	Demais Créditos e Valores a Longo Prazo
1.2.1.3	Patrimonial	....	Investimentos e Aplicações Temporárias a Longo Prazo
1.2.1.4	Patrimonial	....	Estoques
1.2.1.9	Patrimonial	....	Variações Patrimoniais Diminutivas Pagas
1.2.2.0		Investimentos	
1.2.2.1	Patrimonial	....	Participações Permanentes
1.2.2.2	Patrimonial	....	Propriedades para Investimentos

Escrituração Contábil e Plano de Contas do Setor Público (PCASP) | 137

Código	Natureza da Informação	Conta Não Escriturada	Conta Escriturada
1.2.2.3	Patrimonial	....	Investimentos do RPPS de Longo Prazo
1.2.2.7	Patrimonial	....	Demais Investimentos Permanentes
1.2.2.8	Patrimonial	....	(–) Depreciação Acumulada de Investimentos
1.2.2.9	Patrimonial	....	(–) Redução ao Valor Recuperável de Investimentos
1.2.3.0		Imobilizado	
1.2.3.1	Patrimonial	....	Bens Móveis
1.2.3.2	Patrimonial	....	Bens Imóveis
1.2.3.8	Patrimonial	....	(–) Depreciação, Exaustão e Amortização Acumuladas
1.2.3.9	Patrimonial	....	(–) Redução ao Valor Recuperável de Imobilizado
1.2.4.0		Intangível	
1.2.4.1	Patrimonial	....	*Softwares*
1.2.4.2	Patrimonial	....	Marcas, Direitos e Patentes Industriais
1.2.4.3	Patrimonial	....	Direito de Uso de Imóveis
1.2.4.8	Patrimonial	....	(–) Amortização Acumulada
1.2.4.9	Patrimonial	....	(–) Redução ao Valor Recuperável de Intangível
1.2.5.0		Diferido	
1.2.5.1	Patrimonial	....	Gastos de Implantação e Pré-Operacionais
1.2.5.2	Patrimonial	....	Gastos de Reorganização
1.2.5.9	Patrimonial	....	(–) Amortização Acumulada
2.0.0.0		**PASSIVO E PATRIMÔNIO LIQUIDO**	
2.1.0.0		**PASSIVO CIRCULANTE**	
2.1.1.0		Obrigações Trabalhistas, Previdenciárias e Assistenciais a Pagar a Curto Prazo	
2.1.1.1	Patrimonial	....	Pessoal a Pagar
2.1.1.2	Patrimonial	....	Benefícios Previdenciários a Pagar
2.1.1.3	Patrimonial	....	Benefícios Assistenciais a Pagar
2.1.1.4	Patrimonial	....	Encargos Sociais a Pagar
2.1.2.0		Empréstimos e Financiamentos a Curto Prazo	
2.1.2.1	Patrimonial	....	Empréstimos a Curto Prazo – Interno

Código	Natureza da Informação	Conta Não Escriturada	Conta Escriturada
2.1.2.2	Patrimonial	....	Empréstimos a Curto Prazo – Externo
2.1.2.3	Patrimonial	....	Financiamentos a Curto Prazo – Interno
2.1.2.4	Patrimonial	....	Financiamentos a Curto Prazo – Externo
2.1.2.5	Patrimonial	....	Juros e Encargos a Pagar de Empréstimos e Financiamentos a Curto Prazo – Interno
2.1.2.6	Patrimonial	....	Juros e Encargos a Pagar de Empréstimos e Financiamentos a Curto Prazo – Externo
2.1.2.8	Patrimonial	....	(–) Encargos Financeiros a Apropriar – Interno
2.1.2.9	Patrimonial	....	(–) Encargos Financeiros a Apropriar – Externo
2.1.3.0		Fornecedores e Contas a Pagar a Curto Prazo	
2.1.3.1	Patrimonial	....	Fornecedores e Contas a Pagar a Curto Prazo
2.1.3.2	Patrimonial	....	Contas a Pagar a Curto Prazo
2.1.4.0		Obrigações Fiscais a Curto Prazo	
2.1.4.1	Patrimonial	....	Obrigações Fiscais a Curto Prazo Com a União
2.1.4.2	Patrimonial	....	Obrigações Fiscais a Curto Prazo Com os Estados
2.1.4.3	Patrimonial	....	Obrigações Fiscais a Curto Prazo Com os Municípios
2.1.5.0		Obrigações de Repartição a Outros Entes	
2.1.7.0		Provisões a Curto Prazo	
2.1.7.1	Patrimonial	....	Provisão Para Riscos Trabalhistas a Curto Prazo
2.1.7.3	Patrimonial	....	Provisões Para Riscos Fiscais a Curto Prazo
2.1.7.4	Patrimonial	....	Provisão Para Riscos Cíveis a Curto Prazo
2.1.7.5	Patrimonial	....	Provisão Para Repartição de Créditos a Curto Prazo
2.1.7.6	Patrimonial	....	Provisão Para Riscos Decorrentes de Contratos de PPP a Curto Prazo
2.1.7.7	Patrimonial	....	Provisão Para Obrigações Decorrentes da Atuação Governamental a Curto Prazo
2.1.7.9	Patrimonial	....	Outras Provisões a Curto Prazo – Consolidação
2.1.8.0		Demais Obrigações a Curto Prazo	
2.1.8.1	Patrimonial	....	Adiantamentos de Clientes

Escrituração Contábil e Plano de Contas do Setor Público (PCASP) | **139**

Código	Natureza da Informação	Conta Não Escriturada	Conta Escriturada
2.1.8.2	Patrimonial	....	Obrigações Por Danos a Terceiros
2.1.8.3	Patrimonial	....	Arrendamento Operacional a Pagar
2.1.8.4	Patrimonial	....	Debêntures e Outros Títulos de Dívida a Curto Prazo
2.1.8.5	Patrimonial	....	Dividendos e Juros Sobre Capital Próprio a Pagar
2.1.8.6	Patrimonial	....	Obrigações Decorrentes de Contratos de PPP
2.1.8.7	Patrimonial	....	Depósitos de Instituições Autorizadas a Operar pelo BACEN
2.1.8.8	Patrimonial	....	Valores Restituíveis
2.1.8.9	Patrimonial	....	Outras Obrigações a Curto Prazo
2.2.0.0		**PASSIVO NAO CIRCULANTE**	
2.2.1.0		Obrigações Trabalhistas, Previdenciárias e Assistenciais a Pagar a Longo Prazo	
2.2.1.1	Patrimonial	....	Pessoal a Pagar
2.2.1.2	Patrimonial	....	Benefícios Previdenciários a Pagar
2.2.1.3	Patrimonial	....	Benefícios Assistenciais a Pagar
2.2.1.4	Patrimonial	....	Encargos Sociais a Pagar
2.2.2.0		Empréstimos e Financiamentos a Longo Prazo	
2.2.2.1	Patrimonial	....	Empréstimos a Longo Prazo – Interno
2.2.2.2	Patrimonial	....	Empréstimos a Longo Prazo – Externo
2.2.2.3	Patrimonial	....	Financiamentos a Longo Prazo – Interno
2.2.2.4	Patrimonial	....	Financiamento a Longo Prazo – Externo
2.2.2.5	Patrimonial	....	Juros e Encargos a Pagar de Empréstimos e Financiamentos a Longo Prazo – Interno
2.2.2.6	Patrimonial	....	Juros e Encargos a Pagar de Empréstimos e Financiamentos a Longo Prazo – Externo
2.2.2.8	Patrimonial	....	(–) Encargos Financeiros a Apropriar – Interno
2.2.2.9	Patrimonial	....	(–) Encargos Financeiros a Apropriar – Externo
2.2.3.0		Fornecedores e Contas a Pagar a Longo Prazo	
2.2.3.1	Patrimonial	....	Fornecedores e Contas a Pagar Nacionais a Longo Prazo
2.2.3.2	Patrimonial	....	Fornecedores e Contas a Pagar Estrangeiros a Longo Prazo

140 | Orçamento, Contabilidade e Gestão no Setor Público | LIMA

Código	Natureza da Informação	Conta Não Escriturada	Conta Escriturada
2.2.4.0		Obrigações Fiscais a Longo Prazo	
2.2.4.1	Patrimonial	....	Obrigações Fiscais a Longo Prazo Com a União
2.2.4.2	Patrimonial	....	Obrigações Fiscais a Longo Prazo Com os Estados
2.2.4.3	Patrimonial	....	Obrigações Fiscais a Longo Prazo Com os Municípios
2.2.7.0		Provisões a Longo Prazo	
2.2.7.1	Patrimonial	....	Provisão para Riscos Trabalhistas a Longo Prazo
2.2.7.2	Patrimonial	....	Provisões Matemáticas Previdenciárias a Longo Prazo
2.2.7.3	Patrimonial	....	Provisão para Riscos Fiscais a Longo Prazo
2.2.7.4	Patrimonial	....	Provisão para Riscos Cíveis a Longo Prazo
2.2.7.5	Patrimonial	....	Provisão para Repartição de Créditos a Longo Prazo
2.2.7.6	Patrimonial	....	Provisão para Riscos Decorrentes de Contratos de PPP a Longo Prazo
2.2.7.7	Patrimonial	....	Provisão para Obrigações Decorrentes da Atuação Governamental a Longo Prazo
2.2.7.9	Patrimonial	....	Outras Provisões a Longo Prazo
2.2.8.0		Demais Obrigações a Longo Prazo	
2.2.8.1	Patrimonial	....	Adiantamentos de Clientes a Longo Prazo
2.2.8.2	Patrimonial	....	Obrigações por Danos a Terceiros a Longo Prazo
2.2.8.3	Patrimonial	....	Debêntures e Outros Títulos de Dívida a Longo Prazo
2.2.8.4	Patrimonial	....	Adiantamento para Futuro Aumento de Capital
2.2.8.6	Patrimonial	....	Obrigações Decorrentes de Contratos de PPP- Longo Prazo
2.2.8.8	Patrimonial	....	Valores Restituíveis
2.2.8.9	Patrimonial	....	Outras Obrigações a Longo Prazo
2.2.9.0		Resultado Diferido	
2.2.9.1	Patrimonial	....	Variação Patrimonial Aumentativa (VPA) Diferida
2.2.9.2	Patrimonial	....	(–) Custo Diferido

Escrituração Contábil e Plano de Contas do Setor Público (PCASP) | **141**

Código	Natureza da Informação	Conta Não Escriturada	Conta Escriturada
2.3.0.0		PATRIMÔNIO LIQUIDO	
2.3.1.0	Patrimonial	....	Patrimônio Social e Capital Social
2.3.1.1	Patrimonial	....	Patrimônio Social
2.3.1.2	Patrimonial	....	Capital Social Realizado
2.3.2.0		Adiantamento para Futuro Aumento de Capital	
2.3.3.0		Reservas de Capital	
2.3.3.1	Patrimonial	....	Ágio na Emissão de Ações
2.3.3.2	Patrimonial	....	Alienação de Partes Beneficiarias
2.3.3.3	Patrimonial	....	Alienação de Bônus de Subscrição
2.3.3.4	Patrimonial	....	Correção Monetária do Capital Realizado
2.3.3.9	Patrimonial	....	Outras Reservas de Capital
2.3.4.0		Ajustes de Avaliação Patrimonial	
2.3.4.1	Patrimonial	....	Ajustes de Avaliação Patrimonial de Ativos
2.3.4.2	Patrimonial	....	Ajustes de Avaliação Patrimonial de Passivos
2.3.5.0		Reservas de Lucros	
2.3.5.1	Patrimonial	....	Reserva Legal
2.3.5.2	Patrimonial	....	Reservas Estatutárias
2.3.5.3	Patrimonial	....	Reserva para Contingencias
2.3.5.4	Patrimonial	....	Reserva de Incentivos Fiscais
2.3.5.5	Patrimonial	....	Reservas de Lucros para Expansão
2.3.5.6	Patrimonial	....	Reserva de Lucros a Realizar
2.3.5.7	Patrimonial	....	Reserva de Retenção de Prêmio na Emissão de Debêntures
2.3.5.8	Patrimonial	....	Reserva Especial para Dividendo Obrigatório Não Distribuído
2.3.5.9	Patrimonial	....	Outras Reservas de Lucro
2.3.6.0		Demais Reservas	
2.3.6.1	Patrimonial	....	Reserva de Reavaliação
2.3.6.9	Patrimonial	....	Outras Reservas
2.3.7.0		Resultados Acumulados	
2.3.7.1	Patrimonial	....	Superávits ou Déficits Acumulados
2.3.7.2	Patrimonial	....	Lucros e Prejuízos Acumulados

142 | Orçamento, Contabilidade e Gestão no Setor Público | LIMA

Código	Natureza da Informação	Conta Não Escriturada	Conta Escriturada
2.3.9.0		(–) Ações/Cotas em Tesouraria	
2.3.9.1	Patrimonial	....	(–) Ações em Tesouraria
2.3.9.2	Patrimonial	....	(–) Cotas em Tesouraria
3.0.0.0		**VARIAÇÃO PATRIMONIAL DIMINUTIVA**	
3.1.0.0		**PESSOAL E ENCARGOS**	
3.1.1.0		Remuneração a Pessoal	
3.1.1.1	Patrimonial	....	Remuneração a Pessoal Ativo Civil – Abrangidos pelo RPPS
3.1.1.2	Patrimonial	....	Remuneração a Pessoal Ativo Civil – Abrangidos pelo RGPS
3.1.1.3	Patrimonial	....	Remuneração a Pessoal Ativo Militar – Abrangidos pelo RPPS
3.1.2.0		Encargos Patronais	
3.1.2.1	Patrimonial	....	Encargos Patronais – RPPS
3.1.2.2	Patrimonial	....	Encargos Patronais – RGPS
3.1.2.3	Patrimonial	....	Encargos Patronais – FGTS
3.1.2.4	Patrimonial	....	Contribuições Sociais Gerais
3.1.2.5	Patrimonial	....	Contribuições a Entidades Fechadas de Previdência
3.1.2.9	Patrimonial	....	Outros Encargos Patronais
3.1.3.0		Benefícios a Pessoal	
3.1.3.1	Patrimonial	....	Benefícios a Pessoal – RPPS
3.1.3.2	Patrimonial	....	Benefícios a Pessoal – RGPS
3.1.3.3	Patrimonial	....	Benefícios a Pessoal – Militar
3.1.9.0		Outras Variações Patrimoniais Diminutivas – Pessoal e Encargos	
3.1.9.1	Patrimonial	....	Indenizações e Restituições Trabalhistas
3.1.9.2	Patrimonial	.... Pessoal Requisitado de Outros Órgãos e Entes	
3.1.9.9	Patrimonial	.... Outras VPD de Pessoal e Encargos	
3.2.0.0		**BENEFÍCIOS PREVIDENCIÁRIOS E ASSISTENCIAIS**	
3.2.1.0		Aposentadorias e Reformas	
3.2.1.1	Patrimonial	....	Aposentadorias – RPPS
3.2.1.2	Patrimonial	....	Aposentadorias – RGPS
3.2.1.3	Patrimonial	....	Reserva Remunerada – Pessoal Militar

Escrituração Contábil e Plano de Contas do Setor Público (PCASP) | **143**

Código	Natureza da Informação	Conta Não Escriturada	Conta Escriturada
3.2.1.4	Patrimonial	....	Reforma – Pessoal Militar
3.2.1.9	Patrimonial	....	Outras Aposentadorias
3.2.2.0		Pensões	
3.2.2.1	Patrimonial	....	Pensões – RPPS
3.2.2.2	Patrimonial	....	Pensões – RGPS
3.2.2.3	Patrimonial	....	Pensões – Pessoal Militar
3.2.2.9	Patrimonial	....	Outras Pensões
3.2.3.0		Benefícios de Prestação Continuada	
3.2.3.1	Patrimonial	....	Benefícios de Prestação Continuada ao Idoso
3.2.3.2	Patrimonial	....	Benefícios de Prestação Continuada ao Portador de Deficiência
3.2.3.9	Patrimonial	....	Outros Benefícios de Prestação Continuada
3.2.4.0		Benefícios Eventuais	
3.2.4.1	Patrimonial	....	Auxílio por Natalidade
3.2.4.2	Patrimonial	....	Auxílio por Morte
3.2.4.3	Patrimonial	....	Benefícios Eventuais por Situações de Vulnerabilidade Temporária
3.2.4.4	Patrimonial	....	Benefícios Eventuais em Caso de Calamidade Pública
3.2.4.9	Patrimonial	....	Outros Benefícios Eventuais
3.2.5.0		Políticas Públicas de Transferência de Renda	
3.2.9.0		Outros Benefícios Previdenciários e Assistenciais	
3.2.9.1	Patrimonial	....	Outros Benefícios Previdenciários e Assistenciais – RPPS
3.2.9.2	Patrimonial	....	Outros Benefícios Previdenciários e Assistenciais – RGPS
3.2.9.3	Patrimonial	....	Outros Benefícios Previdenciários e Assistenciais – Militar
3.2.9.9	Patrimonial	....	Outros Benefícios Previdenciários e Assistenciais
3.3.0.0		**USO DE BENS, SERVIÇOS E CONSUMO DE CAPITAL FIXO**	
3.3.1.0		Uso de Material de Consumo	
3.3.1.1	Patrimonial	....	Consumo de Material
3.3.1.2	Patrimonial	....	Distribuição de Material Gratuito

144 | Orçamento, Contabilidade e Gestão no Setor Público | LIMA

Código	Natureza da Informação	Conta Não Escriturada	Conta Escriturada
3.3.2.0		Serviços	
3.3.2.1	Patrimonial	....	Diárias
3.3.2.2	Patrimonial	....	Serviços Terceiros – PF
3.3.2.3	Patrimonial	....	Serviços Terceiros – PJ
3.3.2.4	Patrimonial	....	Contrato de Terceirização por Substituição de Mão de Obra – Art. 18, § 1º, LC 101/2000
3.3.3.0		Depreciação, Amortização e Exaustão	
3.3.3.1	Patrimonial	....	Depreciação
3.3.3.2	Patrimonial	....	Amortização
3.3.3.3	Patrimonial	....	Exaustão
3.4.0.0		**VARIAÇÕES PATRIMONIAIS DIMINUTIVAS FINANCEIRAS**	
3.4.1.0		Juros e Encargos de Empréstimos e Financiamentos Obtidos	
3.4.1.1	Patrimonial	....	Juros e Encargos da Dívida Contratual Interna
3.4.1.2	Patrimonial	....	Juros e Encargos da Dívida Contratual Externa
3.4.1.3	Patrimonial	....	Juros e Encargos da Dívida Mobiliaria
3.4.1.4	Patrimonial	....	Juros e Encargos de Empréstimos por Antecipação de Receita Orçamentária
3.4.1.8	Patrimonial	....	Outros Juros e Encargos de Empréstimos e Financiamentos Internos
3.4.1.9	Patrimonial	....	Outros Juros e Encargos de Empréstimos e Financiamentos Externos
3.4.2.0		**Juros e encargos de mora**	
3.4.2.1	Patrimonial	....	Juros e Encargos de Mora de Empréstimos e Financiamentos Internos Obtidos
3.4.2.2	Patrimonial	....	Juros e Encargos de Mora de Empréstimos e Financiamentos Externos Obtidos
3.4.2.3	Patrimonial	....	Juros e Encargos de Mora de Aquisição de Bens e Serviços
3.4.2.4	Patrimonial	....	Juros e Encargos de Mora de Obrigações Tributárias
3.4.2.9	Patrimonial	....	Outros Juros e Encargos de Mora
3.4.3.0		Variações Monetárias e Cambiais	
3.4.3.1	Patrimonial	....	Variações Monetárias e Cambiais de Dívida Contratual Interna

Escrituração Contábil e Plano de Contas do Setor Público (PCASP) | **145**

Código	Natureza da Informação	Conta Não Escriturada	Conta Escriturada
3.4.3.2	Patrimonial	....	Variações Monetárias e Cambiais de Dívida Contratual Externa
3.4.3.3	Patrimonial	....	Variações Monetárias e Cambiais de Dívida Mobiliária Interna
3.4.3.4	Patrimonial	....	Variações Monetárias e Cambiais de Dívida Mobiliária Externa
3.4.3.9	Patrimonial	....	Outras Variações Monetárias e Cambiais
3.4.4.0		Descontos Financeiros Concedidos	
3.4.8.0		Aportes ao Banco Central	
3.4.8.1	Patrimonial	....	Resultado Negativo do Banco Central
3.4.8.2	Patrimonial	....	Manutenção da Carteira de Títulos
3.4.9.0		Outras Variações Patrimoniais Diminutivas – Financeiras	
3.4.9.1	Patrimonial	....	Juros e Encargos em Sentenças Judiciais
3.4.9.2	Patrimonial	....	Juros e Encargos em Indenizações e Restituições
3.4.9.9	Patrimonial	....	Outras Variações Patrimoniais Diminutivas Financeiras
3.5.0.0		**TRANSFERÊNCIAS E DELEGAÇÕES CONCEDIDAS**	
3.5.1.0		Transferências Intragovernamentais	
3.5.1.1	Patrimonial	....	Transferências Concedidas para a Execução Orçamentária
3.5.1.2	Patrimonial	....	Transferências Concedidas – Independentes de Execução Orçamentária
3.5.1.3	Patrimonial	....	Transferências Concedidas para Aportes de Recursos para o RPPS
3.5.1.4	Patrimonial	....	Transferências Concedidas para Aportes de Recursos para o RGPS
3.5.1.5	Patrimonial	....	Transferências Concedidas para Aportes de Recursos para o Sistema de Pagamento de Pensões Militares
3.5.2.0		Transferências Intergovernamentais	
3.5.2.1	Patrimonial	....	Distribuição Constitucional ou Legal de Receitas
3.5.2.2	Patrimonial	....	Transferências ao FUNDEB
3.5.2.3	Patrimonial	....	Transferências Voluntárias
3.5.2.4	Patrimonial	....	Outras Transferências

146 | Orçamento, Contabilidade e Gestão no Setor Público | LIMA

Código	Natureza da Informação	Conta Não Escriturada	Conta Escriturada
3.5.3.0		Transferências a Instituições Privadas	
3.5.3.1	Patrimonial	....	Transferências a Instituições Privadas Sem Fins Lucrativos
3.5.3.2	Patrimonial	....	Transferências a Instituições Privadas Com Fins Lucrativos
3.5.4.0		Transferências a Instituições Multigovernamentais	
3.5.5.0		Transferências a Consórcios Públicos	
3.5.6.0		Transferências ao Exterior	
3.5.7.0		Execução Orçamentária Delegada	
3.5.7.1	Patrimonial	....	EXECUÇÃO ORÇAMENTÁRIA DELEGADA A ENTES
3.5.7.2	Patrimonial	....	EXECUÇÃO ORÇAMENTÁRIA DELEGADA A CONSÓRCIOS
3.5.9.0		Outras Transferências e Delegações Concedidas	
3.6.0.0		DESVALORIZAÇÃO E PERDA DE ATIVOS E INCORPORAÇÃO DE PASSIVOS	
3.6.1.0		Reavaliação, Redução a Valor Recuperável e Ajuste para Perdas	
3.6.1.1	Patrimonial	....	Reavaliação de Imobilizado
3.6.1.2	Patrimonial	....	Reavaliação de Intangíveis
3.6.1.3	Patrimonial	....	Reavaliação de Outros Ativos
3.6.1.4	Patrimonial	....	Redução a Valor Recuperável de Investimentos
3.6.1.5	Patrimonial	....	Redução a Valor Recuperável de Imobilizado
3.6.1.6	Patrimonial	....	Redução a Valor Recuperável de Intangíveis
3.6.1.7	Patrimonial	....	Redução a Valor Recuperável de Dívida Ativa
3.6.1.8	Patrimonial	....	Variação Patrimonial Diminutiva com Ajuste de Perdas de Estoques
3.6.2.0		Perdas com Alienação	
3.6.2.1	Patrimonial	....	Perdas com Alienação de Investimentos
3.6.2.2	Patrimonial	....	Perdas com Alienação de Imobilizado
3.6.2.3	Patrimonial	....	Perdas com Alienação de Intangíveis
3.6.2.9	Patrimonial	....	Perdas com Alienação de Demais Ativos
3.6.3.0		Perdas Involuntárias	
3.6.3.1	Patrimonial	....	Perdas Involuntárias com Imobilizado

Escrituração Contábil e Plano de Contas do Setor Público (PCASP) | **147**

Código	Natureza da Informação	Conta Não Escriturada	Conta Escriturada
3.6.3.2	Patrimonial	....	Perdas Involuntárias com Intangíveis
3.6.3.3	Patrimonial	....	Perdas Involuntárias com Estoques
3.6.3.9	Patrimonial	....	Outras Perdas Involuntárias
3.6.4.0		Incorporação de Passivos	
3.6.5.0		Desincorporação de Ativos	
3.7.0.0		**TRIBUTÁRIAS**	
3.7.1.0		....	Impostos, Taxas e Contribuições de Melhoria
3.7.1.1	Patrimonial	....	Baixa de Impostos
3.7.1.2	Patrimonial	....	Baixa de Taxas
3.7.1.3	Patrimonial	....	Baixa de Contribuições de Melhoria
3.7.2.0		Contribuições	
3.7.2.1	Patrimonial	....	Contribuições Sociais
3.7.2.2	Patrimonial	....	Contribuições de Intervenção no Domínio Econômico
3.7.2.3	Patrimonial	....	Contribuição para o Custeio do Serviço de Iluminação Pública – COSIP
3.7.2.9	Patrimonial	....	Outras Contribuições
3.8.0.0		**CUSTO DAS MERCADORIAS VENDIDAS, DOS PRODUTOS VENDIDOS E DOS SERVIÇOS PRESTADOS**	
3.8.1.0		Custo de Mercadorias Vendidas	
3.8.2.0		Custo de Produtos Vendidos	
3.8.3.0		Custo de Serviços Prestados	
3.9.0.0		**OUTRAS VARIAÇÕES PATRIMONIAIS DIMINUTIVAS**	
3.9.1.0		Premiações	
3.9.1.1	Patrimonial	....	Premiações Culturais
3.9.1.2	Patrimonial	....	Premiações Artísticas
3.9.1.3	Patrimonial	....	Premiações Científicas
3.9.1.4	Patrimonial	....	Premiações Desportivas
3.9.1.5	Patrimonial	....	Ordens Honoríficas
3.9.1.9	Patrimonial	....	Outras Premiações
3.9.2.0		Resultado Negativo de Participações	
3.9.2.1	Patrimonial	....	Resultado Negativo de Equivalência Patrimonial

148 | Orçamento, Contabilidade e Gestão no Setor Público | LIMA

Código	Natureza da Informação	Conta Não Escriturada	Conta Escriturada
3.9.3.0		Operações da Autoridade Monetária	
3.9.3.1	Patrimonial	....	Juros
3.9.3.2	Patrimonial	....	Posição de Negociação
3.9.3.3	Patrimonial	....	Posição de Investimentos
3.9.3.4	Patrimonial	....	Correção Cambial
3.9.3.9	Patrimonial	....	Outras VPD de Operações da Autoridade Monetária
3.9.4.0		Incentivos	
3.9.4.1	Patrimonial	....	Incentivos à Educação
3.9.4.2	Patrimonial	....	Incentivos à Ciência
3.9.4.3	Patrimonial	....	Incentivos à Cultura
3.9.4.4	Patrimonial	....	Incentivos ao Esporte
3.9.4.9	Patrimonial	....	Outros Incentivos
3.9.5.0		Subvenções Econômicas	
3.9.6.0		Participações e Contribuições	
3.9.6.1	Patrimonial	....	Participações de Debêntures
3.9.6.2	Patrimonial	....	PARTICIPAÇÕES DE EMPREGADOS
3.9.6.3	Patrimonial	....	PARTICIPAÇÕES DE ADMINISTRADORES
3.9.6.4	Patrimonial	....	PARTICIPAÇÕES DE PARTES BENEFICIÁRIAS
3.9.6.5	Patrimonial	....	PARTICIPAÇÕES DE INSTITUIÇÕES OU FUNDOS DE ASSISTÊNCIA OU PREVIDÊNCIA DE EMPREGADOS
3.9.7.0		VPD de Constituição de Provisões	
3.9.7.1	Patrimonial	....	VPD de Provisão para Riscos Trabalhistas
3.9.7.2	Patrimonial	....	VPD de Provisões Matemáticas Previdenciárias a Longo Prazo
3.9.7.3	Patrimonial	....	VPD de Provisões para Riscos Fiscais
3.9.7.4	Patrimonial	....	VPD de Provisão para Riscos Cíveis
3.9.7.5	Patrimonial	....	VPD de Provisão para Repartição de Créditos
3.9.7.6	Patrimonial	....	VPD de Provisão para Riscos Decorrentes de Contratos de PPP
3.9.7.9	Patrimonial	....	VPD de Outras Provisões
3.9.9.0		Diversas Variações Patrimoniais Diminutivas	
3.9.9.1	Patrimonial	....	Compensação Financeira Entre RGPS/RPPS

Escrituração Contábil e Plano de Contas do Setor Público (PCASP) | **149**

Código	Natureza da Informação	Conta Não Escriturada	Conta Escriturada
3.9.9.2	Patrimonial	....	Compensação Financeira Entre Regimes Próprios
3.9.9.3	Patrimonial	....	Variação Patrimonial Diminutiva com Bonificações
3.9.9.4	Patrimonial	....	Amortização de Ágio em Investimentos
3.9.9.5	Patrimonial	....	Multas Administrativas
3.9.9.6	Patrimonial	....	Indenizações e Restituições
3.9.9.7	Patrimonial	....	Compensações ao RGPS
3.9.9.9	Patrimonial	....	Variações Patrimoniais Diminutivas Decorrentes de Fatos Geradores Diversos
4.0.0.0		VARIAÇÃO PATRIMONIAL AUMENTATIVA	
4.1.0.0		IMPOSTOS, TAXAS E CONTRIBUIÇÕES DE MELHORIA	
4.1.1.0		Impostos	
4.1.1.1	Patrimonial	.... Impostos	
4.1.1.2	Patrimonial	....	Impostos sobre Comercio Exterior
4.1.1.3	Patrimonial	....	Impostos sobre Patrimônio e a Renda
4.1.1.4	Patrimonial	....	Impostos sobre a Produção e a Circulação
4.1.1.5	Patrimonial	....	Impostos Extraordinários
4.1.1.9	Patrimonial	....	Outros Impostos
4.1.2.0		Taxas	
4.1.2.1	Patrimonial	....	Taxas Pelo Exercício do Poder de Polícia
4.1.2.2	Patrimonial	....	Taxas Pela Prestação de Serviços
4.1.3.0		Contribuições de Melhoria	
4.1.3.1	Patrimonial	....	Contribuição de Melhoria pela Expansão da Rede de Água Potável e Esgoto Sanitário
4.1.3.2	Patrimonial	....	Contribuição de Melhoria pela Expansão da Rede de Iluminação Pública na Cidade
4.1.3.3	Patrimonial	....	Contribuição de Melhoria pela Expansão de Rede de Iluminação Pública Rural
4.1.3.4	Patrimonial	....	Contribuição de Melhoria pela Pavimentação e Obras Complementares
4.1.3.9	Patrimonial	....	Outras Contribuições de Melhoria
4.2.0.0		CONTRIBUIÇÕES	
4.2.1.0		Contribuições Sociais	
4.2.1.1	Patrimonial	....	Contribuições Sociais – RPPS

Código	Natureza da Informação	Conta Não Escriturada	Conta Escriturada
4.2.1.2	Patrimonial	....	Contribuições Sociais – RGPS
4.2.1.3	Patrimonial	....	Contribuição Sobre a Receita ou o Faturamento
4.2.1.4	Patrimonial	....	Contribuição Sobre o Lucro
4.2.1.5	Patrimonial	....	Contribuição Sobre Receita de Concurso de Prognóstico
4.2.1.6	Patrimonial	....	Contribuição do Importador de Bens ou Serviços do Exterior
4.2.1.7	Patrimonial	....	Contribuição Social para o Sistema de Pagamento de Pensões Militares
4.2.1.9	Patrimonial	....	Outras Contribuições Sociais
4.2.2.0		Contribuições de Intervenção no Domínio Econômico	
4.2.3.0		Contribuição de Iluminação Pública	
4.2.4.0		Contribuições de Interesse das Categorias Profissionais	
4.3.0.0		**EXPLORAÇÃO E VENDA DE BENS, SERVIÇOS E DIREITOS**	
4.3.1.0		Venda de Mercadorias	
4.3.1.1	Patrimonial	....	Venda Bruta de Mercadorias
4.3.1.9	Patrimonial	....	(–) Deduções da Venda Bruta de Mercadorias
4.3.2.0		Venda de Produtos	
4.3.2.1	Patrimonial	....	Venda Bruta de Produtos
4.3.2.9	Patrimonial	....	(–) Deduções de Venda Bruta de Produtos
4.3.3.0		Exploração de Bens e Direitos e Prestação de Serviços	
4.3.3.1	Patrimonial	....	Valor Bruto de Exploração de Bens e Direitos e Prestação de Serviços
4.3.3.9	Patrimonial	....	(–) Deduções do Valor Bruto de Exploração de Bens, Direitos e Prestação de Serviços
4.4.0.0		**VARIAÇÕES PATRIMONIAIS AUMENTATIVAS FINANCEIRAS**	
4.4.1.0		Juros e Encargos de Empréstimos e Financiamentos Concedidos	
4.4.1.1	Patrimonial	....	Juros e Encargos de Empréstimos Internos Concedidos
4.4.1.2	Patrimonial	....	Juros e Encargos de Empréstimos Externos Concedidos
4.4.1.3	Patrimonial	....	Juros e Encargos de Financiamentos Internos Concedidos
4.4.1.4	Patrimonial	....	Juros e Encargos de Financiamentos Externos Concedidos

Escrituração Contábil e Plano de Contas do Setor Público (PCASP) | **151**

Código	Natureza da Informação	Conta Não Escriturada	Conta Escriturada
4.4.2.0		Juros e Encargos de Mora	
4.4.2.1	Patrimonial	....	Juros e Encargos de Mora Sobre Empréstimos e Financiamentos Internos Concedidos
4.4.2.2	Patrimonial	....	Juros e Encargos de Mora Sobre Empréstimos e Financiamentos Externos Concedidos
4.4.2.3	Patrimonial	....	Juros e Encargos de Mora Sobre Fornecimentos de Bens e Serviços
4.4.2.4	Patrimonial	....	Juros e Encargos de Mora Sobre Créditos Tributários
4.4.2.9	Patrimonial	....	Outros Juros e Encargos de Mora
4.4.3.0		Variações Monetárias e Cambiais	
4.4.3.1	Patrimonial	....	Variações Monetárias e Cambiais de Empréstimos Internos Concedidos
4.4.3.2	Patrimonial	....	Variações Monetárias e Cambiais de Empréstimos Externos Concedidos
4.4.3.3	Patrimonial	....	Variações Monetárias e Cambiais de Financiamentos Internos Concedidos
4.4.3.4	Patrimonial	....	Variações Monetárias e Cambiais de Financiamentos Externos Concedidos
4.4.3.9	Patrimonial	....	Outras Variações Monetárias e Cambiais
4.4.4.0		Descontos Financeiros Obtidos	
4.4.5.0		Remuneração de Depósitos Bancários e Aplicações Financeiras	
4.4.5.1	Patrimonial	....	Remuneração de Depósitos Bancários
4.4.5.2	Patrimonial	....	Remuneração de Aplicações Financeiras
4.4.8.0		Aportes do Banco Central	
4.4.8.1	Patrimonial	....	Resultado Positivo do Banco Central
4.4.9.0		Outras Variações Patrimoniais Aumentativas – Financeiras	
4.5.0.0		**TRANSFERÊNCIAS E DELEGAÇÕES RECEBIDAS**	
4.5.1.0		Transferências Intragovernamentais	
4.5.1.1	Patrimonial	....	Transferências Recebidas para a Execução Orçamentária
4.5.1.2	Patrimonial	....	Transferências Recebidas Independentes de Execução Orçamentária
4.5.1.3	Patrimonial	....	Transferências Recebidas para Aportes de Recursos para o RPPS

152 | Orçamento, Contabilidade e Gestão no Setor Público | LIMA

Código	Natureza da Informação	Conta Não Escriturada	Conta Escriturada
4.5.1.4	Patrimonial	....	Transferências Recebidas para Aportes de Recursos para o RGPS
4.5.1.5	Patrimonial	....	Transferências Recebidas para Aportes de Recursos para o Sistema de Pagamento de Pensões Militares
4.5.2.0		Transferências Intergovernamentais	
4.5.2.1	Patrimonial	....	Transferências Constitucionais e Legais de Receitas
4.5.2.2	Patrimonial	....	Transferências do FUNDEB
4.5.2.3	Patrimonial	....	Transferências Voluntárias
4.5.2.4	Patrimonial	....	Outras Transferências
4.5.3.0		Transferências das Instituições Privadas	
4.5.3.1	Patrimonial	....	Transferências das Instituições Privadas sem Fins Lucrativos
4.5.3.2	Patrimonial	....	Transferências das Instituições Privadas com Fins Lucrativos
4.5.4.0		Transferências das Instituições Multigovernamentais	
4.5.5.0		Transferências de Consórcios Públicos	
4.5.6.0		Transferências do Exterior	
4.5.7.0		Execução Orçamentária Delegada	
4.5.7.1	Patrimonial	....	Execução Orçamentária Delegada de Entes
4.5.7.2	Patrimonial	....	Execução Orçamentária Delegada de Consórcios
4.5.8.0		Transferências de Pessoas Físicas	
4.5.9.0		Outras Transferências e Delegações Recebidas	
4.6.0.0		VALORIZAÇÃO E GANHOS COM ATIVOS E DESINCORPORAÇÃO DE PASSIVOS	
4.6.1.0		Reavaliação de Ativos	
4.6.1.1	Patrimonial	....	Reavaliação de Imobilizado
4.6.1.2	Patrimonial	....	Reavaliação de Intangíveis
4.6.1.9	Patrimonial	....	Reavaliação de Outros Ativos
4.6.2.0		Ganhos com Alienação	
4.6.2.1	Patrimonial	....	Ganhos Com Alienação de Investimentos
4.6.2.2	Patrimonial	....	Ganhos Com Alienação de Imobilizado
4.6.2.3	Patrimonial	....	Ganhos Com Alienação de Intangíveis
4.6.2.9	Patrimonial	....	Ganhos Com Alienação de Demais Ativos

Escrituração Contábil e Plano de Contas do Setor Público (PCASP) | **153**

Código	Natureza da Informação	Conta Não Escriturada	Conta Escriturada
4.6.3.0		Ganhos com Incorporação de Ativos	
4.6.3.1	Patrimonial	....	Ganhos Com Incorporação de Ativos Por Descobertas
4.6.3.2	Patrimonial	....	Ganhos Com Incorporação de Ativos Por Nascimentos
4.6.3.3	Patrimonial	....	Ganhos Com Incorporação de Ativos Apreendidos
4.6.3.4	Patrimonial	....	Ganhos Com Incorporação de Ativos Por Produção
4.6.3.9	Patrimonial	....	Outros Ganhos Com Incorporação de Ativos
4.6.4.0		Ganhos com Desincorporação de Passivos	
4.6.5.0		Reversão de Redução a Valor Recuperável	
4.6.5.1	Patrimonial	....	Reversão de Redução a Valor Recuperável de Investimentos
4.6.5.2	Patrimonial	....	Reversão de Redução a Valor Recuperável de Imobilizado
4.6.5.3	Patrimonial	....	Reversão de Redução a Valor Recuperável de Intangíveis
4.6.5.4	Patrimonial	....	Reversão de Redução de Valor Recuperável de Dívida Ativa
4.9.0.0		**OUTRAS VARIAÇÕES PATRIMONIAIS AUMENTATIVAS**	
4.9.1.0		Variação Patrimonial Aumentativa a Classificar	
4.9.2.0		Resultado Positivo de Participações	
4.9.2.1	Patrimonial	....	Resultado Positivo de Equivalência Patrimonial
4.9.2.2	Patrimonial	....	Dividendos e Rendimentos de Outros Investimentos
4.9.3.0		Operações da Autoridade Monetária	
4.9.3.1	Patrimonial	....	Juros
4.9.3.2	Patrimonial	....	Posição de Negociação
4.9.3.3	Patrimonial	....	Posição de Investimentos
4.9.3.4	Patrimonial	....	Correção Cambial
4.9.3.9	Patrimonial	....	Outras VPD de Operações da Autoridade Monetária
4.9.7.0		Reversão de Provisões e Ajustes de Perdas	
4.9.7.1	Patrimonial	....	Reversão de Provisões
4.9.7.2	Patrimonial	....	Reversão de Ajustes de Perdas

Código	Natureza da Informação	Conta Não Escriturada	Conta Escriturada
4.9.9.0		Diversas Variações Patrimoniais Aumentativas	
4.9.9.1	Patrimonial	....	Compensação Financeira entre RGPS/RPPS
4.9.9.2	Patrimonial	....	Compensação Financeira entre Regimes Próprios
4.9.9.3	Patrimonial	....	Variação Patrimonial Aumentativa com Bonificações
4.9.9.4	Patrimonial	....	Amortização de Deságio em Investimentos
4.9.9.5	Patrimonial	....	Multas Administrativas
4.9.9.6	Patrimonial	....	Indenizações e Restituições
4.9.9.9	Patrimonial	....	Variações Patrimoniais Aumentativas Decorrentes de Fatos Geradores Diversos
5.0.0.0		**CONTROLES DA APROVAÇÃO DO PLANEJAMENTO E ORÇAMENTO**	
5.1.0.0		**PLANEJAMENTO APROVADO**	
5.1.1.0		PPA – Aprovado	
5.1.1.1	Orçamentária	....	Aprovação Inicial do PPA
5.1.1.2	Orçamentária	....	Previsão do PPA
5.1.2.0		PLOA	
5.1.2.1	Orçamentária	....	Projeto Inicial da Lei Orçamentária – Receita
5.1.2.2	Orçamentária	....	Projeto Inicial da LOA – Despesa
5.2.0.0		**ORÇAMENTO APROVADO**	
5.2.1.0		Previsão da Receita	
5.2.1.1	Orçamentária	....	Previsão Inicial da Receita
5.2.1.2	Orçamentária	....	Previsão Adicional da Receita
5.2.1.9	Orçamentária	....	(-) Anulação da Previsão da Receita
5.2.2.0		Fixação da Despesa	
5.2.2.1	Orçamentária	....	Dotação Inicial
5.2.2.2	Orçamentária	....	Dotação Adicional Crédito Suplementar
5.2.2.3	Orçamentária	....	Dotação Adicional Créditos Especiais
5.2.2.4	Orçamentária	....	Dotação Adicional Créditos Extraordinários
5.2.2.5	Orçamentária	....	Detalhamento de Crédito
5.2.2.6	Orçamentária	....	Movimentação de Créditos Recebidos – Provisão

Escrituração Contábil e Plano de Contas do Setor Público (PCASP) | **155**

Código	Natureza da Informação	Conta Não Escriturada	Conta Escriturada
5.2.2.7	Orçamentária	....	Movimentação de Créditos Recebidos – Destaque
5.2.2.9	Orçamentária	....	(–) Anulação da Dotação
5.3.0.0		INSCRIÇÃO DE RESTOS A PAGAR	
5.3.1.0		Inscrição de RP Não Processados	
5.3.1.1	Orçamentária	....	RP Não Processados Inscritos
5.3.1.2	Orçamentária	....	RP Não Processados – Exercícios Anteriores
5.3.1.3	Orçamentária	....	RP Não Processados Restabelecidos
5.3.1.6	Orçamentária	....	RP Não Processados Recebidos por Transferência
5.3.1.7	Orçamentária	....	RP Não Processados – Inscrição no Exercício
5.3.2.0		Inscrição de RP Processados	
5.3.2.1	Orçamentária	....	RP Processados – Inscritos
5.3.2.2	Orçamentária	....	RP Processados – Exercícios Anteriores
5.3.2.6	Orçamentária	....	RP Processados Recebidos Por Transferência
5.3.2.7	Orçamentária	....	RP Processados – Inscrição no Exercício
6.0.0.0		CONTROLES DA EXECUÇÃO DO PLANEJAMENTO E ORÇAMENTO	
6.1.0.0		EXECUÇÃO DO PLANEJAMENTO	
6.1.1.0		Execução do PPA	
6.1.1.1	Orçamentária	....	PPA a Alocar em Leis Orçamentárias Anuais
6.1.1.2	Orçamentária	....	PPA Alocado em Leis Orçamentárias Anuais
6.1.1.3	Orçamentária	....	PPA Executado
6.1.2.0		Execução do PLOA	
6.1.2.1		....	Processamento do PLOA – Receita
6.1.2.2		....	Processamento do PLOA – Despesa
6.2.0.0		EXECUÇÃO DO ORÇAMENTO	
6.2.1.0		Execução da Receita	
6.2.1.1	Orçamentária	....	Receita a Realizar
6.2.1.2	Orçamentária	....	Receita Realizada
6.2.1.3	Orçamentária	....	(–) Deduções da Receita Orçamentária
6.2.1.8	Orçamentária	....	Correção de Diferenças Resultantes de Variação Cambial

Código	Natureza da Informação	Conta Não Escriturada	Conta Escriturada
6.2.2.0		Execução da Despesa	
6.2.2.1	Orçamentária	....	Crédito Disponível
6.2.2.2	Orçamentária	....	Crédito Empenhado a Liquidar
6.2.2.3	Orçamentária	....	Crédito Empenhado em Liquidação
6.2.2.4	Orçamentária	....	Crédito Empenhado Liquidado a Pagar
6.2.2.5	Orçamentária	....	Crédito Empenhado Liquidado Pago
6.2.2.6	Orçamentária	....	Movimentação de Créditos Concedidos – Provisão
6.2.2.7	Orçamentária	....	Movimentação de Créditos Concedidos – Destaque
6.2.2.8	Orçamentária	....	Empenhos a Liquidar Inscritos em Restos a Pagar Não Processados
6.2.2.9	Orçamentária	....	Empenhos em Liquidação Inscritos em Restos a Pagar Não Processados
6.2.2.10	Orçamentária	....	Empenhos Liquidados Inscritos em Restos a Pagar Processados
6.3.0.0		EXECUÇÃO DE RESTOS A PAGAR	
6.3.1.0		Execução de RP Não Processados	
6.3.1.1	Orçamentária	....	RP Não Processados a Liquidar
6.3.1.2	Orçamentária	....	RP Não Processados em Liquidação
6.3.1.3	Orçamentária	....	RP Não Processados Liquidados a Pagar
6.3.1.4	Orçamentária	....	RP Não Processados Pagos
6.3.1.5	Orçamentária	....	RP Não Processados a Liquidar Bloqueados
6.3.1.6	Orçamentária	....	RP Não Processados Transferidos
6.3.1.7	Orçamentária	....	RP Não Processados – Inscrição no Exercício
6.3.1.9	Orçamentária	....	RP Não Processados Cancelados
6.3.2.0		Execução de RP Processados	
6.3.2.1	Orçamentária	....	RP Processados a Pagar
6.3.2.2	Orçamentária	....	RP Processados Pagos
6.3.2.6	Orçamentária	....	RP Processados Transferidos
6.3.2.7	Orçamentária	....	RP Processados – Inscrição no Exercício
6.3.2.9	Orçamentária	....	RP Processados Cancelados
7.0.0.0		CONTROLES DEVEDORES	
7.1.0.0		ATOS POTENCIAIS	

Escrituração Contábil e Plano de Contas do Setor Público (PCASP) | 157

Código	Natureza da Informação	Conta Não Escriturada	Conta Escriturada
7.1.1.0		Atos Potenciais Ativos	
7.1.1.1	Controle	....	Garantias e Contragarantias Recebidas
7.1.1.2	Controle	....	Direitos Conveniados e Outros Instrumentos Congêneres
7.1.1.3	Controle	....	Direitos Contratuais
7.1.1.9	Controle	....	Outros Atos Potenciais Ativos
7.1.2.0		Atos Potenciais Passivos	
7.1.2.1	Controle	....	Garantias e Contragarantias Concedidas
7.1.2.2	Controle	....	Obrigações Conveniadas e Outros Instrumentos Congêneres
7.1.2.3	Controle	....	Obrigações Contratuais
7.1.2.9	Controle	....	Outros Atos Potenciais Passivos
7.2.0.0		**ADMINISTRAÇÃO FINANCEIRA**	
7.2.1.0		Disponibilidades por Destinação	
7.2.1.1	Controle	....	Controle da Disponibilidade de Recursos
7.2.1.2	Controle	....	Limite de Restos a Pagar por Destinação
7.2.1.3	Controle	....	Recurso Diferido por Destinação
7.2.2.0		Programação Financeira	
7.2.2.1	Controle	....	Cronograma de Execução Mensal de Desembolso
7.2.3.0		Inscrição do Limite Orçamentário	
7.2.4.0		Controles da Arrecadação	
7.3.0.0		**DÍVIDA ATIVA**	
7.3.1.0		Controle do Encaminhamento de Créditos para Inscrição em Dívida Ativa	
7.3.1.1		....	Inscrição em Créditos da Dívida Ativa
7.3.2.0		Controle da Inscrição de Créditos em Dívida Ativa	
7.3.2.1	Controle	....	Inscrição de Créditos em Dívida Ativa
7.4.0.0		**RISCOS FISCAIS**	
7.4.1.0		Controle de Passivos Contingentes	
7.4.1.1	Controle	....	Passivos Contingentes
7.5.0.0		**CONSÓRCIOS PÚBLICOS**	
7.5.2.0		Prestação de Contas de Consórcios Públicos	

158 Orçamento, Contabilidade e Gestão no Setor Público | LIMA

Código	Natureza da Informação	Conta Não Escriturada	Conta Escriturada
7.5.3.0		Consolidação da Execução do Consórcio	
7.5.3.1	Controle	....	Valores Transferidos por Contrato de Rateio
7.5.3.2	Controle	....	Despesas Executadas em Consórcios Públicos
7.5.3.3	Controle	....	Execução de RP Não Processados em Consórcios Públicos
7.5.3.4	Controle	....	Execução de RP Processados em Consórcios Públicos
7.5.3.5	Controle	....	Insuficiência de Caixa do Consórcio Público
7.5.3.6	Controle	....	Operação de Crédito Contratada pelo Consórcio Público
7.5.3.7	Controle	....	Dívida Consolidada Referente ao Consórcio Público
7.8.0.0		**CUSTOS**	
7.9.0.0		**OUTROS CONTROLES**	
7.9.1.0		Responsabilidade por Valores, Títulos e Bens	
7.9.1.1	Controle	....	Responsabilidade com Terceiros por Valores, Títulos e Bens
7.9.1.2	Controle	....	Responsabilidade de Terceiros por Valores, Títulos e Bens
7.9.2.0		Diversos Responsáveis em Apuração	
7.9.3.0		Controle de Operações de Crédito para Fins da LRF	
7.9.4.0		Controle de Obrigações sem Autorização Orçamentária para Fins da LRF	
8.0.0.0		**CONTROLES CREDORES**	
8.1.0.0		**EXECUÇÃO DOS ATOS POTENCIAIS**	
8.1.1.0		Execução dos Atos Potenciais Ativos	
8.1.1.1	Controle	....	Execução de Garantias e Contragarantias Recebidas
8.1.1.2	Controle	....	Execução de Direitos Conveniados e Outros Instrumentos Congêneres
8.1.1.3	Controle	....	Execução de Direitos Contratuais
8.1.1.4	Controle	....	Contratos Executados
8.1.1.9	Controle	....	Execução de Outros Atos Potenciais Ativos
8.1.2.0		Execução dos Atos Potenciais Passivos	
8.1.2.1	Controle	....	Execução de Garantias e Contragarantias Concedidas

Escrituração Contábil e Plano de Contas do Setor Público (PCASP) | **159**

Código	Natureza da Informação	Conta Não Escriturada	Conta Escriturada
8.1.2.2	Controle	....	Execução de Obrigações Conveniadas e Outros Instrumentos Congêneres
8.1.2.3	Controle	....	Execução de Obrigações Contratuais
8.1.2.4	Controle	....	Obrigações Contratuais Executadas
8.1.2.9	Controle	....	Execução de Outros Atos Potenciais Passivos
8.2.0.0		**EXECUÇÃO DA ADMINISTRAÇÃO FINANCEIRA**	
8.2.1.0		Execução das Disponibilidades por Destinação	
8.2.1.1	Controle	....	Execução da Disponibilidade de Recursos (DDR)
8.2.1.2	Controle	....	DDR – Comprometida por Empenho
8.2.1.3	Controle	....	DDR – Comprometida por Liquidação e Entradas Compensatórias
8.2.1.4	Controle	....	DDR – Utilizada
8.2.1.5	Controle	....	Execução Financeira do Limite de Restos a Pagar
8.2.1.6	Controle	....	Execução do Recurso Diferido por Destinação
8.2.2.0		Execução da Programação Financeira	
8.2.2.1	Controle	....	Cronograma de Execução Mensal de Desembolso
8.2.3.0		Execução do Limite Orçamentário	
8.2.4.0		Controles da Arrecadação	
8.3.0.0		**EXECUÇÃO DA DÍVIDA ATIVA**	
8.3.1.0		Execução do Encaminhamento de Créditos para Inscrição em Dívida Ativa	
8.3.1.1	Controle	....	Créditos Inscritos em Dívida Ativa
8.3.1.2	Controle	....	Créditos Inscritos em Dívida Ativa a Receber
8.3.1.3	Controle	....	Créditos Inscritos em Dívida Ativa Recebidos
8.3.1.4	Controle	....	Créditos Inscritos em Dívida Ativa
8.3.2.0		Execução da Inscrição de Créditos em Dívida Ativa	
8.3.2.1	Controle	....	Créditos a Inscrever em Dívida Ativa
8.3.2.2	Controle	....	Créditos a Inscrever em Dívida Ativa Devolvidos
8.3.2.3	Controle	....	Créditos Inscritos em Dívida Ativa a Receber
8.3.2.4	Controle	....	Créditos Inscritos em Dívida Ativa Recebidos
8.3.2.5	Controle	....	Baixa de Créditos Inscritos em Dívida Ativa

Código	Natureza da Informação	Conta Não Escriturada	Conta Escriturada
8.4.0.0		EXECUÇÃO DOS RISCOS FISCAIS	
8.4.1.0		Execução de Passivos Contingentes	
8.4.1.1	Controle	....	Passivos Contingentes Previstos
8.4.1.2	Controle	....	Passivos Contingentes Confirmados
8.4.2.0		Execução dos Demais Riscos Fiscais	
8.4.2.1	Controle	....	Demais Riscos Fiscais Previstos
8.4.2.2	Controle	....	Demais Riscos Fiscais Confirmados
8.5.0.0		EXECUÇÃO DOS CONSÓRCIOS PÚBLICOS	
8.5.2.0		Execução da Prestação de Contas de Consórcio Público	
8.5.2.1	Controle	....	A Comprovar
8.5.2.2	Controle	....	Em Inadimplência
8.5.2.3	Controle	....	A Aprovar
8.5.2.4	Controle	....	Aprovados
8.5.2.5	Controle	....	Impugnados
8.5.2.6	Controle	....	Concluídos
8.5.3.0		Consolidação da Execução do Consórcio	
8.5.3.1	Controle	....	Valores Transferidos por Contrato de Rateio
8.5.3.2	Controle	....	Despesas Executadas em Consórcios Públicos
8.5.3.3	Controle	....	Execução de RP Não Processados em Consórcios Públicos
8.5.3.4	Controle	....	Execução de RP Processados em Consórcios Públicos
8.5.3.5	Controle	....	Insuficiência de Caixa do Consórcio Público
8.5.3.6	Controle	....	Operação de Crédito Contratada pelo Consórcio Público
8.5.3.7	Controle	....	Dívida Consolidada Referente ao Consórcio Público
8.8.0.0		APURAÇÃO DE CUSTOS	
8.9.0.0		OUTROS CONTROLES	
8.9.1.0		Execução de Responsabilidade por Valores, Títulos e Bens	
8.9.1.1	Controle	....	Execução de Responsabilidade Com Terceiros Por Valores, Títulos E Bens
8.9.1.2	Controle	....	Execução de Responsabilidade de Terceiros Por Valores, Títulos e Bens

Código	Natureza da Informação	Conta Não Escriturada	Conta Escriturada
8.9.2.0		Diversos Responsáveis em Apuração	
8.9.2.1	Controle	....	Pagamentos Indevidos
8.9.2.2	Controle	....	Saldos Não Recolhidos
8.9.2.3	Controle	....	Desfalques ou Desvios
8.9.2.4	Controle	....	Débitos de Terceiros em Prestação de Serviços
8.9.2.5	Controle	....	Responsáveis por Danos ou Perdas
8.9.2.6	Controle	....	Pagamentos sem Respaldo Orçamentário
8.9.2.7	Controle	....	Créditos Antecipados
8.9.2.8	Controle	....	Falta ou Irregularidade de Comprovação
8.9.2.9	Controle	....	Outras Responsabilidades em Apuração
8.9.3.0		Controle de Operações de Crédito para Fins da LRF	
8.9.3.1	Controle	....	Operações Contratuais Internas Sujeitas ao Limite
8.9.3.2	Controle	....	Operações Contratuais Externas Sujeitas ao Limite
8.9.3.3	Controle	....	Outras Operações que Integram a Dívida Consolidada
8.9.3.4	Controle	....	Operações Vedadas
8.9.4.0		Controle de Obrigações sem Autorização Orçamentária para Fins da LRF	

Fonte: Elaboração própria.

Registre-se que ao elaborar os exercícios propostos, deve-se buscar a conta contábil que mais se aproxima da referida transação, uma vez que o plano de contas aqui é apresentado para fins didáticos.

5.10 Atributos da informação contábil

Atributos da conta contábil são características próprias que a distinguem de outras contas do plano de contas. Os atributos podem ser decorrentes de conceitos teóricos, da lei ou do sistema operacional utilizado (MCASP, 2021). Segundo o disposto na Lei nº 4.320/1964, ainda em vigor, as contas de Ativo e Passivo devem ser classificadas em Financeiro (F) e Permanente (P) para permitir a apuração do superávit financeiro no Balanço Patrimonial (BP):

> Art. 43 [...] § 2º Entende-se por superávit financeiro a diferença positiva entre o ativo financeiro e o passivo financeiro, conjugando-se, ainda, os saldos dos créditos adicionais transferidos e as operações de crédito a eles vinculadas.

Art. 105 [...]

§ 1º O Ativo Financeiro compreenderá os créditos e valores realizáveis independentemente de autorização orçamentária e os valores numerários.

§ 2º O Ativo Permanente compreenderá os bens, créditos e valores, cuja mobilização ou alienação dependa de autorização legislativa.

§ 3º O Passivo Financeiro compreenderá as dívidas fundadas e outras cujo pagamento independa de autorização orçamentária.

§ 4º O Passivo Permanente compreenderá as dívidas fundadas e outras que dependam de autorização legislativa para amortização ou resgate.

Contudo, como a estrutura do PCASP trouxe uma nova classificação para as contas de Ativo e Passivo (Circulante e Não Circulante), privilegiando os critérios de reconhecimento patrimoniais e não mais orçamentários, houve a necessidade de se criar um mecanismo que permitisse a apuração do superávit financeiro como antes, denominado "atributo da informação contábil".

Assim, buscando conciliar o disposto nas novas regras contábeis e o disposto na Lei nº 4.320/1964, foi criado o atributo (F) para preservar o conceito de ativo financeiro e de passivo financeiro, e o atributo (P) para preservar o conceito de ativo permanente e de passivo permanente. Quando a conta puder conter saldos com atributo (F) e (P), constará na descrição da conta do PCASP a letra (X).

Dessa forma, toda vez que uma conta de Ativo vier acompanhada do atributo (F), compreende os bens, créditos e valores realizáveis que independem de autorização orçamentária. Por outro lado, as contas de Ativo acompanhadas do atributo (P) representam os bens, créditos e valores cuja mobilização ou alienação ainda dependem de autorização legislativa.

Do lado do Passivo, aqueles acompanhados do atributo (F) compreendem as dívidas fundadas e outros pagamentos que independem de autorização orçamentária (§ 3º do art. 105 da Lei nº 4.320/1964). No caso das contas de Passivo acompanhadas com atributo (P), representam as dívidas fundadas e outras que dependam de autorização legislativa para amortização ou resgate (§ 4º do art. 105 da Lei nº 4.320/1964), conforme Quadro 5.9.

De acordo com o MCASP (2021), o controle da mudança do atributo permanente (P) para o atributo financeiro (F) pode ser feito por meio da informação complementar da conta contábil ou por meio da duplicação das contas, sendo uma permanente e outra financeira.

Quadro 5.9 – Lógica dos atributos P e F

ATIVO	ATIVO FINANCEIRO (F)	Créditos e valores realizáveis independentemente de autorização orçamentária e os valores numerários.
	ATIVO PERMANENTE (P)	Bens, créditos e valores cuja mobilização ou alienação dependa de autorização legislativa.
PASSIVO	PASSIVO FINANCEIRO (F)	Dívidas fundadas e outras cujo pagamento independa de autorização orçamentária.
	PASSIVO PERMANENTE (P)	Dívidas fundadas e outras que dependam de autorização legislativa para amortização ou resgate.

Fonte: Elaboração própria a partir dos atos normativos.

5.11 Regras de integridade do PCASP

A fim de garantir a integridade dos procedimentos contábeis, assim como a qualidade, consistência e transparência das informações geradas, o MCASP (2021) dispõe sobre algumas regras de integridade relativas ao PCASP.

Com relação aos lançamentos contábeis, o registro contábil deve ser feito pelo método das partidas dobradas e os lançamentos devem debitar e creditar contas que apresentem a mesma natureza de informação:

Figura 5.1 – Lançamentos nas naturezas de informação.

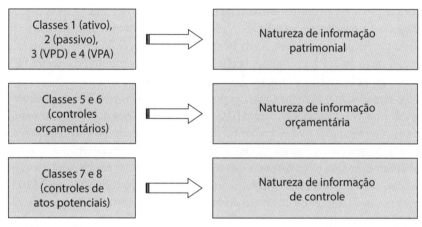

Fonte: Elaboração própria.

Em resumo, os lançamentos a serem efetuados em cada natureza de informação contábil envolvendo as respectivas classes de contas podem ser assim sintetizados:

NATUREZA DE INFORMAÇÃO PATRIMONIAL (NIP) – CLASSES 1, 2, 3 e 4:

- Entrada e saída de dinheiro;
- Reconhecimento e baixa de direito de curto prazo;
- Reconhecimento e baixa de obrigação de curto prazo;
- Entrada e saída de bens;
- Ajustes patrimoniais (ganhos e perdas, depreciação, reavaliação, *impairment* etc.);
- Reconhecimento e baixa de direito de longo prazo;
- Reconhecimento e baixa de obrigação de longo prazo.

NATUREZA DE INFORMAÇÃO ORÇAMENTÁRIA (NIO) – CLASSES 5 e 6:

- Aprovação da LOA: previsão da receita e fixação da despesa;
- Realização da receita orçamentária;
- Empenho da despesa orçamentária;
- Liquidação da despesa orçamentária;
- Reconhecimento do crédito pago;
- Controles envolvendo os restos a pagar.

NATUREZA DE INFORMAÇÃO DE CONTROLE (NIC) – CLASSES 7 e 8:

- Controles envolvendo atos potenciais devedores e credores;
- Controle envolvendo as disponibilidades, que deve ser feito:
  - na etapa da arrecadação da receita orçamentária;
  - no estágio do empenho da despesa orçamentária;
  - no estágio da liquidação da despesa orçamentária;
  - no estágio do pagamento da despesa orçamentária.

Como a natureza de informação patrimonial contempla os registros financeiros e patrimoniais, uma atenção especial deve ser dada aos fatos financeiros que tenham como contrapartida uma conta que possua o atributo Permanente (P), ou seja, que dependam de autorização legislativa para a sua realização ou liquidação. Nesse caso, no momento da efetiva arrecadação da receita ou empenho da despesa (art. 35 da Lei nº 4.320/1964), os lançamentos acompanhados do atributo Permanente (P) deverão ser reclassificados com o atributo Financeiro (F), liberando as demais etapas (receitas) e estágios (despesas) envolvidos.

Além das regras acima, algumas equações podem ser utilizadas para fins de conferência e validação das informações geradas, entre elas: (i) conferência de saldos das contas de natureza patrimonial; e (ii) conferência de saldos das contas de passivo financeiro e de execução orçamentária.

Cada unidade que realize a gestão de recursos públicos também deverá ser responsável pelo acompanhamento, análise e consistência dos registros e saldos das contas contábeis, bem como os reflexos causados nos respectivos demonstrativos. De acordo com o MCASP (2021), a análise pode ser realizada, também, por meio do balancete, conforme exemplos a seguir:

i. *Análise de saldos invertidos*: no caso de contas que tenham saldo apenas devedor ou credor, de acordo com sua natureza, a apresentação de saldo invertido pode representar a execução de uma operação indevida.

ii. *Classificação inadequada de receitas e despesas*, tanto para as contas de natureza orçamentária, nas fases de previsão e execução, quanto para as contas de natureza patrimonial (VPA e VPD).

iii. *Utilização indevida de contas contábeis*, por exemplo, uma escola de ensino básico cuja atividade fim é educação, e apresente em seu ativo imobilizado saldo na conta "Aeronaves", provavelmente realizou uma classificação indevida.

iv. *Saldos irrisórios ou residuais*: devem ser analisadas as contas que apresentem saldos com valores irrisórios ou sem movimentação por um longo período.

v. *Existência de saldos em contas contábeis descritas como "Outros(as)"*: recomenda-se que os registros nessas contas sejam limitados a 10% do total do grupo.

RESUMO

Escrituração contábil

- A escrituração é uma técnica contábil que consiste em registrar, nos livros próprios, os atos potenciais e fatos administrativos resultantes da gestão do patrimônio público.
- A entidade deve manter um sistema de escrituração uniforme atendendo as seguintes formalidades legais: (i) idioma e moeda corrente nacionais; (ii) em ordem cronológica de

dia, mês e ano; (iii) com base em documentos de origem externa ou interna ou, na sua falta, em elementos que comprovem ou evidenciem fatos e a prática de atos administrativos.

- O registro das transações governamentais será efetuado pelo método das partidas dobradas, cujo princípio fundamental é o de que não há devedor sem que haja credor.

Livros para escrituração

- O Diário e o Razão são livros obrigatórios da escrituração contábil e que constituem os registros permanentes das entidades públicas.
- No livro Diário são lançadas todas as operações ocorridas, incluídas as de natureza aleatória e quaisquer outros fatos que provoquem variações no patrimônio das entidades.
- No livro Razão são indicadas todas e cada uma das operações da entidade, assim como as alterações qualitativas e quantitativas por elas produzidas nos recursos aplicados e nas origens desses recursos.
- Na Administração Pública também é usual o livro contas-correntes, que permite o registro detalhado e individualizado de cada conta que se queira controlar identificando o evento, a empresa ou entidade favorecida.

Atos e fatos administrativos

- Os atos administrativos que possam se traduzir em modificações futuras para o patrimônio das entidades (atos potenciais) devem ser registrados pela contabilidade.
- Para o registro dos atos potenciais e dos demais controles foram criadas no Setor Público brasileiro as contas de natureza de informação orçamentária (NIO) e de controle (NIC).
- Os fatos administrativos, que modificam o patrimônio, qualitativa ou quantitativamente, devem ser contabilizados por meio de contas patrimoniais ou de resultado, e podem ser classificados em três grupos: Fatos Permutativos, Fatos Modificativos, Fatos Mistos.

Aspectos gerais do plano de contas

- A elaboração de um plano de contas deve compreender o nome de todas as contas necessárias e sua disposição no sistema contábil, as funções atribuídas a cada uma delas e o estabelecimento da rotina dos lançamentos, de acordo com o desenvolvimento da gestão.
- O Plano de Contas Aplicado ao Setor Público (PCASP) é uma nova estrutura de contas, padronizada por todos os entes públicos federados, que foi estabelecida a partir do processo de convergência aos padrões contábeis internacionais.
- Vários Tribunais de Contas têm adaptado o PCASP às suas necessidades de informações, fazendo com que os contabilistas dos entes federados tenham de adotar dois planos de contas: um para atender ao Tesouro Nacional e outro para envio de informações aos Tribunais de Contas.

Objetivos e alcance do PCASP

- O PCASP foi elaborado com o objetivo uniformizar as práticas contábeis em âmbito nacional e se adequar aos dispositivos legais vigentes, aos padrões internacionais de contabilidade do Setor Público e as regras e procedimentos de Estatísticas de Finanças Públicas reconhecidas por organismos internacionais.

- Seu uso é obrigatório em todos os Entes da Federação e seus Poderes, Fundos, Órgãos, Autarquias, inclusive especiais, e Fundações instituídas e mantidas pelo Poder Público.
- O PCASP é atualizado anualmente para uso obrigatório no exercício seguinte.
- Adicionalmente, a STN disponibiliza o "PCASP Estendido", de adoção facultativa para os Entes que precisam de uma referência para o desenvolvimento de suas rotinas e sistemas.

Ordenamento e classificação das contas

- No PCASP, o código completo da conta contábil é composto por 7 níveis, num total de 9 dígitos numéricos que, de acordo com seu nível, são classificados em Classe, Grupo, Subgrupo, Título, Subtítulo, Item e Subitem.
- Com a adoção do PCASP, o plano de contas passou a ser estruturado em oito classes de contas, sendo duas patrimoniais (Ativo e Passivo), duas de resultado (Variação Patrimonial Diminutiva e Variação Patrimonial Aumentativa), duas de controle orçamentário (Planejamento e Execução) e duas de controle de atos potenciais (Controles Devedores e Controles Credores).

Naturezas da informação contábil

- O PCASP está estruturado de acordo com as seguintes naturezas das informações contábeis: Natureza de Informação Orçamentária (NIO), Natureza de Informação Patrimonial (NIP) e Natureza de Informação de Controle (NIC).
- O NIO registra, processa e evidencia os atos e fatos relacionados com o planejamento e a execução orçamentária.
- O NIP registra, processa e evidencia os fatos financeiros e não financeiros relacionados com as variações qualitativas e quantitativas do patrimônio público.
- O NIC registra, processa e evidencia os atos de gestão cujos efeitos possam produzir modificações no patrimônio da entidade do Setor Público, bem como aqueles com função específica de controle.

Atributos da informação contábil

- Buscando conciliar o disposto nas novas regras contábeis e o disposto na Lei nº 4.320/1964, foi criado o atributo (F) para preservar o conceito de ativo financeiro e de passivo financeiro, e o atributo (P) para preservar o conceito de ativo permanente e de passivo permanente.
- As contas acompanhadas do atributo (F) independem de autorização orçamentária.
- As contas acompanhadas do atributo (P) dependem de autorização legislativa.

Regras de integridade do PCASP

- Cada unidade que realize a gestão de recursos públicos também deverá ser responsável pelo acompanhamento, análise e consistência dos registros e saldos das contas contábeis, bem como os reflexos causados nos respectivos demonstrativos.
- A análise também pode ser realizada por meio do balancete, verificando: os saldos invertidos, classificação inadequada de receitas e despesas, utilização indevida de contas contábeis, saldos irrisórios ou residuais e existência de saldos em contas contábeis descritas como "outros".

Escrituração Contábil e Plano de Contas do Setor Público (PCASP) | **167**

5.12 Exercícios

1. **(Telebras/Especialista em Gestão de Comunicações-Contador/CESPE/CEBRASPE/ 2022) Julgue os itens subsequentes, acerca da natureza de informação e do detalhamento do plano de contas aplicado ao setor público (PCASP).**
Os fatos financeiros e não financeiros relacionados com a composição do patrimônio público são registrados em contas de natureza de informação de controle.
( ) Certo
( ) Errado

Cabe aos profissionais contábeis dos entes da federação definir o nível mínimo de detalhamento dos seus respectivos planos de contas.
( ) Certo
( ) Errado

2. **(Prefeitura de Niterói-Contador/COSEAC/2021) A edição das International Public Sector Accounting Standards (IPSAS) e das Normas Brasileiras de Contabilidade Técnicas Aplicadas ao Setor Público – NBC T SP, juntamente com a necessidade de atendimento à exigência de consolidação nacional das contas públicas, esta última, constante da Lei de Responsabilidade Fiscal (LRF), tiveram como consequência importantes transformações na contabilidade aplicada ao setor público no Brasil, entre elas, a elaboração de um plano de contas, com abrangência nacional. Assim, a Secretaria do Tesouro Nacional editou o Plano de Contas Aplicado ao Setor Público (PCASP), que tem com um dos seus objetivos**
a) Segregar os registros dos fatos de natureza orçamentária e atos patrimoniais.
b) Distinguir os registros de natureza patrimonial, orçamentária e de controle.
c) Permitir a consolidação nacional das contas das entidades sem fins lucrativos.
d) Contribuir para a consolidação e racionalização dos custos das organizações sociais.
e) Proporcionar a transparência dos atos da gestão fiscal e das entidades sociais.

3. **(Prefeitura de Irati/SC-Contador/GS Assessoria e Concursos/2021) Com relação ao Plano de Contas Aplicado ao Setor Público (PCASP), faz-se as seguintes afirmações:**

I. É a estrutura básica da escrituração contábil, formada por um conjunto de contas previamente estabelecido, que permite obter as informações necessárias à elaboração de relatórios gerenciais e demonstrações contábeis conforme as características gerais da entidade, possibilitando a padronização de procedimentos contábeis.

II. O PCASP deve ser utilizado por todos os Poderes de cada ente da federação, seus fundos, órgãos, autarquias, inclusive especiais, e fundações instituídas e mantidas pelo Poder Público, bem como pelas empresas estatais dependentes.

III. O PCASP tem como objetivo atender, de maneira uniforme e sistematizada, o registro contábil dos atos e fatos praticados pela entidade.

Assinale a alternativa CORRETA.

a) Apenas a alternativa III.
b) Apenas as alternativas I e II.
c) Apenas a alternativa I.
d) Todas as alternativas estão corretas.
e) Apenas a alternativa II.

4. **(Apex Brasil – Analista Processos Contábeis/CESPE/CEBRASPE/2021) A respeito da lógica de funcionamento do plano de contas aplicado ao setor público (PCASP) no que diz respeito aos lançamentos e respectivas classes de contas, é correto afirmar que:**

a) a classe de conta 1 (ativo) pode ter como contrapartida a classe de conta 7 (controles devedores).
b) a classe de conta 4 (variação patrimonial aumentativa) pode ter como contrapartida a classe de conta 6 (controles da execução do planejamento e orçamento).
c) a classe de conta 3 (variação patrimonial diminutiva) pode ter como contrapartida a classe de conta 2 (passivo).
d) a classe de conta 5 (controles da aprovação do planejamento e orçamento) pode ter como contrapartida a classe de conta 8 (controles credores).

5. **(Prefeitura de São Carlos/SC-Controlador Interno/FEPESE/2021) As contas de controle de disponibilidades de recursos são um instrumento utilizado pela contabilidade pública na gestão de recursos financeiros durante a execução orçamentária. De acordo com o Plano de Contas Aplicado ao Setor Público, as contas de controle de disponibilidades de recursos são das classes:**

a) 1 e 2 e pertencem ao passivo não circulante da entidade.
b) 1 e 4 e registram atos potenciais que possam vir a aumentar o ativo ou diminuir o passivo da entidade.
c) 3 e 4 e são contrapartidas dos registros de bens no ativo imobilizado da entidade.
d) 5 e 6 e evidenciam os controles das receitas, das despesas e dos fluxos de caixa da entidade.
e) 7 e 8 e pertencem à natureza da informação de controle.

Lançamentos Contábeis e Reflexos nas Naturezas de Informação Contábil

6

■ Objetivos do Capítulo

» Descrever como se dá o roteiro de contabilização nos diversos tipos de lançamentos contábeis.

» Relacionar os lançamentos contábeis usuais e seus reflexos nas naturezas de informação contábil.

» Explicar o levantamento do balancete de verificação a partir da resolução de um conjunto de exercícios aplicados.

6.1 Roteiro de contabilização

No âmbito do Governo Federal, as transações governamentais são escrituradas de forma automática no Sistema Integrado de Administração Financeira (SIAFI), com base na indicação do código numérico que representa o respectivo "evento contábil". Esse padrão se repete nos sistemas contábeis utilizados em todos os entes federados locais.

Associado a cada "evento" existe um roteiro de contabilização, onde estão definidas antecipadamente as contas a serem debitadas e creditadas nas unidades contábeis envolvidas, relacionadas com o registro específico que se está por escriturar. Conforme a regra universal, a escrituração segue o método das partidas dobradas, ou seja, para cada conta debitada outra será creditada de igual valor e vice-versa.

A maioria dos registros contábeis corresponde a lançamentos de primeira fórmula (em que há somente uma conta debitada e uma conta creditada) em suas respectivas naturezas de informação (Patrimonial, Orçamentária e de Controle). São exceções os casos em que se utilizam lançamentos de segunda fórmula (um débito com dois ou mais créditos), de terceira fórmula (dois ou mais débitos com somente um crédito) ou de quarta fórmula (dois ou mais débitos com dois ou mais créditos).

Os registros contemplados no presente capítulo trarão a prática básica que constitui o pilar de todo o sistema contábil da administração pública brasileira, desde a publicação da Lei Orçamentária Anual, que principia o processo. A cada novo exercício financeiro, será efetuado o registro da aprovação do orçamento de acordo com os valores nele aprovados. Os créditos

Orçamento, Contabilidade e Gestão no Setor Público | LIMA

orçamentários serão lançados automaticamente, com base nos dados gerados pelo sistema de elaboração e aprovação do orçamento de cada ente federado, embora sejam registrados documentos para cada previsão de receita e para cada dotação de despesa.

6.2 Lançamentos contábeis e reflexos nas naturezas de informação contábil

Para facilitar didaticamente, os lançamentos encontram-se estruturados com a indicação da transação, a natureza da informação envolvida, do código e do título da conta extraídos do Plano de Contas modelo, apresentado no Capítulo 5 – Escrituração Contábil e Plano de Contas no Setor Público (PCASP).

6.2.1 Registro da aprovação do orçamento

O registro da aprovação do orçamento envolverá concomitantemente dois lançamentos contábeis: previsão da receita e fixação da despesa. Em ambos os lançamentos, será utilizada uma conta da Classe 5 a débito e uma conta da Classe 6 a crédito.

Registro da previsão da Receita.	(NIO)	D – 5.2.1.1 Previsão Inicial da Receita C – 6.2.1.1 Receita a Realizar

Registro da fixação da Despesa.	(NIO)	D – 5.2.2.1 Dotação Inicial C – 6.2.2.1 Crédito Disponível

6.2.2 Registro da aprovação de créditos adicionais

Por crédito adicional, entendem-se as autorizações de despesas não computadas ou insuficientemente dotadas na Lei Orçamentária. Conforme visto anteriormente, o crédito suplementar incorpora-se ao orçamento adicionando-se à dotação orçamentária que deva reforçar, enquanto os créditos especiais e extraordinários conservam sua especificidade, demonstrando-se as despesas realizadas à conta dos mesmos, separadamente.

Registro do crédito adicional do lado da Receita	(NIO)	D – 5.2.1.2 Previsão Adicional da Receita C – 6.2.1.1 Receita a Realizar

Registro do crédito adicional do lado da Despesa	(NIO)	D – 5.2.2.2 Dotação Adicional – Crédito Suplementar Ou D – 5.2.2.3 Dotação Adicional – Créditos Especiais Ou D – 5.2.2.4 Dotação Adicional – Créditos Extraordinários C – 6.2.2.1 Crédito Disponível

6.2.3 Registro da anulação da previsão e cancelamento de dotação

De acordo com o MTO (2018), verificada a frustração na arrecadação da receita prevista ou o aumento das despesas obrigatórias que venham a comprometer o alcance das metas fiscais, torna-se necessária a adoção de mecanismos de ajuste entre receita e despesa.

Registro da anulação da previsão da receita	(NIO)	D – 6.2.1.1 Receita a Realizar C – 5.2.1.9 Anulação da Previsão da Receita

Registro do cancelamento da dotação de despesa	(NIO)	D – 6.2.2.1 Crédito Disponível C – 5.2.2.9 Anulação da Dotação

6.2.4 Registro da descentralização de créditos orçamentários

A descentralização de créditos orçamentários ocorre quando uma unidade administrativa ou orçamentária transfere a outras unidades administrativas ou orçamentárias o poder de utilizar créditos que lhes foram dotados.

A descentralização interna (provisão) se dará quando a descentralização envolver unidades gestoras de um mesmo órgão. Quando envolver unidades gestoras de órgãos ou entidades de estruturas diferentes, se terá a descentralização externa (destaque), conforme lançamentos a seguir:

a) *Na unidade recebedora*

Registro da descentralização interna (provisão) na unidade recebedora	(NIO)	D – 5.2.2.6 Movimentação de Créditos Recebidos – Provisão C – 6.2.2.1 Crédito Disponível

Registro da descentralização externa (destaque) na unidade recebedora	(NIO)	D – 5.2.2.7 Movimentação de Créditos Recebidos – Destaque C – 6.2.2.1 Crédito Disponível

b) *Na unidade descentralizadora*

Registro da descentralização interna (provisão) na unidade descentralizadora	(NIO)	D – 6.2.2.1 Crédito Disponível C – 6.2.2.6 Movimentação de Créditos Concedidos – Provisão

Registro da descentralização externa (destaque) na unidade descentralizadora	(NIO)	D – 6.2.2.1 Crédito Disponível C – 6.2.2.7 Movimentação de Créditos Concedidos – Destaque

6.2.5 Registro das transferências e delegações

Havendo a descentralização de créditos, ocorrerá também a transferência financeira, que consiste na movimentação de recursos do órgão central de programação financeira (Tesouro) entre órgãos e entidades da administração direta e indireta com a finalidade de pagar as despesas orçamentárias legalmente empenhadas e liquidadas. As transferências e delegações podem ser orçamentárias ou extraorçamentárias. Aquelas efetuadas em cumprimento à execução do Orçamento são as cotas, repasses e sub-repasses, conforme lançamentos a seguir:

a) *Na unidade beneficiária*

Registro do recebimento da transferência financeira	(NIP)	D – 1.1.1.1 Caixa e Equivalentes de Caixa C – 4.5.x.x VPA – Transferências e Delegações Recebidas

b) *Na unidade emitente*

Registro da concessão da transferência financeira	(NIP)	D – 3.5.x.x VPD – Transferências e Delegações Concedidas C – 1.1.1.1 Caixa e Equivalentes de Caixa

6.2.6 *Registro do controle das disponibilidades*

Como visto anteriormente, o controle das disponibilidades financeiras por fonte/destinação de recursos deve ser feito desde a elaboração do orçamento até a sua execução, incluindo o ingresso, o comprometimento e a saída dos recursos orçamentários. Na execução orçamentária, a conta "8.2.1.1.1.xx.xx - Disponibilidade por Destinação de Recursos - DDR" deverá ser creditada por ocasião da classificação da receita orçamentária arrecadada e debitada pelo empenho da despesa orçamentária. O saldo representará a disponibilidade financeira para novas despesas.

Na <u>execução orçamentária da receita</u>, o controle das disponibilidades será efetuado apenas no momento do **ingresso do recurso**, trazendo o valor classificado na fonte/destinação correspondente (disponibilidade a utilizar), bem como o registro da realização da receita orçamentária por fonte/destinação, conforme lançamento a seguir:

Registro do controle de disponibilidade no momento do ingresso do recurso	(NIC)	D – 7.2.1.1 Controle da Disponibilidade de Recursos C – 8.2.1.1 Execução da Disponibilidade de Recursos (DDR)

Na <u>execução orçamentária da despesa</u>, o controle das disponibilidades será efetuado em três momentos: no empenho, na liquidação e no pagamento da despesa. No **controle da disponibilidade comprometida por empenho**, haverá a baixa do crédito disponível conforme a fonte/destinação, devendo ser registrada a transferência da disponibilidade de recursos para a disponibilidade de recursos comprometida:

Registro da DDR comprometida por empenho	(NIC)	D – 8.2.1.1 Execução da Disponibilidade de Recursos (DDR) C – 8.2.1.2 DDR – Comprometida por Empenho

No **controle da disponibilidade comprometida por liquidação**, haverá a mudança do *status* da disponibilidade comprometida por empenho para disponibilidade comprometida por liquidação:

Registro da DDR comprometida por liquidação	(NIC)	D – 8.2.1.2 DDR – Comprometida por Empenho C – 8.2.1.3 DDR – Comprometida por Liquidação e Entradas Compensatórias

No **pagamento da despesa**, será efetuado o registro de baixa do saldo da conta de fonte/destinação comprometida por liquidação e o lançamento na conta de fonte/destinação utilizada:

Registro da DDR utilizada	(NIC)	D – 8.2.1.3 DDR Comprometida por Liquidação e Entradas Compensatórias C – 8.2.1.4 DDR Utilizada

De acordo com o MCASP (2021), com o registro do controle da disponibilidade é possível saber a qualquer momento o quanto do total orçado já foi realizado por fonte/destinação de recursos, pois as disponibilidades de recursos estarão controladas e detalhadas nas contas de controles credores.

No **encerramento do exercício financeiro**, a conta "DDR Utilizada" terá como contrapartida a conta "Controle da Disponibilidade de Recursos". O saldo representará a disponibilidade financeira para uma nova despesa e a conta "DDR Utilizada":

Registro do controle de disponibilidade	(NIC)	D – 8.2.1.4 DDR Utilizada C – 7.2.1.1 Controle da Disponibilidade de Recursos

A conta "8.2.1.1.4.xx.xx – DDR Utilizada", por sua vez, deverá iniciar cada exercício com seu saldo zerado e indica, dentro do exercício, os recursos utilizados por meio de pagamento de despesa orçamentária, depósitos, dentre outros meios.

6.2.7 Registro da realização e arrecadação da receita orçamentária

O registro contábil da receita orçamentária deve observar o art. 35 da Lei nº 4.320/1964, que dispõe que pertence ao exercício as receitas nele arrecadadas. Havendo o ingresso do recurso, a realização da receita orçamentária deverá ser reconhecida, devidamente acompanhada do controle da disponibilidade:

Registro do ingresso do recurso	(NIP)	D – 1.1.1.1 Caixa e Equivalentes de Caixa C – 4.1.1.1 VPA – Impostos
Registro da realização da receita	(NIO)	D – 6.2.1.1 Receita a Realizar C – 6.2.1.2 Receita Realizada
Registro do controle de disponibilidade pelo ingresso do recurso	(NIC)	D – 7.2.1.1 Controle da Disponibilidade de Recursos C – 8.2.1.1 Execução da Disponibilidade de Recursos (DDR)

Quando se tratar da **venda de bens**, também haverá o registro do ingresso do recurso em contrapartida à baixa do bem (Ativo Não Circulante), sendo registrado como VPA apenas o eventual ganho com a alienação (quando o valor da venda for acima do valor do bem registrado na contabilidade):

Registro do ingresso do recurso	(NIP)	D – 1.1.1.1 Caixa e Equivalentes de Caixa C – 1.2.x.x Ativo Não Circulante Ou D – 1.1..1.1 Caixa e Equivalentes de Caixa C – 1.2.x.x Ativo Não Circulante C – 4.6.2.2 VPA – Ganho com Alienação de Imobilizado
Registro da realização da receita	(NIO)	D – 6.2.1.1 Receita a Realizar C – 6.2.1.2 Receita Realizada
Registro do controle de disponibilidade pelo ingresso do recurso	(NIC)	D – 7.2.1.1 Controle da Disponibilidade de Recursos C – 8.2.1.1 Execução da Disponibilidade de Recursos (DDR)

Mesmo que a transação não seja à vista, ocorrido o fato gerador, pode-se proceder ao registro contábil do **direito a receber** em contrapartida à conta de variação patrimonial aumentativa, ou seja, uma VPA será reconhecida antes da realização da receita orçamentária, em conformidade com o regime contábil patrimonial (competência).

Quando da efetiva arrecadação, registra-se a receita orçamentária e procede-se à baixa do direito a receber em contrapartida ao ingresso do recurso no banco, afetando neste momento o superávit financeiro. Observe que a realização da receita orçamentária continua atendendo ao disposto no art. 35 da Lei nº 4.320/1964, ou seja, a receita orçamentária será realizada apenas no efetivo ingresso do recurso (regime orçamentário):

Registro contábil do direito a receber no momento do fato gerador	(NIP)	D – 1.1.2.1 Créditos Tributários a Receber (P) C – 4.1.1.1 VPA – Impostos
Registro contábil do ingresso do recurso	(NIP)	D – 1.1.1.1 Caixa e Equivalentes de Caixa (F) C – 1.1.2.2 Créditos Tributários a Receber (P)
Registro da realização da receita apenas quando do ingresso do recurso	(NIO)	D – 6.2.1.1 Receita a Realizar C – 6.2.1.2 Receita Realizada
Registro do controle de disponibilidade pelo ingresso do recurso	(NIC)	D – 7.2.1.1 Controle da Disponibilidade de Recursos C – 8.2.1.1 Execução da Disponibilidade de Recursos (DDR)

Observe que os lançamentos vieram acompanhados dos atributos (P) e (F). Como visto anteriormente, esses atributos guardam relação com os aspectos legais definidos na Lei nº 4.320/1964 e provoca o aumento do ativo e do resultado do exercício, atendendo ao disposto nos arts. 100 e 104 da Lei nº 4.320/1964. De acordo com o MCASP (2021), esse procedimento evita a formação de um superávit financeiro superior ao lastro financeiro existente no ente recebedor.

6.2.8 Registro da execução da despesa orçamentária

Foi apresentado que a execução da despesa orçamentária se dá em três estágios, na forma prevista na Lei nº 4.320/1964: empenho, liquidação e pagamento. O **estágio do empenho** consiste na reserva de dotação orçamentária para um fim específico. Quando o valor empenhado da despesa for insuficiente para atender à despesa a ser realizada, o empenho poderá ser reforçado. Por outro lado, caso o valor do empenho exceda o montante da despesa realizada, o empenho deverá ser anulado parcialmente. Todos os registros devem estar acompanhados dos seus respectivos controles das disponibilidades:

Registro do empenho da dotação orçamentária	(NIO)	D – 6.2.2.1 Crédito Disponível C – 6.2.2.2 Crédito Empenhado a Liquidar

Registro do reforço do empenho da despesa	(NIO)	D – 6.2.2.1 Crédito Disponível C – 6.2.2.2 Crédito Empenhado a Liquidar
Registro da DDR comprometida por empenho	(NIC)	D – 8.2.1.1 Execução da Disponibilidade de Recursos (DDR) C – 8.2.1.2 DDR – Comprometida por Empenho
Registro da anulação do empenho da despesa	(NIO)	D – 6.2.2.2 Crédito Empenhado a Liquidar C – 6.2.2.1 Crédito Disponível
Registro do retorno da disponibilidade em função da anulação da despesa	(NIC)	D – 8.2.1.2 DDR – Comprometida por Empenho C – 8.2.1.1 Execução da Disponibilidade de Recursos (DDR)

Com relação ao **estágio da liquidação**, há de se atentar para o momento da ocorrência do fato gerador para que a Variação Patrimonial Diminutiva (VPD) seja devidamente apropriada, o que pode acontecer antes da liquidação, simultaneamente à liquidação e após a liquidação.

a) Apropriação da VPD <u>antes</u> da liquidação

No caso de o fato gerador (recebimento do bem ou serviço) da obrigação exigível ocorrer antes do empenho e sua liquidação, como no caso da apropriação do **13º salário,** a conta "crédito empenhado em liquidação" é utilizada para evitar que o passivo financeiro seja contabilizado em duplicidade, até o momento da devida liquidação.

Observe que, inicialmente, a obrigação é contabilizada com o atributo (P) e só depois é reclassificada para o atributo (F), quando houver o efetivo empenho da despesa.

Registro da obrigação no momento da ocorrência do fato gerador	(NIP)	D – 3.x.x.x Variação Patrimonial Diminutiva C – 2.1.x.x Passivo Circulante (P)
Registro do empenho da dotação orçamentária	(NIO)	D – 6.2.2.1 Crédito Disponível C – 6.2.2.2 Crédito Empenhado a Liquidar
Registro da DDR comprometida por empenho	(NIC)	D – 8.2.1.1 Execução da Disponibilidade de Recursos (DDR) C – 8.2.1.2 DDR – Comprometida por Empenho
Registro da reclassificação do passivo de (P) para (F)	(NIP)	D – 2.1.x.x Passivo Circulante (P) C – 2.1.x.x Passivo Circulante (F)
Registro da despesa em liquidação	(NIO)	D – 6.2.2.2 Crédito Empenhado a Liquidar C – 6.2.2.3 Crédito Empenhado em Liquidação
Registro da liquidação da despesa após verificação do direito adquirido	(NIO)	D – 6.2.2.3 Crédito Empenhado em Liquidação C – 6.2.2.4 Crédito Empenhado Liquidado a Pagar
Registro da DDR comprometida por liquidação	(NIC)	D – 8.2.1.2 DDR – Comprometida por Empenho C – 8.2.1.3 DDR – Comprometida por Liquidação e Entradas Compensatórias

b) Apropriação da VPD <u>simultaneamente</u> à liquidação

Há situações em que o fato gerador da obrigação exigível ocorre concomitante à liquidação, como no fornecimento de água e luz, momento em que o uso da conta "créditos empenhados em liquidação" é facultativo. Observe que o registro contábil segue o ritual da despesa orçamentária e a conta "Fornecedores" já vem acompanhada do atributo (F).

Registro do empenho da dotação orçamentária	(NIO)	D – 6.2.2.1 Crédito Disponível C – 6.2.2.2 Crédito Empenhado a Liquidar
Registro da DDR comprometida por empenho	(NIC)	D – 8.2.1.1 Execução da Disponibilidade de Recursos (DDR) C – 8.2.1.2 DDR – Comprometida por Empenho
Registro do recebimento da nota fiscal e liquidação	(NIP)	D – 3.x.x.x Variação Patrimonial Diminutiva C – 2.1.x.x Passivo Circulante (F)
Registro da liquidação da despesa	(NIO)	D – 6.2.2.2 Crédito Empenhado a Liquidar C – 6.2.2.4 Crédito Empenhado Liquidado a Pagar
Registro da DDR comprometida por liquidação	(NIC)	D – 8.2.1.2 DDR – Comprometida por Empenho C – 8.2.1.3 DDR Comprometida por Liquidação e Entradas Compensatórias

Quando se tratar da aquisição de bens, portanto fato permutativo, a conta fornecedores terá como contrapartida uma conta de Ativo Não Circulante, conforme lançamento a seguir:

Registro do recebimento da nota fiscal e liquidação	(NIP)	D – 1.2.x.x Ativo Não Circulante C – 2.1.x.x Passivo Circulante (F)

c) Apropriação da VPD <u>após</u> a liquidação

No caso de o fato gerador da obrigação exigível ocorrer concomitante ou depois da liquidação – como no caso da aquisição de material de consumo que será estocado em almoxarifado para uso em momento posterior, a apropriação da VPD se dará após a liquidação, uma vez que a simples incorporação do ativo ao patrimônio não impacta o resultado patrimonial da entidade.

Observe que todo o ritual da execução orçamentária da despesa – empenho, liquidação e pagamento – é registrado contabilmente, mas o resultado do exercício só é impactado pela VPD quando do efetivo consumo do material.

Registro do empenho da dotação orçamentária	(NIO)	D – 6.2.2.1 Crédito Disponível C – 6.2.2.2 Crédito Empenhado a Liquidar
Registro da DDR comprometida por empenho	(NIC)	D – 8.2.1.1 Execução da Disponibilidade de Recursos (DDR) C – 8.2.1.2 DDR – Comprometida por Empenho

Registro no momento do recebimento e incorporação ao estoque	(NIP)	D – 1.1.5.x Estoque C – 2.1.x.x Passivo Circulante (F)

Registro da despesa em liquidação	(NIO)	D – 6.2.2.2 Crédito Empenhado a Liquidar C – 6.2.2.3 Crédito Empenhado em Liquidação

Registro da liquidação da despesa após verificação do direito adquirido	(NIO)	D – 6.2.2.3 Crédito Empenhado em Liquidação C – 6.2.2.4 Crédito Empenhado Liquidado a Pagar

Registro da DDR comprometida por liquidação	(NIC)	D – 8.2.1.2 DDR – Comprometida por Empenho C – 8.2.1.3 DDR Comprometida por Liquidação e Entradas Compensatórias

Registro do reconhecimento da VPD pelo fato gerador	(NIP)	D – 3.x.x.x Variação Patrimonial Diminutiva C – 1.1.5.x Estoque

O **estágio do pagamento** consiste na entrega de numerário ao credor por meio de cheque nominativo, ordens de pagamentos ou crédito em conta, e só pode ser efetuado após a regular liquidação da despesa orçamentária.

A Lei nº 4.320/1964 define no art. 64 a ordem de pagamento como o despacho exarado por autoridade competente, determinando que a despesa liquidada seja paga. Uma regra a ser observada é que a ordem de pagamento só pode ser exarada em documentos processados pelos serviços de contabilidade.

Registro do pagamento	(NIP)	D – 2.1.x.x Passivo Circulante (F) C – 1.1.1.1 Caixa e Equivalentes de Caixa

Registro da baixa do crédito orçamentário	(NIO)	D – 6.2.2.4 Crédito Empenhado Liquidado a Pagar C – 6.2.2.5 Crédito Empenhado Pago

Registro da DDR utilizada	(NIC)	D – 8.2.1.3 DDR Comprometida por Liquidação e Entradas Compensatórias C – 8.2.1.4 DDR Utilizada

Observe que para ser paga a despesa orçamentária deverá ter percorrido todo o ritual da execução orçamentária, resultando na obrigação reconhecida com o Atributo (F).

6.2.9 Mecanismo de registro contábil com detalhamento de fonte de recursos

Segundo o disposto no MCASP (2021), no momento da contabilização do orçamento, deve ser registrado em contas orçamentárias o total da receita orçamentária prevista e da despesa orçamentária fixada por fonte ou destinação de recursos. Na arrecadação, além do registro da receita orçamentária e do respectivo ingresso dos recursos financeiros, deverá ser lançado, em contas de controle, o valor classificado na fonte ou destinação correspondente (disponibilidade a utilizar), bem como o registro da realização da receita orçamentária por fonte ou destinação.

Na execução orçamentária da despesa, no momento do empenho, deverá haver a baixa, em contas de controle, do crédito disponível conforme a fonte ou destinação e deverá ser registrada a transferência da disponibilidade de recursos para a disponibilidade de recursos comprometida. Na saída desse recurso deverá ser adotado procedimento semelhante, com o registro de baixa do saldo da conta de fonte ou destinação comprometida e lançamento na de fonte ou destinação utilizada.

Na aprovação do orçamento

Registro da previsão da receita	(NIO)	D – 5.2.1.1 Previsão Inicial da Receita C – 6.2.1.1 Receita a Realizar **FR: X.XXX**

Registro da fixação da despesa	(NIO)	D – 5.2.2.1 Dotação Inicial C – 6.2.2.1 Crédito Disponível **FR: X.XXX**

Na arrecadação da receita orçamentária

Registro do ingresso do recurso	(NIP)	D – 1.1.1.1 Caixa e Equivalentes de Caixa C – 4.1.1.1 VPA – Impostos **FR: X.XXX**

Registro da realização da receita	(NIO)	D – 6.2.1.1 Receita a Realizar C – 6.2.1.2 Receita Realizada **FR: X.XXX**

Registro do controle de disponibilidade pelo ingresso do recurso	(NIC)	D – 7.2.1.1 Controle da Disponibilidade de Recursos C – 8.2.1.1 Execução da Disponibilidade de Recursos (DDR) **FR: X.XXX**

No empenho da despesa orçamentária

Registro do empenho da dotação orçamentária	(NIO)	D – 6.2.2.1 Crédito Disponível C – 6.2.2.2 Crédito Empenhado a Liquidar **FR: X.XXX**

Registro da DDR comprometida por empenho	(NIC)	D – 8.2.1.1 Execução da Disponibilidade de Recursos (DDR) C – 8.2.1.2 DDR – Comprometida por Empenho **FR: X.XXX**

Na liquidação da despesa orçamentária

Registro do recebimento da nota fiscal e liquidação	(NIP)	D – 3.x.x.x Variação Patrimonial Diminutiva C – 2.1.x.x Passivo Circulante (F) **FR: X.XXX**

Registro da liquidação da despesa	(NIO)	D – 6.2.2.2 Crédito Empenhado a Liquidar C – 6.2.2.4 Crédito Empenhado Liquidado a Pagar **FR: X.XXX**
Registro da DDR comprometida por liquidação	(NIC)	D – 8.2.1.2 DDR – Comprometida por Empenho C – 8.2.1.3 DDR Comprometida por Liquidação e Entradas Compensatórias **FR: X.XXX**

No pagamento da despesa orçamentária

Registro do pagamento	(NIP)	D – 2.1.x.x Passivo Circulante (F) C – 1.1.1.1 Caixa e Equivalentes de Caixa **FR: X.XXX**
Registro da baixa do crédito orçamentário	(NIO)	D – 6.2.2.4 Crédito Empenhado Liquidado a Pagar C – 6.2.2.5 Crédito Empenhado Pago **FR: X.XXX**
Registro da DDR utilizada	(NIC)	D – 8.2.1.3 DDR Comprometida por Liquidação e Entradas Compensatórias C – 8.2.1.4 DDR Utilizada **FR: X.XXX**

Dessa maneira, é possível identificar a qualquer momento o quanto do total orçado já foi realizado por fonte ou destinação de recursos, pois as disponibilidades de recursos estarão controladas pelas contas de controle credoras do PCASP e detalhadas nos códigos de fonte ou destinação de recursos (MCASP, 2021).

6.2.10 Registro dos restos a pagar processados e não processados

Como visto anteriormente, no fim do exercício as despesas orçamentárias empenhadas e não pagas serão inscritas em restos a pagar. Na inscrição de restos a pagar devem ser observadas as disponibilidades financeiras e condições da legislação pertinente, de modo a prevenir riscos e corrigir desvios capazes de afetar o equilíbrio das contas públicas, conforme estabelecido na Lei de Responsabilidade Fiscal (LRF).

Na prática, para dar maior transparência, as despesas executadas são segregadas em despesas empenhadas e que não cumpriram os termos do art. 63 da Lei nº 4.320/1964 (restos a pagar não processados); e despesas empenhadas e que houve a entrega do material ou serviço, nos termos do art. 63 da Lei nº 4.320/1964 (restos a pagar processados), devendo ser contabilizados da seguinte forma:

a) **Inscrição de restos a pagar não processados a liquidar**: neste caso, o empenho foi registrado, mas não ocorreu o fato gerador:

Registro da inscrição de restos a pagar a liquidar não processados	(NIO)	D – 6.2.2.2 Crédito Empenhado a Liquidar C – 6.2.2.8 Empenhos a Liquidar inscritos em restos a pagar não processados

180 | Orçamento, Contabilidade e Gestão no Setor Público | LIMA

Registro da inscrição de restos a pagar não processados a liquidar	(NIO)	D – 5.3.1.1 RP Não Processados Inscritos C – 6.3.1.1 RP Não Processados a Liquidar

b) **Inscrição de restos a pagar não processados em liquidação**: o fato gerador ocorreu sem que se tenha procedido ao estágio da liquidação:

Registro da inscrição de restos a pagar em liquidação não processados	(NIO)	D – 6.2.2.3 Crédito Empenhado em Liquidação C – 6.2.2.9 Empenhos em liquidação inscritos em restos a pagar não processados
Registro da inscrição de restos a pagar não processados em liquidação	(NIO)	D – 5.3.1.1 RP Não Processados Inscritos C – 6.3.1.2 RP Não Processados em Liquidação

c) **Inscrição de restos a pagar processados**: o fato gerador ocorreu e foi procedido o estágio da liquidação:

Registro da inscrição de restos a pagar processados	(NIO)	D – 6.2.2.4 Crédito Empenhado Liquidado a Pagar C – 6.2.2.10 Empenhos liquidados inscritos em restos a pagar processados
Registro da inscrição de restos a pagar processados no exercício	(NIO)	D – 5.3.2.7 RP Processados – Inscrição no Exercício C – 6.3.2.7 RP Processados – Inscrição no Exercício

d) **Liquidação de restos a pagar não processados em liquidação**: ocorrida a liquidação em exercício seguinte à inscrição, os restos a pagar não processados em liquidação será reclassificado para liquidado:

Registro da liquidação de restos a pagar não processados em liquidação	(NIO)	D – 6.3.1.2 RP Não Processados em Liquidação C – 6.3.1.3 RP Não Processados Liquidados a Pagar
Registro da DDR comprometida por liquidação	(NIC)	D – 8.2.1.2 DDR – Comprometida por Empenho C – 8.2.1.3 DDR Comprometida por Liquidação e Entradas Compensatórias

e) **Pagamento dos restos a pagar**: as despesas inscritas em restos a pagar, processadas ou não, serão pagas em exercícios seguintes, desde que liquidadas. O <u>pagamento de restos a pagar não processados liquidados</u> será efetuado da seguinte forma:

Registro do reconhecimento da obrigação	(NIP)	D – 2.1.x.x Passivo Circulante (F) C – 1.1.1.x Caixa e Equivalentes de Caixa
Registro do pagamento dos restos a pagar não processado liquidado	(NIO)	D – 6.3.1.3 RP Não Processados Liquidados a Pagar C – 6.3.1.4 RP Não Processados Pagos

Lançamentos Contábeis e Reflexos nas Naturezas de Informação Contábil | **181**

Registro da DDR utilizada	(NIC)	D – 8.2.1.3 DDR Comprometida por Liquidação e Entradas Compensatórias C – 8.2.1.4 DDR Utilizada

O registro do <u>pagamento de restos a pagar processados</u> se dará da seguinte forma:

Registro do reconhecido da obrigação	(NIP)	D – 2.1.x.x Passivo Circulante (F) C – 1.1.1.x Caixa e Equivalentes de Caixa
Registro do pagamento dos restos a pagar processado	(NIO)	D – 6.3.2.1 RP Processados a Pagar C – 6.3.2.2 RP Processados Pagos
Registro da DDR utilizada	(NIC)	D – 8.2.1.3 DDR Comprometida por Liquidação e Entradas Compensatórias C – 8.2.1.4 DDR Utilizada

f) **Cancelamento de restos a pagar**: o <u>cancelamento de restos a pagar não processados a liquidar</u> será efetuado da seguinte forma:

Cancelamento de RP não processado a liquidar	(NIO)	D – 6.3.1.1 RP Não Processados a Liquidar C – 6.3.1.9 RP Não Processados Cancelados
Registro da DDR comprometida por liquidação	(NIC)	D – 8.2.1.2 DDR – Comprometida por Empenho C – 8.2.1.1 Disponibilidade por Destinação de Recursos (DDR)

O registro do <u>cancelamento de restos a pagar não processados em liquidação</u> se dará da seguinte forma:

Registro do cancelamento de RP não processado em liquidação	(NIP)	D – 2.1.x.x Passivo Circulante (F) C – 2.1.x.x Passivo Circulante (P)
Cancelamento de RP não processado em liquidação	(NIO)	D – 6.3.1.2 RP Não Processados em Liquidação C – 6.3.1.9 RP Não Processados Cancelados
Registro da DDR comprometida por liquidação	(NIC)	D – 8.2.1.2 DDR – Comprometida por Empenho C – 8.2.1.1 Disponibilidade por Destinação de Recursos (DDR)

O registro do <u>cancelamento de restos a pagar não processados liquidados a pagar</u> se dará da seguinte forma:

Registro do cancelamento de RP não processado liquidado	(NIP)	D – 2.1.x.x Passivo Circulante (F) C – 2.1.x.x Passivo Circulante (P)

182 | Orçamento, Contabilidade e Gestão no Setor Público | LIMA

Cancelamento de RP não processado liquidado	(NIO)	D – 6.3.1.3 RP Não Processados Liquidados a Pagar C – 6.3.1.9 RP Não Processados Cancelados

Registro da DDR comprometida por liquidação	(NIC)	D – 8.2.1.3 DDR Comprometida por Liquidação e Entradas Compensatórias C – 8.2.1.1 Disponibilidade por Destinação de Recursos (DDR)

O registro do <u>cancelamento de restos a pagar processados a pagar</u> se dará da seguinte forma:

Registro do cancelamento de RP processado a pagar	(NIP)	D – 2.1.x.x Passivo Circulante (F) C – 2.1.x.x Passivo Circulante (P)

Cancelamento de RP processado a pagar	(NIO)	D – 6.3.2.1 RP Processados a Pagar C – 6.3.2.9 RP Processados Cancelados

Registro da DDR comprometida por liquidação	(NIC)	D – 8.2.1.3 DDR Comprometida por Liquidação e Entradas Compensatórias C – 8.2.1.1 Disponibilidade por Destinação de Recursos (DDR)

6.2.11 Registro das despesas de exercícios anteriores

O reconhecimento da obrigação de pagamento das despesas com exercícios anteriores, pela autoridade competente, deverá ocorrer em procedimento administrativo específico, sendo necessário, no mínimo, os seguintes elementos:

a) Identificação do credor/favorecido;
b) Descrição do bem, material ou serviço adquirido/contratado;
c) Data de vencimento do compromisso;
d) Importância exata a pagar;
e) Documentos fiscais comprobatórios;
f) Certificação do cumprimento da obrigação pelo credor/favorecido;
g) Motivação pelo qual a despesa não foi empenhada ou paga na época própria.

Do ponto de vista contábil, após o reconhecimento por parte da autoridade competente, o lançamento contábil seguirá o mesmo ritual da execução da despesa orçamentária:

Registro do empenho da dotação orçamentária	(NIO)	D – 6.2.2.1 Crédito Disponível C – 6.2.2.2 Crédito Empenhado a Liquidar

Registro da DDR comprometida por empenho	(NIC)	D – 8.2.1.1 Execução da Disponibilidade de Recursos (DDR) C – 8.2.1.2 DDR – Comprometida por Empenho

Registro do reconhecimento da VPD pelo fato gerador	(NIP)	D – 3.x.x.x Variação Patrimonial Diminutiva C – 2.1.x.x Fornecedores (F)

Registro da liquidação da despesa	(NIO)	D – 6.2.2.2 Crédito Empenhado a Liquidar C – 6.2.2.4 Crédito Empenhado Liquidado a Pagar

Registro da DDR comprometida por liquidação	(NIC)	D – 8.2.1.2 DDR – Comprometida por Empenho C – 8.2.1.3 DDR Comprometida por Liquidação e Entradas Compensatórias
Registro do pagamento	(NIP)	D – 2.1.x.x Passivo Circulante (F) C – 1.1.1.1 Caixa e Equivalentes de Caixa
Registro da baixa do crédito orçamentário	(NIO)	D – 6.2.2.4 Crédito Empenhado Liquidado a Pagar C – 6.2.2.5 Crédito Empenhado Pago
Registro da DDR utilizada	(NIC)	D – 8.2.1.3 DDR Comprometida por Liquidação e Entradas Compensatórias C – 8.2.1.4 DDR Utilizada

6.2.12 Registro da dívida ativa

O crédito inadimplente que será inscrito em Dívida Ativa é derivado de um crédito anterior que, pelo transcurso do prazo esperado de recebimento, ficou em atraso. Contabilmente, a inscrição da Dívida Ativa representa um fato permutativo resultante da transferência de um valor não recebido no prazo estabelecido (direito a receber) para um Ativo específico (dívida ativa):

Registro da transferência do crédito em função do registro da dívida ativa	(NIP)	D – 1.1.2.5 Dívida Ativa Tributária C – 1.1.2.1 Créditos Tributários a Receber (P)
Registro do controle da inscrição em dívida ativa	(NIC)	D – 7.3.1.1 Inscrição em Créditos da Dívida Ativa C – 8.3.1.1 Créditos Inscritos em Dívida Ativa
Registro do controle do recebimento da dívida ativa	(NIC)	D – 8.3.1.1 Créditos Inscritos em Dívida Ativa C – 8.3.1.2 Créditos Inscritos em Dívida Ativa a Receber

Registre-se que os valores lançados como Dívida Ativa, pela própria natureza, carregam consigo um grau de incerteza com relação ao seu recebimento. Em razão disso, deverá ser lançada uma estimativa para eventuais perdas, tomando por base o histórico de recuperação em exercícios anteriores. Esse procedimento tem por objetivo permitir que o valor final dos créditos a receber seja uma expressão correta dos recebimentos futuros:

Registro de estimativa de perda no recebimento da dívida ativa	(NIP)	D – 3.6.1.7 Redução a Valor Recuperável de Dívida Ativa C – 1.1.2.9 Ajustes de Perdas de Crédito a Curto Prazo

Quando tais créditos forem efetivamente arrecadados, procede-se a baixa da dívida ativa e o correspondente ingresso do recurso nas contas públicas:

Registro de recebimento da dívida ativa	(NIP)	D – 1.1.1.1 Caixa e Equivalentes de Caixa C – 1.1.2.5 Dívida Ativa Tributária

Registro da realização da receita apenas quando do ingresso do recurso	(NIO)	D – 6.2.1.1 Receita a Realizar C – 6.2.1.2 Receita Realizada

Registro do controle de disponibilidade pelo ingresso do recurso	(NIC)	D – 7.2.1.1 Controle da Disponibilidade de Recursos C – 8.2.1.1 Execução da Disponibilidade de Recursos (DDR)

Registro do controle do recebimento da dívida ativa	(NIC)	D – 8.3.1.2 Créditos Inscritos em Dívida Ativa a Receber C – 8.3.1.3 Créditos Inscritos em Dívida Ativa Recebidos

Registro de baixa de estimativa de perda no recebimento da dívida ativa	(NIP)	D – 1.1.2.9 Ajustes de Perdas de Crédito a Curto Prazo C – 4.6.5.4 Reversão de Redução de Valor Recuperável de Dívida Ativa

O eventual cancelamento por qualquer motivo do devedor inscrito em Dívida Ativa representa a extinção do crédito e, consequentemente, a diminuição na situação líquida patrimonial em decorrência da baixa do direito. Como não há consenso sobre a legalidade desse procedimento, recomenda-se que seja enviada consulta nesse sentido para o Tribunal de Contas e para a Procuradoria da Fazenda ao qual a entidade encontra-se jurisdicionada:

Registro de baixa da dívida ativa	(NIP)	D – 3.7.1.1 Baixa de Impostos C – 1.1.2.5 Dívida Ativa Tributária

Registro do controle do recebimento da dívida ativa	(NIC)	D – 8.3.1.2 Créditos Inscritos em Dívida Ativa a Receber C – 8.3.2.5 Baixa de Créditos Inscritos em Dívida Ativa

Registro de baixa de estimativa de perda no recebimento da dívida ativa	(NIP)	D – 1.1.2.9 Ajustes de Perdas de Crédito a Curto Prazo C – 4.6.5.4 Reversão de Redução de Valor Recuperável de Dívida Ativa

6.2.13 Registro da dívida pública

Como visto no Capítulo 4 – Patrimônio Público, a Dívida Pública representa os compromissos de entidade pública decorrentes de operações de crédito, com o objetivo de atender as necessidades dos serviços públicos em virtude de orçamentos deficitários ou para a realização de empreendimentos de vulto. Logo após a sua contratação, haverá o ingresso de recursos financeiros:

Registro do ingresso do recurso por operação de crédito	(NIP)	D – 1.1.1.1 Caixa e Equivalentes de Caixa C – 2.2.2.x Empréstimos e Financiamentos a Longo Prazo (P)

Registro da realização da receita	(NIO)	D – 6.2.1.1 Receita a Realizar C – 6.2.1.2 Receita Realizada

Registro do controle de disponibilidade pelo ingresso do recurso	(NIC)	D – 7.2.1.1 Controle da Disponibilidade de Recursos C – 8.2.1.1 Execução da Disponibilidade de Recursos (DDR)

Registro da execução de obrigações contratuais	(NIC)	D – 7.1.2.3 Obrigações Contratuais C – 8.1.2.3 Execução de Obrigações Contratuais

Registro do reconhecimento dos encargos	(NIP)	D – 2.2.2.8 Encargos Financeiros a Apropriar C – 2.2.2.5 Juros e Encargos a Pagar de Empréstimos

Cada parcela relativa aos encargos financeiros deve ser apropriada até o final de cada mês, conforme o regime de competência, independentemente de seu pagamento. Dessa forma, deve ser realizada uma baixa no saldo contábil da conta retificadora de passivo que representa os encargos financeiros a apropriar:

Registro da apropriação dos encargos financeiros	(NIP)	D – 3.4.1.1 Juros e Encargos da Dívida Contratual Interna C – 2.2.2.8 Encargos Financeiros a Apropriar

Ao final do período, deve ser feita a liquidação da despesa orçamentária relativa aos encargos financeiros já apropriados:

Registro do empenho da dotação orçamentária	(NIO)	D – 6.2.2.1 Crédito Disponível C – 6.2.2.2 Crédito Empenhado a Liquidar
Registro da DDR comprometida por empenho	(NIC)	D – 8.2.1.1 Execução da Disponibilidade de Recursos (DDR) C – 8.2.1.2 DDR – Comprometida por Empenho
Registro da despesa em liquidação	(NIO)	D – 6.2.2.2 Crédito Empenhado a Liquidar C – 6.2.2.3 Crédito Empenhado em Liquidação
Registro da liquidação da despesa após verificação do direito adquirido	(NIO)	D – 6.2.2.3 Crédito Empenhado em Liquidação C – 6.2.2.4 Crédito Empenhado Liquidado a Pagar
Registro da DDR comprometida por liquidação	(NIC)	D – 8.2.1.2 DDR – Comprometida por Empenho C – 8.2.1.3 DDR Comprometida por Liquidação e Entradas Compensatórias
Registro do pagamento da despesa orçamentária correspondente aos encargos	(NIP)	D – 2.2.2.5 Juros e Encargos a Pagar de Empréstimos C – 1.1.1.1 Caixa e Equivalentes de Caixa
Registro da baixa do crédito orçamentário	(NIO)	D – 6.2.2.4 Crédito Empenhado Liquidado a Pagar C – 6.2.2.5 Crédito Empenhado Pago
Registro da DDR utilizada	(NIC)	D – 8.2.1.3 DDR Comprometida por Liquidação e Entradas Compensatórias C – 8.2.1.4 DDR Utilizada

186 | Orçamento, Contabilidade e Gestão no Setor Público | LIMA

Quando da amortização da operação de crédito, os seguintes lançamentos devem ser efetuados:

Registro do empenho da dotação orçamentária	(NIO)	D – 6.2.2.1 Crédito Disponível C – 6.2.2.2 Crédito Empenhado a Liquidar
Registro da DDR comprometida por empenho	(NIC)	D – 8.2.1.1 Execução da Disponibilidade de Recursos (DDR) C – 8.2.1.2 DDR – Comprometida por Empenho
Registro da despesa em liquidação	(NIO)	D – 6.2.2.2 Crédito Empenhado a Liquidar C – 6.2.2.3 Crédito Empenhado em Liquidação
Registro da liquidação da despesa após verificação do direito adquirido	(NIO)	D – 6.2.2.3 Crédito Empenhado em Liquidação C – 6.2.2.4 Crédito Empenhado Liquidado a Pagar
Registro da DDR comprometida por liquidação	(NIC)	D – 8.2.1.2 DDR – Comprometida por Empenho C – 8.2.1.3 DDR Comprometida por Liquidação e Entradas Compensatórias
Registro da reclassificação da obrigação do longo para o curto prazo	(NIP)	D – 2.2.2.x Juros e Encargos a Pagar de Empréstimos (P) C – 2.1.2.1 Juros e Encargos a Pagar de Empréstimos (F)
Registro do pagamento da despesa orçamentária correspondente aos encargos	(NIP)	D – 2.1.2.1 Juros e Encargos a Pagar de Empréstimos (F) C – 1.1.1.1 Caixa e Equivalentes de Caixa
Registro da baixa do crédito orçamentário	(NIO)	D – 6.2.2.4 Crédito Empenhado Liquidado a Pagar C – 6.2.2.5 Crédito Empenhado Pago
Registro da DDR utilizada	(NIC)	D – 8.2.1.3 DDR Comprometida por Liquidação e Entradas Compensatórias C – 8.2.1.4 DDR Utilizada
Registro da baixa de execução de obrigações contratuais	(NIC)	D – 8.1.2.3 Execução de Obrigações Contratuais C – 8.1.2.4 Obrigações Contratuais Executadas

6.2.14 Registro do suprimento de fundos

Conforme apresentado no Capítulo 1 – Planejamento da Ação Governamental e Fundamentos do Orçamento Público, o suprimento de fundos é caracterizado por ser um adiantamento de valores a servidor para futura prestação de contas, e constitui uma despesa orçamentária, devendo percorrer todos os seus estágios:

Registro do empenho da dotação orçamentária	(NIO)	D – 6.2.2.1 Crédito Disponível C – 6.2.2.2 Crédito Empenhado a Liquidar
Registro da DDR comprometida por empenho	(NIC)	D – 8.2.1.1 Execução da Disponibilidade de Recursos (DDR) C – 8.2.1.2 DDR – Comprometida por Empenho

Na liquidação da despesa orçamentária, ao mesmo tempo em que ocorre o registro de um passivo há também a incorporação de um ativo, que representa o direito de receber um bem ou serviço, objeto do gasto a ser efetuado pelo suprido, ou a devolução do numerário adiantado:

Registro do reconhecimento do direito	(NIP)	D – 1.1.3.1 Adiantamentos Concedidos (P) C – 2.1.8.9 Outras Obrigações a Curto Prazo (F)
Registro da liquidação da despesa	(NIO)	D – 6.2.2.2 Crédito Empenhado a Liquidar C – 6.2.2.4 Crédito Empenhado Liquidado a Pagar
Registro da DDR comprometida por liquidação	(NIC)	D – 8.2.1.2 DDR – Comprometida por Empenho C – 8.2.1.3 DDR Comprometida por Liquidação e Entradas Compensatórias
Registro do pagamento da despesa orçamentária correspondente aos encargos	(NIP)	D – 2.1.8.9 Outras Obrigações a Curto Prazo (F) C – 1.1.1.1 Caixa e Equivalentes de Caixa
Registro da baixa do crédito orçamentário	(NIO)	D – 6.2.2.4 Crédito Empenhado Liquidado a Pagar C – 6.2.2.5 Crédito Empenhado Pago
Registro da DDR utilizada	(NIC)	D – 8.2.1.3 DDR Comprometida por Liquidação e Entradas Compensatórias C – 8.2.1.4 DDR Utilizada

Por ocasião da prestação de contas, caso todo o saldo seja utilizado os seguintes lançamentos devem ser efetuados:

Registro da prestação de contas do saldo utilizado	(NIP)	D – 3.x.x.x VPD C – 1.1.3.1 Adiantamentos Concedidos (P)

Caso haja alguma devolução de valores não aplicados <u>no exercício</u> da concessão, os seguintes lançamentos serão realizados:

Registro da prestação de contas do saldo utilizado	(NIP)	D – 1.1.1.1 Caixa e Equivalentes de Caixa C – 1.1.3.1 Adiantamentos Concedidos (P)
Registro do estorno da baixa do crédito orçamentário	(NIO)	D – 6.2.2.5 Crédito Empenhado Pago C – 6.2.2.4 Crédito Empenhado Liquidado a Pagar
Registro do estorno da DDR utilizada	(NIC)	D – 8.2.1.4 DDR Utilizada C – 8.2.1.3 DDR Comprometida por Liquidação e Entradas Compensatórias
Registro do estorno da liquidação da despesa	(NIO)	D – 6.2.2.4 Crédito Empenhado Liquidado a Pagar C – 6.2.2.2 Crédito Empenhado a Liquidar

Registro do estorno da DDR comprometida por liquidação	(NIC)	D – 8.2.1.3 DDR Comprometida por Liquidação e Entradas Compensatórias C – 8.2.1.2 DDR Comprometida por Empenho

Registro do estorno do empenho da dotação orçamentária	(NIO)	D – 6.2.2.2 Crédito Empenhado a Liquidar C – 6.2.2.1 Crédito Disponível

Registro do estorno da DDR comprometida por empenho	(NIC)	D – 8.2.1.2 DDR Comprometida por Empenho C – 8.2.1.1 Execução da Disponibilidade de Recursos (DDR)

Caso a devolução dos valores não aplicados seja efetuada no exercício seguinte ao da concessão, os seguintes lançamentos devem ser realizados:

Registro da prestação de contas do saldo utilizado	(NIP)	D – 1.1.1.1 Caixa e Equivalentes de Caixa C – 1.1.3.1 Adiantamentos Concedidos (P)

Registro da realização da receita	(NIO)	D – 6.2.1.1 Receita a Realizar C – 6.2.1.2 Receita Realizada

Registro do controle de disponibilidade pelo ingresso do recurso	(NIC)	D – 7.2.1.1 Controle da Disponibilidade de Recursos C – 8.2.1.1 Execução da Disponibilidade de Recursos (DDR)

6.2.15 Registro dos estoques

No momento da aquisição, os estoques são ativados no patrimônio das entidades públicas tendo como contrapartida a conta de fornecedores (acompanhada do atributo F ou P, conforme dependam ou não de autorização legislativa):

Registro no momento da aquisição do estoque	(NIP)	D – 1.1.5.x Estoques C – 2.1.3.x Fornecedores e Contas a Pagar a Curto Prazo

Havendo perdas, obsolescência ou diminuição do preço de venda, um ajuste deverá ser efetuado para adequar o valor do estoque ao valor realizável líquido, em conta redutora de ativo em contrapartida a uma conta de VPD. Caso a perda se confirme, o ajuste de perdas deve ser lançado em contrapartida à conta de estoques:

Registro de ajustes de perdas em estoques	(NIP)	D – 3.6.1.8 VPD – Ajustes de Perdas de Estoques C – 1.1.5.9 (–) Ajustes de Perdas de Estoques

Baixa do ajuste de ajuste de perda pela sua confirmação	(NIP)	D – 1.1.5.9 (–) Ajustes de Perdas de Estoques C – 1.1.5.x Estoques

Quando os estoques forem consumidos, uma variação patrimonial diminutiva deve ser reconhecida. Caso essa saída seja em função de venda, troca ou distribuição, uma VPA também deve ser registrada.

a) Baixa do estoque pelo consumo:

Registro no momento da saída do estoque	(NIP)	D – 3.3.1.1 VPD – Consumo de Material C – 1.1.5.x Estoques

b) Baixa do estoque pela venda, troca ou distribuição:

Registro no momento da saída do estoque	(NIP)	D – 3.x.x.x VPD – XXX C – 1.1.5.x Estoques

Registro pelo ganho com a saída de estoque	(NIP)	D – 1.x.x.x Ativo C – 4.x.x.x VPA – XXXX

Caso a baixa do estoque seja para distribuição gratuita, uma conta de VPD específica deve ser utilizada.

c) Baixa do estoque pela distribuição gratuita:

Registro no momento da saída do estoque	(NIP)	D – 3.3.1.2 VPD – Distribuição de Material Gratuito C – 1.1.5.x Estoques

6.2.16 Registro do imobilizado

No momento da aquisição, os bens móveis e imóveis são ativados no patrimônio das entidades públicas tendo como contrapartida uma conta de fornecedores (acompanhada do atributo F ou P, conforme dependam ou não de autorização legislativa):

Registro da entrada do bem no momento da aquisição	(NIP)	D – 1.2.x.x Bens Móveis Ou D – 1.2.x.x Bens Imóveis C – 2.x.x.x Fornecedores

Caso os bens móveis ou imóveis sejam recebidos a título gratuito (doações, apreensões, entre outros), a conta de ativo terá como contrapartida uma conta de VPA:

Registro da entrada do bem recebido a título gratuito	(NIP)	D – 1.2.x.x Bens Móveis Ou D – 1.2.x.x Bens Imóveis C – 4.5.x.x Doações/Transferências Recebidas

Quando se tratar de bens móveis ou imóveis produzidos ou construídos pela própria administração pública, inicialmente são contabilizados como bens móveis em elaboração ou obras em andamento:

Registro dos bens produzidos ou construídos pela própria administração pública	(NIP)	D – 1.2.x.x Bens Móveis em Elaboração Ou D – 1.2.x.x Obras em Andamento C – 2.x.x.x Fornecedores

Quando da conclusão do processo de produção do bem ou pela conclusão da obra, deve ser feita a respectiva transferência para a conta contábil representativa do bem:

Registro da conclusão do processo de produção do bem ou conclusão da obra	(NIP)	D – 1.2.x.x Bens Móveis C – 1.2.x.x Bens Móveis em Elaboração Ou D – 1.2.x.x Bens Imóveis C – 1.2.x.x Obras em Andamento

Por ocasião da alienação ou quando não houver mais a expectativa de geração de benefícios econômicos ou potencial de serviços com a utilização do bem móvel ou imóvel, ele deve ser baixado e devem ser reconhecidos eventuais perdas ou ganhos no resultado patrimonial do exercício:

Registro da baixa do bem por ocasião da alienação ou perda de benefícios econômicos ou potencial de serviços	(NIP)	D – 1.1.x.x Caixa e Equivalentes de Caixa D – 3.6.x.x VPD Perdas com Alienação C – 1.2.x.x Bens Móveis ou Bens Imóveis Ou D – 1.1.x.x Caixa e Equivalentes de Caixa C – 1.2.x.x Bens Móveis ou Bens Imóveis C – 4.x.x.x VPA – Ganhos com Alienação

6.2.17 Registro de recebimentos de garantias e valores restituíveis

Os recebimentos de garantias e valores restituíveis originam um ativo e uma obrigação presente, porque a entidade pública se apresenta apenas como um fiel depositária neste momento, portanto, trata-se de um fato permutativo.

Registro do controle da garantia recebida	(NIC)	D – 7.1.1.1 Garantias e Contragarantias Recebidas C – 8.1.1.1 Execução de Garantias e Contragarantias Recebidas

Registro no momento do ingresso do recurso	(NIP)	D – 1.1.1.1 Caixa e Equivalentes de Caixa C – 2.1.8.8 Valores Restituíveis

No momento da devolução do recurso, procede-se da mesma forma, também se configurando um fato permutativo

Registro no momento do ingresso do recurso	(NIP)	D – 2.1.8.8 Valores Restituíveis C – 1.1.1.1 Caixa e Equivalentes de Caixa

Registro do controle da garantia devolvida	(NIO)	D – 8.1.1.1 Execução de Garantias e Contragarantias Recebidas C – 7.1.1.1 Garantias e Contragarantias Recebidas

Caso a garantia venha a ser executada ou o valor não seja mais restituído, esse recurso passa a ficar disponível para a execução de despesas públicas, devendo-se proceder a alteração da lei orçamentária original com uma previsão adicional da receita orçamentária e uma dotação adicional da despesa orçamentária. Na sequência, o passivo será convertido em uma VPA e a receita orçamentária realizada, uma vez que já houve o ingresso do recurso nas contas públicas.

6.2.18 Registro da depreciação, amortização e exaustão

Conforme apresentado anteriormente, os procedimentos contábeis da depreciação, amortização e exaustão têm como característica fundamental a redução do valor do bem. No caso do bem novo, a base de cálculo da depreciação será o valor da nota fiscal (empenho). Nesse valor também devem ser adicionados os gastos necessários para colocar o bem em uso na forma pretendida pela administração (despesas com frete e instalação, *softwares* que são parte integrante do bem, entre outros).

Conforme apresentado no Capítulo 4 – Patrimônio Público, normalmente, os bens em uso na atividade operacional de uma entidade pública apresentam um padrão de consumo uniforme, razão pela qual se recomenda o uso do método linear, de fácil aplicação, em que são fixadas taxas constantes de depreciação ao longo do tempo de vida útil, conforme exemplo a seguir.

Exemplo 1: Registro contábil da depreciação de bem novo pelo método linear

Bem	Valor de aquisição	Vida útil	Taxa de depreciação
Mobiliário novo	R$ 12.000,00	10 anos	10% ao ano ou 120 meses

Registro da parcela mensal de depreciação	(NIP)	D – 3.3.3.1 VDP – Depreciação C – 1.2.3.8 Depreciação Acumulada	100,00 100,00

Quando a depreciação acumulada atingir 100% do valor do bem, mesmo estando esse bem ainda em uso, a depreciação não será mais calculada, permanecendo o valor original do bem e a respectiva depreciação acumulada nos registros contábeis até que o bem seja alienado, doado, trocado ou quando não mais fizer parte do patrimônio. Caso esse bem venha a ser baixado, o seguinte lançamento deve ser efetuado:

Registro da baixa de bem totalmente depreciado	(NIP)	D – 1.2.3.8 Depreciação Acumulada C – 1.2.3.x Imobilizado	12.000,00 12.000,00

Também deve ser definido se esse bem apresentará valor residual – valor estimado que a entidade obteria com a venda do ativo caso esse já tivesse a idade, a condição esperada e o tempo de uso esperados para o fim de sua vida útil – ao final da sua vida útil, para então estabelecer a alíquota de depreciação a ser aplicada.

Exemplo 2: Registro contábil da depreciação de bem novo pelo método linear com valor residual

Bem	Valor de aquisição	Vida útil	Taxa de depreciação
Mobiliário novo	R$ 12.000,00	10 anos	10% ao ano ou 120 meses
Valor residual	R$ 1.200,00	Cálculo: R$ 10.800,00/120 meses = R$ 90,00	

Registro da parcela mensal de depreciação	(NIP)	D – 3.3.3.1 VDP – Depreciação C – 1.2.3.8 Depreciação Acumulada	90,00 90,00

Ao final do período, será lançada a depreciação acumulada contra o valor do bem que, ao final, apresentará como valor residual o saldo de R$ 1.200,00:

Registro da baixa da depreciação acumulada	(NIP)	D – 1.2.3.8 Depreciação Acumulada C – 1.2.3.x Imobilizado	10.800,00 10.800,00

Mais uma vez, registra-se que a depreciação de um ativo cessa quando ele é baixado ou transferido do imobilizado. Todavia, essa depreciação não cessa pelo fato de o ativo tornar-se obsoleto ou ser retirado temporariamente de operação, a não ser que esteja totalmente depreciado.

Com relação ao procedimento contábil da <u>amortização</u>, trata-se da redução do valor aplicado na aquisição de direitos de propriedade e quaisquer outros, inclusive ativos intangíveis, com existência ou exercício de duração limitada ou cujo objeto seja bem de utilização por prazo legal ou contratualmente limitado, conforme exemplo a seguir.

Exemplo 3: Registro contábil da amortização

Bem	Valor do contrato	Prazo	Amortização
Máquina	R$ 30.000,00	60 meses	R$ 30.000,00/60 = R$ 500,00

Registro da parcela mensal da amortização	(NIP)	D – 3.3.3.1 VDP – Amortização C – 1.2.3.8 Amortização Acumulada	500,00 500,00

O procedimento contábil da <u>exaustão</u>, por sua vez, é realizado para elementos de recursos naturais esgotáveis e a principal causa da redução do valor é a exploração. Como visto anteriormente, para que seja calculado o valor da exaustão é necessário que haja uma análise técnica da capacidade de extração/aproveitamento do ativo em questão, pois a exaustão se dará proporcionalmente à quantidade produzida pelo ativo.

Exemplo 4: registro contábil da exaustão

Objeto	Capacidade	Valor	Cálculo da extração
Jazida	200.000 toneladas	R$ 500.000,00	20.000,00/200.000 = 10% × R$ 500.000,00 = R$ 50.000,00

Registro da parcela da exaustão	(NIP)	D – 3.3.3.1 VDP – Exaustão C – 1.2.3.8 Exaustão Acumulada	50.000,00 50.000,00

6.2.19 Registro da reavaliação

Como visto anteriormente, existe a possibilidade de que o bem totalmente depreciado continue gerando benefícios econômicos ou sociais para a entidade. Nesse caso, o bem deve passar pelo procedimento da reavaliação, sendo estabelecido no laudo de avaliação a nova vida útil e o novo valor que será tomado como base do cálculo de depreciação, conforme exemplo a seguir.

Dados para o registro contábil da reavaliação

Em R$

Valor histórico do bem	48.000,00
Depreciação acumulada	(40.000,00)
Valor contábil líquido	8.000,00
Novo valor do bem – laudo	24.000,00
Valor da reavaliação	**16.000,00**

Registra-se que após o procedimento contábil da reavaliação, a depreciação do bem passa a ser calculada sobre esse novo valor, considerando-se a vida útil econômica remanescente indicada no laudo de avaliação. A prática contábil recomenda que primeiro se elimine o valor da depreciação acumulada em contrapartida ao valor registrado para o bem, para que se obtenha o seu valor contábil líquido:

Registro da eliminação da depreciação acumulada do bem	(NIP)	D – 1.2.3.8 Depreciação Acumulada C – 1.2.3.x Ativo Imobilizado	40.000,00 40.000,00

Para apurar o valor reavaliado, parte-se do novo valor do bem apresentado pelo laudo (R$ 24.000,00) deduzido do valor contábil líquido (R$ 8.000,00) sendo a diferença o valor a ser reavaliado (R$ 16.000,00). Na sequência o valor de R$ 16.000,00 será debitado na conta do Ativo Imobilizado tendo como contrapartida uma conta de reserva de reavaliação (patrimônio líquido), passando então a conta de Ativo Imobilizado a apresentar o saldo de R$ 24.000,00:

Registro da reavaliação	(NIP)	D – 1.2.3.x Ativo Imobilizado C – 2.3.6.1 Reserva de Reavaliação	16.000,00 16.000,00

O valor de R$ 24.000,00 passa a ser a nova base de cálculo da depreciação, que será efetuada com base no tempo de vida útil remanescente do bem (48 meses), representando uma parcela anual de R$ 6.000,00 ou R$ 500,00 mensais (método linear).

Registro da parcela mensal de depreciação	(NIP)	D – 3.3.3.1 VDP – Depreciação C – 1.2.3.8 Depreciação Acumulada	500,00 500,00

6.2.20 Registro do impairment

Após a aplicação dos testes, a perda por irrecuperabilidade de um ativo gerador de caixa ou de um ativo não gerador de caixa deve ser reconhecida no resultado patrimonial do Setor Público, sendo classificada como uma Variação Patrimonial Diminutiva (VPD). O registro contábil da perda por irrecuperabilidade pode ser ilustrado da seguinte maneira:

Registro do impairment para ativo gerador de caixa	(NIP)	D – 3.6.1.4 VPD – Redução a Valor Rec. de Investimentos C – 1.2.2.9 Redução ao Valor Recuperável de Investimentos

Registro do impairment para ativo não gerador de caixa	(NIP)	D – 3.6.1.5 VPD – Redução a Valor Rec. de Imobilizado C – 1.2.3.9 Redução ao Valor Recuperável de Imobilizado

Por sua vez, a reversão da perda por irrecuperabilidade de um ativo deve ser reconhecida no resultado patrimonial do exercício como Variação Patrimonial Aumentativa (VPA):

Registro da reversão do impairment para ativo gerador de caixa	(NIP)	D – 1.2.2.9 Redução ao Valor Recuperável de Investimentos C – 4.6.5.1 VPA – Reversão Red. Valor Rec. de Investimentos

Registro da reversão do impairment para ativo não gerador de caixa	(NIP)	D – 1.2.3.9 Redução ao Valor Recuperável de Imobilizado C – 4.6.5.2 VPA – Reversão Red. Valor Rec. de Imobilizado

6.2.21 Registro de contratos

Relativamente ao registro contábil dos contratos, será efetuado em contas de natureza da informação de controle, por se tratar de um ato administrativo que potencialmente pode afetar o patrimônio da entidade.

Registro da assinatura de contratos	(NIC)	D – 7.1.2.3 Obrigações Contratuais C – 8.1.2.3 Execução de Obrigações Contratuais

Registro da baixa do contrato pela execução	(NIC)	D – 8.1.2.3 Execução de Obrigações Contratuais C – 8.1.2.4 Obrigações Contratuais Executadas

6.3 Balancete de verificação

A primeira operação a ser cumprida no encerramento do exercício é o levantamento do Balancete de Verificação, onde se encontram discriminadas todas as contas utilizadas pela entidade, com as somas dos débitos e créditos apresentadas em colunas distintas. As somas de ambas as colunas, do débito e do crédito, devem ser rigorosamente iguais, de acordo com o método das partidas dobradas. Os seguintes elementos mínimos devem constar do Balancete de Verificação:

1) identificação da entidade;
2) data a que se refere;
3) abrangência;
4) identificação das contas e respectivos grupos;
5) saldos das contas, indicando se devedores ou credores;
6) soma dos saldos devedores e credores.

O balancete de verificação deve ser levantado, no mínimo, mensalmente, e quando se destinar a fins externos deverá conter o nome e a assinatura do contabilista responsável, sua categoria profissional e o número do registro no Conselho Regional de Contabilidade. O Balancete pode ser apresentado em quatro ou seis colunas:

Quadro 6.1 – Modelo de balancete de verificação com 4 colunas

Prefeitura Municipal de Cidade Azul					
Janeiro/2019					
Código	Conta	Movimento		Saldo	
		Débito	Crédito	Devedor	Credor
1.1.1.2	Bancos Conta Movimento	100.000,00	80.000,00	20.000,00	-
	Etc.				
TOTAL					

Lançamentos Contábeis e Reflexos nas Naturezas de Informação Contábil | **195**

Quadro 6.2 – Modelo de balancete de verificação com 6 colunas

Prefeitura Municipal de Cidade Azul							
Janeiro/2019							
Código	Conta	Saldo Inicial		Movimento do Mês		Saldo	
		Débito	Crédito	Débito	Crédito	Devedor	Credor
1.1.1.2	Bancos Conta Movimento	25.000,00	0,00	100.000,00	80.000,00	45.000,00	-
	Etc.						
	TOTAL						

6.4 Exercícios resolvidos

Para melhor compreensão dos registros de atos e fatos contábeis e de suas respectivas naturezas de informação, bem como do levantamento do balancete de verificação, a seguir contabilizaremos algumas operações típicas de determinada entidade pública nos livros contábeis (Diário e Razão).

6.4.1 Registros no livro diário

a) Registro contábil da Lei Orçamentária Anual (LOA) aprovada, com previsão da receita e fixação da despesa no valor de R$ 160.000,00, sendo 50% para a categoria econômica corrente e 50% para a categoria econômica de capital, com 40% dos recursos vinculados para gastos com saúde e educação.

Natureza da informação	Conta a débito	Conta a crédito	Histórico	Valor
NIO	5.2.1.1 – Previsão Inicial da Receita	6.2.1.1 – Receita a Realizar	Registro da previsão da receita em razão da aprovação da LOA.	160.000,00
NIO	5.2.2.1 – Dotação Inicial	6.2.2.1 – Crédito Disponível	Registro da fixação da despesa em razão da aprovação da LOA.	160.000,00

b) Registro contábil de direito a receber no valor de R$ 80.000,00, relativo a lançamento de impostos.

Natureza da informação	Conta a débito	Conta a crédito	Histórico	Valor
NIP	1.1.2.1 – Créditos Tributários a Receber (P)	4.1.1.1 – Impostos	Registro do direito a receber no momento do fato gerador.	80.000,00

196 | Orçamento, Contabilidade e Gestão no Setor Público | LIMA

c) Registro da arrecadação e impostos anteriormente lançados como direito a receber, no valor de R$ 60.000,00.

Natureza da informação	Conta a débito	Conta a crédito	Histórico	Valor
NIP	D – 1.1.1.1 Caixa e Equivalentes de Caixa (F)	1.1.2.1 – Créditos Tributários a Receber (P)	Registro do ingresso do recurso no momento do fato gerador e baixa do direito registrado.	60.000,00
NIO	D – 6.2.1.1 Receita a Realizar	6.2.1.2 Receita Realizada	Registro da realização da receita quando do ingresso no recurso.	60.000,00
NIC	7.2.1.1 Controle da Disponibilidade de Recursos	8.2.1.1 Execução da Disponibilidade de Recursos (DDR)	Registro do controle de disponibilidade pelo ingresso do recurso.	60.000,00

d) Contratação de operação de crédito interna a longo prazo, no valor de R$ 70.000,00.

Natureza da informação	Conta a débito	Conta a crédito	Histórico	Valor
NIP	D – 1.1.1.1 Caixa e Equivalente de Caixa (F)	2.2.2.1 – Empréstimos a Longo Prazo – Interno	Ingresso de recursos e reconhecimento da obrigação relativa à operação de crédito interna.	70.000,00
NIO	D – 6.2.1.1 Receita a Realizar	6.2.1.2 Receita Realizada	Registro da realização da receita orçamentária no momento do ingresso no recurso.	70.000,00
NIC	7.2.1.1 Controle da Disponibilidade de Recursos	8.2.1.1 Execução da Disponibilidade de Recursos (DDR)	Registro do controle de disponibilidade pelo ingresso do recurso.	70.000,00

e) Aquisição de veículo (ambulância) à vista no valor de R$ 36.000,00, com recebimento do bem no ato da transação.

Natureza da informação	Conta a débito	Conta a crédito	Histórico	Valor
NIO	D – 6.2.2.1 Crédito Disponível	6.2.2.2 – Crédito Empenhado a Liquidar	Registro do empenho da dotação orçamentária.	36.000,00
NIC	8.2.1.1 Execução da Disponibilidade de Recursos (DDR)	8.2.1.2 DDR – Comprometida por Empenho	Registro da DDR comprometida por empenho.	36.000,00
NIP	D – 1.2.3.1 – Bens Móveis	2.1.3.2 – Contas a Pagar Curto Prazo	Registro da entrada do bem e reconhecimento da exigibilidade.	36.000,00
NIO	6.2.2.2 – Crédito Empenhado a Liquidar	6.2.2.3 – Crédito Empenhado em Liquidação	Registro da despesa orçamentária em liquidação.	36.000,00

NIO	6.2.2.3 – Crédito Empenhado em Liquidação	6.2.2.4 – Crédito Empenhado Liquidado a Pagar	Registro da baixa do crédito orçamentário.	36.000,00
NIC	8.2.1.2 DDR – Comprometida por Empenho	8.2.1.3 DDR – Comprometida por Liquidação e Entradas Compensatórias	Registro da DDR Comprometida por Liquidação e Entradas Compensatórias.	36.000,00
NIP	2.1.3.2 – Contas a Pagar Curto Prazo	1.1.1.1 – Caixa e Equivalentes de Caixa	Registro da saída do recurso para pagamento da obrigação.	36.000,00
NIO	6.2.2.4 – Crédito Empenhado Liquidado a Pagar	6.2.2.5 – Crédito Empenhado Pago	Registro da liquidação após a conferência do fato gerador.	36.000,00
NIC	8.2.1.3 DDR – Comprometida por Liquidação e Entradas Compensatórias	8.2.1.4 DDR – Utilizada	Registro da DDR Utilizada.	36.000,00

f) Lançamento da primeira parcela de depreciação do veículo (ambulância), no valor de R$ 600,00.

Natureza da informação	Conta a débito	Conta a crédito	Histórico	Valor
NIP	3.3.3.1 – VPD Depreciação	1.2.3.8 – Depreciação Acumulada	Registro da primeira parcela da depreciação	600,00

g) Recebimento de imóvel em doação no valor de R$ 90.000,00 no âmbito do ente federado.

Natureza da informação	Conta a débito	Conta a crédito	Histórico	Valor
NIP	1.2.3.2 – Bens Imóveis	4.5.1.2 – Transferências Recebidas Independentes da Execução Orçamentária	Registro da entrada de bem recebido em doação.	90.000,00

h) Lançamento de reavaliação de imóvel no valor de R$ 10.000,00, conforme laudo pericial.

Natureza da informação	Conta a débito	Conta a crédito	Histórico	Valor
NIP	1.2.3.2 – Bens Imóveis	2.3.6.1 – Reservas de Reavaliação	Registro relativo à reavaliação de bem imóvel recebido em doação.	10.000,00

198 | Orçamento, Contabilidade e Gestão no Setor Público | LIMA

i) Empenho e liquidação de folha de pagamento do período no valor de R$ 110.000,00, metade paga à vista e metade inscrita em restos a pagar.

Natureza da informação	Conta a débito	Conta a crédito	Histórico	Valor
NIO	D – 6.2.2.1 – Crédito Disponível	6.2.2.2 – Crédito Empenhado a Liquidar	Registro do empenho da dotação orçamentária.	110.000,00
NIC	8.2.1.1 – Execução da Disponibilidade de Recursos (DDR)	8.2.1.2 DDR – Comprometida por Empenho	Registro da DDR comprometida por empenho.	110.000,00
NIP	D – 3.1.1.1 – VPD Remuneração a Pessoal	2.1.1.1 – Pessoal a Pagar	Registro da obrigação a pagar.	110.000,00
NIO	6.2.2.2 – Crédito Empenhado a Liquidar	6.2.2.4 – Crédito Empenhado Liquidado a Pagar	Registro da liquidação após a conferência do fato gerador.	110.000,00
NIC	8.2.1.2 DDR – Comprometida por Empenho	8.2.1.3 DDR – Comprometida por Liquidação e Entradas Compensatórias	Registro da DDR Comprometida por Liquidação e Entradas Compensatórias.	110.000,00
NIP	2.1.1.1 – Pessoal a Pagar	1.1.1.1 – Caixa e Equivalentes de Caixa	Registro da saída do recurso para pagamento da obrigação.	55.000,00
NIO	6.2.2.4 – Crédito Empenhado Liquidado a Pagar	6.2.2.5 – Crédito Empenhado Pago	Registro da baixa do crédito orçamentário.	55.000,00
NIC	8.2.1.3 DDR – Comprometida por Liquidação e Entradas Compensatórias	8.2.1.4 DDR – Utilizada	Registro da DDR Utilizada.	55.000,00
NIO	6.2.2.4 – Crédito Empenhado Liquidado a Pagar	6.2.2.10 – Empenhos Liquidados Inscritos em Restos a Pagar Processados	Registro da inscrição de restos a pagar processados.	55.000,00
NIO	5.3.2.7 – RP Processados – Inscrição no Exercício	6.3.2.7 – RP Processados – Inscrição no Exercício	Registro da inscrição de restos a pagar processados no exercício.	55.000,00

Lançamentos Contábeis e Reflexos nas Naturezas de Informação Contábil | **199**

6.4.2 Registros no livro-razão

Conta: 1.1.1.1 – Caixa e equivalentes de caixa				
Evento	Histórico da operação	Débito	Crédito	Saldo	Natureza
(c)	Arrecadação de impostos	60.000,00	0,00	60.000,00	Devedor
(d)	Operação de crédito	70.000,00	0,00	130.000,00	Devedor
(e)	Aquisição de veículo	0,00	36.000,00	94.000,00	Devedor
(i)	Folha de pessoal	0,00	55.000,00	39.000,00	Devedor
	Total do Movimento	130.000,00	91.000,00	39.000,00	Devedor

Conta: 1.1.2.1 – Créditos tributários a receber				
Evento	Histórico da operação	Débito	Crédito	Saldo	Natureza
(b)	Lançamento de impostos a receber	80.000,00	0,00	80.000,00	Devedor
(c)	Arrecadação de impostos	0,00	60.000,00	20.000,00	Devedor
	Total do Movimento	80.000,00	60.000,00	20.000,00	Devedor

Conta: 1.2.3.1 – Bens móveis				
Evento	Histórico da operação	Débito	Crédito	Saldo	Natureza
(e)	Aquisição de veículo	36.000,00	0,00	36.000,00	Devedor
	Total do Movimento	36.000,00	0,00	36.000,00	Devedor

Conta: 1.2.3.2 – Bens imóveis				
Evento	Histórico da operação	Débito	Crédito	Saldo	Natureza
(g)	Recebimento de imóvel em doação	90.000,00	0,00	90.000,00	Devedor
(h)	Reavaliação de bem imóvel recebido em doação	10.000,00	0,00	10.000,00	Devedor
	Total do Movimento	100.000,00	0,00	100.000,00	Devedor

Conta: 1.2.3.8 – Depreciação acumulada				
Evento	Histórico da operação	Débito	Crédito	Saldo	Natureza
(e)	Lançamento da parcela de depreciação	0,00	600,00	600,00	Credor
	Total do Movimento	0,00	600,00	600,00	Credor

Conta: 2.1.1.1 – Pessoal a pagar					
Evento	Histórico da operação	Débito	Crédito	Saldo	Natureza
(i)	Registro da folha de pessoal	0,00	110.000,00	110.000,00	Credor
(i)	Pagamento de parte da folha	55.000,00	0,00	55.000,00	Credor
	Total do Movimento	55.000,00	110.000,00	55.000,00	Credor

Conta: 2.1.3.2 – Contas a pagar curto prazo					
Evento	Histórico da operação	Débito	Crédito	Saldo	Natureza
(e)	Aquisição de veículo	0,00	36.000,00	36.000,00	Credor
(e)	Pagamento de veículo	36.000,00	0,00	0,00	–
	Total do Movimento	36.000,00	36.000,00	0,00	–

Conta: 2.2.2.1 – Empréstimos a longo prazo – interno					
Evento	Histórico da operação	Débito	Crédito	Saldo	Natureza
(d)	Contratação de operação de crédito interna	0,00	70.000,00	70.000,00	Credor
	Total do Movimento	0,00	70.000,00	70.000,00	Credor

Conta: 2.3.6.1 – PL Reserva de Reavaliação					
Evento	Histórico da operação	Débito	Crédito	Saldo	Natureza
(h)	Reavaliação de imóvel recebido em doação	0,00	10.000,00	10.000,00	Credor
	Total do Movimento	0,00	10.000,00	10.000,00	Credor

Conta: 3.1.1.1 – VPD remuneração a pessoal					
Evento	Histórico da operação	Débito	Crédito	Saldo	Natureza
(i)	Apropriação da folha de pessoal	110.000,00	0,00	110.000,00	Devedor
	Total do Movimento	110.000,00	0,00	110.000,00	Devedor

Conta: 3.3.3.1 – VPD depreciação					
Evento	Histórico da operação	Débito	Crédito	Saldo	Natureza
(f)	Lançamento da parcela da depreciação	600,00	0,00	600,00	Devedor
	Total do Movimento	600,00	0,00	600,00	Devedor

Conta: 4.1.1.1 – VPA impostos

Evento	Histórico da operação	Débito	Crédito	Saldo	Natureza
(b)	Impostos	0,00	80.000,00	80.000,00	Credor
	Total do Movimento	0,00	80.000,00	80.000,00	Credor

Conta: 4.5.1.2 – VPA Transferências recebidas independentes da execução orçamentária

Evento	Histórico da operação	Débito	Crédito	Saldo	Natureza
(g)	Imóvel recebido em doação	0,00	90.000,00	90.000,00	Credor
	Total do Movimento	0,00	90.000,00	90.000,00	Credor

Conta: 5.2.1.1 – Previsão inicial da receita

Evento	Histórico da operação	Débito	Crédito	Saldo	Natureza
(a)	Aprovação da LOA	160.000,00	0,00	160.000,00	Devedor
	Total do Movimento	160.000,00	0,00	160.000,00	Devedor

Conta: 5.2.2.1 – Dotação inicial

Evento	Histórico da operação	Débito	Crédito	Saldo	Natureza
(a)	Aprovação da LOA	160.000,00	0,00	160.000,00	Devedor
	Total do Movimento	160.000,00	0,00	160.000,00	Devedor

Conta: 5.3.2.7 – RP processados – inscrição no exercício

Evento	Histórico da operação	Débito	Crédito	Saldo	Natureza
(i)	Restos a pagar inscritos no exercício	55.000,00	0,00	55.000,00	Devedor
	Total do Movimento	55.000,00	0,00	55.000,00	Devedor

Conta: 6.2.1.1 – Receita a realizar

Evento	Histórico da operação	Débito	Crédito	Saldo	Natureza
(a)	Aprovação da LOA	0,00	160.000,00	160.000,00	Credor
(c)	Arrecadação de Impostos	60.000,00	0,00	100.000,00	Credor
(d)	Ingresso operação de crédito interna	70.000,00	0,00	30.000,00	Credor
	Total do Movimento	130.000,00	160.000,00	30.000,00	Credor

Conta: 6.2.1.2 – Receita realizada					
Evento	Histórico da operação	Débito	Crédito	Saldo	Natureza
(c)	Arrecadação de Impostos	0,00	60.000,00	60.000,00	Credor
(d)	Ingresso operação de crédito interna	0,00	70.000,00	130.000,00	Credor
Total do Movimento		0,00	130.000,00	130.000,00	Credor

Conta: 6.2.2.1 – Crédito disponível					
Evento	Histórico da operação	Débito	Crédito	Saldo	Natureza
(a)	Aprovação da LOA	0,00	160.000,00	160.000,00	Credor
(e)	Aquisição de veículo	36.000,00	0,00	124.000,00	Credor
(i)	Apropriação da folha de pessoal	110.000,00	0,00	14.000,00	Credor
Total do Movimento		146.000,00	160.000,00	14.000,00	Credor

Conta: 6.2.2.2 – Crédito empenhado a liquidar					
Evento	Histórico da operação	Débito	Crédito	Saldo	Natureza
(e)	Aquisição de veículo	36.000,00	36.000,00	0,00	–
(i)	Apropriação da folha de pessoal	110.000,00	110.000,00	0,00	–
Total do Movimento		146.000,00	160.000,00	0,00	–

Conta: 6.2.2.3 – Crédito empenhado em liquidação					
Evento	Histórico da operação	Débito	Crédito	Saldo	Natureza
(e)	Aquisição de veículo	36.000,00	36.000,00	0,00	–
Total do Movimento		36.000,00	36.000,00	0,00	–

Conta: 6.2.2.4 – Crédito empenhado liquidado a pagar					
Evento	Histórico da operação	Débito	Crédito	Saldo	Natureza
(e)	Aquisição de veículo	36.000,00	36.000,00	0,00	–
(i)	Folha de pessoal	55.000,00	110.000,00	55.000,00	Credor
(i)	Folha de pessoal	55.000,00	0,00	0,00	–
Total do Movimento		146.000,00	146.000,00	0,00	–

Lançamentos Contábeis e Reflexos nas Naturezas de Informação Contábil | 203

Conta: 6.2.2.5 – Crédito empenhado pago

Evento	Histórico da operação	Débito	Crédito	Saldo	Natureza
(e)	Aquisição de veículo	0,00	36.000,00	36.000,00	Credor
(i)	Folha de pessoal	0,00	55.000,00	91.000,00	Credor
	Total do Movimento	0,00	91.000,00	91.000,00	Credor

Conta: 6.2.2.9 – Empenhos liquidados inscritos em restos a pagar processados

Evento	Histórico da operação	Débito	Crédito	Saldo	Natureza
(i)	Inscrição de parte da folha de pessoal em restos a pagar	0,00	55.000,00	55.000,00	Credor
	Total do Movimento	0,00	55.000,00	55.000,00	Credor

Conta: 6.3.2.7 – RP processados – inscrição no exercício

Evento	Histórico da operação	Débito	Crédito	Saldo	Natureza
(i)	Inscrição de parte da folha de pessoal em restos a pagar	0,00	55.000,00	55.000,00	Credor
	Total do Movimento	0,00	55.000,00	55.000,00	Credor

Conta: 7.2.1.1 – Controle de disponibilidade de recursos

Evento	Histórico da operação	Débito	Crédito	Saldo	Natureza
(c)	Arrecadação de impostos	60.000,00	0,00	60.000,00	Devedor
(d)	Operação de crédito	70.000,00	0,00	130.000,00	Devedor
	Total do Movimento	130.000,00	0,00	130.000,00	Devedor

Conta: 8.2.1.1 – Execução da disponibilidade de recursos DDR

Evento	Histórico da operação	Débito	Crédito	Saldo	Natureza
(c)	Arrecadação de impostos	0,00	60.000,00	60.000,00	Credor
(d)	Operação de crédito	0,00	70.000,00	130.000,00	Credor
(e)	Aquisição de veículo	36.000,00	0,00	94.000,00	Credor
(i)	Folha de pessoal	110.000,00	0,00	16.000,00	Devedor
	Total do Movimento	146.000,00	130.000,00	16.000,00	Devedor

Conta: 8.2.1.2 – DDR comprometida por empenho

Evento	Histórico da operação	Débito	Crédito	Saldo	Natureza
(e)	Aquisição de veículo	36.000,00	36.000,00	0,00	–
(i)	Folha de pessoal	110.000,00	110.000,00	0,00	–
	Total do Movimento	146.000,00	146.000,00	0,00	–

204 | Orçamento, Contabilidade e Gestão no Setor Público | LIMA

Conta: 8.2.1.3 – DDR comprometida por liquidação					
Evento	Histórico da operação	Débito	Crédito	Saldo	Natureza
(e)	Aquisição de veículo	36.000,00	36.000,00	0,00	–
(i)	Folha de pessoal	55.000,00	110.000,00	55.000,00	Credor
Total do Movimento		91.000,00	146.000,00	55.000,00	Credor

Conta: 8.2.1.4 – DDR utilizada					
Evento	Histórico da operação	Débito	Crédito	Saldo	Natureza
(e)	Aquisição de veículo	0,00	36.000,00	36.000,00	Credor
(i)	Folha de pessoal	0,00	55.000,00	91.000,00	Credor
Total do Movimento		0,00	91.000,00	91.000,00	Credor

6.4.3 Levantamento do balancete de verificação

Código	Conta	Movimento		Saldo	
		Débito	Crédito	Devedor	Credor
1.1.1.1	Caixa e Equivalentes de Caixa	130.000,00	91.000,00	39.000,00	0,00
1.1.2.1	Créditos Tributários a Receber	80.000,00	60.000,00	20.000,00	0,00
1.2.3.1	Imobilizado – Bens Móveis	36.000,00	0,00	36.000,00	0,00
1.2.3.2	Imobilizado – Bens Imóveis	100.000,00	0,00	100.000,00	0,00
1.2.3.8	Imobilizado – Depreciação	0,00	600,00	0,00	600,00
2.1.1.1	Pessoal a Pagar	55.000,00	110.000,00	0,00	55.000,00
2.1.3.2	Contas a Pagar Curto Prazo	36.000,00	36.000,00	0,00	0,00
2.2.2.1	Empréstimos a Longo Prazo Interno	0,00	70.000,00	0,00	70.000,00
2.3.6.1	PL – Reserva de Reavaliação	0,00	10.000,00	0,00	10.000,00
3.1.1.1	VPD – Remuneração a Pessoal	110.000,00	0,00	110.000,00	0,00
3.3.3.1	VPD – Depreciação	600,00	0,00	600,00	0,00
4.1.1.1	VPA – Impostos	0,00	80.000,00	0,00	80.000,00
4.5.1.2	VPA – Transferências Recebidas	0,00	90.000,00	0,00	90.000,00
5.2.1.1	Previsão Inicial Receita	160.000,00	0,00	160.000,00	0,00
5.2.2.1	Dotação Inicial	160.000,00	0,00	160.000,00	0,00
5.3.2.7	RP Processados – Inscritos	55.000,00	0,00	55.000,00	0,00
6.2.1.1	Receita a Realizar	130.000,00	160.000,00	0,00	30.000,00
6.2.1.2	Receita Realizada	0,00	130.000,00	0,00	130.000,00
6.2.2.1	Crédito Disponível	146.000,00	160.000,00	0,00	14.000,00

Código	Conta	Movimento		Saldo	
		Débito	Crédito	Devedor	Credor
6.2.2.2	Créd. Emp. a Liquidar	146.000,00	146.000,00	0,00	0,00
6.2.2.3	Créd. Emp. em Liquidação	36.000,00	36.000,00	0,00	0,00
6.2.2.4	Créd. Emp. Liquidado a Pagar	146.000,00	146.000,00	0,00	0,00
6.2.2.5	Créd. Emp. Liquidado Pago	0,00	91.000,00	0,00	91.000,00
6.2.2.9	Créd. Empenhados Inscritos	0,00	55.000,00	0,00	55.000,00
6.3.2.7	Restos a Pagar Processados a Pagar	0,00	55.000,00	0,00	55.000,00
7.2.1.1	Controle de Disponibilidade	130.000,00	0,00	130.000,00	0,00
8.2.1.1	Execução da DDR	146.000,00	130.000,00	16.000,00	0,00
8.2.1.2	DDR Comprometida por Empenho	146.000,00	146.000,00	0,00	0,00
8.2.1.3	DDR Comprometida por Liquidação	91.000,00	146.000,00	0,00	55.000,00
8.2.1.4	DDR Utilizada	0,00	91.000,00	0,00	91.000,00
	TOTAL	2.039.600,00	2.039.600,00	826.600,00	826.600,00

RESUMO

Roteiro de contabilização

- Associado a cada "evento" existe um roteiro de contabilização, onde estão definidas antecipadamente as contas a serem debitadas e creditadas nas unidades contábeis envolvidas, relacionadas com o registro específico que se está por escriturar. Conforme a regra universal, a escrituração segue o método das partidas dobradas.

Balancete de Verificação

- A primeira operação a ser cumprida no encerramento do exercício é o levantamento do Balancete de Verificação, onde se encontram discriminadas todas as contas utilizadas pela entidade, com as somas dos débitos e créditos apresentadas em colunas distintas.
- O Balancete de Verificação deve ser levantado, no mínimo, mensalmente, e quando se destinar a fins externos deverá conter o nome e a assinatura do contabilista responsável, sua categoria profissional e o número do registro no Conselho Regional de Contabilidade.

6.5 Exercícios

1. **(Prefeitura de São Carlos/SC-Controlador Interno/FEPESE, 2021)** Um controlador interno observou o seguinte lançamento contábil em um município:

Débito	1.1.3.8.x.xx.xx	Crédito a receber – Multas (F)	10.000,00
Crédito	4.x.x.x.x.xx.xx	Variação Patrimonial Aumentativa	10.000,00

A respeito desse lançamento contábil, é CORRETO afirmar que a natureza da informação é:

a) Ativa.
b) Controle.
c) Financeira.
d) Patrimonial.
e) Orçamentária.

2. **(EMGEPRON – Contador (Auditor)/SELECON/2021)** Dentre os lançamentos contábeis abaixo realizados por uma determinada unidade orçamentária, aquele que é considerado incompatível com as normas e técnica de escrituração, aplicadas ao setor público é: (Legenda: D – lançamento a débito; C – lançamento a crédito):

a) D: 6.2.2.4.x.xx.xx Crédito Empenhado Liquidado a Pagar;
C: 6.2.2.5.x.xx.xx Crédito Empenhado Pago.
b) D: 7.2.1.1.x.xx.xx Controle da Disponibilidade de Recursos;
C: 8.2.1.1.x.xx.xx Execução da Disponibilidade de Recursos (DDR).
c) D: 1.1.2.1.x.xx.xx Créditos Tributários a Receber (P);
C: 4.1.1.1.x.xx.xx VPA – Impostos.
d) D: 1.1.1.1.x.xx.xx Caixa e Equivalente de Caixa;
C: 6.2.1.2.x.xx.xx Receita Realizada.

3. **(TCM-AM – Auditor Técnico de Controle Externo/FGV/2021)** O registro patrimonial da contratação de uma operação de crédito por uma entidade pública implica um lançamento:

a) A crédito na conta Receita a Realizar.
b) A crédito na conta Receita Realizada.
c) A débito na conta Crédito Disponível.
d) A débito na conta Empréstimos a pagar.
e) A débito na conta Caixa e Equivalentes de Caixa.

4. **(Câmara de São José do Cedro/SC-Técnico em Contabilidade/AMEOSC/2021)** Identifique a afirmação CORRETA, concernente a escrituração contábil:

a) A soma dos valores debitados nem sempre será igual à soma dos valores creditados, havendo, por isso, as contas de compensação.
b) Saldos devedores normalmente são registrados como passivos, enquanto saldos credores são normalmente tratados como ativos.
c) As contas do passivo representam direitos da empresa para serem cumpridos no curto ou longo prazo.
d) Saldos credores normalmente são registrados como passivos, enquanto saldos devedores são normalmente tratados como ativos.

5. (SEFAZ/RR/Auditor Fiscal de Tributos Estaduais/CESPE/CEBRASPE/2021) No Plano de Contas Aplicado ao Setor Público (PCASP), o mecanismo criado para a segregação dos valores das transações que serão incluídas ou excluídas na consolidação das contas públicas, nos diversos níveis de governo, consiste na utilização do 5.º nível (subtítulo) das:

a) Classes 5 e 6 do PCASP (contas de natureza orçamentária), para identificar transações que façam parte da mesma unidade de natureza econômico-contábil.

b) Classes 1, 2, 3, 4, 5, 6, 7 e 8 do PCASP (contas de natureza orçamentária, patrimonial e de controle), para apontar os lançamentos de eliminação e reclassificação.

c) Contas relativas a parcelas dos resultados do exercício, dos superávits e déficits acumulados e do custo de estoques ou do ativo não circulante que corresponderem a resultados, ainda não realizados, de transações entre entidades públicas.

d) Contas que representem saldos de transações assemelhadas entre entidades públicas.

e) Classes 1, 2, 3 e 4 do PCASP (contas de natureza patrimonial), para identificar os saldos recíprocos.

Demonstrações Contábeis do Setor Público

7

■ Objetivos do Capítulo

» Explicar os princípios funcionais do processo contábil e relacionar as demonstrações contábeis do Setor Público.

» Caracterizar a estrutura e fechamento dos balanços públicos: balanço orçamentário; balanço financeiro; demonstração das variações patrimoniais; balanço patrimonial; DMPL e demonstrações dos fluxos de caixa.

» Descrever as notas explicativas e o processo de consolidação das demonstrações contábeis.

» Aplicar os indicadores de análise nas demonstrações contábeis aplicadas ao Setor Público.

7.1 Princípios funcionais

D'Áuria (1959) ensina que visando aos seus fins e observando seu objeto, a disciplina contábil se rege pelos princípios peculiares a cada ordem de sistema ou a cada sistema, singularmente. Apresenta que norteado pelos princípios sistemáticos, por seu próprio princípio fundamental, o processo contábil se desenvolve com observância das seguintes normas:

a) *Especificação:* observação e anotação, desde os elementos primários, qualitativa e quantitativamente, até os grupos mais complexos, síntese e análise contábil;

b) *Unidade:* um só corpo de registros;

c) *Universalidade:* todos os atos e fatos do sistema devem ser contemplados;

d) *Periodicidade:* levantamento e balanço em épocas próprias;

e) *Exatidão:* rigor matemático;

f) *Revisão:* exame, inspeção e controle dos fatos registrados;

g) *Análise:* observação, interpretação das variações e dos resultados, estabelecendo relações e fazendo previsões.

Não é de se estranhar que os legisladores da matéria orçamentária tenham se inspirado nessas normas para constituir os princípios norteadores do orçamento público (unidade, universalidade e periodicidade/anualidade), dada a clareza como esses elementos são colocados pelo Professor Francisco D'Áuria. Como se pode observar, 60 anos depois essas normas ainda constituem os princípios funcionais da contabilidade.

Neste capítulo chegamos à fase do levantamento das demonstrações contábeis a serem elaboradas pelas entidades públicas ao final de cada exercício financeiro. Pelo fato de a Lei nº 4.320/1964 ainda encontrar-se em vigor, ainda fundamentada no orçamento público, as novas demonstrações contábeis aplicadas ao Setor Público (DCASP) vêm sendo adaptadas, tanto para atender as especificidades trazidas pela referida lei, como para incorporar os elementos estabelecidos pela estrutura conceitual da contabilidade aplicada ao Setor Público, apresentada no Capítulo 3.

7.2 Demonstrações contábeis aplicadas ao Setor Público

A Lei nº 4.320/1964 dispõe expressamente em seu art. 101 que "os resultados gerais do exercício serão demonstrados no Balanço Orçamentário, no Balanço Financeiro, no Balanço Patrimonial, na Demonstração das Variações Patrimoniais, segundo os Anexos números 12, 13, 14 e 15 e os quadros demonstrativos constantes dos Anexos números 1, 6, 7, 8, 9, 10, 11, 16 e 17. Conforme o art. 113 da Lei, dentre outras atribuições, compete ao Conselho Técnico de Economia e Finanças a atualização de tais anexos. Com a extinção desse Conselho, tais funções são exercidas, na atualidade, pela Secretaria do Tesouro Nacional (STN), devido a sua competência estabelecida pela Lei Complementar nº 101/2000 (LRF) de consolidação das contas públicas, nacionais e por esfera de governo, bem como a competência estabelecida pela Lei nº 10.180/2001 de órgão central do Sistema de Contabilidade e de Administração Financeira Federal (MCASP, 2021).

Entre os volumes do *Manual de Contabilidade Aplicada ao Setor Público* está o que trata das Demonstrações Contábeis do Setor Público (DCASP), que tem como objetivo padronizar os conceitos, as regras e os procedimentos relativos à elaboração das demonstrações contábeis por parte da União, Estados, Distrito Federal e Municípios.

Com o advento do processo de convergência da contabilidade pública brasileira aos padrões contábeis internacionais (IPSAS/IFAC), e para o cumprimento do objetivo de padronização dos procedimentos contábeis, o DCASP observa os dispositivos legais que regulam o assunto, como a Lei nº 4.320/1964, a Lei de Responsabilidade Fiscal (101/2000), a Estrutura Conceitual Aplicada ao Setor Público (NBCTSPEC) e as Normas Internacionais de Contabilidade Aplicadas ao Setor Público (IPSAS), já preparando o ambiente da Contabilidade Pública brasileira para a convergência aos padrões internacionais de contabilidade.

Estão relacionadas pelo DCASP as seguintes demonstrações contábeis das entidades definidas no campo de aplicação da Contabilidade do Setor Público, incluindo as exigidas pela Lei nº 4.320/1964, ainda em vigor:

- Balanço Orçamentário (BO).
- Balanço Financeiro (BF).
- Balanço Patrimonial (BP).
- Demonstração das Variações Patrimoniais (DVP).
- Demonstração dos Fluxos de Caixa (DFC).
- Demonstração das Mutações do Patrimônio Líquido (DMPL).
- Notas explicativas, compreendendo a descrição sucinta das principais políticas contábeis e outras informações elucidativas.
- Informação comparativa com o período anterior.

As estruturas das demonstrações contábeis contidas nos anexos da Lei nº 4.320/1964 foram atualizadas pela Portaria STN nº 438/2012, em consonância com os novos padrões da

Contabilidade Aplicada ao Setor Público (CASP). Em função da atualização dos anexos da Lei, somente os demonstrativos enumerados no parágrafo anterior serão exigidos para fins de apresentação das demonstrações contábeis nos termos deste Manual (MCASP, 2021).

As entidades são incentivadas a apresentar informações adicionais para auxiliar os usuários na avaliação do desempenho e na administração dos seus bens, bem como auxiliá-los a tomar e avaliar decisões sobre a alocação de recursos. Essa informação adicional pode incluir detalhes sobre os produtos e os resultados da entidade na forma de (a) indicadores de desempenho, (b) demonstrativos de desempenho dos serviços prestados, (c) revisões de programas e (d) outros relatórios de gestão sobre o cumprimento dos objetivos da entidade durante o período divulgado. As entidades são incentivadas também a divulgar informação sobre a conformidade com as leis e outras normas. O reconhecimento da inconformidade pode ser relevante para fins de prestação de contas e responsabilização (*accountability*) e pode afetar a avaliação do usuário sobre o desempenho e o direcionamento das operações futuras da entidade. Pode também influenciar as decisões sobre os recursos a serem alocados na entidade no futuro (MCASP, 2021).

Ainda de acordo com o Manual, as demonstrações contábeis devem ser apresentadas pelo menos anualmente (inclusive informação comparativa). Em circunstâncias excepcionais, a entidade pode ser solicitada a alterar a data-base de apresentação, por exemplo, para alinhar o período contábil ao ciclo orçamentário. Um exemplo adicional é quando, ao fazer a transição de regime de caixa para o regime de competência, a entidade muda a data-base das demonstrações contábeis das entidades que fazem parte da entidade econômica para permitir a elaboração de demonstrações contábeis consolidadas.

Ressalta-se que os dados enviados para fins de consolidação não se referem às demonstrações contábeis consolidadas do ente público, mas às informações contábeis necessárias a elaboração do Balanço do Setor Público Nacional, observado o art. 48, § 2º, da LRF4. Além disso, conforme previsão Constitucional, devem ser observados os prazos definidos nas legislações dos entes para envio das contas aos respectivos Tribunais de Contas, com a finalidade de emissão do parecer prévio (MCASP, 2021).

7.3 Estrutura e fechamento do Balanço Orçamentário

Apesar de não constar entre as demonstrações contábeis relacionadas na IPSAS 01 – *Presentation of Financial Statements*, o Balanço Orçamentário atende ao preceito da IPSAS 24 – *Presentation of Budget Information in Financial Statements*, além de constar entre as demonstrações contábeis exigidas pela Lei nº 4.320/1964. Segundo o disposto em seu art. 102, "O Balanço Orçamentário demonstrará as receitas e despesas previstas em confronto com as realizadas".

De acordo com o MCASP (2021), o quadro principal do Balanço Orçamentário apresenta as receitas detalhadas por categoria econômica, origem e espécie, especificando a previsão inicial, a previsão atualizada para o exercício, a receita realizada e o saldo a realizar. Demonstrará também as despesas por categoria econômica e grupo de natureza da despesa, discriminando a dotação inicial, a dotação atualizada para o exercício, as despesas empenhadas, as despesas liquidadas, as despesas pagas e o saldo da dotação.

O Balanço Orçamentário será elaborado utilizando-se as seguintes classes e grupos do Plano de Contas Aplicado ao Setor Público (PCASP): (i) Classe 5 (Orçamento Aprovado – Grupo 2 Previsão da Receita e Fixação da Despesa); e (ii) Classe 6 (Execução do Orçamento

– Grupo 2 Realização da Receita e Execução da Despesa). O Quadro 7.1 apresenta a estrutura do novo Balanço Orçamentário do Setor Público.

Quadro 7.1 – Estrutura do Balanço Orçamentário

BALANÇO ORÇAMENTÁRIO

EXERCÍCIO:	PERÍODO:	DATA:	PÁGINA:		
RECEITAS ORÇAMENTÁRIAS	PREVISÃO INICIAL (a)	PREVISÃO ATUALIZADA (b)	RECEITAS REALIZADAS (c)	SALDO d = (c - b)	
Receitas Correntes (I)					
Impostos, Taxas e Contribuições de Melhoria					
Receita de Contribuições					
Receita Patrimonial					
Receita Agropecuária					
Receita Industrial					
Receita de Serviços					
Transferências Correntes					
Outras Receitas Correntes					
Receitas de Capital (II)					
Operações de Crédito					
Alienação de Bens					
Amortização de Empréstimos					
Transferências de Capital					
Outras Receitas de Capital					
SUBTOTAL DAS RECEITAS (III) = (I + II)					
Operações de Crédito/Refinanciamento (IV)					
Operações de Crédito Internas					
Mobiliária					
Contratual					
Operações de Crédito Externas					
Mobiliária					
Contratual					
SUBTOTAL COM REFINANCIAMENTO (V) = (III + IV)					
Déficit (VI)					
TOTAL (VII) = (V + VI)					
Saldos de Exercícios Anteriores					
Recursos Arrecadados em Exercícios Anteriores					
Superávit Financeiro					
Reabertura de créditos adicionais					

DESPESAS ORÇAMENTÁRIAS	DOTAÇÃO INICIAL (e)	DOTAÇÃO ATUALIZADA (f)	DESPESAS EMPENHADAS (g)	DESPESAS LÍQUIDADAS (h)	DESPESAS PAGAS (i)	SALDO DA DOTAÇÃO (j) = (g − f)
Despesas Correntes (VIII)						
Pessoal e Encargos Sociais						
Juros e encargos da dívida						
Outras Despesas Correntes						
Despesas de Capital (IX)						
Investimentos						
Inversões Financeiras						
Amortização da Dívida						
Reserva de Contingência (X)						
SUBTOTAL DAS DESPESAS (XI) = (VIII + IX + X)						
Amortização da Dívida/Refinanciamento (XII)						
Amortização da Dívida Interna						
Dívida Mobiliária						
Outras Dívidas						
Amortização da Dívida Externa						
Dívida Mobiliária						
Outras Dívidas						
SUBTOTAL COM REFINANCIAMENTO (XII) = (XI + XII)						
Superávit (XIII)						
TOTAL (XIV) = (XII + XIII)						
Reserva do RPPS						

Fonte: MCASP (2021).

Para facilitar didaticamente, simplificamos um modelo para treinamento em sala de aula, conforme exemplo a seguir:

BALANÇO ORÇAMENTÁRIO

RECEITAS ORÇAMENTÁRIAS	PREVISÃO INICIAL (a)	PREVISÃO ATUALIZADA (b)	RECEITAS REALIZADAS (c)	SALDO d = (c – b)
RECEITAS CORRENTES	50.000,00	50.000,00	40.000,00	-10.000,00
RECEITAS DE CAPITAL	50.000,00	50.000,00	30.000,00	-20.000,00
SOMA	100.000,00	100.000,00	70.000,00	-30.000,00
DÉFICIT CORRENTE	0,00	0,00	0,00	0,00
DÉFICIT DE CAPITAL	0,00	0,00	8.000,00	8.000,00
TOTAL	**100.000,00**	**100.000,00**	**78.000,00**	**-22.000,00**

DESPESAS ORÇAMENTÁRIAS	DOTAÇÃO INICIAL (e)	DOTAÇÃO ATUALIZADA (f)	DESPESAS EMPENHADAS (g)	DESPESAS LIQUIDADAS (h)	DESPESAS PAGAS (i)	SALDO (j) = (g – f)
DESPESAS CORRENTES	50.000,00	50.000,00	18.000,00	0,00	0,00	-32.000,00
DESPESAS DE CAPITAL	50.000,00	50.000,00	38.000,00	38.000,00	38.000,00	-12.000,00
SOMA	100.000,00	100.000,00	56.000,00	38.000,00	38.000,00	-44.000,00
SUPERÁVIT CORRENTE	0,00	0,00	22.000,00	0,00	0,00	22.000,00
SUPERÁVIT DE CAPITAL	0,00	0,00	0,00	0,00	0,00	0,00
TOTAL	**100.000,00**	**100.000,00**	**78.000,00**	**38.000,00**	**38.000,00**	**-22.000,00**

Fonte: Elaboração própria.

Como se pode observar, o resultado orçamentário do exercício (ROE) continua sendo apurado confrontando-se a soma da Receita Realizada (R$ 70.000,00) com a soma da Despesa Empenhada (R$ 56.000,00), que no exemplo é superavitário em R$ 14.000,00.

Adicionalmente ao Balanço Orçamentário, devem ser incluídos dois quadros demonstrativos de execução de restos a pagar. No Quadro da Execução de Restos a Pagar Não Processados (Quadro 7.2), devem ser informados os restos a pagar não processados inscritos até o exercício anterior e suas respectivas fases de execução. Os restos a pagar inscritos na condição de não processados que tenham sido liquidados em exercício anterior ao de referência deverão compor o Quadro da Execução de Restos a Pagar Processados.

214 | Orçamento, Contabilidade e Gestão no Setor Público | LIMA

Quadro 7.2 – Execução dos Restos a Pagar Não Processados

EXECUÇÃO DE RESTOS A PAGAR NÃO PROCESSADOS

	Inscritos					
	Em Exercícios Anteriores (a)	Em 31 de Dezembro do Exercício Anterior (b)	Liquidados (c)	Pago (d)	Cancelados (e)	Saldo (f) = (a+b-d-e)
Despesas Correntes						
Pessoal e Encargos Sociais						
Juros e Encargos da Dívida						
Outras Despesas Correntes						
Despesas de Capital						
Investimentos						
Inversões Financeiras						
Amortização da Dívida						
TOTAL						

Fonte: MCASP (2021).

No Quadro de Execução de Restos a Pagar Processados (Quadro 7.3), devem ser informados os restos a pagar processados inscritos até o exercício anterior nas respectivas fases de execução. Deverão ser informados também, os restos a pagar inscritos na condição de não processados que tenham sido liquidados em exercício anterior. O ente deverá, ao final do exercício, transferir os saldos de restos a pagar não processados liquidados para restos a pagar processados. Não se faz necessária a coluna Liquidados, uma vez que todos os restos a pagar evidenciados neste quadro já passaram pelo estágio da liquidação na execução orçamentária.

Quadro 7.3 – Execução dos Restos a Pagar Processados

EXECUÇÃO DE RESTOS A PAGAR PROCESSADOS

	Inscritos				
	Em Exercícios Anteriores (a)	Em 31 de Dezembro do Exercício Anterior (b)	Pago (c)	Cancelados (d)	Saldo (e) = (a+b-c-d)
Despesas Correntes					
Pessoal e Encargos Sociais					
Juros e Encargos da Dívida					

EXECUÇÃO DE RESTOS A PAGAR PROCESSADOS

	Inscritos				
	Em Exercícios Anteriores (a)	Em 31 de Dezembro do Exercício Anterior (b)	Pago (c)	Cancelados (d)	Saldo (e) = (a+b-c-d)
Outras Despesas Correntes					
Despesas de Capital					
Investimentos					
Inversões Financeiras					
Amortização da Dívida					
TOTAL					

Fonte: MCASP (2021).

O Balanço Orçamentário deverá ser acompanhado de notas explicativas que divulguem, ao menos (MCASP, 2021):

a) O regime orçamentário e o critério de classificação adotados no orçamento aprovado.

b) O período a que se refere o orçamento.

c) As entidades abrangidas.

d) O detalhamento das receitas e despesas intraorçamentárias, quando relevante.

e) O detalhamento das despesas executadas por tipos de créditos (inicial, suplementar, especial e extraordinário).

f) A utilização do superávit financeiro e da reabertura de créditos especiais e extraordinários, bem como suas influências no resultado orçamentário.

g) As atualizações monetárias autorizadas por lei, efetuadas antes e após a data da publicação da LOA, que compõem a coluna Previsão Inicial da receita orçamentária.

h) O procedimento adotado em relação aos restos a pagar não processados liquidados, ou seja, se o ente transfere o saldo ao final do exercício para restos a pagar processados ou se mantém o controle dos restos a pagar não processados liquidados separadamente.

i) O detalhamento dos "recursos de exercícios anteriores" utilizados para financiar as despesas orçamentárias do exercício corrente, destacando-se os recursos vinculados ao RPPS e outros com destinação vinculada.

j) Conciliação com os valores dos fluxos de caixa líquidos das atividades operacionais, de investimento e de financiamento, apresentados na Demonstração dos Fluxos de Caixa.

Registre-se que os Balanços Orçamentários não consolidados (de órgãos e entidades, por exemplo) poderão apresentar desequilíbrio e déficit orçamentário, pois muitos deles não são agentes arrecadadores e executam despesas orçamentárias para prestação de serviços públicos e realização de investimentos. Esse fato não representa irregularidade, devendo ser evidenciado complementarmente por nota explicativa que demonstre o montante da movimentação financeira (transferências financeiras recebidas e concedidas) relacionado com a execução do orçamento do exercício.

7.4 Estrutura e fechamento do Balanço Financeiro

Apesar de também não constar entre as demonstrações contábeis relacionadas na IPSAS 01 – *Presentation of Financial Statements*, o Balanço Financeiro deve ser obrigatoriamente elaborado por também constar entre as demonstrações contábeis exigidas pela Lei nº 4.320/1964. Segundo o disposto em seu art. 103, "O Balanço Financeiro demonstrará a receita e a despesa orçamentárias bem como os recebimentos e os pagamentos de natureza extra-orçamentária, conjugados com os saldos em espécie provenientes do exercício anterior, e os que se transferem para o exercício seguinte".

O parágrafo único do mesmo artigo dispõe que os Restos a Pagar do exercício serão computados na receita extraorçamentária para compensar sua inclusão na despesa orçamentária, destacando uma das diferenças mais importantes do Balanço Financeiro em relação à Demonstração dos Fluxos de Caixa (DFC). Na prática, além de evidenciar os ingressos e os dispêndios de recursos no exercício, conjugados com os saldos de disponibilidades do exercício anterior e aqueles que passarão para o exercício seguinte, o Balanço Financeiro segue a mesma lógica do Balanço Orçamentário (art. 35 da Lei nº 4.320/1964), com a evidenciação das receitas arrecadadas e das despesas empenhadas ainda que não pagas, daí a necessidade de ajuste em relação aos restos a pagar.

Com a nova estrutura, o Balanço Financeiro passa a demonstrar as seguintes informações (MCASP, 2021):

a) a receita orçamentária realizada e a despesa orçamentária executada, por fonte/destinação de recurso, distinguindo-as em ordinárias e vinculadas;

b) os recebimentos e os pagamentos extraorçamentários;

c) as transferências financeiras recebidas e concedidas, decorrentes ou independentes da execução orçamentária, destacando os aportes de recursos para o RPPS;

d) o saldo em espécie do exercício anterior e para o exercício seguinte.

No caso da discriminação por fonte/destinação de recurso, permite evidenciar a origem e a aplicação dos recursos financeiros referentes a receita e despesa orçamentárias. Na prática, o Balanço Financeiro será elaborado utilizando-se as seguintes classes do Plano de Contas Aplicado ao Setor Público (PCASP): (i) Classes 1 (Ativo) e 2 (Passivo) para os Recebimentos e Pagamentos Extraorçamentários de Depósitos Restituíveis e Valores Vinculados, Saldo em Espécie do Exercício Anterior e Saldo em Espécie para o Exercício Seguinte; (ii) Classe 3 (Variações Patrimoniais Diminutivas) para as Transferências Financeiras Concedidas; (iii) Classe 4 (Variações Patrimoniais Aumentativas) para as Transferências Financeiras Recebidas; (iv) Classe 5 (Orçamento Aprovado) para a Inscrição de Restos a Pagar; e (v) Classe 6 (Execução do Orçamento) para a Receita Orçamentária, Despesa Orçamentária e Pagamento de Restos a Pagar.

Segundo o disposto no MCASP (2021), os Ingressos (Receitas Orçamentárias e Recebimentos Extraorçamentários) e Dispêndios (Despesa Orçamentária e Pagamentos Extraorçamentários) se equilibram por meio da inclusão do Saldo em Espécie do Exercício Anterior na coluna dos Ingressos e do Saldo em Espécie para o Exercício Seguinte na coluna dos Dispêndios. As receitas e as despesas orçamentárias deverão ser segregadas quanto à destinação em ordinárias e vinculadas. Deverão ser detalhadas, no mínimo, as vinculações à educação, à saúde, à previdência social (RPPS e RGPS) e à assistência social. A classificação por fonte/destinação de recursos deve ter uma linha para cada fonte/destinação de recursos existente. Recomenda-se que as vinculações agrupadas nas linhas Outras Destinações de Recursos não ultrapassem 10% do total da receita ou despesa orçamentária.

O MCASP apresenta a estrutura do Quadro 7.4 para o novo Balanço Financeiro do Setor Público.

Registre-se que na elaboração do Balanço Financeiro, os Ingressos (Receitas Orçamentárias e Recebimentos Extraorçamentários) e Dispêndios (Despesa Orçamentária e Pagamentos Extraorçamentários) se equilibram por meio da inclusão do Saldo em Espécie do Exercício Anterior na coluna dos Ingressos, e do Saldo em Espécie para o Exercício Seguinte na coluna dos Dispêndios.

Como se pode observar no Quadro 7.4, as receitas e despesas orçamentárias deverão ser segregadas quanto à destinação em ordinárias e vinculadas. Deverão ser detalhadas, no mínimo, as vinculações à educação, saúde, previdência social (RPPS e RGPS) e assistência social.

Quadro 7.4 – Estrutura do Balanço Financeiro

<ENTE DA FEDERAÇÃO>

BALANÇO FINANCEIRO

INGRESSOS			
Receita Orçamentária (I)	**Nota**	**Exercício Atual**	**Exercício Anterior**
Ordinária			
Vinculada			
Recursos Vinculados à Educação			
Recursos Vinculados à Saúde			
Recursos Vinculados à Previdência Social –RPPS			
Recursos Vinculados à Previdência Social –RGPS			
Recursos Vinculados à Assistência Social			
(...)			
Outras Destinações de Recursos			
Transferências Financeiras Recebidas (II)			
Transferências Recebidas para a Execução Orçamentária			
Transferências Recebidas Independentes de Execução Orçamentária			
Transferências Recebidas para Aportes de recursos para o RPPS			
Transferências Recebidas para Aportes de recursos para o RGPS			
Recebimentos Extraorçamentários (III)			
Inscrição de Restos a Pagar Não Processados			
Inscrição de Restos a Pagar Processados			
Depósitos Restituíveis e Valores Vinculados			
Outros Recebimentos Extraorçamentários			

INGRESSOS			
Receita Orçamentária (I)	**Nota**	**Exercício Atual**	**Exercício Anterior**
Saldo do Exercício Anterior (IV)			
Caixa e Equivalentes de Caixa			
Depósitos Restituíveis e Valores Vinculados			
TOTAL (V) = (I + II + III + IV)			

DISPÊNDIOS			
Despesa Orçamentária (VI)	**Nota**	**Exercício Atual**	**Exercício Anterior**
Ordinária			
Vinculada			
Recursos Destinados à Educação			
Recursos Destinados à Saúde			
Recursos Destinados à Previdência Social – RPPS			
Recursos Destinados à Previdência Social – RGPS			
Recursos Destinados à Assistência Social			
(...)			
Outras Destinações de Recursos			
Transferências Financeiras Concedidas (VII)			
Transferências Concedidas para a Execução Orçamentária			
Transferências Concedidas Independentes de Execução Orçamentária			
Transferências Concedidas para Aportes de recursos para o RPPS			
Transferências Concedidas para Aportes de recursos para o RGPS			
Pagamentos Extraorçamentários (VIII)			
Pagamentos de Restos a Pagar Não Processados			
Pagamentos de Restos a Pagar Processados			
Depósitos Restituíveis e Valores Vinculados			
Outros Pagamentos Extraorçamentários			
Saldo para o Exercício Seguinte (IX)			
Caixa e Equivalentes de Caixa			
Depósitos Restituíveis e Valores Vinculados			
TOTAL (X) = (VI + VII + VIII + IX)			

Fonte: MCASP (2021).

O MCASP (2021) esclarece que a classificação por fonte/destinação de recursos deve ter uma linha para cada fonte/destinação de recursos existente. Recomenda-se também que as vinculações agrupadas nas linhas Outras Destinações de Recursos não ultrapassem 10% do total da receita ou despesa orçamentária.

Para facilitar o treinamento em sala de aula, veja o exemplo a seguir (observe que o saldo do exercício anterior encontra-se no valor de R$ 0,00 por se tratar do primeiro exercício financeiro da entidade):

BALANÇO FINANCEIRO

INGRESSOS			DISPÊNDIOS		
TÍTULOS	**Exerc. Atual**	**Exérc. Anterior**	**TÍTULOS**	**Exerc. Atual**	**Exerc. Anterior**
Receita Orçamentária (I)	70.000,00	0,00	Despesa Orçamentária (VI)	78.000,00	0,00
Ordinária	50.000,00	0,00	Ordinária	48.000,00	0,00
Vinculada	20.000,00	0,00	Vinculada	30.000,00	0,00
Transferências Financeiras Recebidas (II)	0,00	0,00	Transferências Financeiras Concedidas (VI)	0,00	0,00
Recebimentos Extraorçamentários (III)	28.000,00	0,00	Pagamentos Extraorçamentários (VIII)	0,00	0,00
Restos a Pagar Processados	28.000,00	0,00	Restos a Pagar	0,00	0,00
SOMA	98.000,00	0,00	SOMA	78.000,00	0,00
Saldo em Espécie do Exercício Anterior (IV)	0,00	0,00	Saldo em Espécie para o Exercício Seguinte (IX)	20.000,00	0,00
TOTAL (V) = (I + II + III + IV)	**98.000,00**	**0,00**	**TOTAL (X) = (VI + VII + VIII + IX)**	**98.000,00**	**0,00**

O Balanço Financeiro possibilita a apuração do resultado financeiro do exercício (RFE). No exemplo, o RFE apresentou superávit no valor de R$ 20.000,00 (saldo seguinte menos saldo anterior), que pode ser calculado de dois modos:

MODO 1	
Saldo em Espécie para o Exercício Seguinte	20.000,00
(–) Saldo em Espécie do Exercício Anterior	0,00
= Resultado Financeiro do Exercício	**20.000,00**

MODO 2	
Receitas Orçamentárias	70.000,00
(+) Transferências Financeiras Recebidas	0,00
(+) Recebimentos Extraorçamentários	28.000,00
(–) Despesa Orçamentária	78.000,00
(–) Transferências Financeiras Concedidas	0,00
(–) Pagamentos Extraorçamentários	0,00
= Resultado Financeiro do Exercício	**20.000,00**

Com relação ao que deve ser evidenciado em notas explicativas ao Balanço Financeiro, o MCASP (2021) alerta que algumas operações podem interferir em sua elaboração por exemplo, as retenções. Dependendo da forma como as retenções são contabilizadas, os saldos em espécie podem ser afetados. Se o ente considerar a retenção como paga no momento da liquidação, então deverá promover um ajuste no saldo em espécie a fim de demonstrar que há um saldo vinculado a ser deduzido.

Entretanto, se o ente considerar a retenção como paga apenas na baixa da obrigação, nenhum ajuste será promovido. Dessa forma, eventuais ajustes relacionados com as retenções, bem como outras operações que impactem significativamente o Balanço Financeiro, deverão ser evidenciados em notas explicativas. As receitas orçamentárias serão apresentadas líquidas de deduções. O detalhamento das deduções da receita orçamentária por fonte/destinação de recursos pode ser apresentado em quadros anexos ao Balanço Financeiro e em Notas Explicativas.

7.5 Estrutura e fechamento da Demonstração das Variações Patrimoniais

Entre as demonstrações contábeis contempladas na IPSAS 01 – *Presentation of Financial Statements*, está o *Statement of Financial Perfomance* ou Demonstração do Resultado do Exercício (DRE), como é conhecida no Brasil. Em razão do disposto na Lei nº 4.320/1964, no setor público brasileiro essa demonstração contábil recebeu a denominação Demonstração das Variações Patrimoniais (DVP), conforme o art. 104 – A Demonstração das Variações Patrimoniais evidenciará as alterações verificadas no patrimônio, resultantes ou independentes da execução orçamentária, e indicará o resultado patrimonial do exercício.

A Demonstração das Variações Patrimoniais (DVP) foi totalmente reestruturada a partir dos novos padrões contábeis, passando a compor a apuração do Resultado Patrimonial do Exercício (RPE) apenas as variações patrimoniais quantitativas, ou seja, aquelas decorrentes de transações no Setor Público que, efetivamente, aumentam ou diminuem o patrimônio líquido (fatos modificativos). Há, ainda, a exigência da apresentação de valores relativos a dois exercícios financeiros (atual e anterior).

Contudo, o papel da DVP foi preservado, evidenciando as alterações verificadas no patrimônio, resultantes ou independentes da execução orçamentária, e indicando o RPE, conforme artigo 104 da Lei nº 4.320/1964. A DVP será elaborada utilizando-se as classes 3 (Variações Patrimoniais Diminutivas) e 4 (Variações Patrimoniais Aumentativas) do PCASP, a fim de demonstrar as variações quantitativas ocorridas no patrimônio da entidade ou do ente.

De acordo com o MCASP (2021), os itens de VPA e VPD não devem ser compensados, exceto quando exigido ou permitido por norma específica. Caso haja contas intraorçamentárias (nível de consolidação 2), essas devem ser excluídas para fins de consolidação das demonstrações contábeis no âmbito de cada ente. Entretanto, se a DVP se referir apenas às contas de um órgão, uma entidade ou uma empresa pública, então não há exclusão das contas intraorçamentárias. A estrutura do MCASP encontra-se apresentada no Quadro 7.5.

Demonstrações Contábeis do Setor Público | **221**

Quadro 7.5 – Estrutura da Demonstração das Variações Patrimoniais

<ENTE DA FEDERAÇÃO>

DEMONSTRAÇÃO DAS VARIAÇÕES PATRIMONIAIS

EXERCÍCIO: PERÍODO (MÊS): DATA DE EMISSÃO: PÁGINA:

	Exercício Anual	Exercício Anterior
VARIAÇÕES PATRIMONIAIS AUMENTATIVAS		
Impostos, Taxas e Contribuições de Melhoria Impostos Taxas Contribuições de Melhoria		
Contribuições Contribuições Sociais Contribuições de Intervenção no Domínio Econômico Contribuição de Iluminação Pública Contribuições de Interesse das Categorias Profissionais		
Exploração e Venda de Bens, Serviços e Direitos Vendas de Mercadorias Vendas de Produtos Exploração de Bens, Direitos e Prestação de Serviços		
Variações Patrimoniais Aumentativas Financeiras Juros e Encargos de Empréstimos e Financiamentos Concedidos Juros e Encargos de Mora Variações Monetárias e Cambiais Descontos Financeiros Obtidos Remuneração de Depósitos Bancários e Aplicações Financeiras Outras Variações Patrimoniais Aumentativas – Financeiras		
Transferências e Delegações Recebidas Transferências Intragovernamentais Transferências Intergovernamentais Transferências das Instituições Privadas Transferências das Instituições Multigovernamentais Transferências de Consórcios Públicos Transferências do Exterior Execução Orçamentária Delegada de Entes Transferências de Pessoas Físicas Outras Transferências e Delegações Recebidas		
Valorização e Ganhos com Ativos e Desincorporação de Passivos Reavaliação de Ativos Ganhos com Alienação Ganhos com Incorporação de Ativos Desincorporação de Passivos Reversão de Redução ao Valor Recuperável		
Outras Variações Patrimoniais Aumentativas Variação Patrimonial Aumentativa a Classificar Resultado Positivo de Participações Reversão de Provisões e Ajustes de Perdas Diversas Variações Patrimoniais Aumentativas		
Total das Variações Patrimoniais Aumentativas (I)		

	Exercício Anual	Exercício Anterior
VARIAÇÕES PATRIMONIAIS DIMINUTIVAS		
Pessoal e Encargos Remuneração a Pessoal Encargos Patronais Benefícios a Pessoal Outras Variações Patrimoniais Diminutivas – Pessoal e Encargos		
Benefícios Previdenciários e Assistenciais Aposentadorias e Reformas Pensões Benefícios de Prestação Continuada Benefícios Eventuais Políticas Públicas de Transferência de Renda Outros Benefícios Previdenciários e Assistenciais		
Uso de Bens, Serviços e Consumo de Capital Fixo Uso do Material de Consumo Serviços Depreciação, Amortização e Exaustão		
Variações Patrimoniais Diminutivas Financeiras Juros e Encargos de Empréstimos e Financiamentos Obtidos Juros e Encargos de Mora Variações Monetárias e Cambiais Descontos Financeiros Concedidos Outras Variações Patrimoniais Diminutivas – Financeiras		
Transferências e Delegações Concedidas Transferências Intragovernamentais Transferências Intergovernamentais Transferências a Instituições Privadas Transferências a Instituições Multigovernamentais Transferências a Consórcios Públicos Transferências ao Exterior Execução Orçamentária Delegada de Entes Outras Transferências e Delegações Concedidas		
Desvalorização e Perda de Ativos e Incorporação de Passivos Redução a Valor Recuperável e Ajuste para Perdas Perdas com Alienação Perdas Involuntárias Incorporação de Passivos Desincorporação de Ativos		
Tributárias Impostos, Taxas e Contribuições de Melhoria Contribuições		
Custo das Mercadorias e Produtos Vendidos, e dos Serviços Prestados Custos das Mercadorias Vendidas Custos dos Produtos Vendidos Custos dos Serviços Prestados		

	Exercício Anual	Exercício Anterior
Outras Variações Patrimoniais Diminutivas Premiações Resultado Negativo de Participações Incentivos Subvenções Econômicas Participações e Contribuições Constituição de Provisões Diversas Variações Patrimoniais Diminutivas		
Total das Variações Patrimoniais Diminutivas (II)		
RESULTADO PATRIMONIAL DO PERÍODO (III) = (I - II)		

Fonte: MCASP (2021).

Para facilitar didaticamente, acompanhe a estrutura e o fechamento do exemplo da DVP a seguir:

DEMONSTRAÇÃO DAS VARIAÇÕES PATRIMONIAIS

VARIAÇÕES PATRIMONIAIS QUANTITATIVAS		
	Exercício Atual	Exercício Anterior
Variações Patrimoniais Aumentativas	110.000,00	0,00
Impostos, Taxas e Contribuições de Melhoria VPA Transferências Recebidas VPA Valorização e Ganhos com Ativos	40.000,00 60.000,00 10.000,00	0,00 0,00 0,00
Variações Patrimoniais Diminutivas	300,00	0,00
Uso de Bens, Serviços e Consumo de Capital Fixo – Depreciação	300,00	0,00
Resultado Patrimonial do Período	109.700,00	0,00

Tendo como base os valores apresentados no exemplo, o resultado patrimonial do período foi superavitário em R$ 109.700,00. Da perspectiva da gestão, a Demonstração das Variações Patrimoniais objetiva apurar o quanto e de que forma a administração influenciou nas alterações patrimoniais quantitativas e qualitativas do Setor Público.

Registre-se que de acordo com o MCASP (2021), a DVP deverá ser acompanhada de notas explicativas, divulgando separadamente a natureza e os valores dos itens relevantes que compõem as VPA e as VPD. Algumas circunstâncias poderão ser apresentadas em notas explicativas, ainda que seus valores não sejam relevantes, por exemplo:

a) Redução ao valor recuperável no ativo imobilizado, bem como as reversões de tais reduções.

b) Baixas de itens do ativo imobilizado.

c) Baixas de investimento.

d) Reestruturações das atividades da entidade e reversões de quaisquer provisões para gastos de reestruturação.

e) Unidades operacionais descontinuadas.

f) Constituição ou reversão de provisões.

Verifica-se que o resultado patrimonial é um importante indicador de gestão fiscal, já que é o principal item que influencia na evolução do patrimônio líquido de um período, objeto de análise do anexo de metas fiscais integrante da Lei de Diretrizes Orçamentárias.

7.6 Estrutura e fechamento do Balanço Patrimonial

O Balanço Patrimonial está entre as demonstrações contábeis contempladas na IPSAS 01 – *Presentation of Financial Statements*, sob a denominação *Statement of Financial Position*. É também uma das demonstrações contábeis contempladas no art. 105 da Lei nº 4.320/1964, portanto, sempre foi elaborado no âmbito do setor público brasileiro, com algumas especificidades que serão comentadas a seguir.

Da mesma forma que se encontra disposto na IPSAS, o papel do Balanço Patrimonial é evidenciar, qualitativa e quantitativamente, a situação patrimonial da entidade pública por meio das contas representativas do patrimônio público. O MCASP (2021) destaca que a Lei nº 4.320/1964 confere viés orçamentário ao Balanço Patrimonial ao separar o ativo e o passivo em dois grupos, Financeiro e Permanente, em função da dependência ou não de autorização legislativa ou orçamentária para realização dos itens que o compõem. A fim de atender aos novos padrões da Contabilidade Aplicada ao Setor Público (CASP), as estruturas das demonstrações contábeis contidas nos anexos da Lei nº 4.320/1964 foram alteradas pela Portaria STN nº 438/2012. Assim, de modo a atender às determinações legais e às normas contábeis vigentes, atualmente o Balanço Patrimonial é composto por:

a) Quadro Principal.

b) Quadro dos Ativos e Passivos Financeiros e Permanentes.

c) Quadro das Contas de Compensação (controle).

d) Quadro do Superávit /Déficit Financeiro.

De acordo com o MCASP (2021), no quadro principal tem-se a visão patrimonial como base para análise e registro dos fatos contábeis. O Quadro Principal do Balanço Patrimonial será elaborado utilizando-se a classe 1 (Ativo) e a classe 2 (Passivo e Patrimônio Líquido) do Plano de Contas Aplicado ao Setor Público (PCASP). Os ativos e passivos serão apresentados em níveis sintéticos (3º nível – Subgrupo ou 4º nível –Título). Os saldos das contas intragovernamentais deverão ser excluídos para viabilizar a consolidação das contas no ente.

O ativo deve ser classificado como circulante quando satisfizer a qualquer dos seguintes critérios:

a) Espera-se que esse ativo seja realizado, ou pretende-se que seja mantido com o propósito de ser vendido ou consumido no decurso normal do ciclo operacional da entidade.

b) O ativo está mantido essencialmente com o propósito de ser negociado.

c) Espera-se que o ativo seja realizado até 12 meses após a data das demonstrações contábeis.

d) O ativo seja caixa ou equivalente de caixa, a menos que sua troca ou uso para pagamento de passivo se encontre vedada durante pelo menos 12 meses após a data das demonstrações contábeis.

O ciclo operacional da entidade é o tempo levado para converter entradas (*inputs*) ou recursos em saídas (*outputs*). Quando o ciclo operacional normal da entidade não for claramente identificável, pressupõe-se que sua duração seja de 12 meses. Todos os demais ativos devem ser classificados como não circulantes.

O passivo deve ser classificado como circulante quando satisfizer a qualquer dos seguintes critérios:

a) Espera-se que o passivo seja pago durante o ciclo operacional normal da entidade.

b) O passivo está mantido essencialmente para a finalidade de ser negociado.

c) O passivo deve ser pago no período de até 12 meses após a data das demonstrações contábeis.

d) A entidade não tem direito incondicional de diferir a liquidação do passivo durante pelo menos 12 meses após a data do balanço.

Todos os outros passivos devem ser classificados como não circulantes.

Quadro 7.6 – Estrutura do Quadro Principal do Balanço Patrimonial

<ENTE DA FEDERAÇÃO>

BALANÇO PATRIMONIAL

EXERCÍCIO:

ATIVO	Nota	Exercício Atual	Exercício Anterior
Ativo Circulante			
Caixa e Equivalentes de Caixa			
Créditos a Curto Prazo			
Demais Créditos e Valores a Curto Prazo			
Investimentos e Aplicações Temporárias a Curto Prazo			
Estoques			
Ativo Não Circulante Obtido para Venda			
Ativo Biológico			
VPD Pagas Antecipadamente			
Total do Ativo Circulante			
Ativo Não Circulante			
Realizável a Longo Prazo			
Investimentos			
Imobilizado			
Intangível			
Total do Ativo Não Circulante			
TOTAL DO ATIVO			

226 | Orçamento, Contabilidade e Gestão no Setor Público | LIMA

ATIVO	Nota	Exercício Atual	Exercício Anterior
PASSIVO E PATRIMÔNIO LÍQUIDO			
Passivo Circulante			
Obrigações Trab., Prev. e Assistenciais a Pagar a Curto Prazo			
Empréstimos e Financiamentos a Curto Prazo			
Fornecedores e Contas a Pagar a Curto Prazo			
Obrigações Fiscais a Curto Prazo			
Transferências Fiscais a Curto Prazo			
Provisões a Curto Prazo			
Demais Obrigações a Curto Prazo			
Total do Passivo Circulante			
Passivo Não Circulante			
Obrigações Trab., Prev. e Assistenciais a Pagar a Longo Prazo			
Empréstimos e Financiamentos a Longo Prazo			
Fornecedores e Contas a Pagar a Longo Prazo			
Obrigações Fiscais a Longo Prazo			
Provisões a Longo Prazo			
Demais Obrigações a Longo Prazo			
Resultado Diferido			
Total do Passivo Não Circulante			
Patrimônio Líquido			
Patrimônio Social e Capital Social			
Adiantamento para Futuro Aumento de Capital			
Reservas de Capital			
Ajustes de Avaliação Patrimonial			
Reservas de Lucros			
Demais Reservas			
Resultados Acumulados			
(–) Ações/Cotas em Tesouraria			
Total do Patrimônio Líquido			
TOTAL DO PASSIVO E DO PATRIMÔNIO LÍQUIDO			

Fonte: MCASP (2021).

O novo Balanço Patrimonial será elaborado utilizando-se as classes 1 e 2 (Ativo e Passivo), conforme exemplo a seguir criado para o treinamento em sala de aula:

BALANÇO PATRIMONIAL

ATIVO	Exerc. Atual	Exerc. Anterior	PASSIVO	Exerc. Atual	Exerc. Anterior
ATIVO CIRCULANTE	2.000,00	0,00	PASSIVO CIRCULANTE	30.000,00	0,00
Disponível	2.000,00	0,00			
ATIVO NÃO CIRCULANTE	137.700,00	0,00	PASSIVO NÃO CIRCULANTE	0,00	0,00
Veículo	18.000,00	0,00	TOTAL DO PASSIVO	30.000,00	0,00
Imóvel	70.000,00	0,00			
Bem de Uso Comum	50.000,00	0,00	**PATRIMÔNIO LÍQUIDO**		
Depreciação Acumulada	(300,00)	0,00			
			ESPECIFICAÇÃO	Exerc. Atual	Exerc. Anterior
			Resultado do Exercício	109.700,00	0,00
TOTAL	139.700,00	0,00	TOTAL	139.700,00	0,00

O MCASP também apresenta a inclusão de três apêndices: (i) Quadro dos Ativos e Passivos Financeiros e Permanentes; (ii) Quadro das Contas de Compensação (controle); e (iii) Quadro do Superávit/Déficit Financeiro.

O Quadro 7.7 apresenta os ativos e passivos Financeiros e Permanentes, de acordo com o disposto no art. 105 da Lei nº 4.320/1964. Será elaborado utilizando-se a Classe 1 (Ativo), a Classe 2 (Passivo e Patrimônio Líquido) do PCASP, bem como as contas que representem passivos financeiros, mas que não apresentam passivos patrimoniais associados, como as contas da Classe 6 "Crédito Empenhado a Liquidar" e "Restos a Pagar Não Processados a Liquidar". Os ativos e passivos financeiros e permanentes e o saldo patrimonial serão apresentados pelos seus valores totais. É facultativo o detalhamento dos saldos em notas explicativas.

O Quadro das Contas de Compensação (Quadro 7.8) apresenta os atos potenciais do ativo e do passivo a executar, que potencialmente podem afetar o patrimônio do ente. Os valores dos atos potenciais já executados não devem ser considerados. Será elaborado utilizando-se a classe 8 (Controles Credores) do PCASP. O MCASP (2021) alerta que o PCASP não padroniza o desdobramento dos atos potenciais ativos e passivos em nível que permita segregar os atos executados daqueles a executar. Tal desdobramento deverá ser feito por ente, a nível de item e subitem (6º nível e 7º nível).

O Quadro do Superávit/Déficit Financeiro (Quadro 7.9) apresenta o superávit/déficit financeiro, apurado conforme o § 2º do art. 43 da Lei nº 4.320/1964. Será elaborado utilizando-se o saldo da conta 8.2.1.1.1.00.00 – Disponibilidade por Destinação de Recurso (DDR), segregado por fonte/destinação de recursos. Como a classificação por fonte/destinação de recursos não é padronizada, cabe a cada ente adaptá-la à classificação por ele adotada.

Poderão ser apresentadas algumas fontes com déficit e outras com superávit financeiro, de modo que o total seja igual ao superávit/déficit financeiro apurado pela diferença entre o Ativo Financeiro e o Passivo Financeiro conforme o quadro dos ativos e passivos financeiros e permanentes.

Quadro 7.7 – Quadro dos Ativos e Passivos Financeiros e Permanentes

<ENTE DA FEDERAÇÃO>
QUADRO DOS ATIVOS E PASSIVOS FINANCEIROS E PERMANENTES
(Lei nº 4.320/1964)

Exercício: 20XX

	Exercício Atual	Exercício Anterior
Ativo (I)		
Ativo Financeiro		
Ativo Permanente		
Total do Ativo		
Passivo (II)		
Passivo Financeiro		
Passivo Permanente		
Total do Passivo		
Saldo Patrimonial (III) = (I – II)		

Fonte: MCASP (2021).

Quadro 7.8 – Quadro das Contas de Compensação

<ENTE DA FEDERAÇÃO>
QUADRO DAS CONTAS DE COMPENSAÇÃO
(Lei nº 4.320/1964)

Exercício: 20XX

Atos Potenciais Ativos	Exercício Atual	Exercício Anterior
Garantias e Contragarantias recebidas		
Direitos Conveniados e outros instrumentos congêneres		
Direitos Contratuais		
Demandas Judiciais		
Outros atos potenciais ativos		
Total dos Atos Potenciais Ativos		
Atos Potenciais Passivos		
Garantias e Contragarantias concedidas		
Obrigações conveniadas e outros instrumentos congêneres		
Obrigações contratuais		
Demandas Judiciais		
Outros atos potenciais passivos		
Total dos Atos Potenciais Passivos		

Fonte: MCASP (2021).

Quadro 7.9 – Quadro do Superávit/Déficit Financeiro

<ENTE DA FEDERAÇÃO>
QUADRO DO SUPERÁVIT / DÉFICIT FINANCEIRO
(Lei nº 4.320/1964)

Exercício: 20XX

		Exercício Atual	Exercício Anterior
FONTES DE RECURSOS			
<Código da fonte>	<Descrição da fonte>		
<Código da fonte>	<Descrição da fonte>		
<Código da fonte>	<Descrição da fonte>		
(...)	(...)		
Total das Fontes de Recursos			

Fonte: MCASP (2021).

De acordo com o MCASP (2021), o Balanço Patrimonial deverá ser acompanhado de notas explicativas em função da dimensão e da natureza dos valores envolvidos nos ativos e passivos, sendo recomendado o detalhamento das seguintes contas:

a) Créditos a Curto Prazo e a Longo Prazo;
b) Imobilizado;
c) Intangível;
d) Obrigações Trabalhistas, Previdenciárias e Assistenciais a Curto Prazo e a Longo Prazo;
e) Provisões a Curto Prazo e a Longo Prazo, segregando as provisões para benefícios a empregados dos demais itens;
f) Componentes do patrimônio líquido, segregando o capital integralizado, resultados acumulados e quaisquer reservas;
g) Demais elementos patrimoniais, quando relevantes.

Também é recomendado que as políticas contábeis relevantes que tenham reflexos no patrimônio sejam evidenciadas, como as políticas de depreciação, amortização e exaustão.

7.7 Estrutura e fechamento da Demonstração dos Fluxos de Caixa

A Demonstração dos Fluxos de Caixa (DFC) é uma das demonstrações contábeis incluídas pelas novas regras contábeis aplicadas ao Setor Público, prevista na IPSAS 2 – *Cash Flow Statements*. Contudo, da mesma forma que a Demonstração das Mutações do Patrimônio Líquido (DMPL), não está entre as demonstrações contábeis relacionadas na Lei nº 4.320/1964. Seu papel é analisar a capacidade de a entidade gerar caixa e equivalentes de caixa e da utilização de recursos próprios e de terceiros em suas atividades. A DFC identificará: (i) as fontes de geração dos fluxos de entrada de caixa; (ii) os itens de consumo de caixa durante o período das demonstrações contábeis; e (iii) o saldo do caixa na data das demonstrações contábeis.

230 | Orçamento, Contabilidade e Gestão no Setor Público | LIMA

A DFC aplicada ao Setor Público é elaborada pelo método direto e utiliza as contas da classe 6 (Controles da Execução do Planejamento e Orçamento) do Plano de Contas Aplicado ao Setor Público (PCASP), com filtros pelas naturezas orçamentárias de receitas e despesas, bem como funções e subfunções, assim como outros filtros e contas necessários para marcar a movimentação extraorçamentária que eventualmente transita pela conta Caixa e Equivalentes de Caixa.

A DFC deve evidenciar as alterações de caixa e equivalentes de caixa verificadas no exercício de referência, classificadas nos seguintes fluxos, de acordo com as atividades da entidade: operacionais, de investimento e de financiamento:

a) *Fluxo de caixa das operações*: compreende os ingressos, inclusive decorrentes de receitas originárias e derivadas, e os desembolsos relacionados com a ação pública e os demais fluxos que não se qualificam como de investimento ou financiamento.

b) *Fluxo de caixa dos investimentos*: inclui os recursos relacionados com a aquisição e a alienação de ativo não circulante, bem como recebimentos em dinheiro por liquidação de adiantamentos ou amortização e empréstimos concedidos e outras operações da mesma natureza.

c) *Fluxo de caixa dos financiamentos*: inclui os recursos relacionados com a captação e a amortização de empréstimos e financiamentos.

A soma dos três fluxos deverá corresponder a diferença entre os saldos iniciais e finais de Caixa e Equivalentes de Caixa do exercício de referência. A DFC é composta por:

a) Quadro Principal.
b) Quadro de Transferências Recebidas e Concedidas.
c) Quadro de Desembolsos de Pessoal e Demais Despesas por Função.
d) Quadro de Juros e Encargos da Dívida.

Quadro 7.10 – Estrutura do Quadro Principal da Demonstração dos Fluxos de Caixa

<ENTE DA FEDERAÇÃO>
DEMONSTRAÇÃO DOS FLUXOS DE CAIXA

Exercício: 20XX

	Nota	Exercício Atual	Exercício Anterior
FLUXOS DE CAIXA DAS ATIVIDADES OPERACIONAIS			
Ingressos			
Receitas derivadas e originárias			
Transferências correntes recebidas			
Desembolsos			
Pessoal e demais despesas			
Juros e encargos da dívida			

Demonstrações Contábeis do Setor Público | 231

	Nota	Exercício Atual	Exercício Anterior
Transferências concedidas			
Fluxo de caixa líquido das atividades operacionais (I)			
FLUXOS DE CAIXA DAS ATIVIDADES DE INVESTIMENTO			
Ingressos			
Alienação de bens			
Amortização de empréstimos e financiamentos concedidos			
Desembolsos			
Aquisição de ativo não circulante			
Concessão de empréstimos e financiamentos			
Outros desembolsos de investimentos			
Fluxo de caixa líquido das atividades de investimento (II)			
FLUXOS DE CAIXA DAS ATIVIDADES DE FINANCIAMENTO			
Ingressos			
Operações de crédito			
Integralização do capital social de empresas dependentes			
Transferências de capital recebidas			
Outros ingressos de financiamento			
Desembolsos			
Amortização/Refinanciamento da dívida			
Outros desembolsos de financiamentos			
Fluxo de caixa líquido das atividades de financiamento (III)			
GERAÇÃO LÍQUIDA DE CAIXA E EQUIVALENTE DE CAIXA (I+II+III)			
Caixa e Equivalentes de caixa inicial			
Caixa e Equivalente de caixa final			

Fonte: MCASP (2021).

232 | Orçamento, Contabilidade e Gestão no Setor Público | LIMA

Para facilitar didaticamente, acompanhe a estrutura e o preenchimento do modelo de DFC a seguir:

DEMONSTRAÇÃO DOS FLUXOS DE CAIXA

	Exercício Atual	Exercício Anterior
FLUXO DE CAIXA LÍQUIDO DAS ATIVIDADES DAS OPERAÇÕES	40.000,00	0,00
Ingressos	40.000,00	0,00
Receitas Derivadas	40.000,00	0,00
Receitas Originárias	0,00	0,00
Transferências	0,00	0,00
Desembolsos	0,00	0,00
Pessoal e Outras Despesas Correntes por Função	0,00	0,00
Juros e Encargos da Dívida	0,00	0,00
Transferências	0,00	0,00
FLUXO DE CAIXA LÍQUIDO DAS ATIVIDADES DE INVESTIMENTO	(68.000,00)	0,00
Ingressos		
Alienação de Bens	0,00	0,00
Amortização de Empréstimos e Financiamentos Concedidos	0,00	0,00
	0,00	0,00
Desembolsos	(68.000,00)	0,00
Aquisição de Ativo Não Circulante	(68.000,00)	0,00
Concessão de Empréstimos e Financiamentos	0,00	0,00
FLUXO DE CAIXA LÍQUIDO DAS ATIVIDADES DE FINANCIAMENTO	30.000,00	0,00
Ingressos	30.000,00	0,00
Operações de Crédito	30.000,00	0,00
Desembolsos	0,00	0,00
Amortização/Refinanciamento da Dívida	0,00	0,00
GERAÇÃO LÍQUIDA DE CAIXA E EQUIVALENTE DE CAIXA	0,00	0,00
CAIXA E EQUIVALENTE DE CAIXA INICIAL	0,00	0,00
CAIXA E EQUIVALENTE DE CAIXA FINAL	2.000,00	0,00

Como se pode observar, a estrutura da DFC do Setor Público é semelhante à estrutura de DFC adotada nas empresas do Setor Privado, preservando, contudo, a natureza da informação governamental.

Segundo o disposto no MCASP, a DFC deverá ser acompanhada de notas explicativas quando os itens que compõem os fluxos de caixa forem relevantes. O ente deverá divulgar os

Demonstrações Contábeis do Setor Público | **233**

saldos significativos de caixa e equivalentes de caixa mantidos pelo ente, mas que não estejam disponíveis para uso imediato. As circunstâncias da indisponibilidade desses recursos envolvem, por exemplo, restrições legais ou controle cambial.

As transações de investimento e financiamento que não envolvem o uso de caixa ou equivalentes de caixa, como aquisições financiadas de bens e arrendamento financeiro, não devem ser incluídas na demonstração dos fluxos de caixa. Tais transações devem ser divulgadas nas notas explicativas à demonstração, de modo que forneçam todas as informações relevantes sobre essas transações.

O Manual alerta que algumas operações podem interferir na elaboração da Demonstração dos Fluxos de Caixa, como as retenções. Dependendo da forma como as retenções são contabilizadas, os saldos de caixa e equivalente de caixa podem ser afetados. Dessa forma, eventuais ajustes relacionados com as retenções deverão ser evidenciados em notas explicativas.

7.8 Estrutura e fechamento da Demonstração das Mutações do Patrimônio Líquido

A DMPL está entre as demonstrações contábeis contempladas na IPSAS 01 - *Presentation of Financial Statements*, sob a denominação *Statement of Changes in Net Assets/Equity for the Year Ended*. O objetivo da DMPL é demonstrar cada mutação reconhecida no patrimônio líquido, o efeito decorrente das mudanças nos critérios contábeis e da retificação de erros cometidos em exercícios anteriores, e as contribuições dos proprietários e distribuições recebidas por eles como proprietários.

Da mesma forma que a DFC, a DMPL não está entre as demonstrações contábeis relacionadas na Lei nº 4.320/1964. No âmbito do Setor Público brasileiro, sua elaboração é obrigatória para as empresas estatais dependentes constituídas sob a forma de sociedades anônimas e facultativa para os demais órgãos e entidades dos entes da Federação. De acordo com o MCASP (2021), a DMPL complementa o Anexo de Metas Fiscais (AMF), integrante do Projeto de Lei de Diretrizes Orçamentárias (LDO).

A DMPL será elaborada utilizando-se o grupo 3 (Patrimônio Líquido) da Classe 2 (Passivo) do PCASP. O preenchimento de cada célula do quadro deverá conjugar os critérios informados nas colunas (C) com os critérios informados nas linhas (L). Os dados dos pares de lançamentos desses critérios poderão ser extraídos por meio de contas de controle, atributos de contas, informações complementares ou outra forma definida pelo ente. Nas colunas, são apresentadas as contas contábeis das quais os dados devem ser extraídos, enquanto as linhas delimitam o par de lançamento de tais contas, conforme Quadro 7.11.

Quadro 7.11 – Estrutura da DMPL

<ENTE DA FEDERAÇÃO>
DEMONSTRAÇÃO DAS MUTAÇÕES DO PATRIMÔNIO LÍQUIDO

Exercício: 20XX

ESPECIFIC.	Pat. Social/ Capital Social	Adiant. para Futuro Aumento de Capital	Reserv. de Capital	Ajustes de Aval. Pat.	Reservas de Lucros	Demais Reserv.	Result. Acumul.	Ações/ Cotas em Tesouraria	TOTAL
Saldos iniciais									
Ajustes de exercícios anteriores									
Aumento de Capital									
Resgate/Reemissão de Ações e Cotas									
Juros sobre capital próprio									
Resultado do exercício									
Ajustes de avaliação patrimonial									
Constituição/Reversão de reservas									
Dividendos a distribuir (R$ ... por ação)									
Saldos Finais									

Será exigida apenas para as empresas estatais independentes e para os entes que as incorporarem no processo de consolidação das contas públicas. Veja como a DMPL é preenchida, a partir do exemplo a seguir:

DEMONSTRAÇÃO DAS MUTAÇÕES DO PATRIMÔNIO LÍQUIDO

ESPECIFICAÇÃO	Patrimônio social/ capital social	Reservas de capital	Ajustes avaliação patrimonial	Reserva de lucros	Resultados acumulados	Ações/ cotas em tesouraria	Total
Saldo Inicial Exercício Anterior	0,00	0,00	0,00	0,00	0,00	0,00	0,00
Ajustes Exercícios Anteriores	0,00	0,00	0,00	0,00	0,00	0,00	0,00
Aumento de Capital	0,00	0,00	0,00	0,00	0,00	0,00	0,00
Resultado do Exercício	0,00	0,00	0,00	0,00	0,00	0,00	0,00
Constituição/ Reversão de Reservas	0,00	0,00	0,00	0,00	0,00	0,00	0,00
Dividendos	0,00	0,00	0,00	0,00	0,00	0,00	0,00
Saldo Final Exercício Anterior/Saldo Inicial Exercício Atual	0,00	0,00	0,00	0,00	0,00	0,00	0,00
Ajustes de Exercícios Anteriores	0,00	0,00	0,00	0,00	0,00	0,00	0,00
Aumento de Capital	0,00	0,00	0,00	0,00	0,00	0,00	0,00
Resultado do Exercício	0,00	0,00	0,00	0,00	109.700,00	0,00	109.700,00
Constituição/ Reversão de Reservas	0,00	0,00	0,00	0,00	0,00	0,00	0,00
Dividendos	0,00	0,00	0,00	0,00	0,00	0,00	0,00
Saldo Final Exercício Atual	0,00	0,00	0,00	0,00	109.700,00	0,00	109.700,00

Considerando que o exemplo dado refere-se ao primeiro exercício financeiro da entidade, e como não há outros eventos que impactaram o PL, o saldo final do exercício atual da DMPL coincidirá com o resultado patrimonial do exercício, apurado na DVP, no valor de R$ 109.700,00.

Sobre as notas explicativas à DMPL, o MCASP (2021) dispõe que qualquer alteração relevante no patrimônio líquido, seja pelo valor ou pela natureza da informação, deve ser divulgada em notas explicativas, por exemplo, (a) o efeito no resultado acumulado em decorrência da adoção inicial das disposições contidas neste manual ou nas normas brasileiras de contabilidade; e (b) os efeitos das alterações nas políticas contábeis ou correção de erros.

7.9 Notas explicativas às DCASP

Conforme apresentado no Capítulo 3 – Estrutura Conceitual da Contabilidade Aplicada ao Setor Público, a informação a ser evidenciada nas notas explicativas às demonstrações contábeis tem de ser necessária para a compreensão dos usuários e fornecer informações que apresentam as demonstrações contábeis no contexto da entidade e do seu ambiente operacional.

Conceitualmente, as notas explicativas são informações adicionais às apresentadas nos quadros das DCASP e tem como objetivo facilitar a compreensão das demonstrações contábeis a seus diversos usuários. Devem ser relevantes, complementares ou suplementares àquelas não suficientemente evidenciadas ou não constantes no corpo das demonstrações propriamente ditas.

Para atender ao seu objetivo, as notas explicativas devem ser claras, sintéticas e objetivas, englobando informações de qualquer natureza exigidas pela lei, pelas normas contábeis e outras informações relevantes não suficientemente evidenciadas ou que não constam nas demonstrações.

As notas explicativas devem ser apresentadas de forma sistemática. Cada quadro ou item a que uma nota explicativa se aplique deverá ter referência cruzada com a respectiva nota explicativa. Segundo o disposto no MCASP (2021), é recomendável que as notas explicativas sejam apresentadas na seguinte ordem: (i) informações gerais; (ii) resumo das políticas contábeis significativas; (iii) informações de suporte e detalhamento dos itens; e (iv) outras informações relevantes:

- Informações gerais: natureza jurídica da entidade, domicílio, natureza das operações e principais atividades, e declaração de conformidade com a legislação e com as normas de contabilidade aplicáveis.
- Resumo das políticas contábeis significativas, por exemplo, bases de mensuração utilizadas, normas e políticas alteradas e julgamentos pela aplicação das políticas contábeis.
- Informações de suporte e detalhamento de itens apresentados nas demonstrações contábeis pela ordem em que cada demonstração e cada rubrica sejam apresentadas.
- Outras informações relevantes.

Com relação à divulgação de políticas contábeis, referem-se aos princípios, bases, convenções, regras e procedimentos específicos aplicados pela entidade na elaboração e na apresentação de demonstrações contábeis. É recomendável que nas notas explicativas seja apresentado o resumo das políticas contábeis significativas, com destaque para as bases de mensuração utilizadas (custo histórico, valor justo, valor de mercado etc.), novas normas e políticas contábeis alteradas (como a mudança da metodologia de depreciação adotada) e julgamentos pela aplicação das políticas contábeis (como os critérios para classificação dos ativos e bases para constituição das provisões).

O Manual também esclarece que as notas explicativas devem divulgar os pressupostos das estimativas dos riscos significativos que podem vir a causar um ajuste material nos valores contábeis dos ativos e passivos ao longo dos próximos doze meses, que devem ser detalhadas por natureza e valor contábil na data das demonstrações.

Veja os seguintes exemplos de notas explicativas que podem ser elaboradas às DCASP:

Nota 1 – Estoques

Os Estoques foram contabilizados por seu valor de aquisição e distribuídos em Almoxarifados. A partir de 2016, os valores passaram a ser classificados exclusivamente na conta contábil "1.1.5.6.1.01.00.00.00.00 – Materiais de Consumo" em virtude de, no momento de sua baixa, não ser possível a localização do empenho que originou a aquisição, gerando inconsistências nos saldos. A Secretaria Municipal de Administração vem realizando levantamentos patrimoniais (inventários) periódicos a fim de assegurar os valores registrados. O método para mensuração e avaliação das saídas dos estoques é o custo médio ponderado, conforme disposto no inciso III, art. 106, da Lei nº 4.320/1964. As informações do valor dos estoques finais constantes no Balanço Patrimonial são provenientes dos respectivos sistemas de almoxarifados da Prefeitura Municipal. O saldo da conta em 31 de dezembro de 2020 é de R$ 189.368.653,87.

Nota 2 – Estoques

A Prefeitura Municipal está incluindo gradativamente a contabilização dos estoques existentes no município de forma a atender o Plano de Implantação dos Procedimentos Contábeis Patrimoniais (PIPCP) nos prazos determinados pela Portaria STN nº 548/2015. Os Estoques são controlados pelos almoxarifados de cada Secretaria e integrados ao sistema de contabilidade municipal, conforme descrição a seguir:

Descrição	31/12/2020	31/12/2019
Material de consumo	2.191.334,48	635.886,13
Gêneros alimentícios	929.546,66	243.923,31
Materiais de construção	52.256,09	0,00
Combustíveis	384.144,73	61.665,61
Autopeças	154.537,85	0,00
Medicamentos	1.456.983,20	3.341.479,08
Material de expediente	591.179,97	1.278.121,39
Total	5.759.982,98	5.561.075,72

Fonte: Sistema contábil do município.

Nota 3 – Provisões e Passivo Contingente

Não foram registradas novas provisões relativas a ações judiciais contra o Município devido à falta de informações pela Procuradoria Geral do Município (PGM), setor responsável. O valor de saldo anterior em outros passivos contingentes, R$ 21.894.033,32, refere-se a ações judiciais das quais o município é parte ré. Esse valor é proveniente de informações prestadas pela PGM em exercícios anteriores, não sendo atualizado há vários exercícios por falta de informações daquele departamento.

Nota 4 – Fornecedores e Contas a Pagar

O grupo de Contas: Fornecedores e Contas a Pagar – CP, cujo montante é de R$ 248.710.604,57, é representado pelos diversos empenhos liquidados, cujo vencimento se dará no exercício subsequente, no valor de R$ 206.741.442,75. Compreende também parcela a vencer, de Precatórios a pagar, reclassificados do Longo Prazo para o Curto Prazo, no montante de R$ 41.969.161,82, que se refere à contrapartida do Ativo Circulante, relativo aos depósitos efetuados em conta vinculada ao TJ/SP, que aguardam informações de pagamentos para futura baixa contábil.

Nota 5 – Fornecedores e Contas a Pagar

Em 31/mm/20a2, o Município XXXXX apresentou um saldo em aberto de R$ x,xx relacionados com fornecedores e contas a pagar, sendo R$ x,xx de obrigações a curto prazo (ou de longo prazo, o que for mais relevante). A seguir, apresenta-se a tabela, segregando-se essas obrigações entre Passivo Circulante e Passivo Não Circulante.

Em R$	31/mm/20a2	31/12/20a1
Circulante		
Fornecedor 1		
Fornecedor 2		
Não Circulante		
Fornecedor 3		
Fornecedor 4		
Total		

Fonte: Sistema contábil do município.

Nota 6 – Imobilizado

Em 31/mm/20a2, o Município tem um saldo de R$ x,xx relacionados com seus bens de uso, sendo R$ x,xx de bens móveis e R$ x,xx de bens imóveis, conforme tabela a seguir.

Em R$	31/mm/20a2	31/12/20a1
Bens Móveis		
(+) Valor Bruto Contábil		
(−) Depreciação/Amortização/Exaustão Acum. de Bens Móveis		
(−) Redução ao Valor Recuperável de Bens Móveis		
Bens Imóveis		
(+) Valor Bruto Contábil		
(−) Depreciação/Amortização/Exaustão Acum. de Bens Imóveis		
(−) Redução ao Valor Recuperável de Bens Imóveis		
Total		

Fonte: Sistema contábil do município.

Bens Móveis

Os bens móveis do Município XX, em 31/mm/20a2, totalizavam R$ x,xx e estão distribuídos em várias contas contábeis, conforme detalhado na tabela a seguir.

Tabela 1 – Bens Móveis

Em R$	31/mm/20a2	31/12/20a1
Máquinas, Aparelhos, Equipamentos e Ferramentas		
Bens de Informática		
Móveis e Utensílios		
Material Cultural, Educacional e de Comunicação		
Veículos		
Peças e Conjuntos de Reposição		
Bens Móveis em Andamento		
Bens Móveis em Almoxarifado		
Armamentos		
Semoventes e Equipamentos de Montaria		
Demais Bens Móveis		
Depreciação/Amortização Acumulada		
Redução ao Valor Recuperável		
Total		

Fonte: Sistema contábil do município.

A variação XXXXX (citar se é positiva ou negativa), ocorrida em XXXXX (Ex.: Bens de Informática), explica-se pela XXXXXX (Ex.: aquisição, baixa, transferência, ou mesmo incorporação de Unidades, se for o caso) de XXXXX. Sugere-se abrir um parágrafo para citar os bens móveis concedidos registrados como imobilizado. Se houver, citar as suas peculiaridades, tais como se há valores a receber derivados dessa transação, riscos envolvidos, passivos atrelados, prazo contratual da concessão, entre outras. Importante ressaltar quais as responsabilidades do concessionário sobre o bem do órgão utilizado na concessão.

Bens Imóveis

Os bens imóveis do Município, em 31/mm/20a2, totalizavam R$ x,x e estão distribuídos em várias contas contábeis, conforme demonstrado na tabela a seguir.

Tabela 2 – Bens Imóveis

Em R$	31/mm/20a2	31/12/20a1
Bens Imóveis em Andamento		
Instalações Bens de Infraestrutura		

Em R$	31/mm/20a2	31/12/20a1
Demais Bens Imóveis		
Benfeitorias em Propriedade de Terceiros		
Redução ao Valor Recuperável		
Depreciação/Amortização Acumulada		
Total		

Fonte: Sistema contábil do município.

Obs.: Sugere-se que havendo bens de uso comum do povo e ativos culturais (heritage assets)*, eles sejam registrados e evidenciados em contas contábeis específicas, recebendo notas explicativas apresentando as informações sobre os critérios de reconhecimento, mensuração e evidenciação adotados.*

Nota 7 – Reavaliação

Durante o exercício, ocorreram XXXXX (Ex.: sinistros que acarretaram em baixas....) (Citar para os ativos mais relevantes, caso haja, as reavaliações, os sinistros que alteraram montantes de ativos), os quais foram reavaliados toda a classe de ativos XXXXX, utilizando o critério XXXXX (Ex.: valor justo obtido por meio do valor de reposição/custo de construção), cujas contrapartidas foram registradas em XXXXX (Citar se foi na Reserva de Reavaliação e/ou no Resultado do período).

Nota 8 – Redução ao valor recuperável de ativos – *Impairment*

O órgão XXXXX avaliou se houve qualquer indicação de que um ativo possa ter o seu valor reduzido ao valor recuperável, sem possibilidade de reversão dessa perda em um futuro próximo, em 31/mm/20a2.

Se possível, citar ou elaborar uma tabela com os principais ativos e valores das respectivas reduções ou mesmo reversões ocorridas e metodologia de mensuração utilizada, por exemplo, valor em uso ou valor justo, e explicar os eventos que levaram aos registros de reconhecimento ou reversão da perda por irrecuperabilidade.

Nota 9 – Depreciação, amortização ou exaustão

A depreciação adotada no Município o método das cotas constantes e se dá de acordo com a tabela definida pelo Departamento de Patrimônio, com base na Instrução Normativa da Secretaria da Receita Federal nº 162/1998.

Nota 10 – Intangível

Em 31/mm/20a2, o Órgão XX (ou o Órgão Superior ou o Órgão) apresentou um saldo de R$ x,x relacionados a intangível, conforme tabela a seguir.

R$ milhares

	31/mm/20a2	31/12/20a1	AH (%)
Software com Vida Útil Definida			
Software com Vida Útil Indefinida			
Marcas Direitos e Patentes – Vida Útil Definida			
Marcas Direitos e Patentes – Vida Útil Indefinida			
Direito de Uso de Imóvel – Prazo Determinado			
Direito de Uso de Imóvel – Prazo Indeterminado			
Amortização Acumulada			
Redução ao Valor Recuperável de Intangível			
Total			

Fonte: Sistema contábil do município.

7.10 Consolidação das Demonstrações Contábeis

A Consolidação das Demonstrações Contábeis é o processo de agregação dos saldos das contas de mais de uma entidade, excluindo-se as transações recíprocas, de modo a disponibilizar os macroagregados do setor público, proporcionando uma visão global do resultado. Segundo o disposto no MCASP (2021), no Setor Público brasileiro a consolidação pode ser feita no âmbito intragovernamental (em cada ente da Federação) ou em âmbito intergovernamental (consolidação nacional).

Cabe à Secretaria do Tesouro Nacional (STN) a consolidação nacional das demonstrações contábeis, abrangendo todas as entidades incluídas no orçamento fiscal e da seguridade social (OFSS): (i) as esferas de Governo (União, estados, Distrito Federal e municípios); (ii) os Poderes (Executivo, Legislativo e Judiciário); e (iii) a administração pública, direta e indireta, incluindo fundos, autarquias, fundações e empresas estatais dependentes.

O Manual esclarece que para possibilitar a consolidação das contas públicas nos diversos níveis de Governo, foi criado no Plano de Contas Aplicado ao Setor Público (PCASP) um mecanismo para a segregação dos valores das transações que serão incluídas ou excluídas na consolidação.

Na prática, esse mecanismo consiste na utilização do 5º nível (Subtítulo) das classes 1, 2, 3 e 4 do PCASP para identificar os saldos recíprocos nas contas de **natureza patrimonial**. Também se considera as classes de contas 5, 6, 7 e 8 do PCASP para elaboração de informações orçamentárias e quadros anexos do Balanço Patrimonial. O PCASP indica as contas obrigatórias e o nível de detalhamento mínimo a ser utilizado pelos entes da Federação, a fim garantir a consolidação das contas nacionais.

De acordo com o MCASP (2021), para fins de elaboração das demonstrações contábeis consolidadas, devem ser excluídos os seguintes itens, por exemplo:

a) As participações nas empresas estatais dependentes.

b) As transações e saldos recíprocos entre as entidades.

c) As parcelas dos resultados do exercício, do lucro/prejuízo acumulado e do custo dos ativos que corresponderem a resultados ainda não realizados.

242 | Orçamento, Contabilidade e Gestão no Setor Público | LIMA

7.11 Exercício resolvido

Para melhor compreensão do exposto, a seguir são elaborados os Balanços Públicos com base no Balancete de Verificação apresentado no Capítulo 6 – Lançamentos Contábeis e Reflexos nas Naturezas de Informação Contábil. Foi considerado que este é o primeiro exercício financeiro da entidade.

Eventos:

a) Registro contábil da Lei Orçamentária Anual (LOA) aprovada, com previsão da receita e fixação da despesa no valor de R$ 160.000,00, sendo 50% para a categoria econômica corrente e 50% para a categoria econômica de capital, com 40% dos recursos vinculados para gastos com saúde e educação;

b) Registro contábil de direito a receber no valor de R$ 80.000,00, relativo a lançamento de impostos;

c) Registro da arrecadação e impostos anteriormente lançados como direito a receber, no valor de R$ 60.000,00;

d) Contratação de operação de crédito interna a longo prazo, no valor de R$ 70.000,00;

e) Aquisição de veículo (ambulância) a vista no valor de R$ 36.000,00, com recebimento do bem no ato da transação;

f) Lançamento da primeira parcela de depreciação do veículo, no valor de R$ 600,00;

g) Recebimento de imóvel em doação no valor de R$ 90.000,00 no âmbito do ente federado;

h) Lançamento de reavaliação de imóvel no valor de R$ 10.000,00, conforme laudo pericial;

i) Empenho e liquidação de folha de pagamento do período no valor de R$ 110.000,00, metade paga à vista e metade inscrita em restos a pagar.

BALANCETE DE VERIFICAÇÃO

Código	Conta	Movimento		Saldo	
		Débito	Crédito	Devedor	Credor
1.1.1.1	Caixa e Equivalentes de Caixa	130.000,00	91.000,00	39.000,00	0,00
1.1.2.1	Créditos Tributários a Receber	80.000,00	60.000,00	20.000,00	0,00
1.2.3.1	Imobilizado – Bens Móveis	36.000,00	0,00	36.000,00	0,00
1.2.3.2	Imobilizado – Bens Imóveis	100.000,00	0,00	100.000,00	0,00
1.2.3.8	Imobilizado – Depreciação	0,00	600,00	0,00	600,00
2.1.1.1	Pessoal a Pagar	55.000,00	110.000,00	0,00	55.000,00
2.1.3.2	Contas a Pagar Curto Prazo	36.000,00	36.000,00	0,00	0,00
2.2.2.1	Empréstimos a Longo Prazo Interno	0,00	70.000,00	0,00	70.000,00
3.1.1.1	VPD – Remuneração a Pessoal	110.000,00	0,00	110.000,00	0,00
3.3.3.1	VPD – Depreciação	600,00	0,00	600,00	0,00

Demonstrações Contábeis do Setor Público | **243**

BALANCETE DE VERIFICAÇÃO

Código	Conta	Movimento		Saldo	
		Débito	Crédito	Devedor	Credor
4.1.1.1	VPA – Impostos	0,00	80.000,00	0,00	80.000,00
4.5.1.2	VPA – Transferências Recebidas	0,00	90.000,00	0,00	90.000,00
4.6.1.1	VPA – Reavaliação do Imobilizado	0,00	10.000,00	0,00	10.000,00
5.2.1.1	Previsão Inicial Receita	160.000,00	0,00	160.000,00	0,00
5.2.2.1	Dotação Inicial	160.000,00	0,00	160.000,00	0,00
5.3.2.7	RP Processados – Inscritos	55.000,00	0,00	55.000,00	0,00
6.2.1.1	Receita a Realizar	130.000,00	160.000,00	0,00	30.000,00
6.2.1.2	Receita Realizada	0,00	130.000,00	0,00	130.000,00
6.2.2.1	Crédito Disponível	146.000,00	160.000,00	0,00	14.000,00
6.2.2.2	Créd. Emp. a Liquidar	146.000,00	146.000,00	0,00	0,00
6.2.2.3	Créd. Emp. em Liquidação	36.000,00	36.000,00	0,00	0,00
6.2.2.4	Créd. Emp. Liquidado a Pagar	146.000,00	146.000,00	0,00	0,00
6.2.2.5	Créd. Emp. Liquidado Pago	0,00	91.000,00	0,00	91.000,00
6.2.2.9	Créd. Empenhados Inscritos	0,00	55.000,00	0,00	55.000,00
6.3.2.7	Restos a Pagar Processados a Pagar	0,00	55.000,00	0,00	55.000,00
7.2.1.1	Controle de Disponibilidade	130.000,00	0,00	130.000,00	0,00
8.2.1.1	Execução da DDR	146.000,00	130.000,00	16.000,00	0,00
8.2.1.2	DDR Comprometida por Empenho	146.000,00	146.000,00	0,00	0,00
8.2.1.3	DDR Comprometida por Liquidação	91.000,00	146.000,00	0,00	55.000,00
8.2.1.4	DDR Utilizada	0,00	91.000,00	0,00	91.000,00
	TOTAL	2.039.600,00	2.039.600,00	826.600,00	826.600,00

7.11.1 *Fechamento do Balanço Orçamentário*

Considere que o orçamento da entidade com base na LOA tenha apresentado os seguintes valores:

Receita Corrente Prevista	80.000,00	Despesa Corrente Fixada	80.000,00
Receita de Capital Prevista	80.000,00	Despesa de Capital Fixada	80.000,00

Para a elaboração do Balanço Orçamentário será extraída do Balancete de Verificação a movimentação das seguintes contas:

5.2.1.1	Previsão Inicial Receita	160.000,00	0,00	160.000,00	0,00
5.2.2.1	Dotação Inicial	160.000,00	0,00	160.000,00	0,00
5.3.2.7	RP Processados – Inscritos	55.000,00	0,00	55.000,00	0,00
6.2.1.1	Receita a Realizar	130.000,00	160.000,00	0,00	30.000,00
6.2.1.2	Receita Realizada	0,00	130.000,00	0,00	130.000,00
6.2.2.1	Crédito Disponível	146.000,00	160.000,00	0,00	14.000,00
6.2.2.2	Créd. Emp. a Liquidar	146.000,00	146.000,00	0,00	0,00
6.2.2.3	Créd. Emp. em Liquidação	36.000,00	36.000,00	0,00	0,00
6.2.2.4	Créd. Emp. Liquidado a Pagar	146.000,00	146.000,00	0,00	0,00
6.2.2.5	Créd. Emp. Liquidado Pago	0,00	91.000,00	0,00	91.000,00
6.2.2.9	Créd. Empenhados Inscritos	0,00	55.000,00	0,00	55.000,00
6.3.2.7	Restos a Pagar Processados a Pagar	0,00	55.000,00	0,00	55.000,00

BALANÇO ORÇAMENTÁRIO

RECEITAS ORÇAMENTÁRIAS	PREVISÃO INICIAL (a)	PREVISÃO ATUALIZADA (b)	RECEITAS REALIZADAS (c)	SALDO d = (c – b)
RECEITAS CORRENTES	80.000,00	80.000,00	60.000,00	– 20.000,00
RECEITAS DE CAPITAL	80.000,00	80.000,00	70.000,00	– 10.000,00
SOMA	160.000,00	160.000,00	130.000,00	– 30.000,00
DÉFICIT CORRENTE	0,00	0,00	50.000,00	+ 50.000,00
DÉFICIT DE CAPITAL	0,00	0,00	0,00	0,00
TOTAL	**160.000,00**	**160.000,00**	**180.000,00**	**20.000,00**

DESPESAS ORÇAMENTÁRIAS	DOTAÇÃO INICIAL (e)	DOTAÇÃO ATUALI-ZADA (f)	DESPESAS EMPE-NHADAS (g)	DESPESAS LIQUI-DADAS (h)	DESPESAS PAGAS (i)	SALDO (j) = (g – f)
DESPESAS CORRENTES	80.000,00	80.000,00	110.000,00	110.000,00	55.000,00	+ 30.000,00
DESPESAS DE CAPITAL	80.000,00	80.000,00	36.000,00	36.000,00	36.000,00	– 44.000,00
SOMA	160.000,00	160.000,00	146.000,00	146.000,00	91.000,00	– 14.000,00
SUPERÁVIT CORRENTE	0,00	0,00	0,00	0,00	0,00	0,00
SUPERÁVIT DE CAPITAL	0,00	0,00	34.000,00	0,00	0,00	+ 34.000,00
TOTAL	**160.000,00**	**160.000,00**	**180.000,00**	**146.000,00**	**91.000,00**	**– 20.000,00**

Fonte: Elaboração própria.

Demonstrações Contábeis do Setor Público | **245**

Como visto anteriormente, o resultado orçamentário do exercício (ROE) é apurado confrontando-se a soma da Receita Realizada com a soma da Despesa Empenhada:

> **ROE** = R$ 130.000,00 – R$ 146.000,00 = – R$ 16.000,00 (DÉFICIT ORÇAMENTÁRIO)

7.11.2 Fechamento do Balanço Financeiro

Para a elaboração do Balanço Financeiro será extraída do Balancete de Verificação a movimentação das seguintes contas (considere que 40% dos recursos são vinculados para saúde e educação):

1.1.1.1	Caixa e Equivalentes de Caixa	130.000,00	91.000,00	39.000,00	0,00
1.1.2.1	Créditos Tributários a Receber	80.000,00	60.000,00	20.000,00	0,00
2.1.1.1	Pessoal a Pagar	55.000,00	110.000,00	0,00	55.000,00
2.1.3.2	Contas a Pagar Curto Prazo	36.000,00	36.000,00	0,00	0,00
3.1.1.1	VPD – Remuneração a Pessoal	110.000,00	0,00	110.000,00	0,00
3.3.3.1	VPD – Depreciação	600,00	0,00	600,00	0,00
4.1.1.1	VPA – Impostos	0,00	80.000,00	0,00	80.000,00
4.5.1.2	VPA – Transferências Recebidas	0,00	90.000,00	0,00	90.000,00
4.6.1.1	VPA – Reavaliação do Imobilizado	0,00	10.000,00	0,00	10.000,00
6.2.1.2	Receita Realizada	0,00	130.000,00	0,00	130.000,00
6.2.2.2	Créd. Emp. a Liquidar	146.000,00	146.000,00	0,00	0,00

Ingressos	R$	Dispêndios	R$
Receita Orçamentária	130.000,00	**Despesa Orçamentária**	146.000,00
Ordinária	78.000,00	Ordinária	110.000,00
Vinculada	52.000,00	Vinculada	36.000,00
Extraorçamentária	55.000,00	**Extraorçamentária**	0,00
OUTROS INGRESSOS	0,00	outros dispêndios	0,00
Restos a pagar	55.000,00	Restos a pagar	0,00
SOMA	185.000,00	SOMA	146.000,00
Saldo Exercício Anterior	0,00	Saldo Exercício Seguinte	39.000,00
TOTAL	185.000,00	TOTAL	185.000,00

Como visto anteriormente, o resultado financeiro do exercício (RFE) pode ser apurado de duas formas: (i) saldo do exercício seguinte menos saldo do exercício anterior; ou (ii) valor total dos ingressos menos a soma dos dispêndios:

> **RFE** = R$ 39.000,00 – R$ 0,00 = – R$ 39.000,00 (SUPERÁVIT FINANCEIRO)

> **RFE** = R$ 185.000,00 – R$ 146.000,00 = – R$ 39.000,00 (SUPERÁVIT FINANCEIRO)

246 | Orçamento, Contabilidade e Gestão no Setor Público | LIMA

7.11.3 Fechamento da Demonstração das Variações Patrimoniais

Para a elaboração da Demonstração das Variações Patrimoniais (DVP) será extraída do Balancete de Verificação a movimentação das seguintes contas:

3.1.1.1	VPD – Remuneração a Pessoal	110.000,00	0,00	110.000,00	0,00
3.3.3.1	VPD – Depreciação	600,00	0,00	600,00	0,00
4.1.1.1	VPA – Impostos	0,00	80.000,00	0,00	80.000,00
4.5.1.2	VPA – Transferências Recebidas	0,00	90.000,00	0,00	90.000,00
4.6.1.1	VPA – Reavaliação do Imobilizado	0,00	10.000,00	0,00	10.000,00

VARIAÇÕES PATRIMONIAIS QUANTITATIVAS	
Variações Patrimoniais Aumentativas	**180.000,00**
VPA Impostos VPA Transferências Recebidas VAP Reavaliação do Imobilizado	80.000,00 90.000,00 10.000,00
Variações Patrimoniais Diminutivas	**110.600,00**
VPD Remuneração a Pessoal VPD Depreciação	110.000,00 600,00
RESULTADO PATRIMONIAL DO EXERCÍCIO	69.400,00

Considerando que a soma da VPA foi R$ 180.000,00 e a soma da VPD foi R$ 110.600,00, o resultado patrimonial do exercício foi superavitário em R$ 69.400,00.

7.11.4 Fechamento do Balanço Patrimonial

Para a elaboração do Balanço Patrimonial será extraída do Balancete de Verificação a movimentação das seguintes contas:

1.1.1.1	Caixa e Equivalentes de Caixa	130.000,00	91.000,00	39.000,00	0,00
1.1.2.1	Créditos Tributários a Receber	80.000,00	60.000,00	20.000,00	0,00
1.2.3.1	Imobilizado – Bens Móveis	36.000,00	0,00	36.000,00	0,00
1.2.3.2	Imobilizado – Bens Imóveis	100.000,00	0,00	100.000,00	0,00
1.2.3.8	Imobilizado – Depreciação Acumulada	0,00	600,00	0,00	600,00
2.1.1.1	Pessoal a Pagar	55.000,00	110.000,00	0,00	55.000,00
2.1.3.2	Contas a Pagar Curto Prazo	36.000,00	36.000,00	0,00	0,00
2.2.2.1	Empréstimos a Longo Prazo Interno	0,00	70.000,00	0,00	70.000,00

Demonstrações Contábeis do Setor Público | **247**

O resultado patrimonial do exercício apurado na DVP, superavitário em R$ 69.400,00 comporá o patrimônio líquido:

ATIVO	R$	PASSIVO	R$
ATIVO CIRCULANTE	**59.000,00**	**PASSIVO CIRCULANTE**	**55.000,00**
Caixa e Equivalentes de Caixa	39.000,00	Pessoal a Pagar	55.00,00
Créditos Tributários a Receber	20.000,00		
ATIVO NÃO CIRCULANTE	**135.400,00**	**PASSIVO NÃO CIRCULANTE**	**70.000,00**
Imobilizado – Bens Móveis	100.000,00	Empréstimos a Longo Prazo	70.000,00
Imobilizado – Bens Imóveis	36.000,00		
Imobilizado – Depreciação	(600,00)		
Acumulada		**PATRIMÔNIO LÍQUIDO**	**69.400,00**
		Resultado do Exercício	69.400,00
TOTAL	**194.400,00**	**TOTAL**	**194.400,00**

Registra-se que o patrimônio líquido apresentou o mesmo valor do resultado patrimonial do exercício (R$ 69.400,00), por se tratar do primeiro exercício financeiro da entidade, não tendo, portanto, saldos acumulados.

7.11.5 *Fechamento da Demonstração dos Fluxos de Caixa*

Para a elaboração da Demonstração dos Fluxos de Caixa será extraída do Balancete de Verificação a movimentação das seguintes contas, que registram qualitativa e quantitativamente toda a movimentação de entrada e saída de dinheiro.

1.1.1.1	Caixa e Equivalentes de Caixa	130.000,00	91.000,00	39.000,00	0,00
1.1.2.1	Créditos Tributários a Receber	80.000,00	60.000,00	20.000,00	0,00
1.2.3.1	Imobilizado – Bens Móveis	36.000,00	0,00	36.000,00	0,00
1.2.3.2	Imobilizado – Bens Imóveis	100.000,00	0,00	100.000,00	0,00
1.2.3.8	Imobilizado – Depreciação	0,00	600,00	0,00	600,00
2.1.1.1	Pessoal a Pagar	55.000,00	110.000,00	0,00	55.000,00
2.1.3.2	Contas a Pagar Curto Prazo	36.000,00	36.000,00	0,00	0,00
2.2.2.1	Empréstimos a Longo Prazo Interno	0,00	70.000,00	0,00	70.000,00
3.1.1.1	VPD – Remuneração a Pessoal	110.000,00	0,00	110.000,00	0,00
3.3.3.1	VPD – Depreciação	600,00	0,00	600,00	0,00
4.1.1.1	VPA – Impostos	0,00	80.000,00	0,00	80.000,00
4.5.1.2	VPA – Transferências Recebidas	0,00	90.000,00	0,00	90.000,00
4.6.1.1	VPA – Reavaliação do Imobilizado	0,00	10.000,00	0,00	10.000,00

A primeira ação é identificar entre os eventos ocorridos na entidade aqueles que efetivamente afetam o caixa (eventos de caixa), seja na forma de ingressos seja na forma de desembolsos, conforme análise a seguir:

Eventos:

a) Registro contábil da Lei Orçamentária Anual (LOA): não é evento de caixa;
b) Registro contábil de direito a receber: não é evento de caixa;
c) Registro da arrecadação e impostos: ingresso de caixa;
d) Contratação de operação de crédito interna: ingresso de caixa;
e) Aquisição de veículo (ambulância): desembolso de caixa;
f) Lançamento da primeira parcela de depreciação: não é evento de caixa;
g) Recebimento de imóvel em doação: não é evento de caixa;
h) Lançamento de reavaliação de imóvel: não é evento de caixa;
i) Empenho e liquidação de folha de pagamento: apenas desembolso da parte efetivamente paga.

Também deve-se atentar para a classificação a ser dada para as operações, por isso é importante entender o objetivo da entidade. Em regra, nas entidades públicas, a arrecadação de impostos e as transferências recebidas (convênios) são consideradas como ingresso no fluxo das atividades das operações.

Aquisição de bens de uso e entradas e saídas de recurso decorrentes de empréstimos com recursos da própria entidade são classificados no fluxo das atividades de investimentos. Já a entrada e saída de recursos decorrentes de financiamentos com recursos de outras entidades estão no fluxo das atividades de financiamento, conforme exemplo a seguir:

DEMONSTRAÇÃO DOS FLUXOS DE CAIXA	
FLUXO DE CAIXA LÍQUIDO DAS ATIVIDADES DAS OPERAÇÕES	**+ 5.000,00**
Ingressos – arrecadação de impostos	60.000,00 60.000,00
Desembolsos – pagamento de folha	(55.000,00) (55.000,00)
FLUXO DE CAIXA LÍQUIDO DAS ATIVIDADES DE INVESTIMENTOS	**– 36.000,00**
Ingressos – sem movimentação	0,00 0,00
Desembolsos – aquisição de veículo	(36.000,00) (36.000,00)
FLUXO DE CAIXA LÍQUIDO DAS ATIVIDADES DE FINANCIAMENTO	**+ 70.000,00**
Ingressos – operação de Crédito	70.000,00 70.000,00
Desembolsos – sem movimentação	0,00 0,00
GERAÇÃO LÍQUIDA DE CAIXA DO PERÍODO	39.000,00
CAIXA E EQUIVALENTE DE CAIXA INICIAL	0,00
CAIXA E EQUIVALENTE DE CAIXA FINAL	39.000,00

Observe que o caixa e equivalente de caixa final do exercício foi de R$ 39.000,00, mesmo valor apresentado no resultado financeiro do exercício (RFE) apurado no Balanço Financeiro. Não se trata de uma simples coincidência: esses valores serão sempre os mesmos pelo fato de ambos os balanços terem como propósito apurar o fluxo de caixa do período.

7.11.6 Apresentação de notas explicativas

Como visto anteriormente, as notas explicativas são informações adicionais às apresentadas nos quadros das DCASP e tem como objetivo facilitar a compreensão das demonstrações contábeis a seus diversos usuários, englobando informações de qualquer natureza exigidas pela lei, pelas normas contábeis e outras informações relevantes não suficientemente evidenciadas ou que não constam nas demonstrações, conforme exemplo a seguir:

Ativo Imobilizado – Depreciação
Em novembro de 2018 foi adquirido um veículo novo (ambulância) para uso no Hospital X, conforme nota fiscal xxxxx, da empresa yyyy, no valor de R$ 36.000,00, cuja vida útil foi inicialmente estabelecida em 60 meses, sem valor residual e sem custos adicionais para que ele fosse colocado em funcionamento. Assim, foi definida uma parcela de depreciação no valor de R$ 600,00 (R$ 36.000,00/60 meses), sendo a primeira parcela lançada no mês de dezembro de 2018.

7.12 Indicadores de análise

Segundo Silva e Silva (2017), a avaliação de desempenho sempre teve importância no Setor Público, independentemente da conjuntura da crise. De acordo com os pesquisadores, na medida em que os serviços públicos não têm um mercado consumidor competitivo que possa servir como medida de qualidade e eficácia de sua prestação, o Estado é obrigado a proceder a avaliação regular de seus programas e atividades. Em sua obra "Avaliação do Desempenho das Instituições Públicas e Privadas", os autores propõem metodologias para que essas análises sejam feitas.

O desempenho das entidades públicas também pode ser avaliado a partir da análise dos balanços públicos, tendo em mente que um único indicador pode não ser suficiente para fornecer informações para se formar um juízo de valor. Ao comparar as entidades, também é preciso considerar se as mesmas bases de análise (p. ex., exercício financeiro) e os mesmos critérios de mensuração, reconhecimento e evidenciação foram utilizados na elaboração das demonstrações contábeis.

Em sua obra "Balanços Públicos: teoria e prática", Kohama (2000) alerta que nem sempre as condições ideais de análise estarão presentes, quer por falta de informações adequadas disponíveis, quer pelas dificuldades técnicas em obtê-las, recomendando extrema cautela na busca de informações fidedignas. O pesquisador também destaca o cuidado que se deve ter às críticas, que não devem ser utilizadas no sentido de censurar nem tampouco julgar os resultados apurados. Finaliza ensinando que a análise dos balanços públicos deve ser construtiva para alertar e orientar quando for verificado algum erro de procedimento.

Na literatura de análise de balanços, é apresentado que a análise por meio de índices e quocientes não envolve meramente a aplicação de uma fórmula a dados financeiros para se obter determinado valor, e que o mais importante é a interpretação do valor encontrado. Em geral, as bases de comparação são de dois tipos – vertical e horizontal:

a) *Análise Vertical:* envolve a comparação dos índices financeiros de diferentes entidades em um mesmo instante.

b) *Análise Horizontal:* é aplicada quando o analista avalia o desempenho da entidade ao longo do tempo. Uma comparação entre o desempenho atual e o passado permite determinar se a entidade está evoluindo conforme planejado.

Buscando experiências que estão sendo colocadas em prática, selecionamos o conjunto dos indicadores a seguir que consideramos fornecer uma boa base para o usuário dessas informações. Para fins didáticos, optamos por interpretar os termos "pouco menor" entre 0,95 e 0,99; "próximo de 1" entre 0,95 e 1,05; e "pouco maior" entre 1,01 e 1,05, arredondando todos os cálculos em duas casas decimais.

7.12.1 Análise do Balanço Orçamentário

A análise do Balanço Orçamentário tem como objetivo demonstrar o controle do cumprimento das determinações e especificações da LOA e apresentar indicadores que darão suporte à gestão orçamentária, destacando-se, entre eles, o quociente da execução da receita, o quociente da execução da despesa, o quociente do equilíbrio orçamentário e o quociente do resultado orçamentário.

a) Quociente de Execução da Receita

$$\frac{\text{Receita Realizada}}{\text{Previsão Atualizada}} =$$

Igual a 1	Significa que a receita realizada é igual a prevista
Maior que 1	A diferença representa excesso de arrecadação
Menor que 1	Arrecadação inferior ao previsto
Interpretação	Resultado normal deverá ser 1 ou próximo de 1.

b) Quociente de Execução da Despesa

$$\frac{\text{Despesa Empenhada}}{\text{Dotação Atualizada}} =$$

Igual a 1	Equilíbrio na execução da despesa
Maior que 1	Utilização de dotação sem autorização legal
Menor que 1	Economia orçamentária
Interpretação	Resultado normal será menor que 1. Dificilmente ocorrerá resultado igual a 1 e jamais poderá ser maior que 1, pois, nesse caso, a despesa seria executada sem autorização.

Demonstrações Contábeis do Setor Público | **251**

c) Quociente do Equilíbrio Orçamentário

$$\frac{\text{Dotação Atualizada}}{\text{Previsão Atualizada}} =$$

Igual a 1	Significa que há equilíbrio orçamentário
Maior que 1	A diferença representa montante de créditos adicionais abertos
Menor que 1	A lei de orçamento pode ter sido aprovada com superávit e não com equilíbrio
Interpretação	Resultado normal será 1 ou pouco maior que 1, refletindo a abertura de créditos adicionais. Caso seja menor que 1, poderá ser considerado normal desde que os registros estejam corretos (hipótese atualmente atípica).

d) Quociente do Resultado Orçamentário

$$\frac{\text{Receita Realizada}}{\text{Despesa Empenhada}} =$$

Igual a 1	Equilíbrio do resultado orçamentário
Maior que 1	Superávit orçamentário na execução
Menor que 1	Déficit orçamentário na execução
Interpretação	Geralmente tenderá a apresentar-se por meio de déficit, em virtude do regime contábil misto. Assim, a análise deverá ser cautelosa verificando-se o quociente financeiro real (balanço financeiro) e o quociente patrimonial de execução orçamentária (DVP), que igualam o regime contábil em financeiro e de competência, respectivamente, para verificar se o déficit não se deve à dicotomia do tratamento legal.

e) Exercício resolvido:

BALANÇO ORÇAMENTÁRIO				
RECEITAS ORÇAMENTÁRIAS	**PREVISÃO INICIAL (a)**	**PREVISÃO ATUALIZADA (b)**	**RECEITAS REALIZADAS (c)**	**SALDO d = (c – b)**
RECEITAS CORRENTES	80.000,00	80.000,00	60.000,00	– 20.000,00
RECEITAS DE CAPITAL	80.000,00	80.000,00	70.000,00	– 10.000,00
SOMA	160.000,00	160.000,00	130.000,00	– 30.000,00
DÉFICIT CORRENTE	0,00	0,00	50.000,00	+ 50.000,00
DÉFICIT DE CAPITAL	0,00	0,00	0,00	0,00
TOTAL	**160.000,00**	**160.000,00**	**180.000,00**	**20.000,00**

DESPESAS ORÇAMENTÁRIAS	DOTAÇÃO INICIAL (e)	DOTAÇÃO ATUALIZADA (f)	DESPESAS EMPENHADAS (g)	DESPESAS LIQUIDADAS (h)	DESPESAS PAGAS (i)	SALDO (j) = (g – f)
DESPESAS CORRENTES	80.000,00	80.000,00	110.000,00	110.000,00	55.000,00	+ 30.000,00
DESPESAS DE CAPITAL	80.000,00	80.000,00	36.000,00	36.000,00	36.000,00	– 44.000,00
SOMA	160.000,00	160.000,00	146.000,00	146.000,00	91.000,00	– 14.000,00
SUPERÁVIT CORRENTE	0,00	0,00	0,00	0,00	0,00	0,00
SUPERÁVIT DE CAPITAL	0,00	0,00	34.000,00	0,00	0,00	+ 34.000,00
TOTAL	160.000,00	160.000,00	180.000,00	146.000,00	91.000,00	20.000,00

Indicadores	Cálculo	Interpretação
a) Execução da Receita	$\dfrac{130.000,00}{160.000,00} = 0,8125$	Arrecadação inferior ao previsto.
b) Execução da Despesa	$\dfrac{146.000,00}{160.000,00} = 0,9125$	Economia orçamentária.
c) Equilíbrio Orçamentário	$\dfrac{160.000,00}{160.000,00} = 1,0000$	Equilíbrio orçamentário.
d) Resultado Orçamentário	$\dfrac{130.000,00}{146.000,00} = 0,8904$	Déficit orçamentário na execução.

7.12.2 Análise do Balanço Financeiro

A análise do Balanço Financeiro tem como objetivo preparar indicadores para suporte para a avaliação da gestão financeira, evidenciando os ingressos e dispêndios de recursos em um determinado exercício financeiro, destacando-se, entre eles, o quociente da execução orçamentária, o quociente financeiro real, o quociente da execução financeira, o quociente dos saldos financeiros e o controle da destinação dos recursos (vinculada ou ordinária).

a) Quociente da Execução Orçamentária

$$\frac{\text{Receita Orçamentária}}{\text{Despesa Orçamentária}} =$$

Igual a 1	Equilíbrio da execução orçamentária
Maior que 1	Existência de superávit orçamentário na execução e movimentação financeira
Menor que 1	Existência de déficit orçamentário na execução e movimentação financeira
Interpretação	Demonstra quanto a receita orçamentária representa para a despesa orçamentária. Deve-se analisar conjuntamente com o quociente do resultado orçamentário (análise do balanço orçamentário).

Demonstrações Contábeis do Setor Público | **253**

b) Quociente Financeiro Real da Execução Orçamentária

$$\frac{\text{Receita Orçamentária}}{\text{Despesa Orçamentária Paga}^*} =$$

*Deduzidos os restos a pagar inscritos no exercício

Igual a 1	Equilíbrio na execução orçamentária e financeira (com regime de caixa para a despesa)
Maior que 1	Superávit na execução orçamentária e financeira (com regime de caixa para a despesa)
Menor que 1	Déficit na execução orçamentária e financeira (com regime de caixa para a despesa)
Interpretação	Normal o resultado igual a 1 e bom para maior que 1. Caso seja menor que 1, será preocupante, pois a receita arrecadada será menor que a despesa paga, devendo-se utilizar receita extraorçamentária para cobertura.

c) Quociente da Execução Extraorçamentária

$$\frac{\text{Receita Extraorçamentária}}{\text{Despesa Extraorçamentária}} =$$

Igual a 1	Equilíbrio na execução extraorçamentária
Maior que 1	Superávit extraorçamentário
Menor que 1	Déficit extraorçamentário
Interpretação	Será desejável mais próximo de 1. Maior que 1 representará aumento da dívida flutuante (curto prazo), o que provocará aumento do passivo financeiro, considerado normal se houver o correspondente aumento das disponibilidades. Caso seja menor que 1, representará diminuição da dívida flutuante, o que provocará diminuição do passivo financeiro, reduzindo as disponibilidades existentes.

d) Quociente do Resultado da Execução Financeira

$$\frac{\text{Soma dos Ingressos}}{\text{Soma dos Dispêndios}} =$$

Igual a 1	Equilíbrio na execução financeira
Maior que 1	Superávit financeiro
Menor que 1	Déficit financeiro
Interpretação	Será normal o resultado igual ou pouco maior que 1. Caso seja menor que 1, deve-se verificar se as disponibilidades (caixa/bancos) refletem a movimentação financeira de origem extraorçamentária.

254 | Orçamento, Contabilidade e Gestão no Setor Público | LIMA

e) Quociente do Resultado dos Saldos Financeiros

$$\frac{\text{Saldo que passa para o exercício seguinte}}{\text{Saldo do exercício anterior}} =$$

Igual a 1	Equilíbrio entre recebimentos e pagamentos do período
Maior que 1	Superávit financeiro
Menor que 1	Déficit financeiro
Interpretação	Será normal o resultado igual ou pouco maior que 1. Caso seja menor que 1, deve-se verificar se as disponibilidades (caixa/bancos) refletem a movimentação financeira de origem extraorçamentária.

f) Quociente do Controle da Destinação de Recursos

$$\frac{\text{Despesa Orçamentária Vinculada}}{\text{Receita Orçamentária Vinculada}} =$$

Igual a 1	Equilíbrio no uso das fontes vinculadas
Maior que 1	Despesas vinculadas superiores às receitas vinculadas
Menor que 1	Despesas vinculadas inferiores às receitas vinculadas
Interpretação	Normal o resultado igual a 1. Maior que 1 pode indicar o uso de fontes próprias. Nunca deve ser menor que 1, pois indica que está sendo descumprido algum dispositivo legal ou normativo.

g) Exercício resolvido:

Ingressos	R$	Dispêndios	R$
Receita Orçamentária	130.000,00	Despesa Orçamentária	146.000,00
Ordinária	78.000,00	Ordinária	110.000,00
Vinculada	52.000,00	Vinculada	36.000,00
Extraorçamentária	55.000,00	Extraorçamentária	0,00
OUTROS INGRESSOS	0,00	OUTROS DISPÊNDIOS	0,00
Restos a pagar	55.000,00	Restos a pagar	0,00
SOMA	185.000,00	SOMA	146.000,00
Saldo Exercício Anterior	0,00	Saldo Exercício Seguinte	39.000,00
TOTAL	185.000,00	TOTAL	185.000,00

Demonstrações Contábeis do Setor Público | **255**

Indicadores	Cálculo	Interpretação
a) Execução Orçamentária	$\dfrac{130.000,00}{146.000,00} = 0,8904$	Déficit orçamentário na execução e movimentação financeira
b) Financeiro Real da Execução Orçamentária	$\dfrac{130.000,00}{91.000,00} = 1,42$	Superávit na execução orçamentária e financeira (com regime de caixa para a despesa)
c) Execução Extraorçamentária	$\dfrac{55.000,00}{0,00}$	Superávit extraorçamentário
d) Resultado da Execução Financeira	$\dfrac{185.000,00}{146.000,00} = 1,2671$	Superávit orçamentário na execução
e) Resultado dos Saldos Financeiros	$\dfrac{39.000,00}{0,00}$	Superávit financeiro
f) Controle da destinação de recursos	$\dfrac{36.000,00}{52.000,00} = 0,6902$	Despesas vinculadas inferiores às receitas vinculadas

7.12.3 *Análise da Demonstração das Variações Patrimoniais*

A análise da Demonstração das Variações Patrimoniais tem como objetivo dar suporte para a avaliação da gestão patrimonial da entidade, apresentando o desempenho do resultado patrimonial do exercício.

a) Quociente do Resultado das Variações Patrimoniais

$$\frac{\text{Total das Variações Patrimoniais Aumentativas}}{\text{Total das Variações Patrimoniais Diminutivas}} =$$

Igual a 1	Situação patrimonial equilibrada
Maior que 1	Superávit patrimonial no exercício
Menor que 1	Déficit patrimonial no exercício
Interpretação	Será positivo se maior que 1 (superávit). Se igual a 1, será normal (situação patrimonial equilibrada). Se menor que 1, será negativo (déficit).

b) *Exercício resolvido:*

VARIAÇÕES PATRIMONIAIS QUANTITATIVAS	
Variações Patrimoniais Aumentativas	**180.000,00**
VPA Impostos VPA Transferências Recebidas VAP Reavaliação do Imobilizado	80.000,00 90.000,00 10.000,00
Variações Patrimoniais Diminutivas	**110.600,00**
VPD Remuneração a Pessoal VPD Depreciação	110.000,00 600,00
RESULTADO PATRIMONIAL DO EXERCÍCIO	69.400,00

Indicadores	Cálculo	Interpretação
a) Resultado das Variações Patrimoniais	$\dfrac{180.000,00}{110.600,00} = 1,6274$	Superávit patrimonial no exercício

7.12.4 Análise do Balanço Patrimonial

A análise do Balanço Patrimonial tem como objetivo dar suporte para a avaliação da gestão financeira e patrimonial da entidade, destacando entre seus indicadores o quociente da situação financeira, o quociente da situação permanente e o quociente da situação patrimonial.

a) Quociente da Situação Financeira

$$\frac{\text{Ativo Circulante}}{\text{Passivo Circulante}} =$$

Igual a 1	Equilíbrio da situação financeira
Maior que 1	Superávit financeiro
Menor que 1	Déficit financeiro
Interpretação	Será considerado normal o resultado igual a 1 ou maior que 1, desde que não seja conseguido mediante constituição de dívida fundada (longo prazo). Se for maior que 1, haverá excesso de recursos financeiros que poderá ser utilizado para cobertura de créditos adicionais. Se for menor que 1, deve-se verificar se não existe algum fato distorcendo o resultado (por exemplo, direito contratual não realizado no exercício).

b) Quociente da Situação Permanente

$$\frac{\text{Ativo Não Circulante}}{\text{Passivo Não Circulante}} =$$

Igual a 1	Equilíbrio da situação permanente
Maior que 1	Superávit permanente
Menor que 1	Déficit permanente
Interpretação	O resultado esperado é que seja maior do que 1 ou pelo menos igual a 1. Caso seja menor que 1, indicará que o endividamento é superior à soma dos bens, créditos e valores que compõem os bens e direitos de longo prazo (passivo a descoberto).

c) Quociente do Resultado Patrimonial

$$\frac{\text{Soma do Ativo Circulante} + \text{Ativo Não Circulante}}{\text{Soma do Passivo Circulante} + \text{Passivo Não Circulante}} =$$

Igual a 1	Situação patrimonial nula
Maior que 1	Situação patrimonial positiva
Menor que 1	Situação patrimonial negativa
Interpretação	Será considerado normal o resultado maior que 1. O resultado igual a 1 demonstrará equilíbrio patrimonial. Caso o resultado seja menor que 1, há que se verificar na DVP as causas que originaram o efeito patrimonial negativo.

d) Exercício resolvido:

ATIVO	R$	PASSIVO	R$
ATIVO CIRCULANTE	59.000,00	PASSIVO CIRCULANTE	55.000,00
Caixa e Equivalentes de Caixa	39.000,00	Pessoal a Pagar	55.00,00
Créditos Tributários a Receber	20.000,00		
ATIVO NÃO CIRCULANTE	135.400,00	PASSIVO NÃO CIRCULANTE	70.000,00
Imobilizado – Bens Móveis	100.000,00	Empréstimos a Longo Prazo	70.000,00
Imobilizado – Bens Imóveis	36.000,00	PATRIMÔNIO LÍQUIDO	69.400,00
Imobilizado – Depreciação	(600,00)		
Acumulada		Resultado do Exercício	69.400,00
TOTAL	194.400,00	TOTAL	194.400,00

Indicadores	Cálculo		Interpretação
a) Situação Financeira	$\dfrac{59.000,00}{55.000,00}$ = 1,0727		Superávit financeiro
b) Situação Permanente	$\dfrac{135.400,00}{70.000,00}$ = 1,9342		Superávit permanente
c) Resultado Patrimonial	$\dfrac{194.400,00}{125.000,00}$ = 1,5552		Situação patrimonial positiva

7.12.5 *Análise da Demonstração dos Fluxos de Caixa*

Da mesma forma que na análise do Balanço Financeiro, a análise da Demonstração dos Fluxos de Caixa tem objetivo de preparar indicadores para suporte para a avaliação da gestão financeira, evidenciando os ingressos e dispêndios de recursos em um determinado exercício financeiro, destacando-se o quociente de geração de caixa do período.

258 | Orçamento, Contabilidade e Gestão no Setor Público | LIMA

a) Quociente de geração de caixa do período

$$\frac{\text{Caixa e Equivalente de Caixa Final}}{\text{Caixa e Equivalente de Caixa Inicial}} =$$

Igual a 1	Manutenção do caixa inicial
Maior que 1	Geração líquida positiva de caixa no período
Menor que 1	Geração líquida negativa de caixa no período
Interpretação	É desejável que seja maior que 1. Igual a 1 indica que houve equilíbrio no consumo de recursos financeiros. Menor que 1 pode indicar problemas de liquidez.

b) Exercício resolvido:

DEMONSTRAÇÃO DOS FLUXOS DE CAIXA	
FLUXO DE CAIXA LÍQUIDO DAS ATIVIDADES DAS OPERAÇÕES	**+ 5.000,00**
Ingressos – arrecadação de impostos	60.000,00 60.000,00
Desembolsos – pagamento de folha	(55.000,00) (55.000,00)
FLUXO DE CAIXA LÍQUIDO DAS ATIVIDADES DE INVESTIMENTOS	**– 36.000,00**
Ingressos – sem movimentação	0,00 0,00
Desembolsos – aquisição de veículo	(36.000,00) (36.000,00)
FLUXO DE CAIXA LÍQUIDO DAS ATIVIDADES DE FINANCIAMENTO	**+ 70.000,00**
Ingressos – operação de Crédito	70.000,00 70.000,00
Desembolsos – sem movimentação	0,00 0,00
GERAÇÃO LÍQUIDA DE CAIXA DO PERÍODO	39.000,00
CAIXA E EQUIVALENTE DE CAIXA INICIAL	0,00
CAIXA E EQUIVALENTE DE CAIXA FINAL	39.000,00

Indicadores	Cálculo		Interpretação
a) Geração de Caixa do Período	$\dfrac{39.000,00}{0,00}$		Geração líquida positiva de caixa no período

Demonstrações Contábeis do Setor Público | 259

RESUMO

Conceitos e aspectos legais

- O volume que trata das Demonstrações Contábeis do Setor Público (DCASP), no Manual de Contabilidade Aplicada ao Setor Público, tem como objetivo padronizar os conceitos, as regras e os procedimentos relativos à elaboração das demonstrações contábeis por parte da União, Estados, Distrito Federal e Municípios.
- Estão relacionadas pelo DCASP as seguintes demonstrações contábeis: Balanço Orçamentário (BO); Balanço Financeiro (BF); Balanço Patrimonial (BP); Demonstração das Variações Patrimoniais (DVP); Demonstração dos Fluxos de Caixa (DFC) e Demonstração das Mutações do Patrimônio Líquido (DMPL).
- Demonstrações contábeis consolidadas: devem compor a prestação de contas anual de Governo.
- Demonstrações contábeis não consolidadas: devem compor a tomada ou a prestação de contas anual dos administradores públicos.

Estrutura e análise do Balanço Orçamentário

- O papel do Balanço Orçamentário é demonstrar as receitas e despesas previstas em confronto com as realizadas.
- O Balanço Orçamentário apresentará as receitas detalhadas por categoria econômica, origem e espécie. As despesas serão demonstradas por categoria econômica e grupo de natureza da despesa.
- Segundo as novas regras, ele será complementado por nota explicativa detalhando as despesas executadas por tipos de créditos.
- Adicionalmente ao Balanço Orçamentário, devem ser incluídos dois quadros demonstrativos de execução de restos a pagar, sendo um relativo aos restos a pagar não processados e outro relativo aos restos a pagar processados.

Estrutura e análise do Balanço Financeiro

- O Balanço Financeiro demonstra as receitas e despesas orçamentárias e os recebimentos e pagamentos de natureza extraorçamentária.
- O Balanço Financeiro é composto por um único quadro que evidencia a movimentação financeira das entidades do Setor Público, demonstrando: (i) a receita orçamentária realizada e a despesa orçamentária executada, por fonte/destinação de recurso; (ii) os recebimentos e os pagamentos extraorçamentários; (iii) as transferências financeiras recebidas e concedidas, decorrentes ou independentes da execução orçamentária, destacando os aportes de recursos para o RPPS; (iv) o saldo em espécie do exercício anterior e para o exercício seguinte.
- Segundo a nova estrutura, o Balanço Financeiro deverá apresentar as destinações ordinárias e as destinações vinculadas.

Estrutura e análise da Demonstração das Variações Patrimoniais

- A Demonstração das Variações Patrimoniais (DVP) foi totalmente reestruturada, passando a compor a apuração do Resultado Patrimonial do Exercício (RPE) apenas as variações patrimoniais quantitativas. Há, ainda, a exigência da apresentação de valores relativos a dois exercícios financeiros (atual e anterior).

- A nova Demonstração das Variações Patrimoniais será elaborada utilizando-se as Classes 3 (variações patrimoniais diminutivas) e 4 (variações patrimoniais aumentativas) do PCASP.

- A avaliação de gestão, a partir da Demonstração das Variações Patrimoniais, tem o objetivo de apurar o quanto e de que forma a administração influenciou nas alterações patrimoniais quantitativas e qualitativas do Setor Público.

Estrutura e análise do Balanço Patrimonial

- O papel do Balanço Patrimonial é evidenciar, qualitativa e quantitativamente, a situação patrimonial da entidade pública, por meio das contas representativas do patrimônio público.

- Entre as mudanças introduzidas no novo Balanço Patrimonial, destacam-se: a classificação dos elementos patrimoniais com base em seus atributos de conversibilidade e exigibilidade (circulante e não circulante); a exigência da apresentação de valores relativos a dois exercícios financeiros (atual e anterior); e a inclusão de dois apêndices (um relativo à apuração do superávit financeiro do exercício e outro especificando os atos potenciais).

- O novo Balanço Patrimonial será elaborado utilizando-se as Classes 1 e 2 (Ativo e Passivo). A Classe 8 (Controles Credores) será utilizada para o preenchimento do apêndice relativo aos atos potenciais.

Estrutura e análise da Demonstração dos Fluxos de Caixa

- A Demonstração dos Fluxos de Caixa (DFC) é uma das demonstrações contábeis incluídas pelas novas regras, e tem o objetivo de contribuir para a transparência da gestão pública.

- A DFC deve ser elaborada pelo método direto e evidenciar as movimentações havidas no caixa e seus equivalentes, por meio dos fluxos das operações, dos investimentos e dos financiamentos.

- A estrutura da DFC do Setor Público é semelhante à estrutura de DFC adotada nas empresas do Setor Privado, preservando, contudo, a natureza da informação governamental.

Estrutura e análise das mutações do patrimônio líquido

- A Demonstração das Mutações do Patrimônio Líquido (DMPL) será exigida apenas para as empresas estatais dependentes e para os entes que as incorporarem no processo de consolidação das contas públicas.

- O objetivo da DMPL é demonstrar cada mutação reconhecida no patrimônio líquido, o efeito decorrente das mudanças nos critérios contábeis e da retificação de erros cometidos em exercícios anteriores, e as contribuições dos proprietários e distribuições recebidas por eles como proprietários.

Notas explicativas

- O Balanço Orçamentário deverá ser acompanhado de notas explicativas que divulguem, ao menos: (i) o detalhamento das receitas e despesas intraorçamentárias; (ii) o detalhamento das despesas executadas por tipos de créditos; (iii) a utilização do superávit financeiro e da reabertura de créditos especiais e extraordinários; (iv) as atualizações monetárias

Demonstrações Contábeis do Setor Público | **261**

autorizadas por lei, efetuadas antes e após a data da publicação da LOA; (v) o procedimento adotado em relação aos restos a pagar não processados liquidados; (vi) o detalhamento dos "recursos de exercícios anteriores" utilizados para financiar as despesas orçamentárias do exercício corrente.

- Os Balanços Orçamentários não consolidados poderão apresentar desequilíbrio e déficit orçamentário.

7.13 Exercícios

1. **(Telebras/Especialista em Gestão de Comunicações-Contador/CESPE/CEBRASPE/ 2022) Em determinada entidade governamental, foram registrados os seguintes eventos contábeis durante o exercício financeiro de 2021, já encerrado:**

    i. **Aprovação da lei orçamentária anual com receita estimada no valor de 200 mil reais, sendo 50% em receitas/despesas correntes e 50% em receitas/despesas de capital.**

    ii. **Lançamento de impostos no valor de 100 mil reais, sendo arrecadados 90% desse valor.**

    iii. **Empenho, liquidação e pagamento de despesas de pessoal no valor de 70 mil reais.**

    iv. **Recebimento de imóvel em doção no valor de 80 mil reais.**

    v. **Empenho e liquidação de serviços de manutenção no valor de 10 mil reais, 100% inscritos em restos a pagar.**

    Considerando essa situação hipotética, bem como as transações apresentadas, julgue os itens seguintes, acerca da estrutura e do fechamento das demonstrações contábeis aplicáveis ao setor público.

    O resultado patrimonial do exercício apurado na demonstração das variações patrimoniais foi superavitário em 110 mil reais.

    ( ) Certo
    ( ) Errado

    O resultado orçamentário do exercício apurado no balanço orçamentário foi nulo.

    ( ) Certo
    ( ) Errado

    O resultado financeiro do exercício apurado no balanço financeiro foi superavitário em 20 mil reais.

    ( ) Certo
    ( ) Errado

2. **(Prefeitura de Vacaria-RS-Contador/FUNDATEC/2021) Quanto às Demonstrações Contábeis aplicadas ao setor público, a Lei nº 4.320/1964 estatui normas para elaboração e controle. Sendo assim, analise as seguintes afirmações e assinale V, se verdadeiras, ou F, se falsas.**

( ) O Balanço Orçamentário demonstrará as receitas e despesas previstas em confronto com as realizadas.

( ) O Balanço Financeiro demonstrará a receita e despesa orçamentárias, bem como os recebimentos e os pagamentos de natureza extraorçamentária, conjugados com os saldos em espécie provenientes do exercício anterior, e os que se transferem para o exercício seguinte.

( ) O Balanço Patrimonial demonstrará: o Ativo Financeiro, o Ativo Permanente, o Passivo Financeiro, o Passivo Permanente e as Despesas.

( ) O Ativo Permanente compreenderá os créditos e valores realizáveis, independentemente de autorização orçamentária e dos valores numerários.

A ordem correta de preenchimento dos parênteses, de cima para baixo, é:

a) V-F-V-F.
b) F-V-F-V.
c) F-F-V-V.
d) V-V-F-F.
e) V-F-F-V.

3. **(IMBEL-Supervisor-Contador/FGV/2021) Em relação ao Balanço Orçamentário de uma entidade do setor público, assinale a afirmativa correta.**

a) Compreende o ativo, o passivo e o patrimônio líquido.
b) Demonstra as receitas e as despesas previstas, em confronto com as realizadas.
c) Demonstra a receita e a despesa orçamentárias e os saldos em espécie provenientes do exercício anterior.
d) Evidencia as alterações verificadas no patrimônio, resultantes da execução orçamentária, indicando o resultado patrimonial do exercício.
e) Evidencia os recebimentos e os pagamentos de natureza extraorçamentária e os saldos em espécie provenientes do exercício anterior.

4. **(APEX Brasil-Analista – Processos Contábeis/CESPE/CEBRASPE/2021) Na elaboração do balanço financeiro do setor público, quanto à destinação, as receitas e despesas orçamentárias deverão ser segregadas em:**

a) orçamentárias e intraorçamentárias.
b) ordinárias e vinculadas.
c) correntes e de capital.
d) ingressos e dispêndios.

5. **(Prefeitura de São Francisco de Guaporé-RO-Contador/MS Concursos/2021) Com relação ao demonstrativo contábil "Demonstração das Variações Patrimoniais (DVP)", conforme normatiza o Manual de Contabilidade Aplicada ao Setor Público (MCASP), assinale a alternativa CORRETA.**

a) A Demonstração das Variações Patrimoniais (DVP) evidenciará as alterações verificadas no patrimônio, resultantes ou independentes da execução orçamentária, e indicará o resultado orçamentário do exercício.

Demonstrações Contábeis do Setor Público | **263**

b) A DVP será elaborada utilizando-se as classes 3 (variações patrimoniais aumentativas) e 4 (variações patrimoniais diminutivas) do Plano de Contas Aplicado ao Setor Público (PCASP).

c) A DVP permite a análise de como as políticas adotadas provocaram alterações no orçamento público, considerando-se a finalidade de atender às demandas das autoridades governamentais.

d) A DVP tem função semelhante à Demonstração do Resultado do Exercício (DRE) do setor privado. Contudo, é importante ressaltar que a DRE apura o resultado em termos de lucro, ou prejuízo líquido, como um dos principais indicadores de desempenho da entidade. Já no setor público, o resultado patrimonial (apurado na DVP) não é um indicador de desempenho, mas um medidor do quanto o serviço público ofertado promoveu alterações quantitativas dos elementos.

6. **Considere as informações do Balancete de Verificação e elabore as Demonstrações Contábeis a seguir relacionadas.**

Código	Conta	Movimento		Saldo	
		Débito	Crédito	Devedor	Credor
1111	Caixa e Equivalente de Caixa	216.000,00	134.400,00	81.600,00	0,00
1121	Créditos Tributários a Receber	240.000,00	216.000,00	24.000,00	0,00
1231	Bens Móveis	86.400,00	0,00	86.400,00	0,00
1232	Bens Imóveis	288.000,00	0,00	288.000,00	0,00
1238	Depreciação Acumulada	0,0	720,00	0,00	720,00
1239	Redução a Valor Recuperável	0,00	72.000,00	0,00	72.000,00
2131	Fornecedores	134.400,00	182.400,00	0,00	48.000,00
3323	VPD – Serviços PJ	96.000,00	0,00	96.000,00	0,00
3331	VPD – Depreciação	720,00	0,00	720,00	0,00
3615	VPD – Redução a Valor Recuperável	72.000,00	0,00	72.000,00	0,00
4111	VPA – Impostos	0,00	240.000,00	0,00	240.000,00
4512	VPA – Transferências de Bens	0,00	288.000,00	0,00	288.000,00
5211	Previsão da Receita	480.000,00	0,00	480.000,00	0,00
5219	Anulação de Previsão	0,00	96.000,00	0,00	96.000,00
5221	Dotação Inicial	480.000,00	0,00	480.000,00	0,00
5229	Cancelamento de Dotação	0,00	96.000,00	0,00	96.000,00
5321	RP Processados Inscritos	48.000,00	0,00	48.000,00	0,00
6211	Receita a Realizar	312.000,00	480.000,00	0,00	168.000,00
6212	Receita Realizada	0,00	216.000,00	0,00	216.000,00

Código	Conta	Movimento		Saldo	
		Débito	Crédito	Devedor	Credor
6221	Crédito Disponível	278.400,00	480.000,00	0,00	201.600,00
6222	Crédito Empenhado a Liquidar	182.400,00	182.400,00	0,00	0,00
6223	Crédito Empenhado em Liquidação	86.400,00	86.400,00	0,00	0,00
6224	Crédito Liquidado a Pagar	134.400,00	182.400,00	0,00	48.000,00
6225	Crédito Liquidado Pago	0,00	134.400,00	0,00	134.400,00
6312	Execução de RP Processados	0,00	48.000,00	0,00	48.000,00
7211	Controle de Disponibilidade	216.000,00	0,00	216.000,00	0,00
8211	Disponibilidade para Destinação	182.400,00	216.000,00	0,00	33.600,00
8212	Disponibilidade Comprometida por Empenho	182.400,00	182.400,00	0,00	0,00
8213	Disponibilidade Comprometida por Liquidação	134.400,00	182.400,00	0,00	48.000,00
8214	Disponibilidade Utilizada	0,00	134.400,00	0,00	134.400,00
TOTAL		3.850.320,00	3.850.320,00	1.872.720,00	1.872.720,00

Informações Adicionais-eventos realizados:

1) Aprovação LOA, sendo 50% corrente e 50% capital. Houve cancelamento de dotação/previsão.
2) Lançamento e arrecadação de impostos, com 40% dos recursos vinculados saúde/educação.
3) Compra de equipamento a vista, com vida útil de 10 anos. Foi lançada a 1ª parcela da depreciação.
4) Recebimento de imóvel em doação, sendo feito ajuste de *impairment* no exercício.
5) Contabilização de água, luz e telefone para o hospital, metade paga à vista e o restante restos a pagar.

a) Elaboração do balanço orçamentário:

BALANÇO ORÇAMENTÁRIO

RECEITAS ORÇAMENTÁRIAS	PREVISÃO INICIAL	PREVISÃO ATUALIZADA	RECEITAS REALIZADAS	SALDO
RECEITAS CORRENTES				
RECEITAS DE CAPITAL				
SOMA				
DÉFICIT CORRENTE				
DÉFICIT DE CAPITAL				
TOTAL				

DESPESAS ORÇAMENTÁRIAS	DOTAÇÃO INICIAL	DOTAÇÃO ATUALI-ZADA	DESPESAS EMPE-NHADAS	DESPESAS LIQUIDADAS	DESPESAS PAGAS	SALDO DA DOTAÇÃO
DESP. CORRENTES						
DESP. DE CAPITAL						
SOMA						
SUPERÁVIT CORREN						
SUPERÁVIT CAPITAL						
TOTAL						

b) Elaboração do balanço financeiro:

Ingressos	R$	Dispêndios	R$
Receita Orçamentária Ordinária Vinculada **Transferências Recebidas** **Extraorçamentária** Outros ingressos Restos a pagar		**Despesa Orçamentária** Ordinária Vinculada **Transferências Concedidas** **Extraorçamentária** Outros dispêndios Restos a pagar	
SOMA		SOMA	
Saldo Exercício Anterior		Saldo Exercício Seguinte	
TOTAL		TOTAL	

c) Elaboração da demonstração do fluxo de caixa:

DEMONSTRAÇÃO DOS FLUXOS DE CAIXA	
Ingressos	
Desembolsos	
FLUXO DE CAIXA LÍQUIDO DAS ATIVIDADES DAS OPERAÇÕES	
Ingressos	
Desembolsos	
FLUXO DE CAIXA LÍQUIDO DAS ATIVIDADES DE INVESTIMENTOS	
Ingressos	

DEMONSTRAÇÃO DOS FLUXOS DE CAIXA	
Desembolsos	
FLUXO DE CAIXA LÍQUIDO DAS ATIVIDADES DE FINANCIAMENTO	
GERAÇÃO LÍQUIDA DE CAIXA DO PERÍODO	
CAIXA E EQUIVALENTE DE CAIXA INICIAL	
CAIXA E EQUIVALENTE DE CAIXA FINAL	

d) Elaboração demonstração das variações patrimoniais:

Em R$

VARIAÇÕES PATRIMONIAIS QUANTITATIVAS	
Variações Patrimoniais Aumentativas	
Variações Patrimoniais Diminutivas	
RESULTADO PATRIMONIAL DO EXERCÍCIO	

NOTAS EXPLICATIVAS:

e) Elaboração do balanço patrimonial:

ATIVO	R$	PASSIVO	R$
ATIVO CIRCULANTE		PASSIVO CIRCULANTE	
ATIVO NÃO CIRCULANTE		PASSIVO NÃO CIRCULANTE	
		TOTAL DO PASSIVO	
		PATRIMÔNIO LÍQUIDO	
		Resultado do Exercício	
TOTAL		TOTAL	

Gestão no Setor Público 8

■ Objetivos do Capítulo

» Explicar como apareceu a expressão serviço público e os direitos e obrigações de seus usuários.

» Descrever os princípios e regras que gerem as licitações e as cláusulas essenciais dos contratos públicos.

» Caracterizar os procedimentos relacionados com os convênios e os passos para criação de consórcios públicos.

» Definir os princípios e diretrizes para promover a boa governança no Setor Público e os termos relacionados com custos sob a perspectiva do Setor Público.

» Explicar a relação entre gestão e responsabilidade fiscal e o papel da contabilidade na gestão dos regimes próprios.

» Descrever o papel do controle e da auditoria governamental no Setor Público.

8.1 Serviços públicos

De acordo com Medauar (1992), a expressão serviço público apareceu antes da sua inserção numa teoria, e sua emergência tem como condição essencial a distinção público-privado, que se afirma no curso da fase absolutista (séculos XVII a XVIII, sobretudo). Antes disso, o serviço não se concebe em relação aos particulares ou usuários, mas em relação ao rei; falava-se em serviço do rei.

A pesquisadora ensina que o saber quando e por quê uma atividade é considerada serviço público se coloca no plano da concepção política dominante e da concepção sobre o Estado e seu papel, e que o plano da escolha política pode estar fixado na Constituição, na lei, na tradição. A literatura mostra que o serviço público abrange prestações específicas para determinados indivíduos (água, esgoto, telefone) e prestações genéricas, inominadas (p. ex., iluminação pública, limpeza de rua).

No Brasil, o art. 175 da Constituição Federal dispõe que a prestação de serviços públicos é de responsabilidade do Poder Público, na forma da lei, diretamente ou sob regime de concessão ou permissão, sempre por meio de licitação. De acordo com a Lei nº 8.987/1995, que dispõe sobre o regime de concessão e permissão da prestação de serviços públicos, toda concessão ou permissão pressupõe a prestação de serviço adequado ao pleno atendimento dos usuários.

Entende-se por serviço adequado aquele que satisfaz as condições de regularidade, continuidade, eficiência, segurança, atualidade, generalidade, cortesia na sua prestação e modicidade das tarifas. De acordo com a Lei nº 8.987/1995 e suas atualizações, entre os direitos e obrigações dos usuários dos serviços públicos estão:

i. Receber serviço adequado;
ii. Receber informações para a defesa de interesses individuais e coletivos;
iii. Obter e utilizar o serviço, com liberdade de escolha entre vários prestadores;
iv. Levar ao conhecimento do poder público e da concessionária as irregularidades de que tenham conhecimento, referentes ao serviço prestado;
v. Comunicar às autoridades competentes os atos ilícitos praticados pela concessionária na prestação do serviço;
vi. Contribuir para a permanência das boas condições dos bens públicos por meio dos quais lhes são prestados os serviços.

Medauar (1992) apresenta que a concepção de serviço público pode ser visualizada como instrumento substancial de integração do indivíduo no Estado, e que não busca lucro necessariamente e pode suportar déficit; mas o interesse geral e a igualdade no acesso não devem ser bandeira para ocultar ausência de direção do serviço, má gestão ou desperdício.

Mesmo quando é delegada, a titularidade do serviço público permanece com o Poder Público, que tem o poder e o dever de fiscalizar sua adequada prestação. Os serviços públicos podem ser delegados por meio de concessão, permissão e autorização (art. 21, XI e XII, da CF/1988). Também há serviços públicos que não podem ser delegados em razão de suas características, como polícia, fiscalização etc.

8.2 Licitações

A licitação é procedimento administrativo formal em que a Administração Pública convoca, por meio de condições estabelecidas em ato próprio (edital ou convite), empresas interessadas na apresentação de propostas para o oferecimento de bens e serviços. Seu papel é garantir a observância do princípio constitucional da isonomia e selecionar a proposta mais vantajosa para a Administração, de maneira a assegurar oportunidade igual a todos os interessados e possibilitar o comparecimento ao certame do maior número possível de concorrentes.

Até recentemente, a Lei nº 8.666/1993 era a única Lei que definia as normas para licitações e contratos da Administração Pública brasileira, e a partir de 1º de abril a Lei nº 14.133/2021 passou a regular essa matéria. Apesar de ser um marco regulatório importante para o desenvolvimento administrativo do aparelho estatal, a Lei nº 8.666/1993 vinha perdendo eficiência ao longo do tempo, dada as transformações ocorridas na forma de administrar a coisa pública. Mesmo com a edição da Lei nº 14.133/2021, os normativos da Lei nº 8.666/1993 permanecerão em vigor por um prazo de dois anos de sua publicação, cabendo ao administrador optar justificadamente o ordenamento que seguirá, sendo vedada a aplicação combinada das Leis (art. 191 da Lei nº 14.133/2021).

De acordo com o Tribunal de Contas da União (TCU), nos procedimentos licitatórios públicos devem ser observados os seguintes princípios:

a) *Princípio da Legalidade*: devem ser observadas as regras estabelecidas nas normas e princípios em vigor;

b) *Princípio da Isonomia*: deve ser dado tratamento igual a todos os interessados, para garantir competição em todos os procedimentos licitatórios;

c) *Princípio da Impessoalidade*: em suas decisões, os agentes públicos devem observar critérios objetivos previamente estabelecidos, afastando a discricionariedade e o subjetivismo na condução dos procedimentos de licitação;

d) *Princípio da Moralidade e da Probidade Administrativa*: além de lícita, a conduta dos licitantes e dos agentes públicos tem de ser compatível com a moral, a ética, os bons costumes e as regras da boa administração;

e) *Princípio da Publicidade*: qualquer interessado pode ter acesso às licitações públicas e ao respectivo controle mediante divulgação dos atos praticados pelos administradores em todo procedimento de licitação;

f) *Princípio da Vinculação ao Instrumento Convocatório*: devem ser observadas as normas e condições estabelecidas no ato convocatório, nada podendo ser criado ou feito sem que haja previsão no instrumento de convocação;

g) *Princípio do Julgamento Objetivo*: devem ser observados os critérios objetivos definidos no ato convocatório para julgamento da documentação e das propostas, visando afastar a possibilidade de o julgador utilizar-se de fatores subjetivos ou de critérios não previstos no instrumento de convocação, ainda que em benefício da própria Administração;

h) *Princípio da Celeridade*: sempre que possível, as decisões devem ser tomadas no momento da sessão;

i) *Princípio da Competição*: deve-se buscar sempre o maior número de competidores interessados no objeto licitado. Nesse sentido, a Lei de Licitações veda estabelecer nos atos convocatórios exigências que possam de alguma forma admitir, prever ou tolerar condições que comprometam, restrinjam ou frustrem o caráter competitivo da licitação.

O Tribunal apresenta que além desses princípios, a Administração Pública deve obediência aos princípios da finalidade, motivação, razoabilidade, proporcionalidade, ampla defesa, contraditório, segurança jurídica, interesse público e eficiência.

Uma vez definido o que se quer contratar, é necessário estimar o valor total do objeto mediante realização de pesquisa de mercado, verificando se há previsão de recursos orçamentários para o pagamento da despesa e se esta se encontra em conformidade com a Lei de Responsabilidade Fiscal. Após apuração da estimativa, deve ser escolhida a **modalidade de licitação** adequada, que é a forma específica de conduzir o procedimento licitatório, a partir de critérios definidos em lei. Segundo o disposto na Lei nº 14.133/2021, são modalidades de licitação o pregão, a concorrência, o concurso, o leilão e o diálogo competitivo.

I – *Pregão*: modalidade de licitação obrigatória para aquisição de bens e serviços comuns, cujo critério de julgamento poderá ser o de menor preço ou o de maior desconto.

II – *Concorrência*: modalidade de licitação para contratação de bens e serviços especiais e de obras e serviços comuns e especiais de engenharia, cujo critério de julgamento poderá ser: (a) menor preço; (b) melhor técnica ou conteúdo artístico; (c) técnica e preço; (d) maior retorno econômico; e (e) maior desconto.

III – *Concurso*: modalidade de licitação para escolha de trabalho técnico, científico ou artístico, cujo critério de julgamento será o de melhor técnica ou conteúdo artístico, e para concessão de prêmio ou remuneração ao vencedor.

IV – *Leilão*: modalidade de licitação para alienação de bens imóveis ou de bens móveis inservíveis ou legalmente apreendidos a quem oferecer o maior lance.

V – *Diálogo competitivo*: modalidade de licitação para contratação de obras, serviços e compras em que a Administração Pública realiza diálogos com licitantes previamente selecionados mediante critérios objetivos, com o intuito de desenvolver uma ou mais alternativas capazes de atender às suas necessidades, devendo os licitantes apresentar proposta final após o encerramento dos diálogos.

Existem também maneiras diretas de contratação, sem a necessidade do processo convencional de uma licitação. A Lei nº 14.133/2021 dispõe sobre vários casos de inexigibilidade de licitação (quando é inviável a execução da competição) e de dispensa de licitação (situações excepcionais preestabelecidas na Lei).

O art. 74 da Lei nº 14.133/2021 dispõe que é **inexigível a licitação** quando inviável a competição, em especial nos casos de:

I – Aquisição de materiais, de equipamentos ou de gêneros ou contratação de serviços que só possam ser fornecidos por produtor, empresa ou representante comercial exclusivo.

II – Contratação de profissional do setor artístico, diretamente ou por meio de empresário exclusivo, desde que consagrado pela crítica especializada ou pela opinião pública.

III – Contratação dos seguintes serviços técnicos especializados de natureza predominantemente intelectual com profissionais ou empresas de notória especialização, vedada a inexigibilidade para serviços de publicidade e divulgação:
   a) estudos técnicos, planejamentos, projetos básicos ou projetos executivos;
   b) pareceres, perícias e avaliações em geral;
   c) assessorias ou consultorias técnicas e auditorias financeiras ou tributárias;
   d) fiscalização, supervisão ou gerenciamento de obras ou serviços;
   e) patrocínio ou defesa de causas judiciais ou administrativas;
   f) treinamento e aperfeiçoamento de pessoal;
   g) restauração de obras de arte e de bens de valor histórico;
   h) controles de qualidade e tecnológico, análises, testes e ensaios de campo e laboratoriais, instrumentação e monitoramento de parâmetros específicos de obras e do meio ambiente e demais serviços de engenharia que se enquadrem no disposto neste inciso.

IV – Objetos que devam ou possam ser contratados por meio de credenciamento.

V – Aquisição ou locação de imóvel cujas características de instalações e de localização tornem necessária sua escolha.

Por outro lado, os casos de **dispensa de licitação** estão dispostos no art. 75 da Lei nº 14.133/2021, quais sejam:

I – Para contratação que envolva valores inferiores a R$ 100.000,00 (cem mil reais), no caso de obras e serviços de engenharia ou de serviços de manutenção de veículos automotores; (Vide Decreto nº 10.922, de 2021) (Vigência)

II – Para contratação que envolva valores inferiores a R$ 50.000,00 (cinquenta mil reais), no caso de outros serviços e compras; (Vide Decreto nº 10.922, de 2021) (Vigência)

III – Para contratação que mantenha todas as condições definidas em edital de licitação realizada há menos de 1 (um) ano, quando se verificar que naquela licitação:
   a) não surgiram licitantes interessados ou não foram apresentadas propostas válidas;

b) as propostas apresentadas consignaram preços manifestamente superiores aos praticados no mercado ou incompatíveis com os fixados pelos órgãos oficiais competentes;

IV – Para contratação que tenha por objeto, entre outros, componentes ou peças de origem nacional ou estrangeira necessários à manutenção de equipamentos, a serem adquiridos do fornecedor original desses equipamentos durante o período de garantia técnica, quando essa condição de exclusividade for indispensável para a vigência da garantia.

A Lei nº 14.133/2021 relaciona vários casos em que a licitação pode ser dispensada, sendo importante que ela seja cuidadosamente consultada.

8.3 Contrato administrativo

Depois de concluído o processo licitatório ou os procedimentos de dispensa ou inexigibilidade de licitação, a Administração Pública adotará as providências necessárias para a celebração do contrato correspondente.

Segundo o disposto na Lei nº 8.666/1993, o contrato administrativo é todo e qualquer ajuste celebrado entre órgãos ou entidades da Administração Pública e particulares, por meio do qual se estabelece acordo de vontades, para formação de vínculo e estipulação de obrigações recíprocas. Regulam-se os contratos pelas respectivas cláusulas, pelas normas da Lei de Licitações e pelos preceitos de direito público. Na falta desses dispositivos, regem-se pelos princípios da teoria geral dos contratos e pelas disposições de direito privado.

O TCU (2010) apresenta que no contrato administrativo devem estar estabelecidas com clareza e precisão as cláusulas que definam direitos, obrigações e responsabilidade da Administração e do particular. Essas disposições devem estar em harmonia com os termos da proposta vencedora, com o ato convocatório da licitação ou com a autorização para contratação direta por dispensa ou inexigibilidade de licitação.

De acordo com o Tribunal, os contratos celebrados entre a Administração Pública e particulares são diferentes daqueles firmados no âmbito do direito privado, uma vez que no caso dos primeiros deve existir a constante busca pela plena realização do interesse público, enquanto no âmbito do Governo vale como regra a disponibilidade da vontade. Essa distinção faz com que as partes do contrato administrativo não sejam colocadas em situação de igualdade, porque ao assumir a posição de supremacia a Administração Pública pode, por exemplo, modificar ou rescindir unilateralmente o contrato e impor sanções ao particular.

O fato é que no contrato administrativo o interesse da coletividade deve prevalecer sobre o interesse particular, mas essa superioridade não permite que a Administração Pública imponha vontade própria e ignore direitos do particular que com ela contrata, assim, cabe a Administração Pública o dever de zelar pela justiça. Também não pode ser celebrado contrato com pessoas estranhas ao procedimento de licitação ou de contratação direta, sob pena de ser declarado nulo de pleno direito.

Em geral, os contratos administrativos são regidos por normas de direito público. Mas há contratos celebrados pela Administração Pública que são regulamentados por normas de direito privado. Exemplo: contratos de seguro, de financiamento e de locação, em que a Administração Pública é locatária e aqueles em que é usuária de serviço público. Nesses contratos, o Governo pode aplicar normas gerais de direito privado, mas deve observar as regras dos artigos 55 e 58 a 61 e demais disposições ditadas pela Lei de Licitações (TCU, 2010).

Em alguns casos, a Lei nº 8.666/1993 exige que a contratação seja formalizada obrigatoriamente por meio de termo de contrato, como no caso (i) das licitações realizadas nas modalidades concorrência, tomada de preços e pregão; (ii) de dispensa ou inexigibilidade de licitação, cujo valor esteja compreendido nos limites das modalidades concorrência e tomada de preços; (iii) de contratações de qualquer valor das quais resultem obrigações futuras, como no caso de entrega futura ou parcelada do objeto e assistência técnica.

Nos demais casos, o termo de contrato é facultativo, podendo ser substituído por carta-contrato, nota de empenho de despesa, autorização de compra ou ordem de execução de serviço. Também pode a Administração Pública dispensar o termo de contrato nas compras com entrega imediata e integral dos bens adquiridos, das quais não resultem obrigações futuras, inclusive assistência técnica, independentemente do valor e da modalidade realizada.

A legislação estabelece que os contratos devem ser numerados e arquivados em ordem cronológica, na sequência das datas de assinaturas e registro sistemático dos respectivos extratos em meio eletrônico ou em livro próprio. No caso de contratos que tiverem por objeto direitos reais sobre imóveis (compra, venda ou doação), devem ser formalizados por instrumento lavrado em cartório de notas.

Caso haja necessidade, os contratos administrativos podem ser modificados, devendo essas modificações (acréscimos ou supressões no objetivo, prorrogações, repactuações etc.) serem formalizadas por meio de termo de aditamento. Segundo o TCU (2010), em sua elaboração o conteúdo do contrato é dividido em cláusulas, nas quais estarão enumeradas as condições de execução. As cláusulas do contrato devem estar em harmonia com os termos da licitação e da proposta a que estiver vinculado. Registre-se que todo contrato administrativo deve conter, além das cláusulas essenciais, as seguintes informações:

- nome do órgão ou entidade da Administração e respectivo representante;
- nome do particular que executará o objeto do contrato e respectivo representante;
- finalidade ou objetivo do contrato;
- ato que autorizou a lavratura do contrato;
- número do processo da licitação, da dispensa ou da inexigibilidade;
- sujeição dos contratantes às normas da Lei nº 8.666/1993;
- submissão dos contratantes às cláusulas contratuais.

Conforme dispõe o art. 55 da Lei nº 8.666/1993, são cláusulas necessárias ou essenciais ao contrato as que estabelecem:

a) objeto detalhado, com indicação das especificações técnicas, modelo, marca, quantidade e outros elementos característicos, e em conformidade com o ato convocatório respectivo;
b) regime de execução ou a forma de fornecimento;
c) preço e condições de pagamento;
d) critérios, data-base e periodicidade do reajuste de preços;
e) critérios de compensação financeira entre a data do adimplemento das obrigações e a do efetivo pagamento;
f) prazos de início de etapas de execução, de conclusão, de entrega, de observação e de recebimento definitivo, conforme o caso;
g) crédito pelo qual correrá a despesa, com a indicação da classificação funcional programática e da categoria econômica;

h) garantias oferecidas para assegurar a execução plena do contrato, quando exigidas no ato convocatório;

i) direitos e responsabilidades das partes;

j) penalidades cabíveis e valores das multas;

k) casos de rescisão;

l) reconhecimento dos direitos da Administração, em caso de rescisão administrativa;

m) condições de importação, data e taxa de câmbio para conversão, quando for o caso;

n) vinculação ao ato convocatório ou ao termo que dispensou ou considerou a licitação inexigível e a proposta do contratado;

o) legislação aplicável à execução do contrato e especialmente aos casos omissos;

p) obrigação do contratado de manter as obrigações assumidas e as condições de habilitação e qualificação exigidas na licitação, durante toda a execução do contrato;

q) foro competente para solução de divergências entre as partes contratantes.

Também é recomendado que outros dados considerados pela Administração importantes em razão da peculiaridade do objeto constem do termo contratual, a fim de garantir a perfeita execução do objeto e de resguardar os direitos e deveres das partes, evitando problemas durante a execução do contrato (TCU, 2010).

O Tribunal apresenta que o contrato firmado entre as partes pode ser alterado unilateralmente por acordo entre as partes, nos casos previstos no art. 65 da Lei nº 8.666/1993, desde que haja interesse da Administração e satisfação do interesse público. E que para que as modificações sejam consideradas válidas, devem ser justificadas por escrito e previamente autorizadas pela autoridade competente para celebrar o contrato.

Nas hipóteses expressamente previstas em lei e mediante acordo com o contratado, é possível que a Administração Pública venha a restabelecer o equilíbrio ou reequilíbrio econômico-financeiro do contrato. Nesse caso, devem ser verificados os custos dos itens constantes da proposta contratada em confronto com a planilha de custos que deve acompanhar a solicitação de reequilíbrio; e a ocorrência de fato imprevisível ou previsível que justifique modificações do contrato para mais ou para menos.

Com relação à nulidade do contrato, é nulo o contrato quando verificada ilegalidade em quaisquer das condições avençadas, tornando a declaração de nulidade do contrato administrativo inexistente e invalidando efeitos passados ou futuros. O TCU esclarece que é dever da Administração indenizar o contratado pela parte executada do objeto e por outros prejuízos devidamente comprovados até o momento em que for declarada a nulidade, mas não cabe indenização quando for comprovada responsabilidade do contratado pelos prejuízos porventura causados.

Depois de concluída a licitação ou o processo de contratação direta, o Tribunal recomenda que devem ser observados os seguintes procedimentos em relação aos contratos:

1) Verificação da manutenção das condições de habilitação do contratado para efeito de assinatura do contrato;

2) Emissão da nota de empenho respectiva;

3) Assinatura do termo de contrato ou entrega dos demais instrumentos, tais quais: carta-contrato, autorização de compra, nota de empenho, ordem de execução de obra ou de prestação dos serviços, conforme o caso;

4) Recebimento de garantia do contrato, na modalidade escolhida pelo contratado;

5) Publicação do extrato do contrato na imprensa oficial;
6) Verificação de exigências contratuais e legais para início de execução do objeto. Em caso de obras e serviços de engenharia, por exemplo: registro do contrato no Crea, no INSS, obtenção de alvará, pagamento de taxas e emolumentos etc.;
7) Autorização para alocação e/ou colocação dos equipamentos e do pessoal necessário no local de execução da obra ou prestação do serviço;
8) Designação de representante da Administração para acompanhar e fiscalizar a execução do contrato;
9) Aprovação de preposto indicado pelo contratado para representá-lo perante a Administração contratante;
10) Abertura de livro apropriado para registro de ocorrências durante execução do contrato, a exemplo de falhas, atrasos e interrupções, com termos de abertura e encerramento assinados pelo representante da Administração e pelo preposto do contratado. Deve ter as folhas numeradas e rubricadas pelas partes;
11) Início da execução do objeto contratado;
12) Acompanhamento e fiscalização da execução do contrato;
13) Recebimento do objeto do contrato;
14) Verificação e atestação de recebimento do bem, execução de obra ou prestação de serviço;
15) Efetivação de pagamento;
16) Liberação da garantia, se houver, após o objeto ter sido concluído e aceito.

Em resumo, no contrato entre as partes o interesse é sempre diverso. Interessa a Administração a realização do objeto contratado e ao particular o valor do pagamento correspondente, havendo sempre contraprestação, vantagem ou benefício pelo objeto avençado (TCU, 2010).

8.4 Convênios

Segundo o TCU (2016), convênio é todo e qualquer instrumento formal que discipline a transferência de recursos da União para Estados, Municípios, Distrito Federal ou entidades particulares, com vistas à execução de programas de trabalho, projeto/atividade ou evento de interesse recíproco, em regime de mútua colaboração. Visa à execução de programa de Governo que envolva realização de projeto, atividade, serviço, aquisição de bens ou evento de interesse recíproco, em regime de mútua cooperação.

De acordo com o disposto no art. 116 da Lei nº 8.666/1993, a celebração de convênio, acordo ou ajuste pelos órgãos ou entidades da Administração Pública depende de prévia aprovação de competente plano de trabalho proposto pela organização interessada, o qual deverá conter, no mínimo, as seguintes informações:

i. Identificação do objeto a ser executado;
ii. Metas a serem atingidas;
iii. Etapas ou fases de execução;
iv. Plano de aplicação dos recursos financeiros;
v. Cronograma de desembolso;
vi. Previsão de início e fim da execução do objeto, bem assim da conclusão das etapas ou fases programadas;

vii. Se o ajuste compreender obra ou serviço de engenharia, comprovação de que os recursos próprios para complementar a execução do objeto estão devidamente assegurados, salvo se o custo total do empreendimento recair sobre a entidade ou órgão descentralizador.

Normalmente o convênio envolve quatro fases que se desdobram em vários procedimentos – proposição, celebração/formalização, execução e prestação de contas:

a) Proposição: nessa fase o interessado na celebração deverá elaborar plano de trabalho que contenha, entre outros, as razões que justifiquem a celebração do convênio e o objeto específico, com os elementos característicos e descrição detalhada, objetiva, clara e precisa do que se pretende realizar ou obter;

b) Celebração/Formalização: aprovado o plano de trabalho e cumpridos todos os requisitos preestabelecidos, o convênio será formalizado mediante termo previamente examinado por setor técnico e assessoria jurídica do órgão/entidade concedente;

c) Execução: receitas financeiras recebidas com aplicação dos recursos devem ser obrigatoriamente computadas a crédito do convênio e aplicadas exclusivamente no objeto de sua finalidade;

d) Prestação de Contas: geralmente a prestação de contas ocorre apenas ao final do prazo de vigência do convênio, contudo, caso haja mais de duas transferências financeiras, deverá ocorrer prestação de contas parcial. Após a aplicação da última parcela, deverá o responsável apresentar a prestação de contas final do total dos recursos recebidos.

O Tribunal orienta que por ocasião da conclusão, denúncia, rescisão ou extinção do convênio, os saldos financeiros remanescentes, inclusive os provenientes de receitas obtidas das aplicações financeiras realizadas, devem ser devolvidos ao ente repassador dos recursos, no prazo improrrogável de trinta dias. Caso os valores não sejam restituídos no prazo estabelecido, a autoridade competente do órgão ou entidade titular dos recursos deverá instaurar processo de tomada de contas especial.

Diferentemente do contrato, no convênio o interesse das partes é recíproco e a cooperação mútua. As partes têm por finalidade a consecução de determinado objeto de interesse comum (TCU, 2016).

O Sistema de Gestão de Convênios e Contratos de Repasse (Siconv) é o sistema informatizado do governo federal no qual serão registrados todos os atos relativos ao processo de operacionalização das transferências de recursos por meio de convênios, contratos de repasse, termos de parceria, termos de colaboração e termos de fomento, desde sua proposição e análise, passando pela celebração, liberação de recursos e acompanhamento da execução, até a prestação de contas. As informações registradas no Siconv são abertas à consulta pública na internet, no Portal de Convênios (<www.convenios.gov.br>).

8.5 Consórcios públicos

Segundo o disposto no MCASP (2021), consórcios públicos são parcerias formadas por dois ou mais entes da Federação para a gestão associada de serviços públicos, bem como para a transferência total ou parcial de encargos, serviços, pessoal e bens essenciais à continuidade dos serviços transferidos, conforme art. 241 da Constituição Federal/1988, regulamentado pela Lei nº 11.107/2005 e pelo Decreto nº 6.017/2007.

O contrato de rateio é o instrumento pelo qual os entes da Federação consorciados comprometem-se a transferir recursos financeiros para a realização das despesas do consórcio público, consignados em suas respectivas leis orçamentárias anuais (LOA). O contrato de rateio será formalizado em cada exercício financeiro e seu prazo de vigência não será superior ao das dotações que o suportam, com exceção dos contratos que tenham por objeto exclusivamente projetos consistentes em programas e ações contemplados em plano plurianual (PPA) ou a gestão associada de serviços públicos custeados por tarifas ou outros preços públicos.

Os consórcios públicos podem também ser contratados diretamente pelos entes para a prestação de serviços, independentemente de esses serem consorciados ou não. Além dos recursos financeiros transferidos pelos entes da Federação consorciados com base no contrato de rateio, constituem recursos dos consórcios públicos:

a) Bens móveis ou imóveis recebidos em doação.
b) Transferências de direitos operadas por força de gestão associada de serviços públicos.
c) Tarifas e outros preços públicos.
d) Auxílios, contribuições e subvenções sociais ou econômicas de outras entidades e órgãos do governo que não compõem o consórcio público.
e) Receita de prestação de serviços.
f) Outras receitas próprias.

Para o atendimento dos objetivos estabelecidos para o consórcio público, cada ente da Federação consorciado consignará em sua LOA ou em créditos adicionais, por meio de programações específicas, dotações suficientes para suportar as despesas com transferências a consórcio público. A LOA e as leis de créditos adicionais do ente da Federação consorciado deverão discriminar as transferências a consórcio público quanto à natureza, no mínimo, por categoria econômica, grupo de natureza e modalidade de aplicação, conforme definido na Portaria STN/SOF nº 163/2001 (MCASP, 2021). No folder intitulado *10 passos para construir um consórcio público*, a Confederação Nacional de Municípios (CNM) orienta gestores locais sobre as ações que devem ser desenvolvidas nesse sentido. Como primeiro passo, a recomendação é que o ente federado identifique interesses e problemas comuns, promovendo encontros e audiências públicas com a participação de gestores públicos, agentes políticos e representantes da sociedade civil: é nesse momento que será definida a futura finalidade do consórcio público.

O segundo passo envolve a elaboração de estudos de viabilidade técnica e financeira, estimando qual será o custo para executar as atividades e manter a estrutura mínima do consórcio. De acordo com a CNM, independentemente do segmento de atuação do consórcio (ambiental, resíduos sólidos, educação, saúde etc.) é importante que os trabalhos sejam acompanhados por especialistas da área e por profissionais das áreas contábil e jurídica.

No passo três tem-se a elaboração e assinatura do protocolo de intenções – que possui a forma de um contrato e contém as cláusulas que vão reger o consórcio. Esse documento deve ser assinado pelo Chefe do Poder Executivo antes de ser enviado ao Poder Legislativo, pois representa a manifestação da intenção em se constituir o consórcio público. É importante que no protocolo de intenções sejam incluídos todos os potenciais participantes do consórcio para que se evite futuros entraves burocráticos.

Na ratificação do protocolo de intenções (parte 4), todos os Chefes dos Poderes Executivos envolvidos precisam enviar aos seus respectivos Poderes Legislativos o projeto de lei para debate e aprovação. Para a CNM, é a partir da ratificação mediante lei do protocolo de intenções que se aperfeiçoa o contrato do consórcio público. Na prática, a ratificação do protocolo de intenções se converte em um contrato administrativo, para o qual ficam obrigados todos os entes consorciados.

O quinto passo se dá com a elaboração do estatuto do consórcio público, documento que regulamentará a organização e o funcionamento de cada órgão constitutivo do consórcio público, cuja competência para aprovação é da assembleia geral. A CNM esclarece que no caso de consórcio público de direito público, o estatuto social produzirá seus efeitos com a publicação na imprensa oficial de cada ente consorciado. Já no consórcio público de direito privado, os efeitos dependem do estatuto na forma da legislação civil.

No passo seis está a efetivação do cadastro nacional de pessoas jurídicas (CNPJ) e a abertura de uma conta bancária, para que seja possível a movimentação de recursos que farão frente às finalidades do consórcio. Na sequência (passo 7), deve ser formalizado o contrato de rateio – contrato que estabelece o compromisso financeiro dos entes consorciados para com as despesas do consórcio – em cada exercício financeiro, com a realização de ajustes nas normas orçamentárias de cada ente federado envolvido, de modo a contemplar os compromissos firmados para a realização das despesas do consórcio público.

A Assembleia Geral deve ser convocada para proceder a eleição do representante legal do consórcio público (passo 8) – que obrigatoriamente deverá ser o Chefe do Poder Executivo do ente consorciado, e dos membros dos demais órgãos colegiados previstos no protocolo de intenções (diretoria executiva, conselho fiscal etc.). O cronograma administrativo estabelecido no contrato do consórcio público deve ser observado para a realização de concurso público ou para viabilizar o trâmite da cessão de servidores pelos entes consorciados.

Como passo nove, a CNM recomenda que outros instrumentos sejam firmados para fortalecer a capacidade das atividades do consórcio, destacando entre eles o contrato de programa, o convênio com outros entes federados e o acordo de gestão associada de serviços públicos. Finalmente, no passo 10, a entidade esclarece que se algum ente consorciado quiser se retirar do consórcio é necessário que seu representante legal formalize pedido junto à Assembleia Geral.

Para a exclusão do membro consorciado, deve ser apresentada uma justa causa (desatenção às normas do contrato de consórcio e estatuto), devendo a ele ser concedido previamente o exercício do contraditório e da ampla defesa. E para a alteração ou a extinção do contrato de consórcio público, deve haver um instrumento aprovado pela Assembleia Geral, ratificado por lei em cada um dos entes federados consorciados.

8.6 Princípios e diretrizes para promover a boa governança no Setor Público

Recentemente, os estudos sobre governança corporativa entraram no radar dos Tribunais de Contas, e os gestores públicos devem estar preparados para o tema, dada as exigências que lhes serão impostas.

Em seu sentido original, o termo governança está relacionado com o ato de orientar e conduzir, não apenas com o exercício do poder (Governo) e nem com as condições em

278 | Orçamento, Contabilidade e Gestão no Setor Público | LIMA

que esse poder é exercido (governabilidade), mas com a capacidade de os sistemas políticos e administrativos agirem efetiva e decisivamente para resolver problemas públicos (PETERS, 2012).

Para Rhodes (1996), governança significa uma mudança no sentido da atividade estatal, referindo-se a novos processos de Governo ou a renovadas condições para o exercício do poder e para a organização estatal, ou a novos métodos por meio dos quais a sociedade é governada.

Pires e Gomide (2016) comentam que além de contribuir para uma descrição das transformações do Estado e dos processos de governo, a ideia de governança suscita questionamentos sobre o impacto dessas mudanças sobre as capacidades do Estado em produzir políticas públicas: os governos se tornaram menos capazes de definir seus rumos e executar suas ações? Ou simplesmente alteraram as formas de o fazerem? Em outras palavras, segundo os pesquisadores, as transformações do Estado exigem novas interpretações sobre as implicações para a sua capacidade de produzir políticas públicas.

De acordo com o Banco Mundial (2007), para ser efetiva no âmbito do Setor Público a governança pressupõe a existência de um Estado de Direito, de uma sociedade civil participativa no que tange aos assuntos públicos, de uma burocracia imbuída de ética profissional, de políticas planejadas e de um braço executivo que se responsabilize sobre suas ações.

Na visão do Tribunal de Contas da União (TCU), para que as funções de governança sejam executadas de forma satisfatória os mecanismos de liderança, estratégia e controle devem estar presentes, cabendo aos líderes das organizações conduzirem seu estabelecimento (Quadro 8.1).

Quadro 8.1 – Mecanismos de governança

Liderança	Estratégia	Controle
Conjunto de práticas de natureza humana ou comportamental que asseguram as condições mínimas para o exercício da boa governança.	Relacionamento com as partes interessadas, definição e monitoramento de objetivos, indicadores e metas.	Transparência, prestação de contas e responsabilização.

Fonte: TCU (2014).

Para se buscar a boa governança, o TCU elenca 10 passos que devem ser observados no âmbito do Setor Público (TCU, 2014, adaptado):

1) *Escolha líderes competentes e avalie seus desempenhos:* o gestor público deve avaliar a experiência, o conhecimento, as habilidades e as atitudes das equipes de Governo e das funções gerenciais, bem como sua idoneidade moral e reputação.

2) *Lidere com ética e combata desvios:* deve ser adotado um código de ética a ser observado por todos os servidores e funcionários que atuam na Administração Pública, estabelecendo mecanismos de controle para evitar que preconceitos, vieses ou conflitos de interesses influenciem as ações e decisões a serem tomadas.

3) *Estabeleça sistema de governança com poderes de decisão balanceados e funções críticas segregadas:* estabeleça instâncias internas de governança nas mais diversas áreas de atuação da Administração Pública, garanta o balanceamento do poder e a segregação de funções críticas (por exemplo, quem paga não pode atestar o que se recebe) e divulgue o sistema estabelecido entre as partes interessadas.

4) *Estabeleça modelo de gestão da estratégia que assegure seu monitoramento e avaliação:* considere aspectos como transparência e envolvimento das partes interessadas, desenvolva e monitore indicadores de desempenho.

5) *Estabeleça a estratégia considerando as necessidades das partes interessadas:* estabeleça e divulgue canais de comunicação e assegure que as decisões tomadas atendam ao maior número possível de partes interessadas.

6) *Estabeleça metas e delegue poder e recursos para alcançá-las:* avalie os resultados das atividades de controle e dos trabalhos de auditoria e, se necessário, determine que sejam adotadas providências.

7) *Estabeleça mecanismos de coordenação de ações com outras organizações:* desenvolva mecanismos de atuação conjunta com vistas à formulação, monitoramento e avaliação de políticas públicas transversais, por exemplo, ações feitas na área de saúde podem ser compartilhadas com as políticas desenvolvidas para a área de educação.

8) *Gerencie riscos e institua os mecanismos de controle interno necessários:* estabeleça mecanismos que permitam tratar com eficiência as incertezas e monitore e avalie o sistema de gestão de riscos, corrigindo eventuais desvios que venham a ser detectados.

9) *Estabeleça função de auditoria interna independente que adicione valor à organização:* estabeleça a função de auditoria interna e crie condições para que ela possa ser independente e eficiente.

10) *Estabeleça diretrizes de transparência e sistema de prestação de contas e responsabilização:* monitore e avalie a imagem do Governo e a satisfação dos cidadãos com os serviços prestados, garanta que indícios de irregularidades sejam apurados, promovendo a efetiva responsabilização em caso de comprovação.

A governança de órgãos e entidades da Administração Pública envolve três funções básicas: avaliar (o ambiente, os cenários, o desempenho e os resultados atuais e futuros), direcionar (orientar a preparação, a articulação e a coordenação de políticas e planos, alinhando as funções organizacionais às necessidades das partes interessadas) e monitorar (o resultado, o desempenho e o cumprimento de políticas e planos, confrontando-os com as metas estabelecidas e as expectativas das partes interessadas).

O Banco Mundial (2007) relaciona como **princípios da boa governança** a legitimidade, a equidade, a responsabilidade, a eficiência, a probidade, a transparência e a *accountability* (Quadro 8.2).

Quadro 8.2 – Princípios da boa governança

Legitimidade	Equidade
Não basta verificar se a lei foi cumprida, mas se o interesse público e o bem comum foram alcançados.	Devem ser garantidas as condições para que todos tenham acesso ao exercício de seus direitos civis (liberdade de expressão, acesso à informação etc.).

Relatório elaborado pelo TCU sobre as políticas e programas de Governo de 2017 apresenta que a baixa capacidade do planejamento e a coordenação das diversas políticas públicas têm levado ao aumento do risco de desperdício de recursos, do comprometimento dos resultados e da baixa qualidade dos serviços à população.

Responsabilidade	Eficiência
Os agentes de governança devem zelar pela sustentabilidade da entidade, visando sua longevidade.	Fazer o que precisa ser feito com qualidade adequada ao menor custo possível.
Probidade	**Transparência**
Os servidores devem observar as regras e procedimentos ao utilizar, arrecadar, gerenciar e administrar bens e valores públicos.	Deve ser estabelecido um clima de confiança tanto internamente quanto nas relações de órgãos e entidades com terceiros.
Accountability	
Os agentes de governança devem prestar contas de sua atuação de forma voluntária, assumindo integralmente as consequências de seus atos e omissões.	

Fonte: Banco Mundial (2007).

8.7 Custos sob a perspectiva do Setor Público

Somente em 2011, com a edição da NBC T 16.11 – Sistema de Informação de Custos do Setor Público, começou a ser delineado um caminho normativo para que os serviços públicos pudessem ser identificados, medidos e relatados em sistema projetado para gerenciamento de custos dos serviços públicos. Por mais de 10 anos, essa norma foi a grande referência para a introdução dos sistemas de informações de custos nos entes federados brasileiros.

Em dezembro de 2021, uma nova norma foi editada pelo Conselho Federal de Contabilidade a NBC T SP 34 – Custos no Setor Público, que revogou a norma de 2011. De acordo com a nova norma, seu objetivo é estabelecer diretrizes e padrões a serem observados na implementação do sistema de custos. Trata de critérios para geração da informação de custos, como instrumento de governança pública, e aponta para o importante papel do gestor na adoção efetiva de modelos de gerenciamento de custos.

A NBC T SP 34 – Custos no Setor Público dispõe que o usuário da informação de custos é qualquer pessoa ou entidade que utiliza a informação de custos para, por exemplo, subsidiar os processos de planejamento, tomada de decisão, monitoramento, avaliação de desempenho, transparência, prestação de contas e responsabilização. E que os principais usuários da informação de custos são os gestores, em sua tomada de decisão sobre a aplicação dos recursos que lhes são confiados. Por isso, em regra, demandam informações customizadas, no formato de relatórios de custos específicos.

Quanto aos seus objetivos, a norma esclarece que o sistema de custos deve ser organizado de forma a propiciar o desenvolvimento de modelos de gerenciamento de custos fundamentados nas diretrizes da alta administração de cada entidade, que norteiem os aspectos conceituais e sistêmicos para o seu desenvolvimento e implantação. Diante desses fundamentos, o processo de geração da informação de custos deve ter foco nos processos de planejamento, tomada de decisão, monitoramento, avaliação de desempenho, transparência, prestação de contas e responsabilização.

Para atingir os objetivos, devem ser dados tratamento conceitual adequado e abordagem tecnológica apropriada que propiciem atuar com as múltiplas dimensões (temporais, numéricas, organizacionais), permitindo análise de séries históricas, projeção de tendências e comparações. A NBC T SP 34 apresenta que é recomendável o uso de suporte tecnológico que permita rastreabilidade e acesso facilitado aos dados, de forma a possibilitar a aferição da conformidade do processo de geração da informação.

As características qualitativas da informação de custos seguem o disposto na NBC T SP – Estrutura Conceitual, quais sejam: relevância, representação fidedigna, compreensibilidade, tempestividade, comparabilidade e verificabilidade. Da mesma forma, as restrições a essas características são materialidade, custo-benefício e alcance do equilíbrio apropriado entre as características qualitativas.

Sobre a obrigatoriedade do sistema de custos, cada entidade deve identificar, acumular e relatar os custos de seus objetos em uma base regular, por meio de sistema de custos. As informações de custo devem ser confiáveis e úteis para os processos de planejamento, tomada de decisão, monitoramento, avaliação de desempenho, transparência, prestação de contas e responsabilização. Ao mesmo tempo, exatidão e refinamentos desnecessários dos dados devem ser evitados.

A norma do CFC esclarece que os custos podem ser determinados usando diferentes métodos de custeio e bases de mensuração, de acordo com o uso pretendido da informação, e que toda informação de custo, independentemente do modo como é apresentada, deve ser rastreável até a fonte de dados da qual se originou.

Registre-se que a geração das informações de custo é atribuição do profissional da contabilidade, mas a integridade e a fidedignidade das informações extraídas das bases de dados de origem são de responsabilidade dos gestores das transações registradas nos sistemas integrados ao sistema de informação de custos. A geração das informações de custo deve ser compatível com o regime de competência e observar as disposições acerca da integração com outras bases de dados.

No âmbito do governo federal, foi criado o Sistema de Informações de Custos do Governo Federal (SIC), um banco de dados que se utiliza da extração de dados dos sistemas estruturantes da administração pública federal, tal como SIAPE, SIAFI e SIGPlan, para a geração de informações para subsidiar decisões governamentais e organizacionais que conduzam à alocação mais eficiente do gasto público.

8.8 Gestão e responsabilidade fiscal

Segundo informações disponíveis no site do Senado Federal, nos primeiros anos do Plano Real os entes federados brasileiros (União, Estados e Municípios) se viram sem a antiga fórmula de obter dinheiro para pagar os gastos: a inflação. Nesse cenário, com os juros altíssimos dos primeiros anos do real e sem diminuir as despesas públicas, o país caminhava para um perigoso desequilíbrio fiscal.

Foi nesse contexto que foi aprovada a Lei Complementar nº 101/2000, conhecida como a Lei de Responsabilidade Fiscal (LRF), estabelecendo padrões para a gestão de recursos e limites aos gastos públicos, em todas as esferas de Governo. Na prática, a LRF fixa limites para o endividamento de União, Estados e Municípios e obriga os governantes a definirem metas fiscais anuais e a indicarem a fonte de receita para cada despesa permanente que propuserem.

Em caso de não cumprimento das normas, a LRF estabelece, entre outros, sanções pessoais para os responsáveis, de qualquer cargo ou esfera governamental, como perda do cargo, inabilitação para emprego público, multa e prisão.

De acordo com o Governo Federal, a meta fiscal é a economia que o Governo promete fazer para manter a dívida sob controle e efetuar o seu pagamento. Essa meta é resultado do quanto se espera arrecadar e gastar em determinado ano. Ao estabelecer um valor, o Governo "assume um compromisso público de como vai equilibrar as contas públicas e manter a dívida pública sob controle".

Registre-se que a meta fiscal é definida pelo próprio governo municipal por meio da Lei de Diretrizes Orçamentárias (LDO) e precisa ser aprovada Poder Legislativo. Segundo a Câmara dos Deputados, essas metas são traçadas no ciclo de planejamento do governo com o objetivo de garantir o cumprimento de obrigações relativas a despesas e empréstimos, bem como a sustentabilidade das finanças públicas durante vários exercícios. Essas metas são relativas às receitas, despesas, resultados nominal e primário e montante da dívida pública.

No caso da meta fiscal de resultado primário, por exemplo, define-se na LDO o volume de recursos que o Governo municipal pretende economizar no ano seguinte para honrar suas dívidas. Calculada a previsão das receitas que serão arrecadadas e descontada a meta de resultado primário definida, chega-se ao volume de recursos que podem ser destinados para a realização das despesas municipais.

A LRF ainda estabelece limites fiscais para gastos de pessoal, endividamento, garantia de valores e contratação de operações de crédito, e determina que nenhum governante pode criar uma nova despesa continuada (que dura mais de dois anos) sem indicar sua fonte de receita ou sem reduzir outras despesas já existentes.

Embora as regras fiscais, como a LRF, aumentem o nível de transparência das contas públicas, além de ser um dos instrumentos importantíssimos para o avanço das práticas da *accountability* no país, a literatura vem mostrando que ela pode ser um incentivo para que os gestores públicos locais manipulem as informações contábeis a fim de alcançar os seus limites.

Assim, na tentativa de ajustar as finanças da entidade, os gestores públicos fazem o uso de manobras financeiras, para encobrir déficits financeiros, diminuir a volatilidade dos resultados etc. Ao concentrar os esforços em enquadrar quem descumpre os limites fiscais estabelecidos, os órgãos fiscalizadores podem estar incentivando para que muitas informações simplesmente não sejam contabilmente registradas, e, portanto, não passíveis de serem rastreadas.

Como esses valores muitas vezes remetem a ciclos políticos passados é preciso criar estratégias para estimular que tais registros sejam efetuados, desonerando as gestões atuais dos possíveis impactos nos limites e indicadores dos entes federados em que houve a omissão desses registros. É preciso haver uma aproximação entre os "mundos" orçamentário, patrimonial e financeiro, para que as diferenças existentes não deem margem a manipulações e decisões equivocadas.

8.9 A Contabilidade na gestão dos regimes próprios

O tema previdência vem desafiando as autoridades e os gestores públicos, dada o grande impacto de seus valores sobre as contas públicas. Quando o sistema está na alçada das entidades federadas, como é o caso dos regimes próprios, essa discussão ganha ainda mais relevância.

Os regimes próprios de previdência social (RPPS) contemplam os servidores públicos titulares de cargo efetivo civis da União, dos Estados, do Distrito Federal e dos Municípios, conforme previsto no art. 40 da Constituição Federal, e os militares dos Estados e do Distrito Federal. De filiação obrigatória e compulsória a partir da instituição por lei de iniciativa do poder executivo do respectivo ente federativo, segundo regra geral, é de caráter contributivo, deve observar equilíbrio financeiro e atuarial, admite a constituição de fundo integrado de bens, direitos e ativos diversos e, como o regime geral, funciona como um seguro para utilização nas situações de risco social e benefícios programados de aposentadorias, além de pensões por morte aos dependentes do segurado. Assim como no RGPS, admite previdência complementar.

Com relação às demonstrações contábeis exigidas dos RPPS, são basicamente as mesmas demonstrações exigidas pela legislação contábil aplicada ao Setor Público. No âmbito da Unidade Gestora dos RPPS, o objeto da Contabilidade é o patrimônio da entidade, que necessariamente deverá dispor de autonomia em relação ao patrimônio do ente público que o instituiu, tendo em vista a sua destinação, em observância ao Princípio da Entidade, bem como às normas específicas que tratam da organização e do funcionamento desses regimes.

Numa perspectiva sistêmica, a Contabilidade dos RPPS não só está voltada para o acompanhamento da execução orçamentária e financeira, mas também para a correta apresentação do patrimônio e apreensão das causas de suas mutações, observando-se, como parte da essência, o cumprimento dos princípios de Contabilidade.

Aplicada à Previdência Social, a Contabilidade tem o papel de evidenciar a capacidade econômico-financeira do ente público em garantir ao segurado que não tenha mais capacidade laborativa os recursos necessários à sua sobrevivência e de seus dependentes na proporção dos benefícios definidos pela legislação, numa perspectiva de sustentabilidade, conforme emanado de nossa Carta Maior.

No caso dos RPPS, tem-se que a unidade gestora deve ser uma entidade independente, seja na forma de fundo especial, autarquia ou fundação, sendo seu patrimônio autônomo em relação ao patrimônio do ente instituidor. Independentemente de sua forma de estruturação, os RPPS se adaptam ao conceito de Fundo Especial, haja vista terem os seus recursos destinação específica definida por lei própria de cada ente federativo, consoante a Lei nº 9.717/1998, que determina que os recursos previdenciários somente poderão ser utilizados para pagamentos de benefícios e taxa de administração.

Basicamente, a normatização contábil aplicada aos RPPS tem como objetivo a harmonização dos registros contábeis de modo a promover a verdadeira evidenciação de sua situação econômica, patrimonial, orçamentária e financeira, e a extração de relatórios gerenciais para avaliação de sua gestão. As Unidades Gestoras de RPPS devem ser tratadas de forma especial tendo em vista a sua finalidade, destacando-se as seguintes peculiaridades:

a) *Visão de longo prazo*: a preocupação é que a entidade se perpetue, para que seja possível o cumprimento do seu objeto social.

b) *Foco no patrimônio*: diferentemente da maioria dos órgãos públicos, a preocupação dos RPPS não está voltada exclusivamente para a execução orçamentária e financeira, mas também, e principalmente, para o fortalecimento de seus ativos, objetivando garantir as condições de honrar os compromissos previdenciários sob sua responsabilidade.

c) *Provisões para o balanço*: as provisões atuariais constituídas são primordiais para aferir a capacidade do RPPS de garantir a cobertura dos compromissos previdenciários assumidos desde o momento do ingresso do servidor no regime.

d) *Taxa de administração*: a Unidade Gestora do RPPS pode dispor de um limite dos recursos previdenciários para fazer frente aos seus gastos administrativos, sendo recomendável o seu controle em conta contábil específica, observada a possibilidade de acumulação

284 | Orçamento, Contabilidade e Gestão no Setor Público | LIMA

para constituição de reserva para utilização em exercícios posteriores, desde que haja alíquota expressamente definida em lei de cada ente federativo.

e) *Carteira de investimentos*: objetivando garantir a segurança, a rentabilidade, a solvência e a liquidez dos ativos, ou seja, a sustentabilidade do regime, os recursos disponíveis dos RPPS devem ser aplicados conforme as condições preestabelecidas pelo Conselho Monetário Nacional, mediante resoluções atualizadas, buscando sempre as melhores remunerações e os menores riscos para os ativos.

Como se pode observar, a administração da Unidade Gestora dos RPPS demanda a implantação de procedimentos contábeis que possibilitem o controle e o acompanhamento da evolução do seu patrimônio, como a atualização da carteira de investimentos a valores de mercado e a contabilização da avaliação atuarial, exigindo dos profissionais de contabilidade a revisão e a incorporação de conceitos que fortaleçam o aspecto patrimonial.

Até dezembro de 2013, os procedimentos contábeis aplicados aos RPPS eram estabelecidos pela Portaria MPS nº 916/2003 e suas atualizações. Com a edição da Portaria MPS nº 509/2013, foram definidas as novas regras contábeis a serem observadas no âmbito dos RPPS, a partir da adoção do Plano de Contas Aplicado ao Setor Público (PCASP) e das Demonstrações Contábeis Aplicadas ao Setor Público (DCASP), contempladas no Manual de Contabilidade Aplicada ao Setor Público (MCASP) da Secretaria do Tesouro Nacional (STN).

Com relação à estrutura do Plano de Contas, os RPPS devem adotar as contas especificadas no PCASP Estendido até o 7º nível de classificação, observando exatamente a mesma nomenclatura e codificação definida pela STN. Caso haja a necessidade de inclusão ou desdobramento de contas, recomenda-se que as solicitações sejam encaminhadas à Secretaria de Políticas de Previdência Social, que, em conjunto com a Secretaria do Tesouro Nacional, procederá à verificação para atendimento da solicitação. Caso a necessidade de informação seja apenas gerencial, o contabilista responsável poderá criar contas a partir do nível já publicado.

Por ocasião do encerramento do exercício, a planificação contábil utilizada na unidade gestora de RPPS poderá, caso não seja a mesma do ente público, demandar procedimentos especiais para o processo de consolidação das contas. Nesse caso, é imprescindível que o ente público inclua tais contas em seu plano de contas e, em conjunto com o contabilista responsável pela contabilidade do RPPS, mantenha compatibilização desses valores, para que seja possível a adequada consolidação dessas informações.

8.10 Controle e auditoria governamental

O artigo 70 da Constituição Federal de 1988 estabelece que a fiscalização contábil, financeira, orçamentária, operacional e patrimonial da União e das entidades da administração direta e indireta, quanto à legalidade, legitimidade, economicidade, aplicação de subvenções e renúncia de receitas, será exercida pelo Congresso Nacional, mediante controle externo, e pelo sistema de controle interno de cada poder.

O entendimento é que no Setor Público os gestores devem agir atendendo às normas e regulamentos acerca das competências institucionais, a limitação do seu campo de atuação e os controles aos quais devem se submeter. Entre as formas de controle que podem ser efetivadas num regime democrático, estão: (i) sistema de freios e contrapesos, representado pela divisão dos Poderes (Executivo, Legislativo e Judiciário); (ii) controle de contas; (iii) controle social.

Quanto à posição do órgão controlador, o controle pode ser classificado em controle interno, controle externo e controle social:

- *Controle interno* (controle vertical) – cabe ao próprio órgão da administração no qual o ato ou procedimento administrativo teve origem, sendo seu papel atuar como articulador entre as ações administrativas e a análise de legalidade.
- *Controle externo* (controle horizontal) – cabe ao órgão que está fora da administração, no qual o ato ou procedimento administrativo teve origem e é instituído pelos Poderes Executivo, Legislativo e Judiciário; pela sociedade (controle social); e pelas prestações de contas (controles de contas).
- *Controle social* – controle exercido pela sociedade sobre o Governo.

8.10.1 Controle interno

A atividade de controle interno alcança todas as unidades administrativas do ente público, seja administração direta ou indireta, e, ainda, entidades que recebam recursos públicos e que devam prestar contas. Na prática, a atividade de controle interno constitui um conjunto de atividades, planos, métodos e procedimentos visando assegurar que os objetivos da entidade sejam atingidos, evidenciando eventuais desvios ao longo da gestão.

Sob o enfoque contábil, o controle interno tem como finalidades salvaguardar os ativos e assegurar a veracidade dos componentes patrimoniais; dar conformidade ao registro contábil em relação ao ato correspondente; propiciar a obtenção de informação oportuna e adequada; estimular adesão às normas e às diretrizes fixadas; contribuir para a promoção da eficiência operacional da entidade; auxiliar na prevenção de práticas ineficientes e antieconômicas, erros, fraudes, malversação, abusos, desvios e outras inadequações.

De acordo com as diretrizes da Organização Internacional de Entidades Fiscalizadoras Superiores (INTOSAI), com relação às normas de controle interno do Setor Público, esse controle deve ser estruturado internamente e não superposto às atividades, tornando-se parte integrante dos processos gerenciais de planejamento, execução e monitoramento.

Não cabe ao controle interno assegurar, por si só, o alcance dos objetivos gerais previamente definidos, devendo a gerência revisar e atualizar continuamente os controles. No âmbito da Administração Pública brasileira, a atividade de controle interno está regulamentada pela IN SFCI 1/2001, publicada pela Secretaria Federal de Controle Interno do Poder Executivo Federal, que estabelece as diretrizes, princípios, conceitos e normas técnicas para atuação do Sistema de Controle Interno.

Os princípios do controle interno representam o conjunto de regras, diretrizes e sistemas que visam ao atendimento de objetivos específicos. Segundo a IN SFCI 1/2001, são princípios do controle interno:

- *Relação custo-benefício* – consiste na avaliação do custo de um controle em relação aos benefícios que ele possa proporcionar.
- *Qualificação adequada, treinamento e rodízio de funcionários* – a eficiência dos controles internos administrativos está diretamente relacionada com a competência, formação profissional e integridade do pessoal.
- *Delegação de poderes e definição de responsabilidades* – deverão ser indicados, com precisão, a autoridade que delega, a delegada e o objeto da delegação.

286 | Orçamento, Contabilidade e Gestão no Setor Público | LIMA

- *Segregação de funções* – a estrutura das entidades deve prever a separação entre as funções de autorização/aprovação das operações, execução, controle e contabilização, de tal forma que nenhuma pessoa detenha competências e atribuições em desacordo com esse princípio.
- *Instruções devidamente formalizadas* – para atingir um grau de segurança adequado, é indispensável que as ações, procedimentos e instruções sejam disciplinados e formalizados por meio de instrumentos eficazes e específicos; ou seja, claros, objetivos e emitidos por autoridade competente.
- *Controles sobre transações* – é imprescindível estabelecer o acompanhamento dos fatos contábeis, financeiros e operacionais, objetivando que sejam efetuados mediante atos legítimos, relacionados com a finalidade da unidade/entidade e autorizados por quem de direito.
- *Aderência a diretrizes e normas legais* – o controle interno deve assegurar observância às diretrizes, planos, normas, leis, regulamentos, relacionados com a finalidade da entidade.

Entre os riscos associados à estrutura do controle interno, estão: (i) *obsolescência e ação rotineira*, ensejando a necessidade de revisão periódica dos sistemas de controle; (ii) *má-fé e conluio*, que podem colocar o sistema de controle sob suspeição; (iii) *relação custo-benefício*, à exceção dos controles estratégicos, que, mesmo onerosos, devem ser mantidos.

Acerca da classificação dos procedimentos de controle, cujas medidas e ações são estabelecidas para prevenir ou detectar os riscos inerentes ou potenciais à tempestividade, à fidedignidade e à precisão da informação contábil, tem-se os procedimentos de prevenção ou detecção:

a) *Procedimentos de prevenção*: medidas que antecedem o processamento de um ato ou um fato, para prevenir a ocorrência de omissões, inadequações e intempestividade da informação contábil.

b) *Procedimentos de detecção*: medidas que visem à identificação, concomitante ou *a posteriori*, de erros, omissões, inadequações e intempestividade da informação contábil.

De acordo com o disposto na IN SFCI 1/2001, a opinião do órgão ou unidade de controle interno deve ser expressa por meio de nota, relatório, certificado ou parecer:

- *Nota* – documento destinado a dar ciência ao gestor no decorrer dos exames, das impropriedades ou irregularidades constatadas ou apuradas no desenvolvimento dos trabalhos. Tem como finalidade obter a manifestação dos agentes sobre fatos que resultaram em prejuízo aos cofres públicos ou de outras situações que necessitem de esclarecimentos formais.
- *Relatório* – forma pela qual os resultados dos trabalhos realizados são levados ao conhecimento das autoridades competentes, fornecendo dados para tomada de decisões sobre a política de área supervisionada; atendimento das recomendações sobre as operações de sua responsabilidade, correção dos erros detectados ou comunicação ao controle externo do resultado dos exames efetuados.
- *Certificado* – documento normalmente emitido pela área de auditoria, mas, em relação ao controle interno, representa sua opinião sobre a exatidão e regularidade da gestão, e da adequação, ou não, das peças examinadas. Seus tipos são:

  a) <u>de regularidade</u>: emitido quando a gestão de recursos estiver observando os princípios da legalidade, legitimidade e economicidade;

b) de regularidade com ressalvas: emitido quando forem constatadas falhas, omissões ou impropriedades de natureza formal no cumprimento das normas e diretrizes governamentais, quanto à legalidade, legitimidade e economicidade e que, pela sua irrelevância ou imaterialidade, não caracterizem irregularidade de atuação dos agentes responsáveis;

c) de irregularidade: emitido quando for verificada a não observância da aplicação dos princípios da legalidade, legitimidade e economicidade, constatando a existência de desfalque, alcance, desvio de bens ou outra irregularidade de que resulte prejuízo para a fazenda pública, ou que comprometam, substancialmente, as demonstrações contábeis no período examinado.

- *Parecer*: documento normalmente emitido pela área de auditoria. O parecer do dirigente do órgão de controle interno é peça compulsória a ser inserida nos processos de tomada e prestação de contas, que serão remetidos ao controle externo.

O parecer tem como finalidade externalizar a avaliação conclusiva do sistema de controle interno sobre a gestão examinada, consignando qualquer irregularidade ou ilegalidade constatada, indicando as medidas adotadas para corrigir as falhas identificadas, bem como avaliando a eficiência e a eficácia da gestão, inclusive quanto à economia na utilização dos recursos públicos.

8.10.2 Controle externo

Com relação ao controle de contas, a atividade de controle externo é instituída e exercida por órgão ou membro do Poder Legislativo com o auxílio dos Tribunais de Contas, fiscalizando os gastos dos Poderes Executivo, Judiciário e do próprio Legislativo. O procedimento de realização do controle externo dá-se pelos processos de tomada de contas e prestação de contas:

a) *Tomada de contas*: processo de contas relativo à avaliação da gestão dos responsáveis por unidades jurisdicionadas da administração direta.

b) *Prestação de contas*: processo destinado a avaliar a conformidade e o desempenho da gestão dos responsáveis por unidades jurisdicionadas da administração indireta e aquelas não classificadas como integrantes da administração direta.

Será ainda instaurada *tomada de contas especial* quando se configurar, por exemplo, omissão no dever de prestar contas e a ocorrência de desfalque ou desvio de dinheiro, ou prática de qualquer ato ilegal, ilegítimo ou antieconômico que resulte dano ao erário.

De acordo com o art. 71 da CF, cabe ao Poder Legislativo, com o auxílio dos Tribunais de Contas, julgar as contas dos administradores e demais responsáveis por dinheiro, bens e valores públicos da administração direta e indireta.

As Cortes de Contas, com base em suas Leis Orgânicas, estabelecem as situações em que as contas serão julgadas regulares, regulares com ressalvas, irregulares ou iliquidáveis, analisadas sob os aspectos da legalidade, legitimidade, economicidade, eficiência, eficácia e efetividade:

- *Regulares*: quando a prestação de contas expressa a exatidão dos demonstrativos contábeis.
- *Regulares com ressalvas*: quando expressam a existência de impropriedades ou faltas de natureza formal, que não resultem em danos ao erário.

- *Irregulares*: quando advêm da omissão do dever de prestar contas, da prática de ato de gestão ilegal, ilegítimo, antieconômico ou infração a norma legal ou regulamentar, e de reincidência no descumprimento de determinações do Tribunal.
- *Iliquidáveis*: quando se apresentam materialmente impossíveis de julgamento de mérito, sendo, neste caso, qualificadas de insanáveis, por serem irregularidades revestidas de tal gravidade que não se resolvem com o simples ajuste de conduta do responsável ou de gestão do órgão fiscalizado, levando inclusive à aplicação de multa prevista em lei.

8.10.3 Controle social

O artigo 74, § 2º, da CF dispõe que qualquer cidadão, partido político, associação ou sindicato é parte legítima para, na forma da lei, denunciar irregularidades ou ilegalidades, por, entre outros meios, da escolha dos governantes e representantes junto ao parlamento municipal, distrital, estadual e nacional pelo voto, ação popular e ação civil pública perante o Tribunal de Contas da União.

O controle social também pode ocorrer por meio do acompanhamento das contas governamentais, cuja transparência está assegurada na Lei de Responsabilidade Fiscal (Lei Complementar nº 101, de 2000), seja com participação popular e realização de audiências públicas durante os processos de elaboração e discussão dos orçamentos (art. 48), seja pela disponibilidade durante todo o exercício no Poder Legislativo das contas apresentadas pelo chefe do Poder Executivo (art. 49).

8.10.4 Competência e abrangência da auditoria governamental

Para Lima e Castro (2009, p. 85), no Setor Público a atividade de auditoria representa o conjunto de técnicas que visa avaliar a gestão pública pelos processos e resultados gerenciais e a aplicação de recursos públicos por entidades de direito público e privado, mediante a confrontação em uma situação encontrada com determinado critério técnico, operacional ou legal.

Normalmente, as atividades de auditoria no Setor Público brasileiro são absorvidas pelas atividades de controle interno e de controle externo, que observam basicamente as mesmas normas e técnicas.

No entanto, para o aperfeiçoamento do processo de gestão, seria recomendado que cada atividade (controle interno, controle externo, auditoria interna e auditoria externa) pudesse ser plenamente exercida, o que possivelmente resultaria na melhor qualidade do gasto público. A relação dos auditores com a entidade auditada pode ser classificada em auditoria interna e auditoria externa:

a) *Auditoria interna*: ordenada dentro da própria entidade, tendo como objetivo agregar valor ao resultado, apresentando subsídios para o aperfeiçoamento dos processos, da gestão e dos controles internos, por meio da recomendação das soluções para a não conformidade apontada nos relatórios.
b) *Auditoria externa*: basicamente, apresenta-se da mesma forma que a auditoria interna, mas é feita por auditores que não possuem nenhum vínculo com a entidade auditada, representando uma opinião de natureza independente acerca dos procedimentos adotados e resultados nela apurados.

O papel da auditoria interna governamental é fiscalizar, avaliar a confiabilidade e controlar a eficiência e a eficácia dos controles internos, sem com eles se confundir. Assim, enquanto o controle interno se subordina ao titular da entidade, pois faz parte de suas atividades normais, a auditoria interna pode ou não fazer parte da estrutura da entidade, normalmente existindo um órgão centralizador atuando sobre o controle interno de várias entidades públicas no mesmo ente federativo.

No Setor Público brasileiro, a atividade de auditoria está a cargo do Sistema de Controle Interno do Poder Executivo Federal, extensiva aos demais entes federados da mesma forma que as atividades de controle interno, sendo regulamentada como técnica de controle. Segundo a IN SFCI 1/2001, a auditoria classifica-se em:

- *Auditoria de avaliação de gestão* – objetiva emitir opinião com vista a certificar a regularidade das contas, verificando, por exemplo, a execução dos contratos, convênios, acordos e ajustes e a probidade na aplicação de recursos públicos.
- *Auditoria de acompanhamento e gestão* – atua em tempo real sobre os atos efetivos e os efeitos potenciais positivos e negativos da entidade, evidenciando melhorias e economias existentes no processo ou prevenindo gargalos no desempenho de sua missão institucional.
- *Auditoria contábil* – compreende o exame dos registros e documentos e a coleta de informações e confirmações pertinentes ao controle do patrimônio da entidade, objetivando obter elementos comprobatórios que permitam opinar sobre os registros contábeis.
- *Auditoria operacional* – avalia as ações gerenciais e os procedimentos relacionados com o processo operacional, ou parte dele, programas de governo, projetos e atividades, com a finalidade de emitir opinião sobre a gestão quanto aos aspectos da eficiência, eficácia e economicidade.
- *Auditoria especial* – examina os fatos ou situações relevantes, de natureza incomum ou extraordinária, realizadas para atender determinação expressa de autoridade competente.

A IN SFCI 1/2001 também estabelece que as atividades de auditoria podem ser executadas direta, indireta ou simplificada:

- *Direta* – atividades de auditoria diretamente executadas por servidores em exercício nas unidades do SCI, sendo subdivididas em centralizada, descentralizada e integrada.
- *Indireta* – atividades executadas por servidores que desempenham atividades de auditoria em quaisquer instituições da Administração Pública ou entidade privada, que não estejam lotadas no SCI, de forma compartilhada ou terceirizada.
- *Simplificada* – atividades de auditoria realizadas por servidores em exercício nas unidades do SCI sobre informações obtidas por meio de exame de processos e por meio eletrônico, em casos nos quais o custo-benefício não justifica o deslocamento da equipe de auditoria para determinado órgão, utilizando-se de indicadores de desempenho.

Com relação aos procedimentos adotados na auditoria interna, incluem testes de observância e testes substantivos, que permitem ao auditor interno obter subsídios suficientes para fundamentar suas conclusões e recomendações à administração da entidade:

a) *Testes de observância*: visam obter razoável segurança de que os controles internos estabelecidos pela administração estão em efetivo funcionamento, utilizando os procedimentos de inspeção, observação, investigação e confirmação.

b) *Testes substantivos*: visam obter evidências quanto à suficiência, exatidão e validade dos dados produzidos pelos sistemas de informação da entidade.

A auditoria interna apresenta o resultado dos seus trabalhos por meio de relatório que expresse claramente as conclusões, recomendações e providências a serem tomadas pela administração da entidade. O relatório da auditoria interna deve ser apresentado a quem tenha solicitado o trabalho ou a quem este autorizar, devendo ser preservada a confidencialidade do seu conteúdo.

O certificado de auditoria é o documento que representa a opinião do auditor interno sobre a exatidão e regularidade das peças examinadas e, a exemplo dos certificados emitidos pela área do SCI, podem ser classificados em: *certificado pleno* (regularidade); *certificado restritivo* (regularidade com ressalva) e *certificado de irregularidade*.

Segundo o disposto na Norma Brasileira de Contabilidade de Auditoria – NBC TA 610, independentemente do grau de autonomia e de objetividade da função de auditoria interna, tal função não é independente da entidade, como é exigido do auditor independente quando ele expressa uma opinião e assume total responsabilidade.

O parecer emitido pelo auditor independente deve trazer a identificação da entidade e definição de responsabilidade dos gestores, a extensão dos trabalhos e a opinião sobre os procedimentos analisados, classificando-se em: parecer sem ressalva, parecer com ressalva, parece adverso ou parecer com abstenção de opinião:

- *Parecer sem ressalva*: é emitido quando os procedimentos forem adequadamente determinados e revelados nas demonstrações contábeis.
- *Parecer com ressalva*: deve obedecer ao modelo do parecer sem ressalva, modificado no parágrafo de opinião, com a utilização das expressões *exceto por*, *exceto quanto* ou *com exceção de*, referindo-se aos efeitos do assunto objeto da ressalva.
- *Parecer adverso*: quando o auditor verifica a existência de efeitos que, isolada ou conjuntamente, são de tal relevância que comprometem o conjunto das demonstrações contábeis e relatórios administrativos. No seu julgamento, devem ser consideradas tanto as distorções provocadas como a apresentação inadequada ou substancialmente incompleta.
- *Parecer com abstenção de opinião*: é emitido quando houver limitação significativa na extensão do exame que impossibilite o auditor de formar opinião por não ter tido comprovação suficiente, ou pela existência de múltiplas e complexas incertezas.

Embora a atividade de auditoria externa não seja muito comum no âmbito da Administração Pública brasileira, pode ser de fundamental importância para as entidades que buscam melhor governança corporativa, uma vez que a sociedade pode dispor de um "olhar" independente acerca das contas públicas. Verifica-se que a contratação de auditorias externas já é uma realidade nas empresas públicas, mas a obrigatoriedade é somente aplicada às empresas de capital aberto, a exemplo da Petrobras e Eletrobras.

RESUMO

Serviços públicos

- A Constituição Federal dispõe que a prestação de serviços públicos é de responsabilidade do Poder Público, na forma da lei, diretamente ou sob regime de concessão ou permissão, sempre por meio de licitação. Toda concessão ou permissão pressupõe a prestação de serviço adequado ao pleno atendimento dos usuários.

- Mesmo quando é delegada, a titularidade do serviço público permanece com o poder público, que tem o poder e o dever de fiscalizar sua adequada prestação. Os serviços públicos podem ser delegados por meio de concessão, permissão e autorização. Também há serviços públicos que não podem ser delegados em razão de suas características.

Licitações

- A licitação é procedimento administrativo formal em que a Administração Pública convoca, por meio de condições estabelecidas em ato próprio (edital ou convite), empresas interessadas na apresentação de propostas para o oferecimento de bens e serviços.
- Nos procedimentos licitatórios públicos devem ser observados os seguintes princípios: Princípio da Legalidade; Princípio da Isonomia; Princípio da Impessoalidade; Princípio da Moralidade e da Probidade Administrativa; Princípio da Publicidade; Princípio da Vinculação ao Instrumento Convocatório; Princípio do Julgamento Objetivo; Princípio da Celeridade; Princípio da Competição.
- Segundo o disposto na Lei nº 14.133/2021, são modalidades de licitação o pregão, a concorrência, o concurso, o leilão e o diálogo competitivo.
- Existem também maneiras diretas de contratação, sem a necessidade do processo convencional de uma licitação. A Lei nº 14.133/2021 dispõe sobre vários casos de inexigibilidade de licitação (quando é inviável a execução da competição) e de dispensa de licitação (situações excepcionais preestabelecidas na Lei).

Contrato administrativo

- O contrato administrativo é todo e qualquer ajuste celebrado entre órgãos ou entidades da Administração Pública e particulares, por meio do qual se estabelece acordo de vontades, para formação de vínculo e estipulação de obrigações recíprocas.
- Os contratos celebrados entre a Administração Pública e particulares são diferentes daqueles firmados no âmbito do direito privado, uma vez que no caso dos primeiros vale como regra a disponibilidade da vontade, enquanto no âmbito do Governo deve existir a constante busca pela plena realização do interesse público.
- Em geral, os contratos administrativos são regidos por normas de direito público. Mas há contratos celebrados pela Administração Pública que são regulamentados por normas de direito privado.

Convênios

- Convênio é todo e qualquer instrumento formal que discipline a transferência de recursos da União para Estados, Municípios, Distrito Federal ou entidades particulares, com vistas à execução de programas de trabalho, projeto/atividade ou evento de interesse recíproco, em regime de mútua colaboração.
- A celebração de convênio, acordo ou ajuste pelos órgãos ou entidades da Administração Pública depende de prévia aprovação de competente plano de trabalho proposto pela organização interessada.
- Diferentemente do contrato, no convênio o interesse das partes é recíproco e a cooperação mútua.

Consórcios públicos

- Os consórcios públicos são pessoas jurídicas constituídas na forma de associação pública ou pessoa jurídica de direito privado, integradas exclusivamente por entes da federação, e têm por finalidade implantar a gestão associada de serviços públicos nas mais diversas áreas.
- No que se refere à natureza jurídica, o consórcio público poderá adotar personalidade de direito público, quando se constituir como associação pública; ou de direito privado, quando se constituir como associação sem fins lucrativos em atendimento da legislação civil.
- O consórcio público deve elaborar seu próprio documento orçamentário, entendendo-se esse como um instrumento não legislativo que dispõe sobre a previsão das receitas e despesas necessárias à consecução dos fins do consórcio público.

Princípios e diretrizes para promover a boa governança no Setor Público

- De acordo com o Banco Mundial (2007), para ser efetiva no âmbito do Setor Público a governança pressupõe a existência de um Estado de Direito, de uma sociedade civil participativa no que tange aos assuntos públicos, de uma burocracia imbuída de ética profissional, de políticas planejadas e de um braço executivo que se responsabilize sobre suas ações.
- Para que as funções de governança sejam executadas de forma satisfatória os mecanismos de liderança, estratégia e controle devem estar presentes, cabendo aos líderes das organizações conduzirem seu estabelecimento.
- O Banco Mundial relaciona como princípios da boa governança a legitimidade, a equidade, a responsabilidade, a eficiência, a probidade, a transparência e a *accountability*.

Custos sob a perspectiva do Setor Público

- A NBC T SP 34 – Custos no Setor Público tem como objetivo estabelecer diretrizes e padrões a serem observados na implementação do sistema de custos. Trata de critérios para geração da informação de custos, como instrumento de governança pública, e aponta para o importante papel do gestor na adoção efetiva de modelos de gerenciamento de custos.
- O usuário da informação de custos é qualquer pessoa ou entidade que utiliza a informação de custos para, por exemplo, subsidiar os processos de planejamento, tomada de decisão, monitoramento, avaliação de desempenho, transparência, prestação de contas e responsabilização.

Gestão e responsabilidade fiscal

- A Lei Complementar nº 101/2000, conhecida como a Lei de Responsabilidade Fiscal (LRF), estabelece padrões para a gestão de recursos e limites aos gastos públicos, em todas as esferas de Governo. Na prática, fixa limites para o endividamento de União, Estados e Municípios e obriga os governantes a definirem metas fiscais anuais e a indicarem a fonte de receita para cada despesa permanente que propuserem.
- De acordo com o Governo Federal, a meta fiscal é a economia que o Governo promete fazer para manter a dívida sob controle e efetuar o seu pagamento. Essa meta é definida pelo próprio Governo municipal pela Lei de Diretrizes Orçamentárias (LDO) e precisa ser aprovada pelo Poder Legislativo.

- A LRF ainda estabelece limites fiscais para gastos de pessoal, endividamento, garantia de valores e contratação de operações de crédito, e determina que nenhum governante pode criar uma nova despesa continuada sem indicar sua fonte de receita ou sem reduzir outras despesas já existentes.

A Contabilidade na gestão dos regimes próprios

- Os Regimes Próprios de Previdência Social (RPPS) contempla os servidores públicos titulares de cargo efetivo civis da União, dos Estados, do Distrito Federal e dos Municípios, conforme previsto no art. 40 da Constituição Federal, e os militares dos Estados e do Distrito Federal.
- No âmbito da Unidade Gestora dos RPPS, o objeto da Contabilidade é o patrimônio da entidade, que necessariamente deverá dispor de autonomia em relação ao patrimônio do ente público que o instituiu.
- Aplicada à Previdência Social, a Contabilidade tem o papel de evidenciar a capacidade econômico-financeira do ente público em garantir ao segurado que não tenha mais capacidade laborativa os recursos necessários à sua sobrevivência e de seus dependentes na proporção dos benefícios definidos pela legislação, numa perspectiva de sustentabilidade.
- As Unidades Gestoras de RPPS devem ser tratadas de forma especial tendo em vista a sua finalidade, destacando-se as seguintes peculiaridades: visão de longo prazo; foco no patrimônio; provisões para o balanço; taxa de administração e carteira de investimentos.
- Com relação à estrutura do Plano de Contas, os RPPS devem adotar as contas especificadas no PCASP Estendido até o 7º nível de classificação, observando exatamente a mesma nomenclatura e codificação definida pela STN.

Controle e auditoria governamental

- A Constituição Federal estabelece que a fiscalização contábil, financeira, orçamentária, operacional e patrimonial da União e das entidades da administração direta e indireta será exercida pelo Congresso Nacional, mediante controle externo, e pelo sistema de controle interno de cada Poder.
- Entre as formas de controle que podem ser efetivadas num regime democrático, estão: (i) sistema de freios e contrapesos, representado pela divisão dos Poderes (Executivo, Legislativo e Judiciário); (ii) controle de contas; (iii) controle social.
- A atividade de controle interno alcança todas as unidades administrativas do ente público, seja administração direta ou indireta, e, ainda, entidades que recebam recursos públicos e que devam prestar contas.
- A atividade de controle externo é instituída e exercida por órgão ou membro do Poder Legislativo com o auxílio dos Tribunais de Contas, fiscalizando os gastos dos Poderes Executivo, Judiciário e do próprio Legislativo.
- No controle social, de acordo com a CF, qualquer cidadão, partido político, associação ou sindicato é parte legítima para, na forma da lei, denunciar irregularidades ou ilegalidades da escolha dos governantes e representantes junto ao parlamento municipal, distrital, estadual e nacional pelo voto, ação popular e ação civil pública.

- A atividade de auditoria representa o conjunto de técnicas que visa avaliar a gestão pública pelos processos e resultados gerenciais e a aplicação de recursos públicos por entidades de direito público e privado. Normalmente, as atividades de auditoria no Setor Público brasileiro são absorvidas pelas atividades de controle interno e de controle externo, que observam basicamente as mesmas normas e técnicas.

8.11 Exercícios

1. (Câmara de Ipiranda do Norte – MT – Contador/OBJETIVA, 2022) Uma das Normas Brasileiras de Contabilidade Aplicadas ao Setor Público estabelece a conceituação, o objeto, os objetivos e as regras básicas para mensuração e evidenciação dos custos no setor público apresentado como Sistema de Informação de Custos do Setor Público (SICSP). Sobre o SICSP, analisar os itens abaixo.

   I. A evidenciação dos objetos de custos pode ser efetuada sob a ótica institucional, funcional e programática, com atuação interdependente dos órgãos centrais de planejamento, orçamento, contabilidade e finanças.
   II. É recomendável o uso de ferramentas que permitem acesso rápido aos dados, conjugado com tecnologias de banco de dados, de forma a facilitar a criação de relatórios e a análise dos dados dentro do SICSP.
   III. Na geração de informação de custo, é obrigatória a adoção dos princípios de contabilidade, em especial o da competência, devendo ser realizados os ajustes necessários quando algum registro for efetuado de forma diferente.
   IV. O processo de implantação do SICSP deve ser sistemático e gradual e levar em consideração os objetivos organizacionais pretendidos, os processos decisórios que usarão as informações de custos segmentados por seus diferentes grupos de usuários, bem como os critérios de transparência e controle social.

   Estão CORRETOS:
   a) Somente os itens I e II.
   b) Somente os itens II e III.
   c) Somente os itens I, III e IV.
   d) Todos os itens.

2. (CRA-SP-Fiscal/Quadrix/2021) No que concerne aos princípios licitatórios, julgue o item.
   O princípio da competitividade impõe que as exigências de qualificação técnica e econômica sejam absolutamente restritas àquilo que é indispensavelmente necessário para o cumprimento do objeto contratual.
   ( ) Certo
   ( ) Errado

3. (CRBM_4_Assistente de Gestão/Quadrix/2021) Julgue o item.
   O consórcio público é uma pessoa jurídica formada exclusivamente por entes da Federação.

Gestão no Setor Público | **295**

( ) Certo
( ) Errado

4. **(Prefeitura de Belmonte-SC-Controle Interno/AMEOSC/2021) O controle interno da administração pública deve ser regido por princípios. Dentre estes, podemos destacar:**

I. Relação custo/benefício e qualificação adequada, treinamento e rodízio de funcionários.
II. Delegação de poderes e definição de responsabilidades.
III. Segregação de funções e instruções devidamente formalizadas.
IV. Controle sobre as transações e aderência a diretrizes e normas legais.

São VERDADEIRAS as afirmações, tidas como princípios, contidas nas opções:

a) II e III, apenas.
b) I, II, III e IV.
c) I e II, apenas.
d) III e IV, apenas.

5. **(AL-CE-Técnico Legislativo/CESPE/CEBRASPE/2021) De acordo com a Lei nº 8.666/1993, o instrumento de contrato é facultativo nos casos de:**

a) inexigibilidade, em contratações cujo valor exceda ao montante estabelecido para a modalidade Concorrência.
b) inexigibilidade, em contratações cujo valor exceda ao montante estabelecido para a modalidade Tomada de Preços.
c) compras com entrega imediata e integral do objeto que não demandem obrigações futuras, inclusive assistência técnica, quando substituído por outros instrumentos hábeis.
d) dispensa, em contratações cujo valor exceda ao montante estabelecido para a modalidade Concorrência.
e) dispensa, em contratações cujo valor exceda ao montante estabelecido para a modalidade Tomada de Preços.

Gabarito dos Exercícios

Capítulo 1 – Planejamento da Ação Governamental e Fundamentos do Orçamento Público

1. Errado
2. A
3. C
4. D
5. Errado

Capítulo 2 – Ambiente da Contabilidade Pública Brasileira e Processo de Convergência aos Padrões Internacionais

1. Errado
2. C
3. Certo
4. B
5. D

Capítulo 3 – Estrutura Conceitual da Contabilidade Aplicada ao Setor Público

1. Certo, certo, errado
2. D
3. A
4. Certo
5. E

Capítulo 4 – Patrimônio Público

1. A
2. B
3. B

Gabarito dos Exercícios | 297

4. Certo, errado, errado

5. B

Capítulo 5 – Escrituração Contábil e Plano de Contas do Setor Público (PCASP)

1. Errado, errado

2. B

3. D

4. C

5. E

Capítulo 6 – Lançamentos Contábeis e Reflexos nas Naturezas de Informação Contábil

1. D

2. D

3. E

4. D

5. E

Capítulo 7 – Demonstrações Contábeis do Setor Público

1. Errado, errado, certo

2. D

3. B

4. B

5. D

6.

a) ELABORAÇÃO DO BALANÇO ORÇAMENTÁRIO

BALANÇO ORÇAMENTÁRIO				
RECEITAS ORÇAMENTÁRIAS	PREVISÃO INICIAL	PREVISÃO ATUALIZADA	RECEITAS REALIZADAS	SALDO
RECEITAS CORRENTES	240.000,00	192.0000,00	216.000,00	– 24.000,00
RECEITAS DE CAPITAL	240.000,00	192.000,00	0	192.000,00
SOMA	480.000,00	384.000,00	216.000,00	168.000,00
DÉFICIT CORRENTE	0	0	0	0
DÉFICIT DE CAPITAL	0	0	86.400,00	– 86.400,00
TOTAL	480.000,00	384.000,00	302.400,00	81.600,00

DESPESAS ORÇAMENTÁRIAS	DOTAÇÃO INICIAL	DOTAÇÃO ATUALI-ZADA	DES-PESAS EMPE-NHADAS	DESPE-SAS LIQUI-DADAS	DES-PESAS PAGAS	SALDO DA DOTAÇÃO
DESP. CORRENTES	240.000,00	192.000,00	96.000,00	96.000,00	48.000,00	96.000,00
DESP. DE CAPITAL	240.000,00	192.000,00	86.400,00	86.400,00	86.400,00	105.600,00
SOMA	480.000,00	384.000,00	182.400,00	182.400,00	134.400,00	201.600,00
SUPERÁVIT CORRENTE	0	0	120.000,00	0	0	– 120.000,00
SUPERÁVIT CAPITAL	0	0	0	0	0	0
TOTAL	480.000,00	384.000,00	302.400,00	182.400,00	134.400,00	81.600,00

b) ELABORAÇÃO DO BALANÇO FINANCEIRO

Ingressos	R$	Dispêndios	R$
Receita Orçamentária	216.000,00	**Despesa Orçamentária**	182.400,00
Ordinária	129.600,00	Ordinária	86.400,00
Vinculada	86.400,00	Vinculada	96.000,00
Extraorçamentária	48.000,00	**Extraorçamentária**	0
Outros ingressos	0,00	Outros dispêndios	0
Restos a pagar	48.000,00	Restos a pagar	0
SOMA	264.000,00	SOMA	182.400,00
Saldo Exercício Anterior	0,00	Saldo Exercício Seguinte	81.600,00
TOTAL	264.000,00	TOTAL	264.000,00

c) ELABORAÇÃO DEMONSTRAÇÃO DO FLUXO DE CAIXA

DEMONSTRAÇÃO DOS FLUXOS DE CAIXA	
FLUXO DE CAIXA LÍQUIDO DAS ATIVIDADES DAS OPERAÇÕES	+ 168.000,00
Ingressos	216.000,00
Arrecadação de impostos	216.000,00
Desembolsos	(48.000,000)
Serviços – PJ	(48.000,000)
FLUXO DE CAIXA LÍQUIDO DAS ATIVIDADES DE INVESTIMENTOS	(86.400,00)
Ingressos	0
–	0
Desembolsos	(86.400,000)
Aquisição de equipamentos	(86.400,00)
FLUXO DE CAIXA LÍQUIDO DAS ATIVIDADES DE FINANCIAMENTO	0,00
Ingressos	
–	0

Desembolsos –	0
GERAÇÃO LÍQUIDA DE CAIXA DO PERÍODO	81.600,00
CAIXA E EQUIVALENTE DE CAIXA INICIAL	0,00
CAIXA E EQUIVALENTE DE CAIXA FINAL	81.600,00

d) ELABORAÇÃO DEMONSTRAÇÃO DAS VARIAÇÕES PATRIMONIAIS

Em R$

VARIAÇÕES PATRIMONIAIS QUANTITATIVAS	
Variações Patrimoniais Aumentativas	**528.000,00**
Lançamento de impostos	240.000,00
Transferência de bens	288.000,00
Variações Patrimoniais Diminutivas	**– 168.720,00**
VPD Serviços PJ	(96.000,00)
VPD Redução a valor recuperável	(72.000,00)
VPD Depreciação	(720,00)
RESULTADO PATRIMONIAL DO EXERCÍCIO	359.280,00

NOTAS EXPLICATIVAS

Foi efetuada aquisição de veículos à vista, foi recebido um bem imóvel em doação, houve lançamento da parcela de depreciação do equipamento. Foi realizado ajuste de *impairment* em imóvel, houve cancelamento de dotação (todas essas operações devem vir devidamente detalhadas pela documentação) e conforme redação apresentada no texto.

e) ELABORAÇÃO DO BALANÇO PATRIMONIAL

ATIVO	R$	PASSIVO	R$
ATIVO CIRCULANTE	105.600,00	PASSIVO CIRCULANTE	48.000,00
Caixa e Equivalentes de Caixa	81.600,00	Fornecedores	48.000,00
Crédito Tributário a Receber	24.000,00		
ATIVO NÃO CIRCULANTE	301.680,00	PASSIVO NÃO CIRCULANTE	0,00
Bens Móveis	86.400,00		
Depreciação Acumulada	(720,00)	TOTAL DO PASSIVO	
Bens Imóveis	288.000,00	PATRIMÔNIO LÍQUIDO	
Impairment	(72.000,00)		
		Resultado do Exercício	359.280,00
TOTAL	407.280,00	TOTAL	407.280,00

Capítulo 8 – Gestão no Setor Público

1. D
2. Certo
3. Certo
4. B
5. C

Referências

AFONSO, J.R.; RIBEIRO, L. Um conselho para Responsabilidade Fiscal. *Revista Conjuntura Econômica*, p. 20-22, 2016.

ALONSO, M. Custos no Serviço Público. *Revista do Serviço Público*, Rio de Janeiro, 50(1): 37-63, Jan./mar. 1999.

BANCO MUNDIAL. Governance and management. Chapter 12. In: *Global Evaluations Sourcebook*, 2007.

BOTELHO, B.C., & DE LIMA, D.V. (2015). Experiências internacionais e desafios dos governos dos países na transição da contabilidade pública para o regime de competência. Revista Evidenciação Contábil & Finanças, 3(3), 68-83.

BRASIL. Lei nº 4.320, de 17 de março de 1964. Estatui normas gerais de Direito Financeiro para elaboração dos orçamentos e balanços da União, dos Estados, dos Municípios e do Distrito Federal. Brasília, Diário Oficial [da] República Federativa do Brasil.

_____. Lei nº 5.172, de 25 de outubro de 1966. Código Tributário Nacional – CTN. Dispõe sobre o Sistema Tributário Nacional e institui normas gerais de Direito Tributário aplicáveis à União, Estados e Municípios. Brasília, Diário Oficial [da] República Federativa do Brasil.

_____. Ministério da Fazenda. Secretaria do Tesouro Nacional – STN. *Manual de contabilidade aplicada ao setor público*. 9. ed. Brasília, 2021.

_____. Ministério do Planejamento, Desenvolvimento e Gestão. Secretaria de Orçamento Federal. *Manual Técnico de Orçamento - MTO*, Brasília, Edição 2022.

CAMPOS, L.A., DOS SANTOS, V.A., & DE LIMA, D.V. (2016). Ativos culturais: uma análise do tratamento contábil em cidades históricas do estado de Goiás. Revista Universo Contábil, 12(3), 6-25.

CHAN, J.L. As NICSPS e a contabilidade governamental de países em desenvolvimento. *Revista de Educação e Pesquisa em Contabilidade*, v. 4, n. 1, p. 1-17, jan./abr. 2010, Brasília.

CONFEDERAÇÃO NACIONAL DE MUNICÍPIOS (CNM). *10 passos para criação de consórcios públicos*. Folder de Divulgação, 2017.

CONSELHO FEDERAL DE CONTABILIDADE (CFC). *NBC TSP estrutura conceitual*. Aprova a Estrutura Conceitual para Elaboração e Divulgação de Informação Contábil de Propósito Geral pelas Entidades do Setor Público. DOU, 04/10/2016.

CRUVINEL, D.P., & DE LIMA, D.V. (2011). Adoção do regime de competência no setor público brasileiro sob a perspectiva das normas brasileiras e internacionais de contabilidade. Revista de Educação e Pesquisa em contabilidade, 5(3), 69-85.

_____. *Orientações estratégicas para a contabilidade aplicada ao setor público no Brasil,* 2007.

D'ÁURIA, F. *Primeiros princípios de contabilidade pura.* São Paulo: Companhia Editora Nacional, 1959.

INTERNATIONAL FEDERATION OF ACCOUNTANTS (IFAC). International Public Sector Accounting Standards Board. *Handbook of International Public Sector Accounting Pronouncements,* 2022. Disponível em: https://www.ipsasb.org/publications/2022-handbook-international-public-sector-accounting-pronouncements.

KOHAMA, H. *Balanços públicos*: teoria e prática. 2. ed. São Paulo: Atlas, 2000.

LIMA, D.V.; CASTRO, R.G. *Contabilidade pública*: integrando União, Estados e Municípios (Siafi e Siafem). 3. ed. São Paulo: Atlas, 2009.

LIMA, D.V., GUEDES, M.A., & SANTANA, C.M. (2009). As Normas Brasileiras de Contabilidade aplicadas ao setor público e a legislação contábil pública brasileira: uma análise comparativa à luz da teoria contábil. Contabilidade Gestão e Governança, 12(2).

LIMA, R.L., & LIMA, D.V.(2019). Experiência do Brasil na implementação das IPSAS. Revista Contemporânea de Contabilidade, 16(38).

_____; _____. *Fundamentos da auditoria governamental e empresarial.* 2. ed. São Paulo: Atlas, 2009.

_____; GUIMARÃES, O. G. A *contabilidade na gestão dos regimes próprios de previdência social.* São Paulo: Atlas, 2016.

_____; MOTA, F.G.L. Redução ao valor recuperável no setor público. In: *Fundamentos da redução ao valor recuperável dos ativos* – teoria e prática. São Paulo: Elevação, 2016.

LIMA, R.L.; LIMA, D.V.; GONÇALVES, J.F. *Adoção das IPSAS pelos governos dos países*: harmonização ou padronização? XI Congresso Anpcont. Belo Horizonte, 2017.

MARTINS, F.V.D.S.P., & DE LIMA, D.V. (2021). Directives for public entities' popular financial reporting. Revista Contemporânea de Contabilidade, 18(47), 91-108.

MACHADO, N.; HOLANDA, V.B. Diretrizes e modelo conceitual de custos para o setor público a partir da experiência no governo federal do Brasil. *Revista de Administração Pública,* Rio de Janeiro, 44(4):791-820, jul./ago., 2010.

MEDAUAR, O. Serviço público. *Revista de Direito Administrativo,* Rio de Janeiro, 189:100-13, jul./set, 1992.

MIORANZA, J.; LIMA, D.V. Criação do conselho de gestão fiscal: aprendendo com a experiência internacional. *Revista Ambiente Contábil,* 10(1), 160, 2018.

NIYAMA, J.K. *Contabilidade internacional.* São Paulo: Atlas, 2010.

NUNES, S.P.; LIMA, D.V. *Uma análise crítica da estrutura conceitual do setor público no Brasil*, 2017. Disponível em: <https://www.occ.pt/dtrab/trabalhos/xviicica//finais_site/289.pdf>. Acesso em: 17 jul. 2018.

PETERS, B.G. *Governance and sustainable development policies*. In: Conferência das Nações Unidas sobre Desenvolvimento Sustentável – Rio+20. Organização das Nações Unidas (ONU), Rio de Janeiro, 2012.

PIRES, R.R.C.; GOMIDE, A.A. Governança e capacidades estatais: uma análise comparativa de programas federais. *Revista de Sociologia e Política*, v. 24, nº 58, 2016.

POUBEL DE CASTRO, D. *Auditoria e controle interno na administração pública*. São Paulo: Atlas, 2008.

PROCURADORIA GERAL DA FAZENDA NACIONAL (PGFN). *Dívida ativa*: cartilha para os órgãos de origem. Brasília, 2013.

RHODES, R. The new governance: governing without government. *Political Studies*, 44, p. 652-667, 1996.

RUA, S.C.; CARVALHO, J.B.C. *Contabilidade pública*: estrutura conceptual. Lisboa: Publisher Team, 2006.

SEVERO, P.R.; LIMA, D.V. Uma discussão sobre a natureza contingente e o critério de reconhecimento da dívida ativa da União. *Revista Ambiente Contábil*, ISSN 2176-9036 – UFRN – Natal-RN. v. 8. nº 2, p. 213-32, jul./dez. 2016.

SILVA, M.C.; SILVA, J.D.G. *Avaliação de desempenho de instituições públicas e privadas*. São Paulo: Alínea, 2017.

SOBRAL, V.C.; LIMA, D.V. *Uma discussão sobre o reconhecimento dos créditos de impostos no Brasil pelo regime de competência*. Anais: Congresso Anpcont, 2017.

TRIBUNAL DE CONTAS DA UNIÃO (TCU). *Contratos & licitações*: orientações e jurisprudência do TCU. 4. ed. Revista, atualizada e ampliada, 2010.

_____. *Dez passos para a boa governança*. Brasília: TCU, Secretaria de Planejamento, Governança e Gestão, 2014.

TUA PEREDA, J. Necessitamos un marco conceptual? *Revista de Contabilidade e Comércio*, nº 213, p. 29-66, 1997.

Sites Pesquisados

<http://www.planejamento.gov.br/>

<http://www2.camara.leg.br/>

<http://www.tesouro.fazenda.gov.br/>

<http://www.tesouro.fazenda.gov.br/pt_PT/projeto-siconfi>

Índice Alfabético

A

Ações orçamentárias, 7
Ajuste a valor recuperável
  (*impairment*), 106
Amortização, 101, 240
Análise
- da demonstração
- - das variações patrimoniais, 255
- - dos fluxos de caixa, 257
- do balanço
- - financeiro, 252
- - orçamentário, 250
- - patrimonial, 256
Anualidade, 3
Apreciação legislativa, 2
Apresentação
- de informação no relatório
  contábil, 85
- de notas explicativas, 249
Aquisição
- financiada de bens, 113
- separada, 100
Arrecadação, 28
Arrendamento mercantil, 113
Atividade, 7
Ativo(s), 79
- de infraestrutura, 99
- imobilizado, 97
- intangível, 100
Atos administrativos, 124
Atributos da informação
  contábil, 161
Auditoria
- contábil, 289

- de acompanhamento e
  gestão, 289
- de avaliação de gestão, 289
- especial, 289
- operacional, 289
Avaliação da incerteza, 82

B

Balancete de verificação, 194
Bens
- ambientais, 99
- de uso comum, 99
- do patrimônio cultural, 99
- imóveis, 97, 239
- móveis, 97, 239
- totalmente depreciados, 103
- usados, 103

C

Características qualitativas da
  informação, 77
Ciclo orçamentário, 1
Comitê de convergência e
  orientações estratégicas, 47
Comparabilidade, 78
Competência, 50
- e abrangência da auditoria
  governamental, 288
Compreensibilidade, 78
Concorrência, 269
Concurso, 269
Conselho de Gestão Fiscal, 64
Consolidação das
  demonstrações contábeis, 241

Consórcios públicos, 275
Contabilidade
- aplicada ao setor público, 70
- na gestão dos regimes
  próprios, 282
- pública brasileira, 42
Contas
- a pagar, 238
- de ativo e passivo, 130
- de controle, 132
- de resultado, 127
- de variações patrimoniais, 130
- patrimoniais, 127
Continuidade, 50
Contrato administrativo, 271
Contribuição dos
  proprietários, 81
Controle
- da aprovação e execução do
  orçamento, 127
- dos atos potenciais, 128
- e auditoria governamental, 284
- externo, 3, 287
- interno, 2, 285
- social, 288
Convênios, 274
Cotas, 24
Crédito(s)
- adicionais, 25
- especiais, 25
- extraordinários, 26
- orçamentário inicial, 25
- suplementares, 25
Custos sob a perspectiva do
  setor público, 280

Índice Alfabético | **305**

D

Demonstrações contábeis
- do setor público, 208, 209
- elementos, 79
Depreciação, 101, 240
Derivativos financeiros, 113
Descentralização de créditos
   orçamentários, 23
Despesa(s), 81
- de capital, 22
- de exercícios anteriores, 35, 36
- orçamentária(s), 19
- - efetiva, 19
- - não efetiva, 19
- públicas, 19
Desreconhecimento, 82
Destinação
- livre, 31
- vinculada, 31
Determinação da vida útil, 104
Diálogo competitivo, 270
Dispêndios
   extraorçamentários, 19
Distribuição aos
   proprietários, 81
Dívida
- ativa, 114
- flutuante pública, 113
- pública, 112
- - externa, 114
- - fundada, 114
- - interna, 114

E

Elaboração
- da estrutura conceitual no
   Brasil, 71
- da proposta orçamentária, 4
Empenho, 29
Entidade, 50, 78
Equilíbrio entre as
   características qualitativas, 78
Escrituração contábil, 122
Especificidades do setor
   público, 89
Estoques, 96, 237

Estrutura e fechamento
- da demonstração
- - das mutações do patrimônio
   líquido, 233
- - das variações patrimoniais, 220
- - dos fluxos de caixa, 229
- do balanço
- - financeiro, 215
- - orçamentário, 210
- - patrimonial, 224
Evolução e trajetória da
   contabilidade pública
   brasileira, 46
Exaustão, 101, 240
Exclusividade, 3
Execução
- financeira
- orçamentária
- - da despesa, 29
- - da receita, 27

F

Fatos administrativos, 124, 125
Fechamento
- da demonstração
- - das variações patrimoniais, 246
- - dos fluxos de caixa, 247
- do balanço
- - financeiro, 245
- - orçamentário, 243
- - patrimonial, 246
Fonte ou destinação de
   recursos, 30
Fornecedores, 238
Função, autoridade e alcance
   da estrutura conceitual, 72

G

Geração interna, 100
Gestão
- e responsabilidade fiscal, 281
- no setor público, 267
Grupos técnicos, 50

I

Imobilizado, 238
Impairment, 240

Indicadores de análise, 249
Ingressos extraorçamentários, 14
Intangível, 240

L

Lançamento(s), 27
- contábeis, 169, 170
Lei
- das Diretrizes
   Orçamentárias (LDO), 7
- Orçamentária Anual, 11
Leilão, 270
Licitações, 268
Liquidação, 29
Livro(s)
- contas-correntes, 124
- de escrituração
   obrigatórios, 123
- diário, 123
- razão, 124
Localização da informação, 87

M

Matriz de saldos contábeis, 60
Mecanismos
- de contabilização, 133
- retificadores do orçamento, 25
Mensuração
- de ativos públicos, 83
- de passivos públicos, 83
Método(s)
- das partidas dobradas, 122
- de amortização, 104
- de escrituração, 122
- de depreciação, 103
Mudança de estimativa, 111, 112
Mútuo financeiro, 112

N

Não vinculação da receita de
   impostos, 4
Natureza(s)
- credora, 133
- da informação contábil, 133
- devedora, 133
- dos programas e longevidade, 73

- e propósito dos ativos e passivos públicos, 73
Normas brasileiras de contabilidade aplicadas ao setor público, 51, 54
Notas explicativas, 86, 236

O

Objetivos e usuários da informação contábil no Setor Público, 74
Operações
- de crédito
- - contratuais, 112
- - mobiliários, 112
- especiais, 7
- intraorçamentárias, 17
Oportunidade, 50
Orçamento
- bruto, 4
- da seguridade social, 12
- de investimento, 12
- fiscal, 12
- público, 1, 73
Ordenamento e classificação das contas, 128
Organização da informação, 88

P

Padrão IFAC, 56
Pagamento, 30
Papel regulador, 73
Parecer
- adverso, 290
- com abstenção de opinião, 290
- com ressalva, 290
- sem ressalva, 290
Passivo, 80
- contingente, 110, 237
Patrimônio público, 43, 95
Periodicidade, 3
Planejamento
- da ação governamental, 1
- e elaboração da proposta orçamentária, 2

Plano
- de contas, 125
- de implantação dos procedimentos contábeis patrimoniais, 53
- plurianual, 4
Políticas contábeis, 111
Pregão, 269
Previsão, 27
Princípio(s)
- contábeis sob a perspectiva do setor público, 49
- da boa governança, 279
- da celeridade, 269
- da competição, 269
- da impessoalidade, 269
- da isonomia, 269
- da legalidade, 268
- da moralidade e da probidade administrativa, 269
- da publicidade, 269
- da vinculação ao instrumento convocatório, 269
- do julgamento objetivo, 269
- e diretrizes para promover a boa governança no setor público, 277
- orçamentários, 3
Procedimento contábil
- da amortização, 104
- da depreciação, 101
- da exaustão, 105
- patrimonial, 95
Processo de convergência aos padrões internacionais, 42
Programações orçamentárias, 6
Projeto, 7
Provisões, 110, 237
Prudência, 50

R

Ranking da qualidade da informação contábil e fiscal, 62
Reavaliação, 105, 240
Receitas, 81
- correntes, 17
- de capital, 17

- de transação sem contraprestação, 109
- financeiras, 19
- orçamentária(s), 14
- - efetiva, 15
- - não efetiva, 15
- primárias, 18
- públicas, 14
Recolhimento, 28
Reconhecimento dos elementos nas demonstrações contábeis, 82
Redução ao valor recuperável de ativos, 240
Regime
- contábil, 44
- de adiantamento, 35
- orçamentário, 44
Registro(s)
- contábil com detalhamento de fonte de recursos, 177
- da anulação da previsão e cancelamento de dotação, 170
- da aprovação
- - de créditos adicionais, 170
- - do orçamento, 170
- da depreciação, amortização e exaustão, 190
- da descentralização de créditos orçamentários, 171
- da dívida
- - ativa, 183
- - pública, 184
- da execução da despesa orçamentária, 174
- da realização e arrecadação da receita orçamentária, 173
- da reavaliação, 192
- das despesas de exercícios anteriores, 182
- das transferências e delegações, 171
- de contratos, 194
- de recebimentos antecipados e valores restituíveis, 190
- do controle das disponibilidades, 172
- do imobilizado, 189

Índice Alfabético | 307

- do *impairment*, 193
- do suprimento de fundos, 186
- dos estoques, 188
- dos restos a pagar processados e não processados, 179
- no livro diário, 195
- no livro-razão, 199

Relacionamento com as estatísticas públicas, 73
Relevância, 78
Repasses, 24
Representação fidedigna, 78
Restos a pagar, 35
Restrição
- da materialidade, 77
- do custo-benefício, 78
Retificação de erro, 111, 112
Reversão da perda por irrecuperabilidade, 108
Roteiro de contabilização, 169

S

Seleção da informação, 87
Serviços públicos, 267
Sistema de Informações Contábeis e Fiscais (Sincofi), 59
Sub-repasses, 24
Suprimento de fundos, 35

T

Tempestividade, 78
Testes
- de observância, 289
- de recuperabilidade, 107
- substantivos, 289
Totalidade, 3
Transações sem contraprestação, 73, 100

Transferências
- discricionárias, 32, 33
- financeiras recebidas ou concedidas, 24
- obrigatórias, 32

U

Unidade, 3
Universalidade, 3

V

Valor original, 50
Variações patrimoniais
- qualitativas, 131
- quantitativas, 131
Verificabilidade, 78
Vida útil indefinida, 105